Contabilidade Geral

O GEN | Grupo Editorial Nacional reúne as editoras Guanabara Koogan, Santos, Roca, AC Farmacêutica, Forense, Método, LTC, E.P.U., Forense Universitária e Atlas, que publicam nas áreas científica, técnica e profissional.

Essas empresas, respeitadas no mercado editorial, construíram catálogos inigualáveis, com obras que têm sido decisivas na formação acadêmica e no aperfeiçoamento de várias gerações de profissionais e de estudantes de Administração, Direito, Enfermagem, Engenharia, Fisioterapia, Medicina, Odontologia, Educação Física e muitas outras ciências, tendo se tornado sinônimo de seriedade e respeito.

Nossa missão é prover o melhor conteúdo científico e distribuí-lo de maneira flexível e conveniente, a preços justos, gerando benefícios e servindo a autores, docentes, livreiros, funcionários, colaboradores e acionistas.

Nosso comportamento ético incondicional e nossa responsabilidade social e ambiental são reforçados pela natureza educacional de nossa atividade, sem comprometer o crescimento contínuo e a rentabilidade do grupo.

Natan Szuster
Ricardo Lopes Cardoso
Fortunée Rechtman Szuster
Fernanda Rechtman Szuster
Flávia Rechtman Szuster

Contabilidade Geral:
Introdução à Contabilidade Societária

4ª Edição

Atualizada de acordo com a Lei nº 11.941/09,
Pronunciamentos CPC, incluindo o CPC-PME até 31.12.2012

Questões de concurso
Dicas de inglês contábil

© 2006 by Editora Atlas S.A.

1. ed. 2007; 2. ed. 2008; 3. ed. 2011; 4. ed. 2013 (3 impressões)

Capa: Leandro Guerra
Composição: Set-up Time Artes Gráficas

Dados Internacionais de Catalogação na Publicação (CIP)
(Câmara Brasileira do Livro, SP, Brasil)

Contabilidade geral: introdução à Contabilidade Societária / Natan
Szuster... [et al.]. – 4. ed. – São Paulo: Atlas, 2013.

Outros autores: Ricardo Lopes Cardoso, Fortunée Rechtman Szuster,
Fernanda Rechtman Szuster, Flávia Rechtman Szuster

Bibliografia.
ISBN 978-85-224-7319-9

1. Contabilidade I. Szuster, Natan. II. Cardoso, Ricardo Lopes.
III. Szuster, Fortunée Rechtman. IV. Szuster, Fernanda Rechtman.
V. Szuster, Flávia Rechtman.

06-9654
CDU-657

Índice para catálogo sistemático:

1. Contabilidade geral   657

Depósito legal na Biblioteca Nacional conforme Lei nº 10.994,
de 14 de dezembro de 2004.

Impresso no Brasil/*Printed in Brazil*

Editora Atlas S.A.
Rua Conselheiro Nébias, 1384
Campos Elísios
01203 904 São Paulo SP
011 3357 9144
atlas.com.br

Dedicamos este livro a Juliana e Carolina Szuster Cardoso, Sarah Mushka e Naftali Aharon Szuster Director, nossas fontes de inspiração.

A semelhança entre o livro e a árvore

A árvore trará frutos para o futuro

O livro trará conhecimentos para o leitor

Ao semear a árvore terás sempre os frutos

Ao ler o livro terás conhecimento para o presente e o futuro

Ao escrever este livro os autores procuraram transmitir aos leitores seus conhecimentos

Ao ler este livro estarás usufruindo os frutos que plantaram para vocês.

Abril, 2012.

Leão Rechtman

Sumário

Prefácio

O entendimento da estrutura do livro está muito vinculado à história de sua elaboração.

Este livro nasceu de uma série de reuniões familiares em que se debatia como tornar o ensino da Contabilidade mais interessante e motivante. A proposta é que, ao estudar Contabilidade, o aluno deve ficar feliz pelo fato de estar agregando um conhecimento que será útil tanto profissional como pessoalmente. O objetivo é apresentar, a cada momento, uma novidade que se une ao alicerce apresentado.

Os autores julgam que a Contabilidade representa um conhecimento fundamental para todos e que seu ensino deve ser amplamente generalizado. Desta forma, a metodologia deve ser acessível, visando tornar a disciplina interessante, inclusive para alunos de outras áreas, que deveriam optar por estudar a Contabilidade pela utilidade e beleza da disciplina.

Este livro tem como base uma experiência acumulada de 30 anos como professor de Contabilidade do autor Natan Szuster. Este se considera muito feliz por ter tido excelentes mestres durante o seu aprendizado da Contabilidade, inicialmente na Fundação Getulio Vargas, no Rio de Janeiro, e posteriormente na Universidade de São Paulo e, em seguida, no período vivenciado na University of Illinois. Neste período, sempre procurou verificar os melhores exemplos e técnicas no ensino da Contabilidade. O contato com alunos de graduação e profissionais de diferentes níveis de conhecimento contribuiu para o desenvolvimento contínuo do material, no sentido de definir quais são os pontos relevantes a serem abordados. Deve-se também ressaltar o excelente nível de muitos livros brasileiros e norte-americanos que forneceram uma base fundamentada.

Uma experiência marcante e decisiva foi o contato com o Prof. Eliseu Martins e suas aulas, o qual, além de suas inúmeras e incontáveis qualidades, apresentou o método de sempre procurar resolver os assuntos mais complexos através de um exemplo simples. Assim, deve-se procurar compreender situações difíceis usando valores pequenos e redondos. Através desse modelo, podem-se resolver situações extremamente abrangentes e polêmicas do mundo empresarial, vinculadas a valores de milhões de reais. Esta forma de estudo enriquece a capacidade analítica e propicia segurança quanto às conclusões. Este livro procura seguir este caminho.

No início dos anos 90, foram elaborados os primeiros materiais didáticos, já na fase da Internet. No desenvolvimento deste material, sempre foi relevante a contribuição de Fortunée Szuster, que possuía uma grande experiência no magistério e que sempre procura tornar os tópicos contábeis plenamente inteligíveis, através de exemplos concretos e vivenciais dos alunos.

No final dos anos 90, Fernanda e Flávia ingressaram na Faculdade de Ciências Contábeis e passaram a colaborar na elaboração das aulas, contribuindo muito para o aprimoramento do material com suas experiências em sala de aula e em suas carreiras profissionais.

No ano de 2000, a família obteve o reforço do Prof. Ricardo Lopes Cardoso, que compôs a equipe, contribuindo de forma decisiva para a realização deste livro. Um fato marcante ocorreu em 2005, quando Ricardo e Fortunée ministraram, de forma conjunta, a disciplina Administrando a Contabilidade da Empresa, no curso MBA da FGV denominado "Executivo Jr.", dando uma forma definitiva às ideias que não estavam devidamente organizadas. Atualmente este curso é denominado "Pós Adm.", e a disciplina: "Contabilidade Geral".

A primeira edição representou um esforço inicial elaborado em um tempo muito reduzido. Fundamentados na experiência dos nossos alunos, ex-alunos e professores que o utilizaram e

nos deram seu *feedback*, partimos para nossa segunda edição. Baseados nas solicitações recebidas, aumentamos a quantidade de exercícios e refizemos alguns conceitos para tornar mais fácil sua compreensão.

O que não prevíamos é que no momento que decidimos elaborar nosso livro, como um legado de nossa família, a Contabilidade passaria por um processo contínuo de mudança, sendo sua revisão ato sem fim.

A segunda edição fez-se necessária para que fosse inserida a Lei nº 11.638, que em dezembro de 2007 surpreendeu o mercado. A terceira edição conta com as alterações da Lei nº 11.941, bem como dos Pronunciamentos dos CPCs emitidos, inclusive o CPC-PME. A quarta edição fez-se necessária pelas mudanças que continuam ocorrendo, tendo sido introduzidas questões de inglês contábil e de concurso pela necessidade destes itens na formação profissional.

A Editora Atlas também colocou à disposição do professor e sua instituição de ensino a utilização do material após o devido contato com esta.

Esperamos continuar com o apoio de nossos alunos, bem como de professores que ministram esta disciplina e profissionais que tenham acesso a este material, nos fornecendo o devido *feedback* para que continuemos aprimorando nosso livro em futuras edições.

O livro é dividido em dez capítulos, que julgamos constituir os itens básicos que devem ser estudados para se adquirir uma base fundamentada da Contabilidade. De forma complementar, são utilizadas as Demonstrações Contábeis da Raia Drogasil S/A (Droga Raia), efetuando a relação entre teoria e prática.

Os Autores

Agradecimentos

Agradecemos a D's e à unidade de nossa família.

Agradecemos a todos os nossos alunos, que são a razão de escrevermos este livro, aos professores e alunos das turmas de "Contabilidade Geral" das Escolas certificadas pela FGV, aos professores locais e alunos das turmas de "Contabilidade Geral", do curso de Pós-Graduação Pós-Adm. da FGV, aos alunos da graduação e da pós-graduação da FGV, UFRJ e em especial a nossos alunos de Contabilidade Básica da UERJ, que nos têm fornecido novas ideias e subsídios para as grandes mudanças de cada nova edição. Também agradecemos aos profissionais e professores que nos têm recebido em suas unidades de ensino, possibilitando maior troca de experiências e *feedback* de nossas publicações, essencial ao desenvolvimento da Contabilidade. Agradecemos ainda à equipe da divisão de educação da IFRS Foundation.

Nota ao professor

Prezado Professor:

Este livro é dedicado a alunos de graduação e pós-graduação em Economia, Administração e Ciências Contábeis. O ideal é que a disciplina tenha 60 horas-aula para que o conteúdo deste livro seja apresentado com a tranquilidade necessária; entretanto, é possível fazê-lo em disciplinas com pelo menos 45 horas-aula.

Buscamos expor o conteúdo "Contabilidade" em linguagem acessível aos não contadores, daí por que apresentamos os lançamentos contábeis não só mediante o uso da expressão *Débito e Crédito*, mas também mediante a *Matriz de Lançamentos*, em que o aluno deverá se perguntar: "– Onde o dinheiro foi aplicado?" e "– De onde o dinheiro veio?". Dessa forma, espera-se que o aluno entenda os conceitos de "Débito e Crédito" raciocinando em termos de "Aplicações e Origens de Recursos".

Também foi desenvolvida a Matriz de Lançamentos com uma versão que poderá substituir os razonetes, fazendo com que se aprenda, de forma automática, a debitar, creditar e montar as Demonstrações Contábeis (BP, DRE e DFC) com menores chances de erros e maior visualização da inter-relação entre todos os eventos.

Este livro não tem por objetivo discutir especificidades nem detalhes da legislação tributária nem da Contabilidade Fiscal. Entretanto, são feitos diversos comentários sobre este tema, todos eles destacados em caixas (boxes).

Os capítulos estão organizados de forma a apresentarem conceitos teóricos, exemplos, aspectos legais e normativos, o "Caso da Raia Drogasil S/A", exercícios de fixação, resumo e exercícios de verificação. As resoluções e gabaritos dos exercícios de verificação estão disponíveis no portal da Editora Atlas para professores cadastrados. Alguns capítulos contêm apêndices para tratar aspectos complementares e que, embora importantes, não são fundamentais ao entendimento da Contabilidade por parte daqueles leitores que estão tendo o primeiro contato com a matéria.

Ao professor que for adotar este livro como bibliografia básica das disciplinas Contabilidade Geral, Introdução à Contabilidade, Contabilidade Introdutória, Contabilidade para Executivos, Contabilidade Financeira, Gestão Contábil ou Contabilidade e Análise de Balanços sugerimos:

Prezado Professor:

- seguir a sequência dos capítulos em sala de aula;
- solicitar que os alunos façam os Exercícios de Fixação à medida que forem lendo os capítulos;
- solicitar que os alunos façam os Exercícios de Verificação ao terminarem a leitura de cada capítulo;
- ao final do curso, terminada a discussão do Capítulo 10, sugere-se retornar ao Capítulo 3 para revisar a Estrutura Conceitual Básica da Contabilidade.

Se a carga horária disponível for menor que 45 horas-aula e dependendo do foco do curso, podem-se não abordar as seguintes seções e capítulos, sem prejuízo do conteúdo geral da matéria:

- os Apêndices, uma vez que abordam temas mais específicos;
- alguns indicadores econômico-financeiros apresentados no Capítulo 10.

Considerada a demanda do mercado de trabalho de profissionais com capacidade de debater temas atualizados, noções de inglês contábil e crescente interesse dos alunos em prestar concurso público, tais itens foram adicionados. Todos possuem resposta no livro no estudo de caso, porém sugerimos que haja pesquisa aprofundada por parte dos alunos para formação de hábitos.

1

Noções básicas

Objetivo do Capítulo

Ao final deste capítulo o aluno deverá saber o que é a Contabilidade, seu objeto de estudo e seu objetivo. Com esse propósito são apresentados pontos para reflexão, a começar por como seria o mundo sem a sua existência. Na sequência, a Contabilidade é ensinada como a "linguagem dos negócios". Deve, ainda, saber

> as formas como a Contabilidade é classificada (Financeira ou Societária, Gerencial, de Custos, Tributária ou Fiscal, Pública etc.); as características e as necessidades informacionais dos usuários típicos; além das limitações da informação contábil.

1.1 O mundo sem Contabilidade

Pare por alguns segundos e pense... O que seria do mundo sem a existência da Contabilidade?

1.1.1 Finanças pessoais

Para que possamos desenvolver este raciocínio, devemos pensar em nosso cotidiano. O que você faz com o seu salário? Quando paga suas contas, decide comprar algum bem – uma casa, um carro, uma roupa – ou investir o seu dinheiro – em ações e fundos, por exemplo –, assumir uma dívida ou pegar um empréstimo, você precisa saber se pode fazê-lo. É necessário efetuar um orçamento, registrar e controlar gastos pessoais, além de, ao final do ano, fazer a declaração de Imposto de Renda. Estes eventos, que afetam a sua vida, têm relação com a Contabilidade.

Cada vez mais pessoas aprendem a lidar com suas finanças pessoais, sendo isso, inclusive, assunto tratado em algumas escolas de ensino fundamental.

Um dos problemas mais comuns é a mistura das finanças pessoais com as de seu negócio, criando situações que muitas vezes parecem "sem saída".

É o caso de Josélia Ferreira, 56 anos. Mãe de Sandy, 24 anos, e Jr., 21 anos, ambos estudantes universitários, que ainda não estão inseridos no mercado de trabalho. Seu marido é aposentado e o que recebe cobre apenas suas despesas médicas, seguro-saúde e medicamentos, não ajudando nas despesas familiares.

Por sugestão de suas amigas, Josélia começou a comprar e a vender bijuterias.

Esta receita não é garantida, mas tem-lhe rendido, mensalmente, cerca de $ 6.000,00. Sua falta de organização financeira, entretanto, fez com que assumisse muitas dívidas.

Não sabendo o que fazer para sentir-se mais segura quanto às medidas a tomar para equilibrar suas finanças pessoais, solicitou a ajuda de um consultor financeiro.

Para iniciar sua análise, este solicitou que Josélia relacionasse seus bens, direitos e dívidas, **naquele exato momento**. Ela fez a seguinte relação:

BENS E DIREITOS (ATIVO)		
Casa de Campo	67.000	a
Móveis	3.200	b
Computadores e impressora	3.500,00	c
Carro	27.000,00	d
Poupança	2.415	e
Estoque de produtos	8.000,00	f
Contas a receber de clientes	40.000,00	g
TOTAL DO ATIVO	151.115,00	h = Σ(a:g)
DÍVIDAS (PASSIVO)		
Empréstimos familiares	35.000,00	i
Cheque especial	15.000,00	j
Financiamento do cartão de crédito	16.000,00	k
Financiamento do carro	17.000,00	l
Imposto de Renda	500,00	m
Fornecedores	50.000,00	n
Cheques pré-datados	15.000,00	o
TOTAL DO PASSIVO	148.500,00	p
PATRIMÔNIO LÍQUIDO	**2.615,00**	q = h – p

Obs.: Em Contabilidade os valores negativos são apresentados entre parênteses.

Fizeram, então, seu orçamento mensal, apurando quanto ganham, quais suas despesas e qual sua situação no final de cada mês. Ficaram muito assustados, uma vez que, apesar de seu patrimônio líquido ser positivo, ou seja, de $ 2.615,00 e o valor de seus bens e direitos (ativos = 151.115,00) ser superior a suas dívidas (passivos = $ 148.500,00), não existe liquidez que favoreça a resolução de seus problemas a curto prazo.

ORÇAMENTO		
ENTRADAS (RECEITAS)		
Renda líquida, **em média**	6.000,00	A
Rendimento da poupança	, 500,00	B
TOTAL DAS RECEITAS	**6.500,00**	$C = \Sigma(A:B)$
SAÍDAS (DESPESAS)		
Aluguel	(770,00)	E
Condomínio	(80,00)	F
IPTU	(50,00)	G
Supermercado	(300,00)	H
IPVA/Licenciamento	(69,00)	I
Seguro carro/Gasolina	(403,00)	J
TV a cabo	(90,00)	K
Plano de saúde	(335,00)	L
Revistas/Livros	(73,00)	M
Juros do cheque especial e do cartão de crédito	(38,00)	N
Bijuterias para revenda	(800,00)	O
Telefone fixo	(59,00)	P
Cabeleireiro/Manicure	(65,00)	Q
Celular	(234,00)	R
Vestuário	(250,00)	S
Anuidades dos cartões de crédito (parcela mensal)	(34,00)	T
Curso de Inglês	(216,00)	U
Lazer	(150,00)	V
Padaria/Restaurante	(330,00)	W
Academia de ginástica	(300,00)	X
Empregada	(270,00)	Y
Seguro de vida (parcela mensal)	(23,00)	Z
Internet	(60,00)	AA
Farmácia	(145,00)	AB
Financiamento – carro	(565,00)	AC
Faculdade	(840,00)	AD
Transporte	(120,00)	AE
Presentes	(40,00)	AF
Casa de Campo	(1.500,00)	AG
TOTAL DAS DESPESAS	**(8.209,00)**	$AH = \Sigma(E:AG)$
DÉFICIT MENSAL	**(1.709,00)**	$AI = C - AH$

Procedendo à análise, com o auxílio de seu consultor financeiro, Josélia descobriu que está gastando mensalmente mais do que ganha, ou seja, sua despesa mensal ($ 8.209,00) era superior à sua receita mensal ($ 6.500,00) havendo um acréscimo mensal de cerca de $ 1.709,00 (alguns itens têm valor variável) no valor de sua dívida. E o pior é que sua renda mensal com vendas não é garantida. No momento, acha que precisa comprar uma casa própria. Para tal, precisa replanejar seus gastos. O que você poderia sugerir-lhe?

_____

_____

_____

_____

E você, como estão suas finanças pessoais?

Faça uma relação de bens, direitos e obrigações que a sua família possui, assim como do patrimônio familiar (valores aproximados). Pense se a elaboração desses quadros poderia ser útil para melhoria da atual situação financeira, ou para sua melhor visualização.

Finanças Pessoais, demonstração apurada em __/__/___.

Bens e Direitos (ATIVO)	
Casa/apartamento	
Carro	
Aplicações financeiras	
Computador e impressora	
Móveis	
Outros	
TOTAL DO ATIVO	
Obrigações (PASSIVO)	
Financiamento – casa	
Financiamento – carro	
Financiamento do cartão de crédito	
Cheque especial	
Imposto de Renda a pagar	
Cheques pré-datados	
Empréstimos familiares	
Outros	
TOTAL DO PASSIVO	
PATRIMÔNIO LÍQUIDO	

ORÇAMENTO MENSAL	
RECEITAS MENSAIS	
Renda líquida (salário mensal)	
Rendimento da poupança	
Rendimento das outras aplicações financeiras	
Outras receitas	
TOTAL DAS RECEITAS	
DESPESAS MENSAIS	
Aluguel	
Condomínio	
IPTU	
Supermercado	
Carro – Seguro/Gasolina/IPVA	
Conta do telefone fixo	
Conta do celular	
Conta do plano de saúde	
Anuidades dos cartões de crédito	
Juros do cheque especial e do cartão de crédito	
Vestuário	
Mensalidade da academia de ginástica	
Mensalidade dos cursos (idiomas, pós-graduação)	
Lazer, revistas, livros, restaurantes	
Conta da TV a cabo	
Mensalidade da Internet	
Diversos	
Outras despesas	
TOTAL DAS DESPESAS	
SUPERÁVIT/(DÉFICIT) MENSAL	

Muitas vezes, o trabalhador autônomo, por falta de conhecimento de finanças pessoais e noções básicas de Contabilidade, mistura também receitas e despesas pessoais e da empresa e ao final do mês não consegue saber se está indo bem em seu trabalho e se poderá pagar suas contas pessoais e, quando não consegue, não sabe analisar o real motivo.

Um caso comum é o de motoristas de táxi. Baseados em entrevistas informais com estes profissionais, montamos um exemplo onde podemos observar que, por falta de controle, muitas vezes o que se ganha é gasto tanto na atividade profissional quanto na vida pessoal e, dessa forma, ao final do mês, não se pode saber como está sendo a sua atuação no trabalho em termos econômicos. Verificaremos o caso de dois motoristas de táxi.

O sr. Correto anota todos os gastos do seu táxi em uma planilha, enquanto o sr. Confuso, de cabeça, vai apurando todos os seus gastos e inclui alguns gastos realizados em caráter particular. Ao final do mês, os dois apuram diferentes resultados em sua atividades.

	Sr. Correto		Sr. Confuso
Receitas		Receitas	6.300
Corridas na cidade	5.000		
Corridas intermunicipais	1.000		
Propaganda no veículo	300		
Total	**6.300**		
Despesas		Despesas	
Combustível (Gás+Óleo)	(280)	Combustível	(280)
Depreciação do veículo	(1.000)	Alimentação total	(1.500)
Lanches no serviço	(400)	Telefone	(600)
Despesa Cooperativa	(350)	Diversos	(1.000)
Telefone trab.	(150)		
Seguro	(200)		
Total	**(2.380)**	**Total:**	**(3.380)**
Lucro da atividade	3.920	Lucro da atividade	2.920

Se você fosse motorista de táxi faria como o Sr. Correto ou como o Sr. Confuso? Explique.

Entreviste profissionais autônomos, como médicos, dentistas, arquitetos, carpinteiros e jornaleiros, e procure saber como eles controlam suas entradas e saídas. Verifique se separam a sua atividade profissional. Se possível, procure orientá-los a respeito e debata em sala de aula sua experiência.

1.1.2 Finanças corporativas

Passemos para uma visão mais abrangente.

Poderiam as empresas sobreviver sem qualquer controle? Como seriam desenvolvidas as transações financeiras – empréstimos, financiamentos, investimentos, aquisições, venda de produtos – se não houvesse quaisquer informações sobre as empresas envolvidas? Sua empresa emprestaria um milhão de reais se não soubesse a probabilidade de retorno, ou compraria outra empresa sem nenhum conhecimento de sua saúde financeira?

Poderia haver compra e venda de ações sem qualquer conhecimento da situação econômico-financeira das empresas? A quebra da Bolsa de Nova Iorque, em 1929, e a recente bolha da Bolsa Nasdaq, em 2001, são provas concretas de que a Contabilidade deve estar sempre presente para fundamentar qualquer decisão.

Pautadas na realidade apresentada – bem como nas imposições feitas pelo mundo dos negócios –, cada vez mais as pessoas procuram e precisam aprender Contabilidade.

O foco de atuação da Contabilidade são as Entidades, abrangendo as do setor privado, que objetivam lucro, e também as entidades não lucrativas, como as do Governo e as denominadas ONGs.

TEMA PARA REFLEXÃO E DEBATE:

Na sua opinião, como seria o mundo sem a Contabilidade?

_____
_____
_____
_____

1.2 Por que estudar Contabilidade?

Você, certamente, não conseguiria interpretar um texto escrito em um idioma que ainda não aprendeu, ou decifrar algum código sem as orientações básicas. Para testar, tente entender o que está escrito no quadro a seguir:

25	27	14	15	14	27	25	37	36	36	34	36	34	
34	36	34	37	32	32	14	27	25	25				
25	27	14	15	14	27	25	37	36	14	25	27	14	
25	27	25	37	34	34	14	27	25	25				
25	27	14	15	14	27	25	37	36	36	34	36	34	
34	36	34	37	32	32	14	27	25	27	28			
27	15	27	25	37	15	27	25	37	15	37	36	25	14
27	15	27	27	14	17	15	15						
25	27	14	15	14	27	25	37	36	36	34	36	34	
34	36	34	37	32	32	14	27	25	25				
25	27	14	15	14	27	25	37	36	14	25	27	14	
25	27	25	37	34	34	14	27	25	25				
25	27	14	15	14	27	25	37	36	36	34	36	34	
34	36	34	37	32	32	14	27	25	27	28			
27	15	27	25	37	15	27	25	37	15	37	36	25	14
27	15	27	27	14	17	15	15						

Está difícil, não é? Que tal tentar novamente?

O nosso time mostra a sua raça no jogo,
É o **América**, **América**
Vai conquistando o coração do povo no jogo,
E na torcida eu sou **América**
Eu sou **América** e tenho orgulho de ser,
Porque o **América** em tudo é o melhor

É alegria no esporte e no futebol
América, **América** (Bis)

Meu coração vibra nas suas cores
Eu sou **América**, **América**
É uma canção que canta mil amores, enfim,
Cantou **América**, **América**
Vamos em frente gente Americana mostrar
Que o nosso time entrou pra valer

Bola pra frente, quero ver jogando pra ganhar
América, **América** (Bis)

Ah! Agora, sim! Trata-se do famoso Hino do América Futebol Clube. Faz-se necessário que você "decodifique" a linguagem para que não acabe cantando o hino do time adversário... O mesmo ocorre com a Contabilidade.

Pesquisa: antes de passar para o próximo tópico faça uma pesquisa sobre a atuação profissional de Warren Buffet e seu posicionamento sobre a Contabilidade. Debata com a turma. Observe que já existe um estudo comportamental sobre W. Buffet.

A Contabilidade é a linguagem dos negócios

Se você não sabe ler o placar, não sabe como anda o jogo, nem distingue os vencedores dos perdedores.

Segundo o grande investidor norte-americano Warren Buffet (*O TAO de Warren Buffet*, de Mary Buffet & David Clark. Rio de Janeiro: Sextante, 2007), existem muitas maneiras de descrever o que está acontecendo com uma empresa, mas seja lá o que se diga, sempre se retorna à língua da Contabilidade. Quando a filha de seu amigo perguntou as disciplinas a cursar na Faculdade, respondeu: "Contabilidade, a língua dos negócios." Para interpretar as demonstrações financeiras de uma empresa, você tem que saber interpretar os números. Para isso, precisa aprender Contabilidade.

Podemos, deste modo, concluir que através da Contabilidade é que se traçam objetivos, mensuram-se resultados e se avaliam desempenhos. É por meio dos relatórios elaborados com base no sistema de informações contábeis que administradores decidem quanto ao preço a ser praticado, ao *mix* de produtos a ser vendido e à tecnologia a ser utilizada.

Como toda e qualquer linguagem, a Contabilidade utiliza sinais e símbolos cognitivos próprios, possui um vocabulário específico e uma *gramática* própria. Não falar a linguagem própria, bem como não compreender seus conceitos fundamentais e seus princípios norteadores, torna difícil a interpretação de relatórios e a participação no mundo dos negócios.

Sem um conhecimento formal de Contabilidade, como seria a análise de uma empresa? Como calcularia sua capacidade de pagar as dívidas, sua lucratividade ou mesmo o retorno do capital?

Por exemplo, você deve conhecer a atividade de uma drogaria e já deve ter efetuado compras em várias delas. Entretanto, considerando que este pode ser o seu primeiro contato com a Contabilidade, será que você conseguiria interpretar o Balanço Patrimonial e a Demonstração do Resultado do Exercício da Raia Drogasil S/A (Droga Raia)?

A Demonstração da Controladora, que muitas vezes é denominada através do termo em inglês *holding*, representa a entidade constituída de forma legal que possui Participações Societárias em outras empresas. É esta empresa que possui ações negociadas na Bolsa de Valores e que paga impostos e dividendos.

A Contabilidade, visando gerar melhor informação, desenvolveu uma técnica para evidenciar informações de uma entidade econômica abstrata, admitindo que a empresa controladora e suas controladas sejam uma única empresa. Esta aglutinação gera as "Demonstrações Consolidadas", que propiciam a visão integrada do conjunto formado legalmente pelas diversas empresas existentes. Em termos de análise, a Demonstração Consolidada tem uma qualidade superior e propicia a comparação com os outros conglomerados.

Nesta edição reproduzimos apenas as Demonstrações Consolidadas.

Raia Drogasil S/A Balanço Patrimonial	31/12/2011 R$ milhares	31/12/2010 R$ milhares
Ativo Total	**3.168.308**	**918.336**
Ativo Circulante	**1.625.795**	**666.448**
Caixa e Equivalentes de Caixa	339.971	180.846
Aplicações Financeiras Avaliadas ao Custo Amortizado	0	15.319
Contas a Receber	367.183	131.017
Estoques	814.975	295.958
Tributos a Recuperar	93.160	39.656
Despesas Antecipadas	10.506	3.652
Ativo Não Circulante	**1.542.513**	**251.888**
Ativo Realizável a Longo Prazo	*44.063*	*31.411*
Contas a Receber	608	565
Imposto de Renda e Contribuição Social Diferidos	0	1.628
Despesas Antecipadas	136	97
Depósitos Compulsórios e Incentivos Fiscais	0	5
Depósitos Judiciais	7.445	1.912
Tributos a Recuperar	35.313	26.459
Precatórios	561	745
Imobilizado	*370.605*	*154.281*
Intangível	*1.127.845*	*66.196*

Fonte: Disponível em: <http://www.cvm.gov.br>. Acesso em: abr. 2012.

Raia Drogasil S/A Balanço Patrimonial	31/12/2011 R$ milhares	31/12/2010 R$ milhares
Passivo Total + Patrimônio Líquido	**3.168.308**	**918.336**
Passivo Circulante	**791.232**	**287.654**
Obrigações Sociais e Trabalhistas	92.460	28.275
Fornecedores	536.399	192.722
Obrigações Fiscais	30.035	14.243
Empréstimos e Financiamentos	50.325	20.355
Dividendos e JCP a Pagar	3.662	11.914
Aluguéis	12.815	4.153
Luvas Comerciais	699	593
Demais Contas a Pagar	55.759	12.564
Provisões	9.078	2.835
Passivo Não Circulante	**175.902**	**32.065**
Empréstimos e Financiamentos	111.985	28.237
Obrigações por Pagamentos Baseados em Ações	0	2.762
Programa de Recuperação Fiscal	6.096	0
Outras Obrigações	2.834	0
Tributos Diferidos	51.715	0
Provisões	3.272	1.066
Patrimônio Líquido Consolidado	**2.201.174**	**598.617**
Capital Social Realizado	908.639	285.400
Reservas de Capital	1.039.935	100.889
Reservas de Reavaliação	13.325	19.523
Reservas de Lucros	239.275	192.805
Ações em Tesouraria	0	– 3.302

Fonte: Disponível em: <http://www.cvm.gov.br>. Acesso em: abr. 2012.

Raia Drogasil S/A Demonstração do Resultado do Exercício	2011 R$ milhares	2010 R$ milhares
Receita de Venda de Bens e/ou Serviços	**2.729.392**	**2.007.828**
Custo dos Bens e/ou Serviços Vendidos	– 2.011.471	– 1.491.904
Resultado Bruto	**717.921**	**515.924**
Despesas/Receitas Operacionais	– 638.364	– 401.952
Despesas com Vendas	– 464.112	– 312.185
Despesas Gerais e Administrativas	– 143.898	– 89.767
Outras Despesas Operacionais	– 30.354	0
Resultado Antes do Resultado Financeiro e dos Tributos	**79.557**	**113.972**
Receitas Financeiras	22.447	12.372
Despesas Financeiras	– 10.799	– 5.515
Resultado Antes dos Tributos sobre o Lucro	**91.205**	**120.829**
Corrente	– 25.270	– 29.981
Diferido	2.761	– 1.833
Resultado Líquido das Operações Continuadas	**68.696**	**89.015**
Resultado Líquido de Operações Descontinuadas	0	0
Lucro/Prejuízo Consolidado do Período	**68.696**	**89.015**
Atribuído a Sócios da Empresa Controladora	68.696	89.015
Atribuído a Sócios Não Controladores	0	0

Fonte: Disponível em: <http://www.cvm.gov.br>. Acesso em: abr. 2012.

Raia Drogasil S/A Demonstração dos Fluxos de Caixa	2011 R$ milhares	2010 R$ milhares
Caixa Líquido Atividades Operacionais	**28.619**	**52.446**
Caixa Gerado nas Operações	*158.253*	*158.437*
Lucro Líquido Antes do I.R. e C.S.L.L.	91.205	120.829
Ajustes para conciliação do Lucro Líquido	67.048	37.608
Variações nos Ativos e Passivos Operacionais	*– 97.694*	*– 74.196*
(Acréscimo) decréscimo de Ativos	– 174.925	– 70.323
(Decréscimo) acréscimo de Passivos	77.231	– 3.873
Imposto de Renda e Contribuição Social Pagos	*– 31.940*	*– 31.795*
Caixa Líquido Atividades de Investimento	**143.198**	**– 100.706**
Aquisições de Imobilizado e Intangível	– 83.705	– 101.577
Recebimentos por Vendas de Imobilizados	494	871
Caixa Adquirido em Combinação de Negócios	226.409	0
Caixa Líquido Atividades de Financiamento	**– 12.692**	**101.414**
Financiamentos Tomados	60.865	28.543
Pagamentos de Financiamentos	– 26.183	– 17.785
Juros Pagos	– 7.420	– 3.865
Recebimento de Exercício do Plano de Opção de Ação	909	262
Recebimento da Alienação de Ações Mantidas em Tesouraria	0	125.510
Juros Sobre Capital Próprio e Dividendos Pagos	– 40.863	– 31.251
Aumento (Redução) de Caixa e Equivalentes	**159.125**	**53.154**
Saldo Inicial de Caixa e Equivalentes	180.846	127.692
Saldo Final de Caixa e Equivalentes	**339.971**	**180.846**

Fonte: Disponível em: <http://www.cvm.gov.br>. Acesso em: abr. 2012.

Raia Drogasil S/A Demonstração do Valor Adicionado	2011 R$ milhares	2010 R$ milhares
Receitas:		
Receitas de Vendas de Mercadorias, Produtos e Serviços	2.829.944	2.080.648
Outras Receitas	412	484
Provisão/Reversão de Créds. Liquidação Duvidosa	– 471	51
Insumos Adquiridos de Terceiros:		
Custos Prods., Mercs. e Servs. Vendidos	– 1.858.944	– 1.373.777
Materiais, Energia, Servs. de Terceiros e Outros	– 132.434	– 65.262
Perda/Recuperação de Valores Ativos	– 1.366	– 609
Valor Adicionado Bruto	**837.141**	**641.535**
Retenções: Depreciação, Amortização e Exaustão	– 55.672	– 31.292
Valor Adicionado Líquido Produzido	**781.469**	**610.243**
Vlr. Adicionado Recebido em Transferência: Receitas Financeiras	22.448	12.372
Valor Adicionado Total a Distribuir	**803.917**	**622.615**
Distribuição do Valor Adicionado	**803.917**	**622.615**
Pessoal: Salários, Benefícios e Encargos	278.524	184.223
Impostos, Taxas e Contribuições: Federais, Estaduais e Municipais	334.674	265.805
Remuneração de Capitais de Terceiros: Juros e Aluguéis	122.023	83.572
Remuneração de Capitais Próprios: Dividendos, JSCP e Lucros Retidos	68.696	89.015

Fonte: Disponível em: <http://www.cvm.gov.br>. Acesso em: abr. 2012.

Raia Drogasil S/A

Demonstração das Mutações do Patrimônio Líquido (R$ milhares)	Capital Social	Reservas de Capital, Opções Outorgadas e Ações em Tesouraria	Reservas de Lucro	Lucros Acumulados	Patrimônio Líquido
Saldos em 1º de Janeiro de 2010	285.400	14.637	111.567	0	411.604
Opções Outorgadas Reconhecidas	0	829	0	0	829
Ações em Tesouraria Vendidas	0	85.423	40.349	0	125.772
Dividendos	0	0	4.238	-4.238	0
Juros sobre Capital Próprio	0	0	0	-24.675	-24.675
Dividendo de 2009 aprovado na AGO de 05 de abril de 2010	0	0	-3.989	0	-3.989
Juros Sobre o Capital Próprio Prescrito	0	0	0	61	61
Lucro Líquido do Período	0	0	0	89.015	89.015
Constituição de Reservas	0	0	60.365	-60.365	0
Realização da Reserva Reavaliação	0	0	-306	306	0
Tributos sobre a Realização da Reserva de Reavaliação	0	0	104	-104	0
Saldos em 31 de Dezembro de 2010	285.400	100.889	212.328	0	598.617
Aumentos de Capital	623.239	940.907	0	0	1.564.146
Opções Outorgadas Reconhecidas	0	532	0	0	532
Ações em Tesouraria Vendidas	0	-2.393	3.302	0	909
Dividendos	0	0	9.738	-9.738	0
Juros sobre Capital Próprio	0	0	0	-21.562	-21.562
Dividendo de 2010 aprovado na AGO de 11 de Abril de 2011	0	0	-4.238	0	-4.238
Juros Sobre Capital Próprio Prescrito	0	0	0	70	70
Lucro Líquido do Período	0	0	0	68.696	68.696
Constituição de Reservas	0	0	37.668	-37.668	0
Realização da Reserva Reavaliação	0	0	-306	306	0
Tributos sobre a Realização da Reserva de Reavaliação	0	0	104	-104	0
I.R.P.J. e C.S.L. Diferidos sobre Reserva de Reavaliação de Terrenos	0	0	-5.996	0	-5.996
Saldos em 31 de Dezembro de 2011	908.639	1.039.935	252.600	0	2.201.174

Fonte: Disponível em: <http://www.cvm.gov.br>. Acesso em: abr. 2012.

Com base nessas informações, você poderia ter uma opinião sobre a saúde financeira da Raia Drogasil?

Responder a essa questão não chega a ser muito complicado, mas precisamos estudar Contabilidade. Então, que tal estudar o conteúdo deste livro para, ao final, analisar essas demonstrações contábeis? Vamos lá...

1.3 Contabilidade – definição

A Contabilidade é a ciência social que tem por objetivo medir, para poder **INFORMAR**, os aspectos quantitativos e qualitativos do patrimônio de quaisquer entidades. Constitui um instrumento para gestão e controle das entidades, além de representar um sustentáculo da democracia econômica, já que, por seu intermédio, a sociedade é informada sobre o resultado da aplicação dos recursos conferidos às entidades.

A Contabilidade é o processo cujas metas são registrar, resumir, classificar e comunicar as informações financeiras. O *input* deste processo são as transações que a empresa efetua. O *output* são as Demonstrações Contábeis. Constitui-se no grande banco de dados de todas as empresas. Genericamente, pode-se dizer que a Contabilidade é uma *indústria*, tendo como matéria-prima os dados econômico-financeiros que são captados pelos registros contábeis e processados de forma ordenada, gerando, como produto final, as *Demonstrações Contábeis* ou *Demonstrações Financeiras*, como são denominadas pela legislação brasileira.

É possível visualizar essa afirmação por meio da seguinte ilustração:

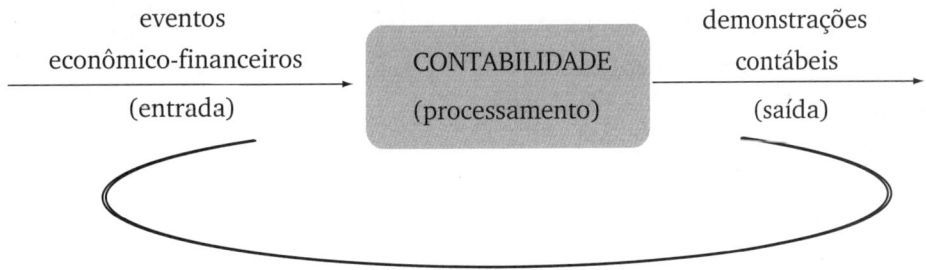

A Contabilidade possui a estrutura lógica conceitual fundamentada nos seus princípios norteadores. A capacidade informativa da Contabilidade e a estruturação do sistema contábil são viabilizadas por meio da elaboração de um "bom" Plano de Contas, que ordena todas as contas utilizadas pela empresa por natureza e que viabiliza a definição das áreas da empresa em que são incorridos os gastos. Além disso, um "bom" Plano de Contas deve permitir seu aprimoramento e a criação de novas contas e detalhamentos (subcontas).

ATIVIDADE: Analise o sistema contábil e o Plano de Contas de sua empresa, com o objetivo de obter uma visão ampla do banco de dados contábil.

1.4 Objetivo da Contabilidade

A Contabilidade é uma ciência fundamentalmente utilitária. Seu grande produto é o provimento de informações para planejamento e controle, evidenciando informações referentes à situação patrimonial, econômica e financeira de uma empresa.

O seu propósito básico é prover aos "tomadores de decisões" (diretores, gerentes, administradores da empresa e todos os interessados) informações úteis para a sua melhor atuação.

A Contabilidade é um sistema de informação e avaliação destinado a prover seus usuários com demonstrações e análises de natureza econômica, financeira, física e de produtividade no que tange à entidade objeto da contabilização.

A Contabilidade Financeira (ou Societária), a linguagem dos negócios, objetiva mostrar a saúde financeira da empresa.

Atividade: Pesquise as demonstrações contábeis de duas empresas do mesmo setor e relate qual possui melhor saúde financeira.

1.5 Usuários da informação contábil

A coleta (obtenção), o registro e a sumarização da informação econômica visam fundamentar o processo decisório de todas as pessoas relacionadas com as entidades, tais como os administradores, os investidores, o Governo, os empregados, os financiadores e toda a sociedade, ou seja, aqueles que constituem os agentes econômicos internos e externos.

De acordo com o objetivo de cada usuário – decisão quanto a investimentos ou financiamentos, distribuição de resultados, entre outros –, existe uma demanda diferenciada de informações contábeis. Por este motivo, podemos dividir os usuários da informação e seus objetivos informacionais do seguinte modo:

- acionista controlador: retorno do capital comparado com o risco, valorização da empresa, lucro e dividendos;
- administradores: retorno do capital e do ativo, otimização dos gastos realizados, otimização das decisões futuras, lucratividade do *mix* de produtos, participação nos lucros;
- financiadores: capacidade de pagamento, grau de endividamento;
- governo: tributação e arrecadação de impostos, taxas e contribuições, além da formulação de diretrizes da política econômica e das atividades do Judiciário e de agências reguladoras;
- acionista minoritário: fluxo regular de dividendos, valorização da empresa;
- empregados: capacidade de pagamento dos salários, perspectivas de crescimento da empresa, participação nos lucros.

De forma geral, pode-se dizer que o conjunto completo de demonstrações contábeis visa gerar informação relevante a um amplo grupo de usuários que não têm condições de exigir informação detalhada para atender suas necessidades específicas.

Exercício de fixação (1.5)

Para verificar sua compreensão, complete o seguinte exercício:

Combine o usuário da informação contábil com o tipo de decisão ou informação desejada, colocando o número que julgue mais apropriado (apenas um para cada um):

1. Acionista controlador
2. Emprestadores de recursos
3. Administradores
4. Acionistas potenciais
5. Empregados
6. Governo

(   ) Exame das Declarações do Imposto de Renda

(   ) Exame da eficácia da atuação dos empregados

(   ) Análise do potencial de reajuste de salários

(   ) Avaliação da probabilidade de que as dívidas assumidas sejam pagas nos seus vencimentos

(   ) Confronto da rentabilidade da empresa considerando as diversas opções de investimento atuais

(   ) Decisões sobre a expansão ou redução de uma linha de produtos

(   ) Exame de eficácia do sistema de controle interno existente para proteção dos ativos

(   ) Quantificação do lucro máximo passível de distribuição sem descapitalizar a empresa

Pontos para reflexão

- Em que grupo dos usuários da Contabilidade você se situa?
- Qual a sua necessidade de informações?
- A informação contábil o atende de forma plena?

1.6 Contabilidade – ambiente e campo de atuação

Vejamos, resumidamente, o ambiente no qual a Contabilidade gera informações e o seu campo de atuação, bem como as diversas funções que o contador pode desempenhar. O Apêndice deste Capítulo apresenta, em uma visão econômica, o ambiente em que a contabilidade gera informações.

1.6.1 Ambiente

A Contabilidade é um produto de seu meio. Ela resulta das condições sócio-econômico-político-legais, bem como de suas limitações e influências, que variam no tempo. Seu campo de atuação é muito amplo, podendo abranger as pessoas físicas, as entidades de finalidades não lucrativas e entidades de Direito Público, como Estado, Município, União, Autarquia. Apesar dessa abrangência, o presente texto irá pautar seus exemplos e aplicações em entidades que objetivam lucro, havendo uma regulamentação própria para Contabilidade Pública, bem como peculiaridades nas organizações sem fins lucrativos.

1.6.2 Campo de atuação

Assim como existem diferentes tipos de decisões econômicas, a Contabilidade também se estrutura para fornecer diferentes tipos de informações. A atuação segmentada da Contabilidade Gerencial, da Contabilidade Financeira e da Contabilidade Fiscal retrata este processo que fornece, no conjunto, as informações mais utilizadas no mundo dos negócios.

As principais diferenças são:

- a Contabilidade Gerencial, ou INTERNA, abrange as informações a serem fornecidas aos gestores da entidade, isto é, às pessoas internas à da organização, responsáveis por dirigir e controlar suas operações. Estas informações são utilizadas para traçar metas, avaliar o desempenho dos setores da empresa, bem como de seus funcionários, decidindo sobre a produção de novos produtos ou não, além de todos os tipos de decisões gerenciais. Apesar de a base de suas informações ser financeira, devem ser incluídas avaliações de fatores "não financeiros", como considerações políticas e ambientais, qualidade do produto, satisfação do cliente e produtividade;
- a Contabilidade Financeira ou EXTERNA refere-se a recursos financeiros, obrigações e atividades da entidade legal. Sua informação é destinada, *a priori*, ao público externo à entidade, e busca orientar investidores e credores ao decidirem onde alocar seus recursos. Tais decisões são importantes para a sociedade, uma vez que será determinado quais empresas irão ou não receber recursos para seu crescimento. Muitas outras pessoas utilizam essas informações, tais como os executivos e empregados da empresa, os acionistas, os fornecedores e outros agentes externos à empresa;
- a Contabilidade Fiscal representa um setor de especialização da Contabilidade. Objetiva fornecer informação ao órgão tributante – Governo –, principalmente à Secretaria da Receita Federal (SRF). O planejamento tributário significa a antecipação dos "efeitos dos impostos" nas transações e na estruturação das operações, de modo que se minimize a carga tributária, licitamente. Vale ressaltar que a declaração do Imposto de Renda é baseada na informação proveniente da Contabilidade Financeira.

A Contabilidade Fiscal – ou Tributária – não será detalhada neste livro. O breve comentário tem por objetivo, simplesmente, demonstrar que não se deve confundi-la com a Contabilidade Financeira.

A Contabilidade Financeira – ou Societária – está limitada pelos princípios contábeis generalizadamente aceitos, que restringem as regras de reconhecimento da receita e mensuração de custo, assim como os tipos de itens que são classificados como Ativos, Passivos e Patrimônio Líquido no Balanço Patrimonial. A contabilidade gerencial, por sua vez, não está restrita àqueles princípios contábeis.

Características	Contabilidade Gerencial	Contabilidade Financeira	Contabilidade Fiscal
adoção e elaboração	facultativa	obrigatória	obrigatória
utilizada para	relações internas	relações externas	relações tributárias
vínculo à legislação	não está condicionada às disposições legais	condicionada às disposições legais	condicionada às disposições legais e tributárias
vínculo aos Princípios Contábeis (estrutura conceitual)	não precisa acompanhar	deve acompanhar todos os Princípios Contábeis	não precisa, mas, normalmente, acompanha – embora o Fisco tenha o poder de determinar tratamento diferente ou criar exceções
produto principal	relatórios para planejamento e controle	conjunto completo de demonstrações contábeis	relatórios específicos exigidos por lei
visão da empresa	interesse nas partes	empresa como um todo	empresa como um todo
a informação é	rápida (aproximações)	relevante e confiável	precisa (objetiva)
a informação busca	utilidade	essência econômica das transações	objetividade e legalidade

A Contabilidade de Custos localiza-se em uma área intermediária entre a Contabilidade Financeira e a Contabilidade Gerencial, pois serve às duas.

A Contabilidade Financeira utiliza as informações geradas pela Contabilidade de Custos para avaliar os estoques – necessário para apurar o Balanço Patrimonial – e para mensurar o custo dos produtos vendidos – necessário para apurar o resultado do período.

Já a Contabilidade Gerencial utiliza as informações providas pela Contabilidade de Custos para identificar que preço deve ser cobrado para cobrir o *custo do produto*, as despesas operacionais, e ainda remunerar, adequadamente, o capital investido.

Resumindo, pode-se afirmar que a Contabilidade está inserida em três amplos campos de atuação, orientados pelas necessidades de seus usuários.

Exercícios de fixação (1.6)

a) De forma resumida, quais as principais diferenças entre a Contabilidade Gerencial, a Contabilidade Societária e a Contabilidade Fiscal?

b) Qual delas você julga de maior utilidade? Por quê?

1.6.3 Funções desempenhadas

Os contadores desempenham diferentes papéis na sociedade. Através da compreensão de sua atuação será possível determinar a importância acerca de onde estão inseridos.

- **Na empresa**: planejador tributário; analista financeiro; contador geral (hospitalar, rural, fiscal, industrial, de turismo, mineradora, cooperativa, securitária, condomínio); cargos administrativos (área financeira, *chief information officer*, *controller*, executivo, logística); auditor interno, contador de custos, contador gerencial.
- **Órgão público**: contador público (Tribunal de Contas), agente fiscal de renda (Município, Estados, União), oficial contador (polícia militar, exército, contador e auditor com patente de general de divisão), contador do ministério público, fiscal do ministério do trabalho, banco central, analista de finanças e controle.
- **No ensino**: professor, pesquisador, escritor, parecerista, conferencista.
- **Independente (autônomo)**: auditor independente, consultor, empresário contábil, perito contábil, investigador de fraudes.

Atividades em grupo:

a) pensem por alguns minutos nos contabilistas que conhecem. Quais as atividades desenvolvidas por estes e a importância de sua atuação? (Se possível, procedam a entrevistas em campo para seu melhor conhecimento.)

b) Visitem papelarias, bancas de jornal, supermercados, feiras e perguntem quem faz a contabilidade e qual a importância desta para o bom desenvolvimento do negócio (3 entrevistas).

1.7 Limitações da Contabilidade

Deve-se reconhecer que, infelizmente, as informações contábeis não podem reproduzir o patrimônio da empresa com total fidelidade e certeza de forma a atender com plenitude as necessidades informacionais de todos os usuários. A Contabilidade utiliza avaliações e, como todo sistema de mensuração, tem limitações – inclusive de custo-benefício –, pois deve conciliar a utilidade da informação com os requisitos da praticabilidade e objetividade.

O fato de a Contabilidade se concentrar na avaliação monetária apresenta um aspecto positivo, mas também enseja limitações, posto que é impossível a quantificação monetária de todos os eventos econômicos. O processo de avaliação é agravado pelo problema da flutuação de preços, que impacta de forma definitiva a avaliação do patrimônio líquido e do resultado ao longo do tempo. Portanto, a informação do lucro líquido não deveria ser a única medida de avaliação do sucesso de uma empresa durante um período.

O resultado exato de uma empresa – ou seja, a variação do patrimônio investido pelos proprietários – somente poderá ser apurado no final de sua vida, quando os ativos da empresa forem liquidados. Entretanto, a Contabilidade, para proporcionar informações úteis, tem a missão de calcular o resultado a intervalos regulares de tempo. Daí por que a Contabilidade é, em geral, estruturada sobre o conceito de lucro (regime de competência), e não sobre o conceito de caixa (regime de caixa).

Para aprimorar essa informação seria preciso introduzir, na quantificação do lucro, variáveis não monetárias de mensuração subjetiva, como custo de oportunidade, inovação tecnológica, qualidade de produtos, satisfação da clientela, investimentos sociais, ambientais e treinamento de empregados.

Entretanto, um aspecto fundamental deve ser esclarecido.

O controle através das informações contábeis é imprescindível para todas as empresas, e na avaliação da gestão da empresa, a longo prazo, o conceito de Lucro é superior ao de Caixa, apesar de este ser uma informação contábil de grande utilidade.

O conceito de lucro é obtido por meio do Regime de Competência, que representa a alocação lógica e racional do fluxo de caixa ao longo da vida da empresa.

Assim sendo, a diferença entre o conceito de lucro e de caixa é apenas temporal, visto que, no final da vida da empresa, esses conceitos são idênticos.

TEMAS PARA REFLEXÃO E DEBATE:

1. Cite uma limitação da Contabilidade.

_____

2. Como você acha que os leitores das informações contábeis lidam com as limitações?

_____

Exercício de inglês contábil

Segundo a revista *Exame Negócios* de outubro de 2012, cada década possui palavras em inglês que são introduzidas no vocabulário dos brasileiros. São citados vários termos, dentre os quais poderíamos destacar:

-   Década de 70: *Just in time,* originário do Japão, o método propiciou uma mudança radical nas empresas, com maior eficiência nas operações.
-   Década de 80: *stakeholders,* relação com clientes, funcionários e fornecedores. O termo passa a reunir todos em um só grupo, e é utilizado em muitos relatórios contábeis.

-   Década de 90: *startups* – negócios nascentes de tecnologia, atraindo talentos e dinheiro.
    expertise – aparece no momento em que as empresas passam a investir em conhecimentos segmentados para ganhar mercado.
-   Anos 2000: *schedule* – "Vou schedular a reunião" significa vou agendar o encontro.

Outros termos têm sido introduzidos, como *impairment, leasing* e *holding.*

Pesquise nos jornais e revistas econômicos palavras em inglês que estão sendo usadas em linguagem coloquial.

Questões de concurso

1. O número de pessoas interessadas nas informações contábeis é cada vez maior e mais amplo. Dentre essas pessoas, o grupo que está interessado em informações resumidas, tendo como puro escopo o retorno de seus investimentos, é formado por: (CESGRANRIO – 2009 – FUNASA – Técnico de Contabilidade)

   a) acionistas e sócios.
   b) administradores e diretores.
   c) banqueiros e capitalistas.
   d) membros do governo e economistas governamentais.
   e) pessoas físicas em geral.

2. Em relação aos interesses dos principais usuários da informação contábil, assinale a afirmativa incorreta. (FGV – 2008 – Senado Federal – Contador)

   a) Os acionistas atuais da empresa têm grande interesse na sua rentabilidade atual.
   b) Os investidores que podem se tornar acionistas futuros efetuam um confronto da rentabilidade da empresa comparando com as diversas opções existentes no mercado.
   c) O governo foca na análise do fluxo de caixa da empresa para determinar o imposto a ser pago.

d) Os financiadores concentram-se na capacidade de a empresa pagar os valores dos financiamentos e dos juros.

e) Os empregados analisam a capacidade da empresa em efetuar o pagamento dos salários e em sua capacidade de expansão.

3. Sobre conceitos, objeto, função e objetivos da Contabilidade, analise as afirmações a seguir. (CESGRANRIO – 2010 – EPE – Analista de Gestão Corporativa – Contabilidade)

I – O principal objetivo da contabilidade consiste em identificar as contas de apuração dos custos e resultados.

II – A função administrativa tem por objetivo o controle do patrimônio.

III – O objeto da contabilidade é o patrimônio que compreende apenas a parte positiva do balanço.

IV – Os bens corpóreos e os incorpóreos são classificados no passivo.

Está correto APENAS o que se afirma em
a) II.
b) III.
c) I e III.
d) II e IV.
e) I, III e IV.

4. As demonstrações contábeis, quando corretamente elaboradas, satisfazem as necessidades comuns da maioria dos seus usuários, uma vez que quase todos eles as utilizam para a tomada de decisões de ordem econômica. Sob esse aspecto, pode-se dizer que, entre outras finalidades, os usuários baseiam-se nas demonstrações contábeis para praticar as seguintes ações, exceto: (ESAF – 2010 – CVM – Analista – Normas Contábeis e de Auditoria)

a) decidir quando comprar, manter ou vender um investimento em ações.

b) avaliar a capacidade da entidade de pagar seus empregados e proporcionar-lhes outros benefícios.

c) determinar a distribuição de lucros e dividendos.

d) regulamentar as atividades das entidades.

e) fiscalizar a lisura dos atos administrativos.

5. Julgue o próximo item no que concerne à legislação e à doutrina contábil aplicáveis no âmbito da contabilidade comercial:

Diversos são os tipos de usuários interessados nas informações contidas nas demonstrações contábeis das entidades. Um desses grupos é constituído pelos clientes, cujo interesse é tanto maior quanto maior forem a sua dependência e a concentração nos fornecimentos de algumas poucas entidades. (CESPE – 2011 – TJ-ES – Analista Judiciário – Contabilidade – Específicos)

Certo, , , , , , , , Errado

Resumo

1. As empresas não poderiam sobreviver sem qualquer controle. As transações financeiras – empréstimos, financiamentos, investimentos, aquisições, venda de produtos – precisam de uma base que minore seu risco, ou seja, informações sobre as empresas envolvidas.

    1.1 Finanças pessoais. Cada vez mais pessoas aprendem a lidar com suas finanças pessoais, sendo, inclusive, este assunto tratado em algumas escolas de ensino fundamental. Um dos problemas mais comuns é a mistura das finanças pessoais com as de seu negócio, criando situações que muitas vezes parecem "sem saída".

    1.2 Finanças corporativas. Cada vez mais as pessoas procuram e precisam aprender Contabilidade, a "linguagem dos negócios", para participar no mundo dos negócios.

2. A Contabilidade é a linguagem dos negócios. É através dela que se traçam objetivos, mensuram-se resultados e avaliam-se desempenhos. É por meio dos relatórios elaborados com base no sistema de informações contábeis que administradores decidem quanto ao preço a ser praticado, ao *mix* de produtos a ser fabricado e à tecnologia a ser utilizada.

3. A Contabilidade é a ciência social que tem por objetivo medir, para poder INFORMAR, os aspectos quantitativos e qualitativos do patrimônio de quaisquer entidades.

4. A Contabilidade é uma ciência fundamentalmente utilitária. Seu grande produto é o provimento de informações para o Planejamento e Controle, evidenciando informações referentes à situação patrimonial, econômica e financeira de uma empresa. O seu propósito básico é prover aos "tomadores de decisões" informações úteis para a tomada de decisões.

5. De acordo com a decisão quanto a investimentos ou financiamentos, distribuição de resultados, entre outros, existe uma demanda diferenciada de informações contábeis, podendo os usuários da informação ser classificados como proprietários, administradores, financiadores, Governo, acionista minoritário, empregados, dentre outros.

6. Assim como existem diferentes tipos de decisões econômicas, há muitos tipos de informações contábeis. A Contabilidade Gerencial, a Contabilidade Financeira e a Contabilidade Fiscal fornecem as informações mais utilizadas no mundo dos negócios. Deve-se reconhecer que as informações contábeis não podem reproduzir o patrimônio da empresa com total fidelidade e certeza.

7. Os contadores desempenham diferentes papéis na sociedade. Através da compreensão de sua atuação será possível determinar sua importância e onde estão inseridos.

8. A Contabilidade utiliza avaliações, estimativas e julgamentos e, como todo sistema de mensuração, tem limitações – inclusive de custo-benefício –, pois deve conciliar a utilidade da informação com os requisitos da praticabilidade e objetividade.

Exercícios de verificação

1. Se você fosse um financiador, o que exigiria que o empresário lhe apresentasse se este lhe pedisse um empréstimo, para sua empresa, de R$ 1 milhão?

2. Se você fosse um empresário, quais as exigências com que estaria disposto a concordar para obter este empréstimo?

3. Se você trabalhasse em um fundo de investimentos, o que "exigiria" da empresa que estivesse abrindo seu capital na Bovespa para que você comprasse R$ 1 milhão em ações dessa empresa?

4. Se você fosse o administrador de uma sociedade por ações (S.A.), o que estaria disposto a oferecer ao mercado de capitais se fosse abrir o capital de sua empresa (lançar ações no mercado)?

Respostas dos exercícios

1.5   Usuários da informação contábil

6 – 3 – 5 – 2 – 4 – 3 – 1 – 3

1.6   Contabilidade – ambiente e campo de atuação

a) As principais diferenças dizem respeito aos USUÁRIOS, à FINALIDADE/OBJETIVO de cada usuário e à PADRONIZAÇÃO/NORMATIZAÇÃO.

b) Não existe enfoque nem informação mais importante ou menos importante. A rigor, tudo depende do USUÁRIO e de suas NECESSIDADES INFORMACIONAIS.

1.7   Limitações da Contabilidade

1. Dificuldade de mensurar e reconhecer os ativos intangíveis.

2. Os usuários das demonstrações contábeis conhecem as limitações da Contabilidade e buscam fontes de informação complementares, de acordo com as necessidades informacionais de cada um.

1.9   Questões de concurso

1. c   2. c   3. a   4. e   5. Certo

2

O ciclo contábil

Objetivo do Capítulo

O aluno deverá ser capaz, ao final deste capítulo, de entender o ciclo contábil, isto é, o processo que envolve a obtenção dos dados sobre os atos e fatos que afetam o patrimônio da entidade, seu reconhecimento (que envolve decisões quanto à necessidade de se reconhecer; caso deva ser reconhecido, o momento adequado – quando? –, sua classificação – onde? – e seu valor – quanto?), a acumulação dos registros, a sumarização e a evidenciação das demonstrações contábeis. Nesse sentido, serão apresentadas as principais Demonstrações Contábeis, suas estruturas, seus principais conceitos e a inter-relação entre elas.

Caso para debate

No dia 19/10/2012 foram publicadas em todos os jornais econômicos as seguintes manchetes: "Google agita mercado ao divulgar resultado antes da hora, por engano" ou

Digital & Mídia

Gráfica derruba Google

Balanço com lucro menor vaza, ação despenca e empresa perde US$ 19,8 bi em valor de mercado

O que significam estas manchetes? Por que a divulgação do resultado de uma empresa pode ser considerado um engano? Quais as consequências das divulgações das demonstrações contábeis de uma empresa para o mercado de ações?

Pesquise e depois debata em grupo suas respostas.

2.1 Ciclo contábil

Os empresários apresentam grande preocupação com a saúde financeira de seu investimento, isto é, o retorno do capital comparado com o risco, bem como sua valorização, o lucro apurado e a distribuição ou não de dividendos.

Uma das várias medidas de desempenho é representada pelo lucro líquido referente a determinado período. Tal lucro é apurado pela **Demonstração do Resultado do Exercício (DRE)**. O lucro ou prejuízo é obtido pela subtração de todas as despesas das receitas auferidas. Deste modo, poderá ser avaliado se determinada despesa está sendo incorrida de modo desproporcional, podendo-se avaliar os motivos de tal fato, para que as possíveis soluções sejam mais prontamente identificadas.

Outra medida se refere ao patrimônio do proprietário (diferença entre o total dos ativos e o total dos passivos). O **Balanço Patrimonial (BP)** relaciona e quantifica cada conta do Ativo, Passivo e Patrimônio Líquido no último dia do período. Através desta relação, o proprietário sabe o que ele possui (ex.: caixa, estoque, equipamentos), o que deve (contas a pagar, empréstimos) e quanto possui de patrimônio, líquido de dívidas, no final do período. Este consiste no capital empreendido no negócio mais os lucros menos os prejuízos.

A **Demonstração das Mutações do Patrimônio Líquido (DMPL)**, por outro lado, explica as mudanças ocorridas no Patrimônio Líquido da empresa, isto é, se os lucros são reinvestidos ou distribuídos aos acionistas, além das reservas existentes e a integralização de capital.

A **Demonstração dos Fluxos de Caixa (DFC)** evidencia a variação do caixa, indispensável para o pagamento das obrigações no prazo previsto, assim como para o bom funcionamento da empresa.

A geração de riqueza pela entidade e sua distribuição entre os componentes da sociedade são evidenciadas na **Demonstração do Valor Adicionado (DVA)**.

As **Notas Explicativas (NE)** apresentam as práticas contábeis adotadas pela entidade e informações adicionais para melhor compreensão das Demonstrações Contábeis.

Exercício de fixação (2.1)

Cheque sua compreensão numerando a segunda coluna de acordo com a primeira:

1. Informa a composição do lucro, a riqueza gerada pela empresa pertencente aos acionistas.
2. Informa a composição do Valor Adicionado, a riqueza gerada pela empresa pertencente a toda a sociedade.
3. Informa os bens, direitos e obrigações da empresa.
4. Divulga as práticas contábeis adotadas pela empresa.
5. Informa a natureza das alterações nas contas dos proprietários da sociedade.
6. Informa o caixa proveniente das atividades operacionais.
7. Apresenta, resumidamente, análises corporativa, setorial, financeira, de risco e das práticas de governança corporativa adotadas pela entidade.
8. Informa a opinião dos auditores sobre as demonstrações contábeis da empresa, por eles auditada.

(   ) Demonstração das Mutações do Patrimônio Líquido (DMPL)

(   ) Notas Explicativas (NE)

(   ) Demonstração dos Fluxos de Caixa (DFC)

(   ) Demonstração do Valor Adicionado (DVA)

(   ) Demonstração do Resultado do Exercício (DRE)

(   ) Balanço Patrimonial (BP)

(   ) Parecer dos Auditores Independentes

(   ) Relatório da Administração (RA)

2.2 Fases do ciclo contábil

O ciclo contábil consiste na sequência dos procedimentos contábeis utilizados para identificar, classificar, mensurar, registrar, acumular, sumarizar e evidenciar a informação contábil. Representa o processo executado nas empresas para elaborar as Demonstrações Contábeis, a partir das transações econômicas realizadas. As decisões que vão gerar as Demonstrações Contábeis são tomadas pela administração da entidade e pelo seu contador, de acordo com a teoria da Contabilidade, a estrutura conceitual básica da Contabilidade e as demais normas contábeis. O termo *ciclo* indica que tais procedimentos devem ser repetidos continuamente para possibilitar que se preparem demonstrações contábeis atualizadas, em intervalos razoáveis.

Pode-se dizer que o ciclo contábil tem cinco fases.

2.2.1 Captação

Captação dos dados sobre os atos e fatos que afetam o patrimônio da entidade, isto é, das informações sobre as transações realizadas por ela e dos demais eventos que afetam seu patrimônio, independente da ação da entidade, como a inadimplência de seus devedores, a inflação etc.

A captação envolve a análise de documentos (leis, contratos, notas fiscais, recibos, laudos, processos judiciais etc.), bem como de eventos macroeconômicos que afetam a entidade, por exemplo para atualizar os ativos e passivos em moeda estrangeira e para definir a capacidade de recuperação dos ativos.

2.2.2 Reconhecimento

a) O Fato deve ser reconhecido?

Caso a resposta seja afirmativa:

b) Quando? Qual o momento adequado para se reconhecer a transação e o evento?

Por exemplo: uma empresa negocia com seu cliente a venda futura de 1.000 unidades de seu principal produto. Serão entregues 100 unidades por mês, ao longo dos próximos dez meses. Quando a receita deverá ser reconhecida?

Na verdade não se pode reconhecer a receita antes que a venda seja concretizada, através da transparência dos benefícios para o cliente.

c) Como? Em que conta? Qual a classificação adequada? Ativo? Despesa? Passivo? Patrimônio Líquido? Receita?

Por exemplo: uma transportadora rodoviária contrata o seguro de sua frota em junho, quando paga o prêmio de seguro a vista, cuja apólice tem vigência de 12 meses. A aplicação dos recursos será reconhecida em junho como uma Despesa ou como um Ativo?

d) Por quanto? Qual o critério adequado de mensuração? Qual o valor? Em que montante o evento e a transação afetaram o patrimônio da entidade?

Por exemplo: uma empresa vende mercadorias a prazo sendo a venda efetuada em 18 prestações mensais.

Esses exemplos servem apenas para mostrar a complexidade do reconhecimento em si. Quanto às respostas às questões, estas serão respondidas devidamente ao longo do livro.

2.2.3 Processo de acumulação

A acumulação consiste na estruturação do banco de dados, organizado com todos os registros efetuados (todos os "reconhecimentos"). Atualmente, as empresas utilizam sistemas informatizados, entretanto, nada impede que o façam mecanicamente. A necessidade de disponibilizar informações cada vez mais rápido aos usuários motiva as empresas a adotarem sistemas contábeis informatizados.

O Sistema Público de Escrituração Digital – Sped, criado em janeiro de 2007, tem o objetivo de tornar virtual toda a escrituração fiscal e contábil das empresas – feita em papel – e de integrar as três esferas fiscais de administração pública, além de racionalizar e uniformizar as obrigações acessórias dos contribuintes. Além da Nota Fiscal Eletrônica, o sistema é formado pelo Sped Contábil e pelo Sped Fiscal. O primeiro substitui os livros de escrituração contábil das empresas feitos em papel por equivalentes em meio digital. Já o Sped Fiscal unifica as informações fiscais de todos os contribuintes de ICMS e de IPI e transforma em virtual a escrituração em livros fiscais – como o registro de entradas, saídas, apuração de ICMS e IPI e inventário –, que eram impressos e encadernados. Maiores detalhes no Apêndice deste capítulo.

2.2.4 Sumarização

A sumarização dos dados então processados e organizados pelos sistemas contábeis consiste no resumo dos mesmos, transformando-os em informação útil aos seus usuários.

O primeiro passo da sumarização é a identificação das necessidades informacionais do usuário; em seguida, são elaboradas as Demonstrações Contábeis (DRE, DMPL, BP, DFC, DVA) e demais relatórios contábeis (análises, pareceres, laudos, planilhas etc.).

2.2.5 Evidenciação

A divulgação é o ato de tornar a informação pública, isto é, levá-la ao conhecimento dos usuários. Essa evidenciação pode ocorrer pelos mais diversos meios de comunicação: publicação em jornais e no *site* da entidade.

É comum que o órgão regulador (Banco Central do Brasil, BACEN; Comissão de Valores Mobiliários, CVM; Agência Nacional de Saúde Suplementar, ANS; Superintendência de Seguros Privados, SUSEP; entre outros) exija que as entidades por ele reguladas lhe enviem suas Demonstrações Contábeis.

Quanto à sua periodicidade, isto é, **quando** e **como** o resultado das operações de uma empresa é integrado ao seu patrimônio, devemos estar atentos ao seu **exercício social**. Este é o período decorrido entre um Balanço Patrimonial e outro e representa o período que a Contabilidade toma como base para fazer um balanço geral de tudo o que realizou, avaliando a situação do patrimônio e apurando o resultado operacional – lucro ou prejuízo. Possui, geralmente, a duração de 12 meses e coincide com o nosso ano civil, que começa em 1º de janeiro e termina em 31 de dezembro. Ao terminar o exercício social, a Contabilidade realiza o balanço da situação da empresa, ou seja, verifica o que tem e o que deve, o que ganhou e o que gastou, obten-

do o resultado já deduzido dos respectivos impostos, que é então integrado ao patrimônio.

As empresas registradas na CVM apresentam demonstrações trimestrais (ITR).

Exercícios de fixação (2.2)

Diga em qual etapa do ciclo contábil ocorrem os seguintes eventos:

1. Uma empresa publica suas Demonstrações Contábeis em um jornal de grande circulação.
2. Uma empresa compra uma máquina. A área contábil recebe a respectiva nota fiscal.
3. A área contábil de uma empresa prepara suas Demonstrações Contábeis, separando as contas patrimoniais das de resultado.
4. A área contábil organiza todos os registros efetuados com relação a determinada empresa, apresentando o valor total de cada elemento patrimonial.
5. Uma empresa reconhece o ativo comprado como Ativo Imobilizado, considerando seu objetivo ao comprar esse bem, e reconhece o Passivo em decorrência de a compra ter sido feita a prazo.

2.2.6 Inter-Relação entre demonstrações contábeis

Segundo o CPC 00 -4.2, as demonstrações contábeis retratam os efeitos patrimoniais e financeiros das transações e outros eventos, por meio do grupamento dos mesmos em classes amplas de acordo com as suas características econômicas. Essas classes amplas são denominadas de elementos das demonstrações contábeis. Os elementos diretamente relacionados à mensuração da posição patrimonial e financeira no balanço patrimonial são os ativos, os passivos e o patrimônio líquido. Os elementos diretamente relacionados com a mensuração do desempenho na demonstração do resultado são as receitas e as despesas. A demonstração das mutações na posição financeira usualmente reflete os elementos da demonstração do resultado e as alterações nos elementos do balanço patrimonial.

A seguir será apresentada, de forma sistêmica, tal inter-relação:

DEMONSTRAÇÃO DO RESULTADO DO EXERCÍCIO

+	Receita operacional bruta	$
–	Impostos sobre vendas	($)
=	Receita líquida das vendas	$
–	Custo das mercadorias vendidas	($)
=	Lucro bruto	$
–	Despesas operacionais Despesas com vendas Despesas administrativas Despesas financeiras	($)
	Lucro operacional	$
	Resultado não operacional	$ ou ($)
	LAIR	$
	Imposto de Renda e contribuição social	($)
	Lucro líquido	$

DEMONSTRAÇÃO DO VALOR ADICIONADO

+	Receita operacional bruta Vendas de mercadorias Não operacionais	$	
–	Insumos e serviços adquiridos de terceiros Custo das mercadorias vendidas Materiais, energia, serviços de terceiros e outros Despesas Não operacionais	$	
=	Valor adicionado bruto	$	
–	Retenções – Depreciação e amortização	($)	
=	Valor adicionado líquido produzido pela entidade	$	
+	Recebido em transferência – Receitas Financeiras	$	
=	Valor adicionado total a distribuir	$	
+	Distribuição do valor adicionado	$	%
	Pessoal e encargos	$	%
	Impostos, taxas e contribuições	$	%
	Juros e aluguéis	$	%
	Dividendos	$	%
	Retenção de lucros	$	%

BALANÇO PATRIMONIAL

ATIVO		PASSIVO + PATRIMÔNIO LÍQUIDO	
Ativo Circulante	$	Passivo Circulante	$
Caixa	$	Fornecedores	$
Conta a Receber de Clientes	$	Salários a Pagar	$
Estoque	$	Impostos a Recolher	$
		Passivo Não Circulante	
Ativo Não Circulante	$	Exigível a longo prazo	$
Realizável a longo prazo	$	Empréstimos Obtidos	$
Aplicações Financeiras	$		
Investimentos	$		$
Imobilizado	$	Patrimônio líquido	$
Intangível	$	Capital Social	$
	$	Reservas de Capital	$
		Reservas de Lucros	$
Total do Ativo		*Total do Passivo PL*	

DEMONSTRAÇÃO DAS MUTAÇÕES DO PATRIMÔNIO LÍQUIDO

	Capital inicial	Reserva de capital	Reservas de lucros	Total
Saldos iniciais	$	$	$	$
Aumentos de capital	$	($)	($)	$
Lucro Líquido do exercício			$	$
Distribuição do lucro			($)	($)
Saldos finais	$	$	$	$

DEMONSTRAÇÃO DOS FLUXOS DE CAIXA

Fluxo de caixa das atividades operacionais

+	Lucro líquido do exercício	$
+/–	Despesas (receitas) que não afetam o caixa	$ ou ($)
+/–	(Aumento) redução de ativos	$
+/–	Aumento (redução) de passivos	$ ou ($)
=	Caixa líquido gerado ou (usado) pelas atividades operacionais	$ ou ($)

Fluxo de caixa das atividades de investimento

–	Aquisição de bens do ativo mobilizado	($)
+	Venda de bens do imobilizado	$
=	Caixa líquido gerado ou (usado) pelas atividades de investimento	$ ou ($)

Fluxo de caixa das atividades de financiamento

+	Aumento de capital	$
+	Captações e refinanciamentos	$
–	Amortização das dívidas	($)
–	Pagamentos de dividendos	($)
=	Caixa líquido gerado ou (usado) pelas atividades de financiamento	$ ou ($)
=	Aumento ou (redução) líquida no Caixa equivalente a caixa	$ ou ($)
+	Caixa e equivalente a caixa no fim do exercício	$
–	Caixa e equivalente a caixa no início do exercício	($)
=	Aumento ou (redução) líquida no Caixa e equivalente a caixa	$ ou ($)

2.3 Conceitos fundamentais

2.3.1 Patrimônio

Uma informação fundamental apresentada pela Contabilidade é a avaliação do patrimônio da empresa e a quantificação de sua variação ao longo dos anos. De forma sintética, pode-se dizer que o Balanço Patrimonial é formado por três componentes, a saber, Ativo, Passivo e Patrimônio Líquido. Sua posição financeira é refletida pela relação entre estes. O termo Balanço indica o equilíbrio entre eles, como pode ser demonstrado pela equação:

$$Ativo = Passivo + Patrimônio\ Líquido$$

Sua evidenciação:

APLICAÇÕES	ORIGENS
ATIVO	PASSIVO
	PATRIMÔNIO LÍQUIDO

Essa equação pode ser entendida por meio do conceito de *Origens e Aplicações*. O Passivo e o Patrimônio Líquido representam as fontes de recursos – origens – obtidas pela empresa e o Ativo indica a destinação – aplicações – desses recursos. Afinal, pelo método das partidas dobradas:

$$APLICAÇÕES = ORIGENS$$

2.3.2 Ativo

Entende-se por *Ativo* os recursos controlados por uma entidade em consequência de eventos passados e dos quais se espera que resultem fluxos de benefícios econômicos futuros ou potencial de serviços para a entidade. Pode-se dizer, também, que o ativo representa, de forma estática, os bens e os direitos da entidade, ou seja, tudo o que a empresa possui (caixa, máquinas, prédios, terrenos, estoque, material de escritório etc.) e tudo o que lhe é devido (contas a receber).

O Ativo aumenta de valor pelo reconhecimento contábil de uma receita, pela obtenção de recursos com terceiros ou com sócios da entidade, ou pela venda de um outro ativo com lucro.

2.3.3 Passivo

Entende-se por Passivo as obrigações presentes da entidade, derivadas de eventos já ocorridos, cujo pagamento se espera que resulte em saída de recursos da entidade, recursos capazes de gerar benefícios econômicos ou potencial de serviços. Pode-se dizer, também, que o Passivo representa a origem de recursos financiados por terceiros, além das obrigações assumidas pela entidade que exigirão desembolso de recursos no futuro, ou seja, contas a pagar, salários a pagar, impostos a pagar, entre outros.

O Passivo aumenta de valor pela captação de um empréstimo ou financiamento, pela compra de um ativo a prazo ou pelo reconhecimento contábil de uma despesa ainda não paga. Por outro lado, o Passivo diminui de valor pelo efetivo pagamento ou pelo reconhecimento contábil de uma receita que havia sido recebida antecipadamente, como o adiantamento de clientes.

2.3.4 Patrimônio Líquido

Assim como o Passivo, o Patrimônio Líquido (PL) também representa origem de recursos, sendo que o PL corresponde aos recursos financiados pelos sócios da entidade, na forma de capital, e também pelos lucros obtidos que não foram distribuídos (retidos).

O Patrimônio Líquido também é o interesse residual nos ativos da entidade depois de deduzidos todos os seus passivos, podendo assim ser chamado de Ativo Líquido.

2.3.5 Resultado

CPC 00 – 4.24 -O resultado é frequentemente utilizado como medida de *performance* ou como base para outras medidas, tais como o retorno do investimento ou o resultado por ação.

O resultado deriva do confronto das receitas com as despesas e, consequentemente, pode ser positivo – lucro –, se as receitas forem maiores que as despesas, ou negativo – prejuízo –, se as receitas forem menores que as despesas.

No caso de lucro, representa a riqueza gerada pela empresa durante determinado período de tempo, que pertence aos acionistas da entidade.

Quando a empresa incorre em prejuízo, ocorre uma destruição da riqueza dos acionistas.

2.3.6 Receita

Corresponde à geração de recursos provenientes da venda de mercadorias (como no setor varejista), da prestação de serviços (como em consultas médicas), entre outros. Resulta em um aumento em caixa ou em contas a receber.

Entende-se por Receita os "aumentos de benefícios econômicos durante o período contábil sob a forma de entradas ou aumentos de ativos ou diminuições de passivos que resultam em aumento do patrimônio líquido e que não sejam provenientes de aportes dos proprietários da entidade" (*IFRS for SMEs* e CPC-PME parágrafo 2.23(a)).

2.3.7 Despesa

Corresponde ao consumo de recursos decorrentes das mesmas atividades que deram origem às receitas, tais como a venda de Estoque – Custo das Mercadorias Vendidas (CMV) ou Custo dos Produtos Vendidos (CPV) –, a prestação de serviços – Custo dos Serviços Prestados (CSP) –, Salário de vendedores (Despesa com Vendas), Salário dos diretores (Despesa Administrativa), Juros sobre dívidas (Despesa Financeira), Venda do Imobilizado com Prejuízo (Outra Despesa Operacional).

Entende-se por Despesa os "decréscimos nos benefícios econômicos durante o período contábil sob a forma de saída de recursos ou redução de ativos ou incrementos em passivos que resultam em decréscimos no patrimônio líquido e que não sejam provenientes de distribuição aos proprietários da entidade" (*IFRS for SMEs* e CPC-PME parágrafo 2.23(b)).

2.3.8 Como Receita e Despesa afetam o Patrimônio Líquido (*Ativo Líquido*)

As receitas e despesas irão afetar o Patrimônio Líquido (Ativo Líquido), sendo apuradas para determinar se a empresa apurou um lucro (receitas superiores a despesas) ou prejuízo (despesas superiores a receitas).

Portanto, o reconhecimento de receitas aumenta o lucro do período e consequentemente o PL; o contrário ocorre com o reconhecimento de despesas. A geração de lucro contribui para a continuidade e futuro da empresa.

Exercícios de fixação (2.3)

1. Calcule o valor do elemento que está faltando na equação contábil de cada uma das situações numeradas:

Ativos	=	Passivos	+	PL
a. $ 6.000	=	$ 2.000	+	_____
b. $ 5.500,	=	_____	+	$ 2.300
c. _____	=	$ 4.500	+	$ 3.650

Receita	–	Despesas	=	Lucro (ou Prejuízo)
d. 1.500,	–	_____	=	(200)
e. _____,	–	$ 500	=	$ 1.500

2. Correlacione a coluna da esquerda com a da direita:

a.	Ativo	( )	Recursos financiados por terceiros
b.	Passivo	( )	Formado pelo Capital Social e pelos lucros retidos (isto é, resultados de períodos anteriores ainda não distribuídos na forma de dividendos)
c.	Patrimônio Líquido	( )	Receitas menos Despesas de determinado período
d.	Resultado	( )	Aplicação de recursos da qual se espera a geração de benefícios
e.	Receita	( )	Obrigações que exigirão o consumo de recursos no futuro
f.	Despesa	( )	Bens e direitos da entidade
		( )	Consumo de recursos em decorrência das atividades da entidade
		( )	Recursos financiados pelos sócios da entidade
		( )	Geração de recursos provenientes das atividades da entidade
		( )	Se positivo, é denominado lucro, caso contrário, de prejuízo
		( )	Acarreta redução do Ativo (ou aumento do Passivo) e redução do Patrimônio Líquido
		( )	Acarreta aumento do Ativo (ou redução do Passivo) e aumento do Patrimônio Líquido

3. Da lista a seguir, indique quais itens podem ser ou não classificados como ativos pertencentes a um aluno:

Item	Sim	Não
Carro		
Joias		
Apartamento (no qual mora de aluguel)		
Dinheiro		
Computador		
Livro da biblioteca (sob empréstimo)		

2.4 A equação contábil e a natureza das contas

A equação contábil é baseada na dupla entrada, ou seja, cada transação possui efeito duplo. Uma transação pode afetar ambos os lados da equação, no mesmo valor, ou apenas um lado da equação, aumentando e diminuindo na mesma quantia, anulando a mudança neste lado da equação.

A equação fundamental contábil:

ATIVO = PASSIVO + PATRIMÔNIO LÍQUIDO

Exemplo 1:

Se um negócio possui ativos de $ 500.000,00, obrigações (Passivo) de $ 300.000,00 e patrimônio líquido de $ 200.000, a equação contábil é a seguinte:

ATIVO	=	PASSIVO	+	PATRIMÔNIO LÍQUIDO
$ 500.000	=	$ 300.000	+	$ 200.000

ATIVO = PASSIVO + PATRIMÔNIO LÍQUIDO
ATIVO = PASSIVO + Capital Social + Reserva de Lucros (Receitas – Despesas)

Se há somente uma receita, esta irá aumentar o resultado do período. Em contrapartida, se há somente uma despesa, está irá diminuir o resultado do período.

Logo, se há receitas e/ou despesas no período, esta irá alterar o resultado (Lucro ou prejuízo) do período. No final do período é efetuado o confronto entre o total das receitas e das despesas, sendo apurado o resultado, e consequentemente verificado o efeito no Patrimônio Líquido. Este será aumentado se houver lucro ou reduzido se ocorrer prejuízo.

Se, ao final deste período, a empresa gerou uma receita de vendas de $ 300.000 e uma despesa de $ 250.000, apresentou lucro líquido de $ 50.000 (compreendido, exclusivamente, por receitas e despesas que transitaram pelo caixa), a equação contábil será:

ATIVO		=	PASSIVO	+	PATRIMÔNIO LÍQUIDO
$ 550.000		=	$ 300.000	+	$ 250.000
($ 500.000 + $ 50.000) Ativo anterior + Ativo da Venda a vista					($ 200.000 + $ 50.000) PL anterior + Lucro do Período

Exemplo 2:

Se $ 10.000 forem, então, utilizados para pagar fornecedores (passivo), a equação contábil passará a ser:

ATIVO	=	PASSIVO	+	PATRIMÔNIO LÍQUIDO
$ 540.000	=	$ 290.000	+	$ 250.000
($ 550.000 – $ 10.000)	=	($ 300.000 – $ 10.000)		

(Ativo Anterior – Pagamento) = (Passivo Anterior – Pagamento Passivo)

Neste caso, a conta Caixa (Ativo) diminuiu em $ 10.000, assim como a conta Fornecedores (Passivo), pois a dívida diminuiu no mesmo valor.

2.5 Analisando e reconhecendo as transações financeiras

Se a cada transação tivéssemos de fazer um novo Balanço Patrimonial, o tempo consumido seria muito grande. Além disso, muitas informações de determinado item poderiam se perder. Por este motivo deve haver uma conta para cada item do Balanço Patrimonial (Ativos, Passivos e PL), bem como da Demonstração de Resultado (Receitas e Despesas).

Ao final do período, as demonstrações contábeis devem ser elaboradas baseadas no saldo de cada conta. Um modo mais simples de fazê-lo é através de razonetes. Os razonetes são, também, chamados contas T, por causa de sua aparência. Os lançamentos são efetuados na estrutura de um T, em que sobre a barra horizontal é apresentado o nome da conta; do lado esquerdo são apresentados os valores lançados a débito representando as aplicações dos recursos da empresa; e do lado direito, os valores lançados a crédito, que representam as origens dos recursos. Para facilitar a identificação das contrapartidas, os razonetes apresentam códigos aos lançamentos. Nenhum dos dois lados significa algo "bom" ou "ruim". Os nomes *débito* e *crédito* representam apenas aplicações e origens, respectivamente, como fruto de uma convenção. A ilustração a seguir mostra como tal ocorre.

Nome da Conta	
Valor dos lançamentos a Débito	Valor dos lançamentos a Crédito
Somatório dos Débitos	Somatório dos Créditos

Cabe ressaltar que um lançamento a débito no Ativo aumentará o valor desse Ativo e um lançamento a crédito diminuirá o seu valor. Seguindo o mesmo raciocínio, um lançamento a débito no Passivo diminuirá o valor desse Passivo e um lançamento a crédito aumentará o seu valor.

Ex.:

Caixa	
Débito	Crédito

O aumento ou diminuição neste item vai sendo assinalado. O lado no qual iremos colocar o aumento ou diminuição deste item depende da natureza deste. Por convenção, os aumentos nos ativos e despesas são débitos. E diminuições, créditos.

Por outro lado, aumentos em passivos, PL e receitas são créditos. Diminuições destas contas, débitos.

Ativos e Despesas		Passivos, PL e Receitas	
Débito	Crédito	Débito	Crédito
Aumento	Diminuição	Diminuição	Aumento

Para cada transação, duas ou mais contas estão sempre envolvidas e os débitos serão sempre iguais aos créditos (dupla entrada, ou partidas dobradas).

Exemplo 1:

No dia 01 de junho de X0, a Empresa Delta comprou um carro, a vista, por $ 45.000.

Duas contas estão envolvidas. O ativo Carro aumenta, logo é um débito (Aplicação), enquanto o Ativo Caixa diminui, logo, é um crédito:

ATIVO	=	PASSIVO	+	PATRIMÔNIO LÍQUIDO
caixa (45.000) carro 45.000				
$ 0	=	sem lançamento		sem lançamentos

Caixa		Carro	
Débito	Crédito	Débito	Crédito
	45.000	45.000	

Exemplo 2:

O dono da empresa integraliza $ 250 em dinheiro como capital social inicial.

ATIVO (Caixa)	=	PASSIVO	+	PATRIMÔNIO LÍQUIDO (Capital Social)
$ 250	=	Nenhum lançamento	+	$ 250

Ativo (Caixa)		Passivo		Patrimônio Líquido (Capital Social)	
Débito	Crédito	Débito	Crédito	Débito	Crédito
+	–	–	+	–	+
+ 250					+ 250

Exemplo 3:

A Cia. Maratinga prestou serviços no valor de $ 300 (Receita), recebendo seu valor a vista.

ATIVO (Caixa)	=	PASSIVO	+	PATRIMÔNIO LÍQUIDO (Reserva de Lucros)
$ 300	=	Nenhum lançamento	+	$ 300

Ativo (Caixa)		Passivo		Patrimônio Líquido (Reserva de Lucros)	
Débito	Crédito	Débito	Crédito	Débito	Crédito
+	–	–	+	–	+
+ 300					+ 300

A grande vantagem dos razonetes é que os saldos das contas já são apurados automaticamente. Por outro lado, a informação dos históricos fica sumarizada nos códigos dos lançamentos, o que pode dificultar a identificação de eventuais erros. Partindo desses saldos, fica fácil apurar o Balanço Patrimonial; basta transcrever os saldos finais de cada conta.

Também poderemos utilizar a matriz de lançamentos. Através desta conseguimos tornar mais imediato o raciocínio realizado nos razonetes. Ela funciona como uma grande tabela, na qual cada coluna corresponde a uma conta; e cada linha corresponde a uma transação que afetou o patrimônio e/ou o desempenho da entidade.

Para se preencher essa planilha é necessário fazer duas perguntas (para cada transação): Onde o dinheiro foi aplicado? De onde o dinheiro veio? Cada conta possui a divisão em D (débito) e C (crédito). Como acabamos de aprender.

Ativos e Despesas		Passivos, PL e Receitas	
Débito	Crédito	Débito	Crédito
Aumento	Diminuição	Diminuição	Aumento

O ponto de partida é o saldo inicial da empresa. A cada novo evento devem-se fazer dois lançamentos referentes a este.

Eventos/Contas	ATIVO						=	PASSIVO + PL				verificação: Ativo – Passivo + PL
	Caixa		Estoques		Móveis e Utensílios		=	Fornecedores		Capital Social		
	D	C	D	C	D	C		D	C	D	C	
Saldos iniciais							=					
Constituição							=					
Compra a prazo							=					
Compra a vista							=					
Saldos finais							=					

A última coluna, da direita, apresenta o somatório dos valores que compõem o Ativo subtraído do somatório dos valores que compõem o Passivo e o Patrimônio Líquido. Considerando a equação fundamental da Contabilidade, essa diferença precisa ser igual a zero; caso contrário, é sinal de que houve algum erro de lançamento.

Começando o preenchimento da tabela, considerando que a Cia. Comercial ASM foi constituída neste exercício, os saldos iniciais evidenciados na planilha foram todos zero.

Eventos/Contas	ATIVO			=	PASSIVO + PL		verificação: Ativo – Passivo + PL
	Caixa	Estoques	Móveis e Utensílios	=	Fornecedores	Capital Social	
Saldos iniciais	–	–	–	=	–	–	0

Para melhor compreensão vamos proceder a cada lançamento em separado:

a) Pela constituição da entidade, foram aplicados $ 1.600 no caixa; essa aplicação teve como origem o capital social ($ 1.600).

Eventos/Contas	ATIVO				=	PASSIVO + PL		verificação: Ativo = Passivo + PL
	Caixa		Estoques		=	Fornecedores	Capital Social	
	D	C	D	C			D	C	
Saldos iniciais	–			–	–	=	–		–	0
Constituição	1.600				=			1.600	0
Total	1.600							1.600	

b) Pela compra de mercadorias a prazo, aplicaram-se $ 500 nos estoques, tendo esses recursos origem com os fornecedores.

Eventos/ Contas	Caixa		Estoques		Móveis e Utensílios	=	Fornecedores		Capital Social		Ativo = Passivo + PL
	D	C	D	C			D	C	D	C	
Saldos iniciais	–		–		–	=	–		–	1.600	0
Constituição	1.600					=					0
Compra a prazo			500			=		500			0
Total	1.600		500					500		1.600	

Total				

Balanço Patrimonial da Cia. Comercial ASM
Apurado em 31/1/X7 = Neste momento deve-se transpor a linha do total de cada conta

Ativo Circulante		Passivo Circulante	
		Fornecedores	500,00
Caixa	1.600,00	Patrimônio Líquido	
Estoque de Mercadorias	500,00	Capital Social	1.600,00
Total Ativo	*2.100,00*	*Total do Patrimônio Líquido + Passivo,*	*2.100,00*

Exercícios de fixação (2.5)

1. Coloque um sinal de mais (+) ou de menos (–) de acordo com a mudança ocorrida na equação contábil. (Observe que em cada item dois sinais serão colocados.)

Eventos	A	P	PL
1. Quatro pessoas formam uma sociedade e entregam ao gerente o dinheiro correspondente ao investimento inicial			
2. Compra de um veículo a vista			
3. Compra de um microcomputador, a ser utilizado pela secretária, a prazo			
4. Pagamento de duplicata referente à compra do microcomputador			
5. Pagamento de aluguel do mês (a despesa, ainda, não havia sido reconhecida)			
6. A empresa prestou serviços a terceiros e deverá receber o valor posteriormente			
7. Recebeu o valor de um empréstimo tomado ao Banco			
8. Venda de mercadorias a vista (com lucro)			
9. Reconhecimento da despesa de comissões aos vendedores, que será paga no mês seguinte			
10. Pagamento de comissões aos vendedores (já haviam sido reconhecidas)			
11. Compra, a prazo, de um computador, para venda (estoque)			
12. Pagamento do empréstimo que tomou no banco			
13. Os sócios resolveram aumentar o capital da empresa, investindo mais dinheiro nela			
14. Prestação de serviços de corretagem (e recebimento da comissão)			

2. Diga qual o impacto dos eventos no Balanço Patrimonial, ou seja, se aumenta e diminui e qual o valor. Se houver aumento e diminuição em um mesmo grupo, mostre os dois impactos.

(a) Em 1º de janeiro de X9, Gabriela abre uma cafeteria-livraria, chamada *Starbooks*. A sócia integraliza $ 100.000 em dinheiro como capital social.

Ativo_____Passivo_____
PL _____

(b) A empresa contrai um empréstimo de $ 1.000.000 da família de seu amigo Murilo. A família não cobrará juros pelo empréstimo.

Ativo_____Passivo_____
PL _____

(c) A empresa compra um imóvel no valor de $ 800.000 onde funcionará a loja. Do valor, 80% é pago a vista e o restante será pago em março.

Ativo_____Passivo_____
PL _____

(d) A empresa compra $ 150.000 em estoque para pagamento em fevereiro.

Ativo_____Passivo_____
PL _____

(e) Murilo entra de sócio de Gabriela na *Starbooks* integralizando $ 50.000 em um carro para entregas, $ 30.000 em móveis e $ 20.000 em computadores.

Ativo_____Passivo_____
PL _____

(f) A *Starbooks* vende o carro a vista que havia sido integralizado por Murilo por $ 40.000.

Ativo_____Passivo_____
PL _____

(g) Em 31 de janeiro, a Receita apurada foi de $ 280.000. Deste valor, 60% será recebido a vista e o restante a prazo.

Ativo_____Passivo_____
PL _____

(h) Em 31 de janeiro, a Receita apurada decorre da venda de dois terços do estoque.

Ativo_____Passivo_____
PL _____

(i) A venda foi efetuada a vista no valor de $ 300,00.

Ativo_____Passivo_____
PL _____

(j) Em 31 de janeiro paga $ 30.000 em despesas administrativas e comerciais.

Ativo_____Passivo_____
PL _____

(k) Também em 31 de janeiro é reconhecido o valor de $ 15.000 de salários dos funcionários. O valor será pago em 5 de fevereiro.

Ativo_____Passivo_____
PL _____

2.6 Demonstrações contábeis obrigatórias

As empresas consideradas como de grande porte são as sociedades ou conjunto de sociedades sob controle comum que tiverem, no exercí-cio anterior, ativo total superior a R$ 240 milhões ou receita bruta anual superior a R$ 300 milhões.

Por força da Lei nº 11.638/07, as sociedades de grande porte, ainda que não constituídas sob a forma de Sociedades por Ações de capital aberto, deverão seguir as disposições da lei societária, no que tange à escrituração e à elaboração de demonstrações financeiras e à obrigatoriedade de auditoria independente.

Com a vigência da Lei nº 12.249/2010, foi determinado ao Conselho Federal de Contabilidade o poder de definir as normas contábeis que devem ser aplicadas por todas as empresas brasileiras. E estas normas irão seguir como base as normas internacionais emitidas pelo IASB, sendo que o processo de convergência é desenvolvido pelo Comitê de Pronunciamentos Contábeis.

Dessa forma, houve uma grande revolução contábil no Brasil que altera de forma substancial a atuação dos profissionais de contabilidade.

Os seguintes relatórios contábeis devem ser elaborados:

Balanço Patrimonial (BP) ou Demonstração da Posição Financeira: evidencia a situação patrimonial da entidade em determinado momento, ou seja, apresenta a estrutura patrimonial como uma *fotografia* dos bens, direitos e obrigações de uma entidade em determinada data. Demonstra como o patrimônio da entidade está aplicado – Ativo – e como esse mesmo patrimônio está sendo financiado – Passivo e Patrimônio Líquido.

O BP apresenta as Aplicações de recursos da entidade (Ativo) e as respectivas Origens – ou Fontes – (Passivo + Patrimônio Líquido).

Demonstração do Resultado do Exercício (DRE ou DEREX) ou Demonstração do Desempenho Financeiro: mensura a riqueza gerada pela entidade para o acionista, evidenciando as receitas e as despesas de determinado período, isto é, demonstra o lucro líquido (ou resultado contábil) que, em última análise, pertence aos acionistas.

A DRE evidencia, de forma ordenada, todas as receitas auferidas e as despesas incorridas pela entidade durante determinado período, ou seja, a riqueza (resultado) gerada ou não no período.

De forma complementar deverá ser apresentada a Demonstração de Outros Resultados Abrangentes, na qual são apresentadas todas as demais receitas e despesas que afetam o patrimônio líquido, mas não afetam o resultado do período (lucro líquido ou prejuízo) e que não sejam transações econômicas efetuadas com os acionistas da empresa.

Demonstração das Mutações do Patrimônio Líquido (DMPL ou DEMUT): evidencia as alterações do Patrimônio Líquido de uma entidade ocorridas em determinado período. Dentre essas alterações, as mais comuns são os aumentos do capital social, a apuração e a destinação dos lucros.

O *IFRS for SMEs* e o CPC-PME permitem que as entidades apresentem a Demonstração dos Lucros ou Prejuízos Acumulados em substituição à Demonstração das Mutações do Patrimônio Líquido se, somente se, as únicas alterações do patrimônio líquido forem decorrentes do lucro líquido (ou prejuízo), distribuição de dividendos, retificação de erros de períodos anteriores ou mudanças de políticas contábeis.

Demonstração dos Fluxos de Caixa (DFC): evidencia as transformações no caixa e equivalentes de caixa, ou seja, caixa, bancos e aplicações financeiras prontamente disponíveis (por exemplo, dentro de 90 dias).

Demonstração do Valor Adicionado (DVA): evidencia a riqueza gerada pela entidade, em determinado período, pertencente à sociedade e como ela é distribuída entre os empregados, o Governo, os financiadores e os sócios. Portanto, valor adicionado = receita – insumos e serviços adquiridos de terceiros. Essa Demonstração somente é obrigatória para as companhias abertas. Os padrões internacionais de contabilidade (*Full IFRSs* e *IFRS for SMEs*) não exigem a apresentação da DVA.

Tais Demonstrações Contábeis, assinadas pelo administrador – responsável legal da empresa – e pelo contabilista responsável – contador ou técnico em Contabilidade –, devem ser publicadas em dois jornais: no *Diário Oficial* e em um jornal de grande circulação na localidade onde é situada a sede da empresa (segundo o art. 289 da LSA). Tal publicação deve ser feita no prazo de até cinco dias antes da data da Assembleia Geral Ordinária dos Acionistas, o que deve ocorrer dentro dos quatro meses subsequentes à data de encerramento do exercício. Se a empresa apurar as Demonstrações Contábeis com a data-base de 31 de dezembro, terá até 25 de abril do ano seguinte para publicar suas demonstrações contábeis (conforme arts. 132 e 133 da LSA).

Veja o texto da Lei das Sociedades por Ações (LSA, Lei nº 6.404/76, alterada pelas Leis nos 9.457/97, 10.303/01, 11.638/07 e 11.941/09). Os grifos não constam no original.

Assembleia Geral Ordinária

Objeto

Art. 132. Anualmente, nos 4 (quatro) primeiros meses seguintes ao término do exercício social, deverá haver 1 (uma) assembleia geral para:

I – tomar as contas dos administradores, examinar, discutir e votar as demonstrações financeiras;

II – deliberar sobre a destinação do lucro líquido do exercício e a distribuição de dividendos;

III – eleger os administradores e os membros do Conselho Fiscal, quando for o caso.

Documentos da Administração

Art. 133. Os administradores devem comunicar, até 1 (um) mês antes da data marcada para a realização da assembleia geral ordinária, por anúncios publicados na forma prevista no art. 124, que se acham à disposição dos acionistas:

I – o relatório da administração sobre os negócios sociais e os principais fatos administrativos do exercício findo;

II – a cópia das demonstrações financeiras;

III – o parecer dos auditores independentes, se houver;

IV – o parecer do conselho fiscal, inclusive votos dissidentes, se houver; e

V – demais documentos pertinentes a assuntos incluídos na ordem do dia.

§ 1º Os anúncios indicarão o local ou locais onde os acionistas poderão obter cópias desses documentos.

§ 2º A companhia remeterá cópia desses documentos aos acionistas que o pedirem por escrito, nas condições previstas no § 3º do art. 124.

§ 3º Os documentos referidos neste artigo, à exceção dos constantes dos incisos IV e V, serão publicados até 5 (cinco) dias, pelo menos, antes da data marcada para a realização da assembleia geral.

§ 4º A assembleia geral que reunir a totalidade dos acionistas poderá considerar sanada a falta de publicação dos anúncios ou a inobservância dos prazos referidos neste artigo; mas é obrigatória a publicação dos documentos antes da realização da assembleia.

§ 5º A publicação dos anúncios é dispensada quando os documentos a que se refere este artigo são publicados até 1 (um) mês antes da data marcada para a realização da assembleia geral ordinária.

[...]

DISPOSIÇÕES GERAIS

Art. 289. As publicações ordenadas pela presente lei serão feitas no órgão oficial da União ou do Estado ou do Distrito Federal, conforme o lugar em que esteja situada a sede da companhia, e em outro jornal de grande circulação editado na localidade em que está situada a sede da companhia.

§ 1º A Comissão de Valores Mobiliários poderá determinar que as publicações ordenadas por esta lei sejam feitas, também, em jornal de grande circulação nas localidades em que os valores mobiliários da companhia sejam negociados em bolsa ou em mercado de balcão, ou disseminadas por algum outro meio que assegure sua ampla divulgação e imediato acesso às informações.

§ 2º Se no lugar em que estiver situada a sede da companhia não for editado jornal, a publicação se fará em órgão de grande circulação local.

§ 3º A companhia deve fazer as publicações previstas nesta lei sempre no mesmo jornal, e qualquer mudança deverá ser precedida de aviso aos acionistas no extrato da ata da assembléia geral ordinária.

§ 4º O disposto no final do § 3º não se aplica à eventual publicação de atas ou balanços em outros jornais.

§ 5º Todas as publicações ordenadas nesta lei deverão ser arquivadas no registro do comércio.

§ 6º As publicações do balanço e da demonstração de lucros e perdas poderão ser feitas adotando-se como expressão monetária o milhar de reais.

§ 7º Sem prejuízo do disposto no *caput* deste artigo, as companhias abertas poderão, ainda, disponibilizar as referidas publicações pela rede mundial de computadores.

Pela legislação do Imposto de Renda (art. 274 do RIR/99 – Decreto nº 3.000/99, § 4º, do art. 7º do Decreto-lei nº 1.598/77 e art. 18 da Lei nº 7.450/85), as sociedades por quotas de responsabilidade limitada são obrigadas a apresentar à Secretaria da Receita Federal – SRF – três dessas Demonstrações, a saber, Balanço Patrimonial, Demonstração de Resultado do Exercício e Demonstração de Lucros ou Prejuízos Acumulados, que corresponde a uma simplificação da DMPL.

O sistema contábil, enquanto responsável pela geração de informação acerca do patrimônio da entidade e útil à tomada de decisão, por meio de mecanismos próprios, pode, ainda, fornecer diversos relatórios – alguns padronizados e outros que devem ser moldados, em caráter espontâneo, mediante as necessidades específicas dos usuários.

Notas Explicativas (NE): devem complementar – esclarecendo em textos ou com quadros analíticos – os critérios de cálculo dos itens que afetam o lucro e o patrimônio, tais como critérios de depreciação, critérios de avaliação dos estoques, critérios de reconhecimento e mensuração da receita, detalhamento das obrigações de longo prazo – destacando os credores, taxa de juros e garantias à dívida –, composição do capital social por tipo de ações e ajustes de exercícios anteriores.[1]

Relatório da Administração (RA): apesar de não ser uma demonstração contábil, propriamente dita, este é divulgado pelas empresas, juntamente com as Demonstrações Contábeis – por isso, merece ser apresentado neste livro.

Esse relatório não tem sua estrutura padronizada, mas, normalmente, contempla: (a) **análise corporativa**, isto é, comentários sobre a estratégia corporativa, fatores externos à empresa que afetam seu desempenho, resultado de investimentos significativos, as políticas de responsabilidade social desenvolvidas pela entidade, programas de pesquisa e desenvolvimento e projeções quanto ao desempenho futuro da entidade; (b) **análise setorial**, isto é, uma comparação entre o desempenho da entidade com outras empresas que atuam no mesmo segmento econômico; (c) **análise financeira**, ou seja, comentários sobre o desempenho e a situação econômico-financeira da entidade, especificamente, com relação à composição e ao comportamento do resultado operacional e com relação à liquidez, ao endividamento, à lucratividade e à rentabilidade; (d) **análise de risco**, isto é, questões relacionadas com a diversificação (ou concentração) dos negócios da empresa entre ramos de atividade, clientes, fornecedores, ativos e regiões geográficas, por exemplo; (e) **práticas de governança corporativa**, ou seja, comentários sobre os diretores e as responsabilidades que assumem e informações sobre a composição do capital social, os critérios de divulgação de informações aos investidores, os meios de participação dos investidores no processo decisório.

Veja o Relatório da Administração da Raia Drogasil.[2]

Relatório dos Auditores Independentes: Tem por escopo a validação das Demonstrações Contábeis quanto à adoção das práticas contábeis de aceitação geral e apropriadas às circunstâncias que afetam a entidade. Além disso, sinaliza que informações suficientes – sobre assuntos que possam afetar seu uso, entendimento e interpretação do desempenho e da situação econômico-financeira e patrimonial da entidade – estão adequadamente evidenciadas nas Demonstrações Contábeis e nas notas explicativas.

Veja o Relatório dos Auditores que analisaram as demonstrações contábeis da Droga Raia, relativas ao período encerrado em 31/12/2011. O parágrafo grifado é de fundamental importância, pois representa que os auditores independentes não identificaram nenhum aspecto que constitui um problema relevante. Este Parecer é conhecido como "Limpo" ou "Não Qualificado".

---

[1] As Notas Explicativas compõem o conjunto completo de demonstrações contábeis, que no caso da Droga Raia, relativas a 2011, estavam disponibilizadas no portal <http://www.raiadrogasil.com.br/raiadrogasil/web/arquivos/Raia-Drogasil_DPF_20120326_PT.pdf>. (Veja a partir da página 43 desse documento).

[2] Em março de 2012 o endereço do portal era <http://www.raiadrogasil.com.br/raiadrogasil/web/arquivos/Raia-Drogasil_DPF_20120326_PT.pdf>. Páginas 25 a 42. Espera-se que permaneçam nesse endereço por muito tempo, mas os Autores não podem assegurar que isso ocorra.

Parecer dos Auditores Independentes

Aos Administradores e Acionistas
Raia Drogasil S.A.

Examinamos as demonstrações financeiras individuais e consolidadas da Raia Drogasil S.A. ("Companhia", anteriormente denominada Drogasil S.A.), identificadas como Controladora e Consolidado, respectivamente, que compreendem o balanço patrimonial em 31 de dezembro de 2011 e as respectivas demonstrações do resultado, das mutações do patrimônio líquido e dos fluxos de caixa, para o exercício findo naquela data, assim como o resumo das principais práticas contábeis e demais notas explicativas.

Responsabilidade da administração sobre as demonstrações financeiras

A administração da Companhia é responsável pela elaboração e adequada apresentação das demonstrações financeiras individuais de acordo com as práticas contábeis adotadas no Brasil e das demonstrações financeiras consolidadas de acordo com as normas internacionais de relatório financeiro (IFRS), emitidas pelo International Accounting Standards Board – IASB, e de acordo com as práticas contábeis adotadas no Brasil, assim como pelos controles internos que ela determinou como necessários para permitir a elaboração dessas demonstrações financeiras livres de distorção relevante, independentemente se causada por fraude ou erro.

Responsabilidade dos auditores independentes

Nossa responsabilidade é a de expressar uma opinião sobre essas demonstrações financeiras com base em nossa auditoria, conduzida de acordo com as normas brasileiras e internacionais de auditoria. Essas normas requerem o cumprimento de exigências éticas pelos auditores e que a auditoria seja planejada e executada com o objetivo de obter segurança razoável de que as demonstrações financeiras estão livres de distorção relevante.

Uma auditoria envolve a execução de procedimentos selecionados para obtenção de evidência a respeito dos valores e divulgações apresentados nas demonstrações financeiras. Os procedimentos selecionados dependem do julgamento do auditor, incluindo a avaliação dos riscos de distorção relevante nas demonstrações financeiras, independentemente se causada por fraude ou erro. Nessa avaliação de riscos, o auditor considera os controles internos relevantes para a elaboração e adequada apresentação das demonstrações financeiras da Companhia para planejar os procedimentos de auditoria que são apropriados nas circunstâncias, mas não para fins de expressar uma opinião sobre a eficácia desses controles internos da Companhia. Uma auditoria inclui, também, a avaliação da adequação das práticas contábeis utilizadas e a razoabilidade das estimativas contábeis feitas pela administração, bem como a avaliação da apresentação das demonstrações financeiras tomadas em conjunto.

Acreditamos que a evidência de auditoria obtida é suficiente e apropriada para fundamentar nossa opinião.

Opinião sobre as demonstrações financeiras individuais

Em nossa opinião, as demonstrações financeiras individuais acima referidas apresentam adequadamente, em todos os aspectos relevantes, a posição patrimonial e financeira da Raia Drogasil S.A. em 31 de dezembro de 2011, o desempenho de suas operações e os seus fluxos de caixa para o exercício findo naquela data, de acordo com as práticas contábeis adotadas no Brasil.

Opinião sobre as demonstrações financeiras consolidadas

Em nossa opinião, as demonstrações financeiras consolidadas acima referidas apresentam adequadamente, em todos os aspectos relevantes, a posição patrimonial e financeira consolidada da Raia Drogasil S.A. em 31 de dezembro de 2011, o desempenho consolidado de suas operações e os seus fluxos de caixa consolidados para o exercício findo naquela data, de acordo com as normas internacionais de contabilidade (IFRS) emitidas pelo *International Accounting Standards Board*– IASB e as práticas contábeis adotadas no Brasil.

Ênfase

Conforme descrito na nota explicativa 2, as demonstrações financeiras individuais foram elaboradas de acordo com as práticas contábeis adotadas no Brasil. No caso da Raia Drogasil S.A. essas práticas diferem do IFRS, aplicável às demonstrações financeiras separadas, somente no que se refere à avaliação dos investimentos em controladas pelo método de equivalência patrimonial, enquanto que para fins de IFRS seria custo ou valor justo. Nossa opinião não está ressalvada em função desse assunto.

Outros assuntos
Demonstrações do valor adicionado

Examinamos, também, as demonstrações individual e consolidada do valor adicionado (DVA), referentes ao exercício findo em 31 de dezembro de 2011, preparadas sob a responsabilidade da administração da Companhia, cuja apresentação é requerida pela legislação societária brasileira para companhias abertas, e como informação suplementar pelas IFRS que não requerem a apresentação da DVA.

Essas demonstrações foram submetidas aos mesmos procedimentos de auditoria descritos anteriormente e, em nossa opinião, estão adequadamente apresentadas, em todos os seus aspectos relevantes, em relação às demonstrações financeiras tomadas em conjunto.

São Paulo, 21 de março de 2012.

ERNST & YOUNG TERCO
Auditores Independentes S.S.
CRC-2SP015199/O-6

Luiz Carlos Nannini
Contador CRC-1SP171638/O-7

Alexandre Rubio
Contador CRC-1SP223361/O-2

Fonte: Disponível em: <http://www.cvm.gov.br>. Acesso em: abr. 2012.

Exercícios de fixação (2.6)

Marque com X a resposta mais correta:

1. Relatório contábil que informa a composição do lucro que a companhia apurou durante o exercício social:
   (a) Balanço Patrimonial
   (b) Demonstração do Resultado do Exercício
   (c) Demonstração dos Fluxos de Caixa
   (d) Notas Explicativas

2. Relatório contábil que informa todos os bens da sociedade:
   (a) Demonstração das Mutações do Patrimônio Líquido
   (b) Notas Explicativas
   (c) Demonstração do Valor Adicionado
   (d) Balanço Patrimonial

3. Relatório contábil que divulga as práticas contábeis da companhia:
   (a) Notas Explicativas
   (b) Balanço Patrimonial
   (c) Demonstração do Resultado do Exercício
   (d) Demonstração dos Fluxos de Caixa

4. Relatório contábil que apresenta as dívidas da sociedade com os fornecedores:
   (a) Demonstração do Valor Adicionado
   (b) Balanço Patrimonial
   (c) Demonstração do Resultado do Exercício
   (d) Demonstração das Mutações do Patrimônio Líquido

5. Relatório contábil que informa a natureza das alterações nas contas dos proprietários da sociedade:

(a) Balanço Patrimonial

(b) Demonstração do Resultado do Exercício

(c) Demonstração das Mutações do Patrimônio Líquido

(d) Notas Explicativas

6. Relatório contábil que evidencia como é distribuída a riqueza gerada pela entidade:

(a) Demonstração dos Fluxos de Caixa

(b) Demonstração do Resultado do Exercício

(c) Balanço Patrimonial

(d) Demonstração do Valor Adicionado

7. Relatório que evidencia as transformações no caixa e equivalentes de caixa:

(a) Demonstração do Resultado do Exercício

(b) Demonstração dos Fluxos de Caixa

(c) Demonstração das Mutações do Patrimônio Líquido

(d) Demonstração do Valor Adicionado

2.7 Demonstração contábil adicional: Balanço Social

Apesar de não haver obrigatoriedade, as empresas, de forma geral, apresentam outras Demonstrações Contábeis com o objetivo de melhor informar os usuários de suas informações, tornando-as mais transparentes e, via de regra, mais valorizadas pelo mercado.

A principal demonstração suplementar é denominada Balanço Social (BS), que demonstra o grau de comprometimento que a organização tem em relação à sociedade e ao meio ambiente. As empresas podem, ainda, ampliar o fornecimento dessas informações apresentando um Relatório de Sustentabilidade, considerando diretrizes estabelecidas pelo Instituto Ethos e pelo Global Reporting Institute (GRI).

A Responsabilidade Social Empresarial (RSE) é uma forma de gestão que prioriza a relação ética e transparente da empresa com os seus públicos interno e externo, estabelece metas empresariais compatíveis com o desenvolvimento sustentável da sociedade e caracteriza-se, ainda, pela preservação dos recursos ambientais e culturais, pelo respeito à diversidade e pela promoção da redução das desigualdades sociais. A publicação do Balanço Social faz parte desse compromisso de gestão. A demonstração reúne informações sobre projetos, benefícios e ações sociais e serve como instrumento estratégico para avaliar e multiplicar o exercício da responsabilidade social corporativa.

Vejamos o modelo de Balanço Social sugerido pelo Instituto Brasileiro de Análises Sociais e Econômicas (Ibase) para o ano de 200X:

Balanço Social Anual/200X	200X valor (mil reais)			200X + 1 valor (mil reais)		
1. Base de cálculo	Valor (mil R$)	% sobre FPB	% sobre RL	Valor (mil R$)	% sobre FPB	% Sobre RL
Receita líquida (RL)						
Resultado operacional (RO)						
Folha de pagamento bruta (FPB)						
2. Indicadores sociais internos	Valor (mil R$)	% sobre FPB	% sobre RL	Valor (mil R$)	% sobre FPB	% Sobre RL
Alimentação						
Encargos sociais compulsórios						
Previdência privada						
Saúde						
Segurança e saúde no trabalho						
Educação						
Cultura						
Capacitação e desenvolvimento profissional						
Creches ou saúde-creche						
Participação nos lucros ou resultados						
Outros						
Total – indicadores sociais internos						
3. Indicadores sociais externos	Valor (mil R$)	% sobre RO	% sobre RL	Valor (mil R$)	% sobre RO	% Sobre RL
Educação						
Cultura						
Saúde e saneamento						
Esporte						
Combate à fome e segurança alimentar						

	Valor (mil $)	% sobre RO	% sobre RL	Valor (mil R$)	% sobre RO	% sobre RL
Outros						
Total das contribuições para a sociedade						
Tributos (excluídos encargos sociais)						
Total – indicadores sociais externos						
4. Indicadores ambientais	Valor (mil $)	% sobre RO	% sobre RL	Valor (mil R$)	% sobre RO	% sobre RL
Investimentos relacionados com a produção/operação da empresa						
Investimentos em programas e/ou projetos externos						
Total dos investimentos em meio ambiente						
Quanto ao estabelecimento de metas anuais para minimizar resíduos, o consumo em geral na produção/operação e aumentar a eficácia na utilização de recursos naturais, a empresa:	( ) não possui metas ( ) cumpre de 51 a 75% ( ) cumpre de 0 a 50% ( ) cumpre de 76 a 100%			( ) não possui metas ( ) cumpre de 51 a 75% ( ) cumpre de 0 a 50% ( ) cumpre de 76 a 100%		
5. Indicadores do corpo funcional						
Nº de empregados(as) ao final do período						
Nº de admissão durante o período						
Nº de empregados(as) terceirizados(as)						
Nº de estagiários(as)						
Nº de empregados(as) acima de 45 anos						
Nº de mulheres que trabalham na empresa						
% de cargos de chefia ocupados por mulheres						
Nº de negros(as) que trabalham na empresa						
% de cargos de chefia ocupados por negros(as)						
Nº de pessoas com deficiência ou necessidades especiais						

6. Informações relevantes quanto ao exercício da cidadania empresarial	200X			Metas 200X + 1		
Relação entre a maior e a menor remuneração na empresa						
Número total de acidentes de trabalho						
Os projetos sociais e ambientais desenvolvidos pela empresa foram definidos por:	( ) direção	( ) direção e gerências	( ) todos os empregados	( ) direção	( ) direção e gerências	( ) todos os empregados
Os padrões de segurança e salubridade no ambiente de trabalho foram definidos por:	( ) direção e gerências	( ) todos os empregados	( ) todos + CIPA	( ) direção e gerências	( ) todos os empregados	( ) todos + CIPA
Quanto a liberdade sindical ao direito de negociação coletiva e a representação interna dos(as) trabalhadores(as), a empresa:	( ) não se envolve	( ) segue as normas da OIT	( ) incentiva e segue a OIT	( ) não se envolve	( ) segue as normas da OIT	( ) incentiva e segue a OIT
A previdência privada contempla:	( ) direção	( ) direção e gerências	( ) todos os empregados	( ) direção	( ) direção e gerências	( ) todos os empregados
A participação nos lucros ou resultados contempla:	( ) direção	( ) direção e gerências	( ) todos os empregados	( ) direção	( ) direção e gerências	( ) todos os empregados
Na seleção dos fornecedores, os mesmos padrões éticos e de responsabilidade social e ambiental adotados pela empresa:	( ) não são considerados	( ) são sugeridos	( ) são exigidos	( ) não são considerados	( ) são sugeridos	( ) são exigidos
Quanto a participação de empregados(as) em programas de trabalho voluntário, a empresa:	( ) não se envolve	( ) apoia	( ) organiza e incentiva	( ) não se envolve	( ) apoia	( ) organiza e incentiva
Número total de reclamações e críticas de consumidores(as):	Na empresa: ___	No Procon: ___	Na Justiça: ___	Na empresa: ___	No Procon: ___	Na Justiça: ___
% de reclamações e críticas solucionadas:	Na empresa: ___ %	No Procon: ___ %	Na Justiça: ___ %	Na empresa: ___ %	No Procon: ___ %	Na Justiça: ___ %
Valor adicionado total a distribuir (em mil R$):						
Distribuição do Valor Adicionado (DVA):	___% governo; ___% colaboradores; ___% acionistas; ___% terceiros; ___% retido					

7. Outras informações

Fonte: Ibase.

Exercício de inglês contábil

Balance Sheet				
Assets		**Liabilities**		
Current Assets		Current Liabilities		
Cash	$ 50.000	Short-term debt		$ 30.000
Accounts Receivable	$ 40.000	Accounts Payable		$ 50.000
Merchandise (Inventory)	$ 100.000	Salaries		$ 110.000
Total Current Assets	$ 190.000	Total Current Liabilities		$ 190.000
Plant × Equipment		Long term debt		$ 20.000
Equipment	$ 30.000	Total Liabilities		$ 210.000
Less Accumulated Depreciations	(2.000)	Owner's Equity		$ 8.000
Total Assets	$ 218.000	Total Liabilities × Owner's Equity		$ 218.000

Você deverá observar este Balanço Patrimonial e aprender o vocabulário básico. Para tanto, numere a primeira lacuna de acordo com a segunda:

1.	Assets	( )	Caixa
2.	Current	( )	Estoque
3.	Cash	( )	Ativo Imobilizado
4.	Accounts Receivable	( )	Passivos
5.	Merchandise/Inventory	( )	Contas a Pagar
6.	Plant & Equipment	( )	Patrimônio Líquido
7.	Depreciation	( )	Salários
8.	Liabilities	( )	Circulante
9.	Short-term debt	( )	Ativos
10.	Accounts payable	( )	Depreciação
11.	Salaries	( )	Dívida de curto Prazo
12.	Owner's Equity	( )	Contas a Receber

Questões de concurso

1. O conjunto de informações divulgado pela Companhia, cujo objetivo é demonstrar o resultado da interação da empresa com o meio em que ela está inserida, é denominado (CESGRANRIO – 2011 – Petrobras – Auditor Júnior)

   a) Balanço Social.

   b) Balanço Patrimonial.

   c) Nota Explicativa.

   d) Fato relevante.

   e) Demonstração do valor adicionado.

2. A demonstração contábil que tem por objetivo evidenciar o valor da riqueza econômica gerada pelas atividades da empresa como resultante de um esforço coletivo e sua distribuição entre os elementos que contribuíram para sua criação é a demonstração denominada (CESGRANRIO – 2011 – Petrobras – Contador Júnior – 2011)

   a) balanço patrimonial

   b) balanço social

   c) lucros ou prejuízos acumulados

   d) resultado do exercício

   e) valor adicionado

3. A movimentação ocorrida nas contas de Reservas de Lucros em um determinado período é evidenciada na seguinte demonstração contábil: (CFC – 2011 – CFC – Contador)

   a) Balanço Patrimonial

   b) Demonstração das Mutações do Patrimônio Líquido

   c) Demonstração dos Fluxos de Caixa

   d) Demonstração dos Lucros ou Prejuízos Acumulados

4. Relata efetivamente o desempenho, em termos de lucro ou prejuízo apurado pela companhia durante o exercício social: (FCC – 2011 – TRT – 24ª REGIÃO (MS) – Analista Judiciário – Contabilidade)

   a) Demonstração do Fluxo de Caixa.

   b) Demonstração de Lucros ou Prejuízos Acumulados.

   c) Demonstração do Valor Adicionado.

   d) Demonstração do Resultado do Exercício.

   e) Balanço Patrimonial.

5. No momento da elaboração das demonstrações contábeis, o profissional de contabilidade responsável deverá definir a estrutura do balanço patrimonial, considerando a normatização contábil. Esse procedimento tem como objetivo principal: (FGV – 2010 – SEFAZ-RJ – Fiscal de Rendas)

   a) aprimorar a capacidade informativa para os usuários das demonstrações contábeis.

   b) atender às determinações das autoridades tributárias.

   c) seguir as cláusulas previstas nos contratos de financiamento com os bancos.

   d) acompanhar as características aplicadas no setor econômico de atuação da empresa.

   e) manter a consistência com os exercícios anteriores.

Resumo

1. O ciclo contábil consiste na sequência dos procedimentos contábeis utilizados para identificar, mensurar, classificar, registrar e sumarizar a informação contábil. Representa o processo executado nas empresas para elaborar as Demonstrações Contábeis, a partir das transações econômicas realizadas. O termo *ciclo* indica que tais procedimentos devem ser repetidos continuamente para possibilitar que se preparem demonstrações contábeis atualizadas, em intervalos razoáveis.

2. O Sistema Público de Escrituração Digital (SPED), que faz parte do Programa de Aceleração do Crescimento do governo federal (PAC), tem o objetivo de tornar virtual toda a escrituração fiscal e contábil das empresas –

feita em papel – e de integrar as três esferas fiscais de administração pública.

3. As fases do ciclo contábil são Captação, Reconhecimento, Processo de Acumulação, Sumarização e Evidenciação.

4. De forma sintética, pode-se dizer que o Balanço Patrimonial é formado por três componentes, a saber, Ativo, Passivo e Patrimônio Líquido. O termo *Balanço* indica o equilíbrio entre eles.

5. A equação contábil é baseada na dupla entrada, ou seja, cada transação possui efeito duplo. Uma transação pode afetar ambos os lados da equação, no mesmo valor, ou um lado da equação, aumentando e diminuindo na mesma quantia, anulando a mudança neste lado da equação.

6. A equação fundamental da Contabilidade:

$$ATIVO = PASSIVO + PATRIMÔNIO\ LÍQUIDO$$

7. Para melhor visualização desta equação as contas são registradas no Razão, que de forma didática é visualizado através de conta que tem o formato da letra T. O lado esquerdo é chamado de débito, representando as aplicações dos recursos da empresa. O direito é chamado de crédito, e representa as origens dos recursos.

8. De acordo com a Lei nº 11.638/07, a Contabilidade deverá apresentar os seguintes relatórios contendo, em termos monetários, informações acerca dos negócios das empresas: Balanço Patrimonial (BP); Demonstração do Resultado do Exercício (DRE); Demonstrações das Mutações do Patrimônio Líquido (DMPL); a Demonstração dos Fluxos de Caixa (DFC); a Demonstração do Valor Adicional (DVA obrigatória para as cias. abertas) e Notas Explicativas (NE).

Algumas empresas apresentam, ainda, o Balanço Social (BS), de forma espontânea.

Exercícios de verificação

1. Uma transação da Empresa Fantástica S.A. ocasionou um decréscimo de $ 10.000 tanto no Ativo Total quanto no Passivo. Essa transação pode ter sido:

   (a) Compra, a vista, de um caminhão de entregas por R$ 10.000
   (b) Um ativo no valor de R$ 10.000 que foi destruído no fogo
   (c) Pagamento de um empréstimo bancário no valor de R$ 10.000
   (d) Recebimento de uma Conta a Receber (Clientes) no valor de R$ 10.000

2. Exemplifique com dois tipos de ativos que são específicos do seguinte setor:

   (a) Escola: _____ e _____
   (b) Companhia aérea: _____ e _____
   (c) Clube de futebol: _____ e _____
   (d) Estação de rádio: _____ e _____

3. Complete com o valor que está faltando:

ATIVO	= PASSIVO	+ PATRIMÔNIO LÍQUIDO
(a) $ 558.000	= $ 342.000	+ _____
(b) _____	= $ 562.000	+ $ 375.000
(c) $ 307.500	= _____	+ $ 142.500

4. Diga qual o impacto dos eventos no Balanço Patrimonial, ou seja, se o aumentam ou diminuem e qual o valor.

   Fernando resolve aproveitar os intervalos de suas aulas e abre uma empresa de lanches, que venderá pipoca e funcionará embaixo do prédio da instituição.

   (a) Na constituição da empresa, Fernando integraliza R$ 3.000 em dinheiro como capital social.
   Ativo _____ Passivo _____
   PL _____

   (b) A empresa compra uma carrocinha de pipoca por R$ 1.000, sendo que 40% a vista e 60% a prazo.

Ativo _____ Passivo _____
PL _____

(c) A empresa compra matéria-prima (milho e pacotes) por R$ 500, a vista.
Ativo _____ Passivo _____
PL _____

(d) Franklin entra de sócio de Fernando integralizando R$ 3.000 de capital social, na forma de um *lap top*, para ajudar no controle da empresa.
Ativo _____ Passivo _____
PL _____

(e) Para não atrapalhar seus estudos, os sócios contratam um funcionário para trabalhar na carrocinha, com um salário de R$ 100 por mês. O salário é pago antecipadamente, no começo do mês.
Ativo _____ Passivo _____
PL _____

(f) Os sócios vendem o *lap top* por R$ 3.500, a prazo.
Ativo _____ Passivo _____
PL _____

(g) No final do mês a Receita apurada com a venda de pipoca foi de R$ 800.
Ativo _____ Passivo _____
PL _____

(h) 80% da matéria-prima foi utilizada na produção da pipoca vendida.
Ativo _____ Passivo _____
PL _____

A Cia. Netos Felizes apresentava o seguinte Balanço em 31.12.XO:

Caixa	2.700	Capital	2.700
Total	2.700	Total	2.700

Operações	
a) Compra de estoques à vista	1.500
b) Compra de um carro à vista	600
c) Pagamento de aluguel	200

Apresente matriz de lançamentos e BP em 31.12.X1:

	Caixa		Estoques		Carro		Cap. Soc.			
	D	C	D	C	D	C	D	C	D	C
SI										
a)										
b)										
c)										
Total										

	BP		
Ativo		Passivo	
Caixa			
Estoques		PL	
carro		Cap. Soc.	
		Prej.	
Total		Total	

Caso Google

O Google surpreendeu o mercado ontem e divulgou seu balanço durante o pregão da Nasdaq, bolsa de tecnologia de Nova York, enquanto investidores aguardavam os números para depois do fechamento. Segundo o resultado anunciado, o lucro líquido da gigante de internet caiu 20,3% no terceiro trimestre em bases anuais e chegou a US$ 2,18 bilhões, ou US$ 6,53 por ação. Logo após a divulgação, os investidores começaram a vender as ações da companhia. A queda chegou a 9,75% por volta das 13h40, com as ações cotadas a US$ 681,96. Esse é o menor patamar de cotação para os papéis em um mês e causou a paralisação das negociações. Há pouco tempo, analistas apostavam que o Google conseguiria manter-se com um preço acima de US$ 700. Além de ser revelado antes do prazo estipulado pela empresa, o arquivo enviado à Securities and Exchange Commission (SEC), reguladora dos mercados nos EUA, estava incompleto. Logo no começo da nota à imprensa aparecem os dizeres "pending Larry quote" (faltam as aspas de Larry), referindo-se ao comentário que o presidente do grupo, Larry Page, ainda precisava enviar à equipe. No fim do dia, o Google divulgou seu balanço oficial, incluindo o comentário de Page que faltava no documento anterior. "Tivemos um trimestre forte. A receita subiu 45% na comparação anual e, com apenas 14 anos, já ultrapassamos o primeiro período com receita acima de US$ 14 bilhões. Ao mesmo tempo, as ações voltaram a ser negociadas na Nasdaq.

Respostas dos exercícios

(2.1)

5-4-6-2-1-3-8-7

(2.2)

1. Fase da Evidenciação.
2. Fase de Captação.
3. Fase de Sumarização.
4. Fase de Acumulação.
5. Fase de Reconhecimento.

(2.3)

1.

a. $ 6.000 = $ 2.000 + $ 4.000
b. $ 5.500 = $ 3.200 + $ 2.300
c. $ 8.150 = $ 4.500 + $ 3.650
d. 1.500 – 1.700 = (200)
e. 2000 – 500 = 1.500

2. b, c, d, a, b, a, f, c, e, d, f, e

3.

Item	Sim	Não
Carro	X	
Joias	X	
Apartamento (no qual mora de aluguel)		X
Dinheiro	X	
Computador	X	
Livro da biblioteca (sob empréstimo)		X

(2.5)

1.

1.1 Quatro pessoas formam uma sociedade e entregam ao gerente o dinheiro correspondente ao investimento inicial.

Ativo		Passivo	
Caixa	+ 1.200		
		Patrimônio Líquido	
		Capital Social	+ 1.200

A	P	PL
+		+

1.2 Compra de um veículo a vista.

Ativo

Caixa   – 20

Veículo   + 20

A	P	PL
+ e –		

1.3 Compra de um computador a prazo.

Ativo	Passivo
Computador + 10	Fornecedores + 10

A	P	PL
+	+	

1.4 Pagamento do Passivo referente à compra do computador.

Ativo	Passivo
Caixa – 10	Fornecedores – 10

A	P	PL
–	–	

1.5 Pagamento de aluguel do mês (a despesa ainda não havia sido reconhecida).

DRE	
Receita	
Despesa	– 7
Resultado	– 7

Balanço Patrimonial

Ativo	**Passivo**
Caixa – 7	
	Patrimônio Líquido
	Lucro/Prejuízo Acumulado – 7

A	P	PL
–		–

1.6 A empresa prestou serviços a terceiros e deverá receber o valor posteriormente.

DRE	
Receita	+ 10
Despesa	
Resultado	+ 10

Balanço Patrimonial

Ativo	**Passivo**
Contas a Receber de Clientes + 10	
	Patrimônio Líquido
	Lucro/Prejuízo Acumulado + 10

A	P	PL
+		+

1.7 Recebeu o valor de um empréstimo tomado ao banco.

A	P	PL
+	+	

Ativo		Passivo	
Caixa	+ 6	Empréstimo Obtido	+ 6

1.8 Venda de mercadorias a vista (com lucro).

DRE	
Receita	+ 4
Despesa (CMV)	– 3
Resultado	+ 1

Balanço Patrimonial			
Ativo		**Passivo**	
Caixa	+ 4		
Estoque	– 3	**Patrimônio Líquido**	
		Lucro/Prejuízo Acumulado	+ 1

A	P	PL
+ e –		+ e –

1.9 Reconhecimento da despesa de comissões aos vendedores, que será paga no mês seguinte.

DRE	
Receita	
Despesa	– 2
Resultado	– 2

Balanço Patrimonial			
Ativo		**Passivo**	
		Comissões a Pagar	+ 2
		Patrimônio Líquido	
		Lucro/Prejuízo Acumulado	– 2

A	P	PL
	+	–

1.10 Pagamento de comissões aos vendedores (já haviam sido reconhecidas).

DRE	
Receita	
Despesa	
Resultado	

Balanço Patrimonial			
Ativo		**Passivo**	
Caixa	– 2	Comissões a Pagar	– 2
		Patrimônio Líquido	

A	P	PL
–	–	

1.11 Compra, a prazo, de um computador, para venda (estoque).

Ativo		Passivo	
Estoque de Computadores	300	Fornecedores a pagar	300

A	P	PL
+	+	

1.12 Pagamento do empréstimo que tomou no banco.

Ativo		Passivo	
Caixa	– 6	Empréstimo Obtido	– 6

DRE	
Receita	+ 1
Despesa	
Resultado	+ 1

Balanço Patrimonial		
Ativo		Passivo
Caixa	+ 1	
		Patrimônio Líquido
		Lucro/Prejuízo Acumulado + 1

A	P	PL
+		+

A	P	PL
–	–	

1.13 Os sócios resolveram aumentar o capital da empresa, investindo mais dinheiro nela.

Ativo	Passivo
Caixa + 400	
	Patrimônio Líquido
	Capital Social + 400

A	P	PL
+		+

1.14 Prestação de serviços de corretagem (e recebimento da comissão).

2.

Ativo	Passivo	PL
a) $ 100.000	—	R$ 100.000
b) $ 1.000.000	$ 1.000.000	—
c) $ 800.000 – $ 640.000	$ 160.000	—
Ativo	Passivo	PL
d) $ 150.000	$ 150.000	—
e) $ 50.000 + $ 30.000 + $ 20.000	—	$ 100.000
f) $ 40.000 – 50.000	—	– $ 10.000
g) $ 168.000 + 112.000	—	$ 280.000
h) – $ 100.000	—	– $ 100.000
i) + $ 300	—	$ 300
j) – $ 30.000	—	– $ 30.000
k) –	$ 15.000	– $ 15.000

(2.6)

Marque com X a resposta mais correta:
1. b; 2. d; 3. a; 4. b; 5. c; 6. d; 7. b

Exercício de inglês contábil

3 – 5 – 6 – 8 – 10 – 12 – 11 – 2 – 1 – 7 – 9 – 4

Questões de concurso

1. a   2. e   3. b   4. d   5. a

Apêndice: SPED

Instituído pelo Decreto nº 6.022, de 22 de janeiro de 2007, o Sistema Público de Escrituração Digital (Sped) faz parte do Programa de Aceleração do Crescimento do Governo Federal (PAC 2007-2010) e constitui-se em mais um avanço na informatização da relação entre o fisco e os contribuintes.

De modo geral, consiste na modernização da sistemática atual do cumprimento das obrigações acessórias, transmitidas pelos contribuintes às administrações tributárias e aos órgãos fiscalizadores, utilizando-se da certificação digital para fins de assinatura dos documentos eletrônicos, garantindo assim a validade jurídica dos mesmos apenas na sua forma digital.

Iniciou-se com três grandes projetos: Escrituração Contábil Digital, Escrituração Fiscal Digital e a NF-e – Ambiente Nacional. Atualmente está em produção o projeto EFD-Contribuições. E em estudo: e-Lalur, EFD-Social e a Central de Balanços.

A Escrituração Contábil Digital (ECD) é parte integrante do projeto SPED e tem por objetivo a substituição da escrituração em papel pela escrituração transmitida via arquivo, ou seja, corresponde à obrigação de transmitir, em versão digital, os seguintes livros:

I – livro Diário e seus auxiliares, se houver;
II – livro Razão e seus auxiliares, se houver;
III – livro Balancetes Diários, Balanços e fichas de lançamento comprobatórias dos assentamentos neles transcritos.

Segundo a Instrução Normativa RFB nº 787/07, estão obrigadas a adotar a ECD:

I – em relação aos fatos contábeis ocorridos a partir de 1º de janeiro de 2008, as sociedades empresárias sujeitas a acompanhamento econômico-tributário diferenciado, nos termos da Portaria RFB nº 11.211, de 7 de novembro de 2007, e sujeitas à tributação do Imposto de Renda com base no Lucro Real.

II – em relação aos fatos contábeis ocorridos a partir de 1º de janeiro de 2009, as demais sociedades empresárias sujeitas à tributação do Imposto de Renda com base no Lucro Real.

Portanto, a partir do ano-calendário 2009, estão obrigadas ao Sped Contábil todas as sociedades empresárias tributadas pelo lucro real.

Para as outras sociedades empresárias a ECD é facultativa.

As sociedades simples e as microempresas e empresas de pequeno porte optantes pelo Simples Nacional estão dispensadas desta obrigação.

As regras de obrigatoriedade não levam em consideração se a sociedade empresária teve ou não movimento no período. Sem movimento não quer dizer sem fato contábil. Normalmente ocorrem eventos como depreciação, incidência de tributos, pagamento de aluguel, pagamento do contador, pagamento de luz, custo com o cumprimento de obrigações acessórias (como apresentação de DCTF e DIPJ), entre outras. O Departamento Nacional de Registro do Comércio (DNRC) adota a terminologia "Livro Digital", a Receita Federal do Brasil (RFB) utiliza "Escrituração Contábil Digital", o Conselho Federal de Contabilidade (CFC) utiliza "Escrituração Contábil em Forma Eletrônica".

Finalmente, Sped Contábil seria uma forma "coloquial" de nomear os termos acima.

Todos os livros da escrituração contábil podem ser incluídos no Sped Contábil, em suas diversas formas.

O diário e o razão são, para o Sped Contábil, um livro digital único. Cabe ao PVA do Sped Contábil mostrá-los no formato escolhido pelo usuário.

São previstas as seguintes formas de escrituração:

- G – Diário Geral;
- R – Diário com Escrituração Resumida (vinculado a livro auxiliar);
- A – Diário Auxiliar;
- Z – Razão Auxiliar; e
- B – Livro de Balancetes Diários e Balanços.

Estas formas de escrituração decorrem de disposições do Código Civil:

(www1.receita.fazenda.gov.br)

3

Processo de convergência internacional e a estrutura conceitual básica da contabilidade

Objetivo do Capítulo

Neste capítulo, abordaremos o processo de convergência das normas contábeis internacionais, apresentando os órgãos internacionais que são responsáveis por este processo, assim como as instituições dotadas de poder para regulamentar a informação contábil brasileira. Apresentamos, também, a Estrutura Conceitual estabelecida pelo Comitê de Pronunciamentos Contábeis (conhecida como Pronunciamento CPC 00), aprovada pela Comissão de Valores Mobiliários (Deliberação CVM 675/11) e pelo Conselho Federal de Contabilidade – CFC (Resolução CFC 1.374/11).

Como complemento a este capítulo apresentamos, em seu apêndice, uma análise econômica da informação contábil onde são encontrados dois tipos de assimetria de informação.

Estudo de Caso

Segundo Fernando Torres do Jornal Valor Econômico em 22.10.12, a área técnica da Fundação IFRS, que integra, o grupo de entidades responsáveis pelo padrão internacional de contabilidade, usado no Brasil desde 2008, divulgou, um extenso documento em resposta ao relatório elaborado pela área técnica da Securities and Exchange Commission (SEC), sobre adoção ou não do IFRS nos Estados Unidos, tentando minimizar os temores e preocupações apresentados pelos americanos quanto aos novos padrões contábeis., , , , , , , , , , , , , , ,

Faça uma pesquisa sobre o assunto e debata em grupo sobre como foi a mudança ocorrida no Brasil e avalie se os Estados Unidos deveriam mudar, de imediato, para as normas internacionais (IFRS) ou permanecer ainda por um tempo maior neste período de transição. Justifique.

3.1 Notas introdutórias

O processo de regulamentação das normas contábeis tem sido submetido a uma série de alterações, tanto a nível nacional quanto internacional. Em 2005, foi constituído o Comitê de Pronunciamentos Contábeis (CPC), entidade que objetiva centralizar o processo de emissão de normas contábeis no Brasil.

Em 28 de dezembro de 2007 é aprovada a Lei nº 11.638, com a alteração de trechos da Lei nº 6.404/76 fazendo com que as empresas tenham de divulgar as demonstrações contábeis a partir de 2008 já adaptadas às novas diretrizes, que visam promover a convergência das regras brasileiras ao padrão internacional (IFRS).

O processo de emissão das normas contábeis no Brasil tem esse arcabouço legal como parâmetro principal, que inclui determinações que abrangem o processo de reconhecimento, mensuração e evidenciação. Esta lei concede poderes para que a Comissão de Valores Mobiliários (CVM) efetue normatização adicional para as companhias abertas, que são empresas que emitem valores mobiliários vendidos em oferta pública.

Uma legislação complementar é efetuada por entidades governamentais controladoras de atividades reguladas, como, por exemplo, o Banco Central do Brasil (BACEN) para as instituições financeiras, a Superintendência de Seguros Privados (SUSEP) para as companhias seguradoras e a Agência Nacional de Saúde Suplementar (ANS) para as operadoras de planos de assistência à saúde. Apresentaremos a seguir as principais entidades responsáveis por todo este processo, bem como as novas normas que deverão ser seguidas.

3.2   Principais instituições emitentes de normas contábeis no Brasil

3.2.1   Comissão de Valores Mobiliários (CVM) – <www.cvm.gov.br>

A lei que criou a CVM (Lei nº 6.385/76) e a Lei das Sociedades por Ações (Lei nº 6.404/76) disciplinaram o funcionamento do mercado de valores mobiliários e a atuação de seus protagonistas, assim classificados, as companhias abertas, os intermediários financeiros e os investidores, além de outros cuja atividade gira em torno desse universo principal. Partes da normatização contábil da Lei nº 6.404/76 foram alteradas pelas Leis nºs 10.303/01, 11.638/07 e 11.941/09.

A CVM tem poderes para disciplinar, normatizar e fiscalizar a atuação dos diversos integrantes do mercado. Seu poder normatizador abrange todas as matérias referentes ao mercado de valores mobiliários, incluindo a normatização da Contabilidade. A lei atribui à CVM competência para apurar, julgar e punir irregularidades eventualmente cometidas no mercado. As penalidades que a CVM pode atribuir vão desde a simples advertência até a inabilitação para o exercício de atividades no mercado, incluindo multas pecuniárias.

Se a CVM verificar que uma companhia aberta não seguiu suas determinações contábeis, poderá punir a empresa. Uma das penalidades é obrigar a republicação das Demonstrações Contábeis. A Superintendência de Normas Contábeis e Auditoria SNC acompanha a atuação dos auditores independentes das companhias abertas.

3.2.2   Comitê de Pronunciamentos Contábeis (CPC) – <www.cpc.org.br>

Entidade autônoma criada pela Resolução CFC nº 1.055/05, o CPC tem como objetivos estudar, preparar e emitir Pronunciamentos Técnicos sobre Procedimentos de Contabilidade e divulgar informações dessa natureza, para permitir a emissão de normas pela entidade reguladora brasileira, visando à centralização e uniformização do seu processo de produção, levando sempre em conta a convergência da Contabilidade Brasileira aos padrões internacionais.

Fonte: <www.cpc.org.br>.

Na perspectiva da história, ele é o resultado da abertura da economia brasileira para o exterior, que colocou nossas empresas em contato direto com economias mais avançadas, inclusive com títulos negociados nas bolsas de maior movimento do mundo, e ao alcance dos investidores sediados em outros países.

O Comitê de Pronunciamentos Contábeis (CPC) foi idealizado a partir da união de esforços e comunhão de objetivos das seguintes entidades:

- ABRASCA (Associação Brasileira das Companhias Abertas).
- APIMEC NACIONAL (Associação dos Analistas e Profissionais de Investimento do Mercado de Capitais).
- BM&F Bovespa.
- CFC (Conselho Federal de Contabilidade).

- FIPECAFI (Fundação Instituto de Pesquisas Contábeis, Atuariais e Financeiras da FEA/USP).
- IBRACON (Instituto dos Auditores Independentes do Brasil).

A Lei nº 11.638/07, que alterou a matéria contábil regulada pela Lei nº 6.404/76 e também alterou a lei de criação da CVM (Lei nº 6.385/76), autorizou que a CVM, o Banco Central do Brasil (BACEN) e demais agências reguladoras firmem convênio com uma entidade autônoma que tenha por objeto o estudo e a divulgação de princípios, normas e padrões de contabilidade e de auditoria. Tal entidade é o CPC. Isto é muito importante, pois legitima e reveste de legalidade o CPC e os pronunciamentos já emitidos.

O CPC é totalmente autônomo das entidades representadas, deliberando por 2/3 de seus membros. O Conselho Federal de Contabilidade fornece a estrutura necessária. As seis entidades citadas compõem o CPC, mas outras poderão vir a ser convidadas a participar futuramente. Os membros do CPC, dois por entidade, na maioria contadores, não auferem remuneração.

Além dos 12 membros atuais, serão sempre convidados a participar representantes dos seguintes órgãos:

- Banco Central do Brasil.
- Comissão de Valores Mobiliários (CVM).
- Secretaria da Receita Federal do Brasil (RFB).
- Superintendência de Seguros Privados (SUSEP).
- Outras entidades ou especialistas poderão ser convidadas. Adicionalmente, poderão ser formadas Comissões e Grupos de Trabalho para temas específicos.

3.2.3 *Instituto dos Auditores Independentes do Brasil (IBRACON) – <www.ibracon.com.br>*

O Instituto dos Auditores Independentes do Brasil (IBRACON) tem a função de discutir, desenvolver e aprimorar as questões éticas e técnicas da profissão de auditor e de contador e, ao mesmo tempo, atuar como porta-voz dessas categorias diante de organismos públicos e privados e da sociedade em geral.

Além disso, auxilia na difusão e na correta interpretação das normas que regem a profissão, possibilitando aos profissionais conhecê-las e aplicá-las de forma apropriada.

Atua no conjunto das entidades de ensino, colaborando para o aprimoramento da formação profissional, por meio da divulgação das atribuições, do campo de atuação e da importância do trabalho do auditor independente em nossa sociedade.

O IBRACON tem sede nacional em São Paulo e sete seções regionais, que cobrem todo o território nacional. Trabalha em parceria com outras entidades nacionais e internacionais para garantir a excelência e a integridade da profissão.

3.2.4 *Conselho Federal de Contabilidade (CFC) – <www.cfc.org.br>*

Criado pelo Decreto-Lei nº 9.295/46, o Conselho Federal de Contabilidade é uma autarquia especial de caráter corporativo, sem vínculo com a Administração Pública Federal. O CFC possui representatividade de todos os estados da Federação e do Distrito Federal. Tem por finalidade orientar, normatizar e fiscalizar o exercício da profissão contábil, por intermédio dos Conselhos Regionais de Contabilidade. Um grande marco para a sua atuação é a Lei nº 12.249, de 2010, que forneceu poder para o CFC ser um órgão com poderes de normatização, abrangendo todas as empresas brasileiras que não possuem de forma direta um outro órgão regulador.

Promove o desenvolvimento da profissão contábil, primando pela ética e qualidade na prestação dos serviços, realizando o registro e a fiscalização de profissionais e organizações contábeis, e atuando como fator de proteção da sociedade. A Lei nº 12.249, de 2010, deu poderes ao CFC para a realização do exame de suficiência para os profissionais, ingressarem na área contábil. Ser reconhecido como um Conselho atuante e representativo da profissão contábil faz parte da visão e da missão da entidade. Entre suas diretrizes, objetiva o fortalecimento da imagem do sistema CFC/CRCs e do profissional da Contabilidade, a otimização do registro e da fiscalização e ampliação da participação política e social do contabilista. O CFC emite as Normas Brasileiras de Contabilidade de Auditoria e Perícia. A normatização abrange a parte profissional para regular a atuação prática dos contabilistas, tendo emitido o Código de Ética Profissional.

3.2.5 Bolsa de Valores de São Paulo (BM&F Bovespa) – <www.bovespa.com>

Complementando a apresentação das entidades é importante citar a Bolsa de Valores de São Paulo (BOVESPA).

A BOVESPA é o maior centro de negociação com ações da América Latina, concentrando cerca de 70% do volume de negócios realizados na região.

Ao longo de sua história, a BOVESPA passou por mudanças para aperfeiçoar sua estrutura. A mais recente ocorreu em 28 de agosto de 2007, quando uma reestruturação societária resultou na criação da BOVESPA *Holding*, que tem como subsidiárias integrais a Bolsa de Valores de São Paulo (BVSP) – responsável pelas operações dos mercados de bolsa e de balcão organizado – e a Companhia Brasileira de Liquidação e Custódia (CBLC), que presta serviços de liquidação, compensação e custódia.

A reestruturação societária consolidou o processo de desmutualização, permitindo que o acesso às negociações e demais serviços prestados pela Bolsa sejam desvinculados da propriedade de ações. No formato anterior da BOVESPA, apenas corretoras proprietárias de títulos patrimoniais podiam negociar em Bolsa.

Atualmente, a BOVESPA é o único centro de negociação de ações do Brasil e o maior da América Latina.

Hoje, as negociações realizadas na BOVESPA são feitas exclusivamente por meio de seu sistema eletrônico, o que proporciona maior agilidade e segurança nas transações. A Bolsa é dotada de uma base tecnológica comparável à dos mercados mais desenvolvidos do mundo e o Brasil, por sua vez, é hoje um centro de excelência em infraestrutura do mercado financeiro e de capitais, tornando-se referência mundial.

A Bolsa de Valores de São Paulo mantém ainda um papel de destaque perante os mercados internacionais, atuando na *World Federation of Exchanges* (WFE), na Federação Ibero-americana de Bolsas (FIAB) e na *International Organization of Securities Commission* (IOSCO). Esta entidade tem como uma das suas funções promover o desenvolvimento do mercado de ações brasileiro.

Uma das suas iniciativas foi a criação do "Novo Mercado", possibilitando a existência de um conjunto de empresas que propicia mais direitos ao investidor e maior transparência para o mercado. Um efeito para a Contabilidade foi a obrigatoriedade da empresa de divulgar, além das Demonstrações Contábeis de acordo com a legislação brasileira, demonstrações de acordo com as normas dos Estados Unidos (USGAAP) ou as normas internacionais emitidas pelo *International Accounting Standards Board* (IASB).

Devem ser destacadas também a atuação da ABRASCA e da APIMEC. A primeira, ao aglutinar os responsáveis pela contabilidade das maiores empresas do país, tem efetuado grandes contribuições às audiências públicas das novas normas. Deve se destacar a atuação da CANC (Comissão de Auditoria e Normas Contábeis).

A APIMEC tem gerado um grande apoio ao processo ao utilizar o grande conhecimento técnico dos profissionais que efetuam as análises das Demonstrações Contábeis das empresas e que possuem um grande vínculo com as áreas de Relações com Investidores (RI) das empresas brasileiras que captam recursos no mercado de capitais.

Exercícios de fixação (3.2)

Identifique a instituição – (a) CVM, (b) IBRACON, (c) CFC, (d) CPC, (e) BOVESPA:

1. Tem a função de discutir, desenvolver e aprimorar as questões éticas e técnicas da profissão de auditor e, ao mesmo tempo, atuar como porta-voz dessa categoria diante de organismos públicos e privados e da sociedade em geral.

2. Tem a função de promover o desenvolvimento do mercado de ações brasileiro.

3. Tem poderes para disciplinar, normatizar e fiscalizar a atuação dos diversos integrantes do mercado de capitais do Brasil.

4. Promove o desenvolvimento da profissão contábil, enfatizando a ética e a qualidade na prestação dos serviços e realizando o registro e a fiscalização de profissionais e organizações contábeis.

5. Entidade que tem como objetivo estudar, preparar e emitir Pronunciamentos Técnicos sobre Procedimentos de Contabilidade e divulgar informações dessa natureza, para permitir a emissão de normas pela entidade reguladora brasileira.

3.3 Principais instituições internacionais

3.3.1 *International Accounting Standards Board (IASB)*

Foi criado a partir da transformação, no fim dos anos 90, com origem no antigo *International Accounting Standards Committee* (IASC), de 1973, depois das crises que afetaram diferentes países asiáticos. Autoridades e especialistas concluíram necessária a definição de critérios uniformes de contabilidade, tecnicamente robustos e claramente comprometidos com uma total transparência do desempenho empresarial. Constitui uma entidade independente com o objetivo de definir critérios universais e padrões para serem aplicados por todos os países de maneira idêntica e compreensível. As normas emitidas pelo IASB são os *International Financial Reporting Standards* (IFRS), as *IFRS Interpretations* (IFRIC), além das *International Accounting Standards* (IAS) anteriormente emitidas pelo IASC e não revogadas. Sua formação abrange profissionais de todos os continentes, com previsão de 16 integrantes. Em

2009, o brasileiro Amaro Gomes da Silva foi escolhido para participar do IASB. Os pronunciamentos IFRS são considerados um grupo de *standards* "baseados em princípios", pela forma como as determinações são estabelecidas.

3.3.2 *Financial Accounting Standards Board (FASB)*

É a entidade responsável pela emissão dos pronunciamentos contábeis para serem observados pelas empresas dos Estados Unidos. Foi constituído em 1973 e é reconhecido pelo SEC – *Securities and Exchange Commission*, que representa o órgão regulador para proteção ao investidor norte-americano. O FASB possui uma característica de independência.

O SEC (CVM americano), por sua vez, foi criado em 1934 depois da crise de 1929, cuja fundação em parte foi justificada pela não existência de uma normatização contábil de qualidade com aplicação obrigatória.

3.4 Processo de convergência

O IASB vem estabelecendo um amplo diálogo com a instituição contábil normativa dos Estados Unidos, o *Financial Accounting Standards Board* (FASB). O primeiro documento nesse sentido foi a assinatura do protocolo de Norwalk, em 2002, que tem gerado uma série de pronunciamentos conjuntos.

Em 10 de março de 2006, o Comunicado do Banco Central nº 14.259 determinou a aplicação das normas do IASB às instituições financeiras no Brasil às normas do IASB até 2010.

A CVM, por meio da Instrução CVM nº 457, de 13 julho de 2007, obrigou as companhias abertas a apresentarem as suas demonstrações financeiras mediante a adoção do padrão contábil internacional, de acordo com os pronunciamentos emitidos pelo *International Accounting Standards Board* (IASB), a partir do exercício findo em 2010. Considerou a CVM a importância e a necessidade de as práticas contábeis brasileiras serem convergentes com as práticas contábeis internacionais, seja para permitir o aumento da transparência e da confiabilidade nas nossas informações financeiras, seja para possibilitar, a um custo mais baixo, o acesso das empresas nacionais às fontes de financiamento externas.

Em 15 de novembro de 2007, o órgão regulador do mercado de capitais norte-americano, *Securities and Exchange Commission* (SEC), aceitou que as empresas não americanas que tenham suas ações negociadas nos Estados Unidos possam apresentar Demonstrações Contábeis de acordo com o IFRS e não mais exclusivamente em linha às normas americanas (emitidas pelo FASB).

O processo está em pleno andamento, sendo o IFRS aceito em mais de 100 países.

Segundo Leslie Seidman, presidente do FASB em 2011, a visão internacional predominante continua sendo a de que os investidores são, de longe, os leitores mais importantes das contas das empresas.

No Brasil, as normas emitidas pelo CPC são consistentes com estas determinações e o seu conhecimento é o grande objetivo de todos os estudantes de contabilidade.

3.5 Estrutura conceitual pela elaboração e divulgação do relatório contábil-financeiro

Juliana, de seis anos, levou sua irmã Carolina, de três anos, para jogar futebol. Com todo o carinho ensinou a Carolina que, para jogar futebol, bastava chutar a bola até entrar na trave e marcar um gol. Quando a menina, toda feliz, estava prestes a marcar um gol, Juliana, se joga sobre a bola, vitoriosa. Carolina começa a chorar, toda manhosa, dizendo que ela pegou sua bola com as mãos. Juliana, com muita paciência, consola Carolina, explicando que o goleiro pode pegar a bola com as mãos, pois sua função é fazer com que ninguém marque o gol contra seu time. Para evitar maiores problemas, resolve explicar para sua irmã todas as regras do jogo. Carol, após as explicações, joga com maior certeza e, toda feliz, marca o gol de vitória de seu time.

O mesmo se aplica à Contabilidade. Para que possamos utilizá-la de forma correta é indispensável que saibamos as regras do jogo, isto é, que tenhamos pleno conhecimento de sua estrutura conceitual básica.

> **OBSERVAÇÃO:**
>
> É esperado que a nova Estrutura Conceitual Básica aqui comentada tenha vida útil curta, pois o IASB e o FASB, em conjunto, estão elaborando novo texto que substituirá o apresentado a seguir. Entretanto, enquanto a nova Estrutura Conceitual não entra em vigor, vamos trabalhar com esta que consiste na tradução do *Preparation and Presentation of Financial Statements* elaborado pelo IASB em 2001.

A partir de 2008, adotou-se no Brasil nova Estrutura Conceitual Básica da Contabilidade, emitida pelo CPC (em linha com o *Framework for the Preparation and Presentation of Financial Statements* emitido pelo IASB – *International Accounting Standards Board*) e aprovada pela CVM por meio da Deliberação nº 539/08. A Estrutura Conceitual do CPC é complementada no Brasil pela Resolução 750/93 do CFC que foi alterada em 2010 pela Resolução 1282.

Em 2 de dezembro de 2011, o CPC efetuou uma mudança no texto do Pronunciamento conhecido como CPC 00, que apresenta os conceitos básicos para atuação da contabilidade. O novo texto representa parte do material desenvolvido pelo IASB e pelo FASB, que estão efetuando a atualização em etapas, tendo sido aprovado pela Deliberação 675 da CVM de 13 de dezembro de 2011 e pelo CFC através da Resolução CFC nº 1.374, de 8 de dezembro de 2011.

O novo texto abrange dois capítulos: o Capítulo 1 – *Objetivo da elaboração e divulgação de relatório contábil-financeiro de propósito geral* e o 3 – *Características qualitativas da informação contábil financeira útil*. O Capítulo 2 – *Entidade Contábil* – será incluído futuramente, conforme o IASB e o FASB finalizem o projeto de revisão da Estrutura Conceitual.

Os itens referentes aos Elementos das Demonstrações Contábeis, seu Reconhecimento e Mensuração e os conceitos de manutenção do capital foram, por enquanto, mantidos, constituindo o Capítulo 4, que também incluiu o conceito da Continuidade através da denominação *Premissa Subjacente*.

O objetivo do Pronunciamento Conceitual Básico – "Estrutura Conceitual para Elaboração e Divulgação de Relatório Contábil-Financeiro" é o de servir como fonte dos conceitos básicos e fundamentais a serem utilizados na elaboração e na interpretação dos Pronunciamentos Técnicos, na preparação e utilização das demonstrações contábeis das entidades e também para a elaboração de outros relatórios.

A Estrutura Conceitual é muito útil para todos, pois estabelece os fundamentos que devem amparar as estimativas, julgamentos e modelos que são utilizados na elaboração dos relatórios contábil-financeiros. Desta forma seu conhecimento se torna indispensável para o profissional que esteja no mundo dos negócios.

As informações contidas nestes relatórios se destinam primariamente aos seguintes usuários externos: *investidores, financiadores* e *outros credores*, sem hierarquia de prioridade, quando estes forem tomar decisões relacionadas ao fornecimento de recursos para a entidade.

3.5.1 CPC 00, Capítulo 1: Objetivo do Relatório Contábil-Financeiro de propósito geral

> **OB2.** O objetivo do relatório contábil-financeiro de propósito geral é fornecer informações contábil-financeiras acerca da entidade que reporta essa informação que sejam úteis a investidores existentes e em potencial, a credores por empréstimos e a outros credores, quando da tomada de decisão ligada ao fornecimento de recursos para a entidade. Essas decisões envolvem comprar, vender ou manter participações em instrumentos patrimoniais e em instrumentos de dívida, e a oferecer ou disponibilizar empréstimos ou outras formas de crédito.

É ainda assinalado neste capítulo que a *performance* financeira deve ser refletida segundo o Regime de Competência, uma vez que este proporciona informações de melhor qualidade do que aquelas obtidas através do movimento de caixa da empresa conhecido como "regime de Caixa".

> **OB17.** O regime de competência retrata com prioridade os efeitos de transações e outros eventos e circunstâncias sobre os recursos econômicos e reivindicações da entidade que reporta a informação nos períodos em que ditos efeitos são produzidos, ainda que os recebimentos e pagamentos em caixa derivados ocorram em períodos distintos.

Segundo o Regime de Competência, as transações econômicas devem ser reconhecidas quando estas ocorrem, isto é, independentemente de sua realização financeira (pagamento e/ou recebimento). Deste modo, informam aos usuários não somente sobre transações passadas envolvendo o pagamento e recebimento de caixa ou outros recursos financeiros, mas também sobre obrigações de pagamento no futuro e sobre recursos que serão recebidos no futuro, apresentando informações sobre transações passadas e outros eventos que são mais úteis aos usuários na tomada de decisões econômicas.

Por exemplo, uma loja vendeu estoques no mês de janeiro no montante de $ 220.000. Metade desse valor foi vendido a vista e a outra metade mediante cartão de crédito. A loja só recebe o valor do cartão de crédito no mês seguinte às vendas. O Regime de Competência determina que a loja apure em janeiro a Receita total de $ 220.000, porque esse foi o valor vendido transferido para os clientes, mesmo que ela ainda não tenha recebido efetivamente o dinheiro.

Portanto, o reconhecimento contábil dos elementos patrimoniais deve se fundamentar na data em que ocorrem as transações e os eventos econômicos. Todas as Demonstrações Contábeis, exceto a Demonstração dos Fluxos de Caixa, seguem o Regime de Competência.

Os detalhes e desdobramentos da adoção do Regime de Competência, bem com sua diferença em relação ao Regime de Caixa, são apresentados no Capítulo 5 deste livro.

Exercícios de fixação (3.5.1)

1. Identifique os lucros/prejuízos no mês de maio dos itens abaixo, tanto pelo Regime de Caixa quanto pelo Regime de Competência, nas diferentes situações apresentadas.

A empresa Fix-itl-all adquire caminhões usados, para reforma e vendas. Durante o mês de maio, pagou $ 120.000 por 3 caminhões, ou seja, $ 40.000 cada um. Gastou $ 30.000 para reformá-los, de modo que pudessem ser vendidos.

Situação A) No mesmo mês, conseguiu vender a vista todos os caminhões para a Deliver Ltda., por $ 210.000.

RESPOSTA:

Regime de Caixa:

Regime de Competência:

Situação B) No mesmo mês, conseguiu vender a vista dois caminhões para a Deliver Ltda., por $ 140.000.

RESPOSTA:

Regime de Caixa:

Regime de Competência:

Situação C) No mesmo mês, conseguiu vender todos os caminhões para a Deliver Ltda., por $ 210.000, com pagamento previsto para o mês de junho.

RESPOSTA:

Regime de Caixa:

Regime de Competência:

Situação D) No mesmo mês, conseguiu vender todos os caminhões para a Deliver Ltda., por $ 210.000. O pagamento será realizado da seguinte forma: $ 100.000 a vista e o restante no mês de junho.

RESPOSTA:

Regime de Caixa:

Regime de Competência:

3.5.2 *CPC 00, Capítulo 3 – Estrutura Conceitual para Elaboração e Divulgação do Relatório Contábil-financeiro*

3.5.2.1 Características qualitativas da informação contábil útil

As características qualitativas são atributos que tornam as demonstrações contábeis úteis aos seus leitores. Este conceito é mais bem compreendido se entendermos as demonstrações contábeis como produtos (bens, como todo e qualquer bem ou serviço que você adquira, tal qual este livro), que devem ser "consumidos" pelos seus usuários. Sua qualidade poderá ser mensurada pelo grau de satisfação das necessidades dos consumidores, ou seja, dos usuários das informações contábeis. Como consequência da maior qualidade das informações, estas possuem maior utilidade ao processo decisório e à compreensão da empresa analisada, gerando a redução da assimetria informacional. Esta propriedade permite à contabilidade gerar valor ao sistema econômico.

Assim, objetivando o melhor atendimento das necessidades dos usuários das demonstrações contábeis, estas devem possuir as seguintes características:

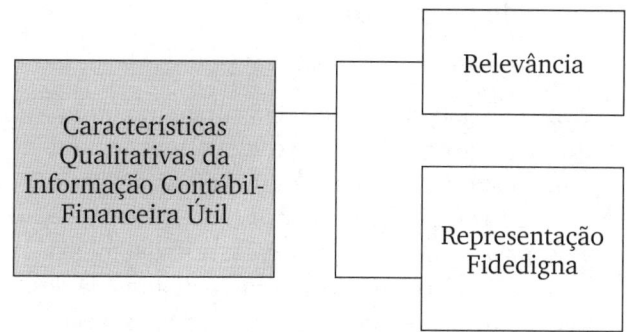

a) Relevância

Para serem úteis, as informações devem ser relevantes às necessidades dos usuários na tomada de decisões. As informações são relevantes quando podem influenciar as decisões econômicas dos usuários, ajudando-os a avaliar o impacto de eventos passados, presentes ou futuros ou confirmando ou corrigindo as suas avaliações anteriores.

A relevância se justifica por dois aspectos:

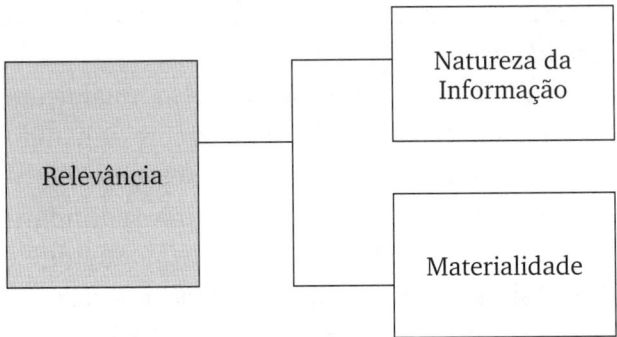

• **Natureza da Informação**

A ideia de relevância pode ser associada à de utilidade. Quanto maior a utilidade da informação para o usuário, maior a sua importância e, portanto, sua relevância. A relevância da informação contábil se verifica quando altera a compreensão do usuário, ajuda a avaliar as operações efetuadas e traz mudança no processo decisório, ou quando confirma o entendimento anterior. Para melhor compreensão do que seja relevância, vamos pensar em um exemplo prático. Se um comercial de TV mostra a grande redução de preços em uma loja em Chicago (EUA) e você não pretende viajar para tal local nem conheça ninguém naquela cidade, esta informação não possui uma relevância para você.

• **Materialidade**

Uma informação é material se a sua não apresentação ou distorção nas demonstrações contábeis puder influenciar as decisões econômicas dos usuários. A materialidade depende do tamanho do item ou do erro, julgado nas circunstâncias específicas de sua não apresentação ou distorção (valor envolvido).

O jornal *O Globo*, de 25 de outubro de 2009, trouxe que uma juíza mandou soltar dois acusados do roubo de... duas galinhas pela insignificância do caso (pela falta de materialidade).

De forma geral, esse conceito pode ser relativo. Por exemplo, enquanto para uma empresa de pequeno porte esse valor, uma perda de $ 100.000, pode constituir um fato relevante, para uma empresa de grande porte esse valor pode não ser tão significativo.

Assim, a natureza da informação diz respeito ao conteúdo informacional, enquanto a materialidade, ao valor envolvido.

b) Representação Fidedigna

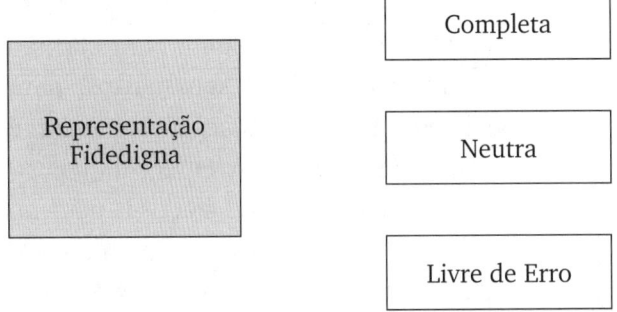

Os relatórios contábil-financeiros representam um fenômeno econômico em palavras e números. Para ser útil, a informação contábil-financeira não tem só que representar um fenômeno relevante, mas tem também que representar com fidedignidade o fenômeno que se propõe representar.

Para ser uma *representação fidedigna*, a informação deve possuir três atributos:

I) Ser **completa**, ou seja, deve conter o necessário para que o usuário compreenda o fenômeno. Para ser confiável, a informação constante das demonstrações contábeis deve ser completa, dentro dos limites de materialidade e custo. Uma omissão pode tornar a informação falsa ou distorcida e, portanto, não confiável e deficiente em termos de sua relevância. Desse modo, pode ajudar na prevenção de fraudes, uma vez que propicia um controle amplo das operações da empresa. Assim, um procedimento errado em uma área da empresa pode ser descoberto por outra. Por exemplo, o reflexo de uma compra de estoques de mercadorias a prazo pode ser verificado tanto pela tesouraria como pela área de controle de suprimentos.

II) Ser **neutra**, isto é, estar desprovida de viés na seleção ou na apresentação, não podendo ser distorcida para mais ou para menos. Dessa forma, o profissional de contabilidade deve procurar reconhecer uma transação econômica de acordo com a realidade e não conforme o interesse de sua empresa. Por exemplo, uma empresa pode estar em uma fase muito difícil e seria conveniente para ela não reconhecer todos os seus gastos, para parecer que sua situação financeira é melhor. Esse fato ocorreu em muitas situações de fraude nos Estados Unidos no início do século e está totalmente errado. Ainda, uma empresa que possua vários processos contra ela na justiça deve considerar o fato em suas demonstrações contábeis, mesmo que seja representado um aspecto negativo para a empresa.

III) Ser **livre de erro**, não significando total exatidão, mas que o processo para obtenção da informação tenha sido selecionado e aplicado livre de erros.

Representação fidedigna não significa exatidão em todos os aspectos e, em decorrência, aumenta-se a importância de uma evidenciação com qualidade descrevendo como foi desenvolvido o processo para a mensuração do valor estimado.

Representação fidedigna, por si só, não resulta necessariamente em informação útil. Por exemplo, a entidade que reporta a informação pode receber um item do imobilizado por meio de subvenção governamental. A entidade, ao reportar que adquiriu um ativo sem custo, retrataria com fidedignidade o custo desse ativo, porém essa informação provavelmente não seria muito útil, pois este ativo irá gerar benefícios futuros para a empresa.

Comparando-se com o texto anterior do Pronunciamento 00, duas mudanças importantes ocorreram, sendo que o posicionamento foi explicado, pois envolve controvérsias. As alterações referem-se às eliminações do texto dos conceitos da *essência sobre a forma e da Prudência (Conservadorismo)*.

A *essência sobre a forma* foi normalmente retirada da condição de componente separado da *representação fidedigna*, **por ser considerado que sua manutenção seria uma redundância**. A representação pela forma legal que difira da substância econômica não pode resultar em *representação fidedigna*. **Assim, *essência sobre a forma* continua, na realidade, bandeira insubstituível nas normas do IASB.**

A característica *prudência* (*conservadorismo*) foi também retirada da condição de aspecto da representação fidedigna **por ser considerada inconsistente com a *neutralidade*.** *O posicionamento é que não devem ser aplicadas de forma não criteriosa* subavaliações de ativos e superavaliações de passivos, com consequentes registros de desempenhos posteriores inflados. Entretanto, deve ser mantida a posição de que os ativos não devem ser mensurados por um valor superior ao da sua recuperação econômica e os passivos não devem ser omitidos. A aplicação prática deve considerar os demais itens desta Estrutura Conceitual e os demais pronunciamentos.

As características qualitativas fundamentais devem ser aplicadas de forma conjunta. A informação precisa concomitantemente ser relevante e representar com fidedignidade a realidade reportada para ser útil. Nem a representação fidedigna de fenômeno irrelevante, tampouco a representação não fidedigna de fenômeno relevante, auxiliam os usuários a tomarem boas decisões. O processo mais efetivo para aplicação das características qualitativas fundamentais usualmente deve ter a seguinte apresentação:

1. Identificar o fenômeno econômico que tenha o potencial de ser útil para os

usuários da informação contábil-financeira reportada pela entidade.

2. Identificar o tipo de informação sobre o fenômeno que seria mais relevante se estivesse disponível e que poderia ser representado com fidedignidade.

3. Determinar se a informação está disponível e pode ser representada com fidedignidade.

Exercícios de fixação (3.5.2.1)

Identifique características qualitativas da informação (relevância – natureza da informação, materialidade; representação fidedigna – completa, neutra, livre de erro):

1. Para ser útil, a informação deve estar livre de erros e representar com propriedade aquilo que se propõe a representar.

2. A não apresentação ou distorção de uma informação nas demonstrações contábeis em função do valor envolvido pode influenciar as decisões econômicas dos usuários.

3. O profissional de Contabilidade deve reconhecer uma transação econômica de acordo com a realidade e não conforme o interesse de sua empresa.

4. Um balanço patrimonial deve mostrar fielmente todas as transações e eventos que resultam em ativos, passivos e patrimônio líquido de entidade e que atendam aos critérios de reconhecimento.

5. Para ser útil, a informação deve poder influenciar as decisões econômicas dos usuários na tomada de decisão, ajudando-os a avaliar o impacto de eventos passados, presentes ou futuros, ou confirmando ou corrigindo as suas avaliações anteriores.

3.5.2.2 Características qualitativas de melhoria da informação

As características qualitativas de melhoria podem também auxiliar a determinar qual alternativa que seja considerada equivalente em termos de relevância e fidedignidade de representação seja escolhida para retratar um fenômeno.

a) Comparabilidade

Comparabilidade é a característica que permite a identificação e compreensão de similaridades e diferenças entre os itens. É diferente da consistência, que significa aplicação dos mesmos métodos para os mesmo itens. Comparabilidade é o objetivo, enquanto que a consistência é um auxílio na obtenção desse objetivo. Comparabilidade implica também em fazer com que coisas diferentes não pareçam iguais ou coisas iguais não pareçam diferentes. Comparabilidade é o objetivo; a consistência auxilia a alcançar esse objetivo.

Comparabilidade não significa uniformidade, indicando que um procedimento novo pode ser aplicado desde que devidamente ponderado e evidenciado. Entretanto, deve ser reconhecido que apesar de que um fenômeno econômico singular possa ser representado com fidedignidade de múltiplas formas, a discricionariedade na escolha de métodos contábeis alternativos para o mesmo fenômeno econômico diminui a comparabilidade.

No entanto, deve-se tomar cuidado para se efetuar as comparações de forma correta. Por exemplo, na análise de uma demonstração trimestral, é importante que os dados sejam comparados com o mesmo trimestre dos anos anteriores, e não com os trimestres anteriores, em função da sazonalidade. Por exemplo, espera-se que uma empresa que fabrica brinquedos tenha melhores resultados no último trimestre do ano, de outubro a dezembro. Por outro lado, é provável que uma empresa que vende material escolar em geral tenha melhores resultados no primeiro trimestre do ano.

A intenção de comparabilidade é uma das causas da normalização contínua das práticas contábeis. Se não houvesse normatização, cada empresa poderia usar um tratamento diferenciado, e não haveria comparação.

b) Verificabilidade

A verificabilidade ajuda a assegurar aos usuários que a informação representa, de modo fidedigno, o fenômeno econômico que se propõe representar. A verificabilidade significa que diferentes observadores, cônscios e independentes, podem chegar a um consenso, embora não cheguem necessariamente a um completo acordo, quanto ao retrato de uma realidade econômica em particular ser uma representação fidedigna. Informação quantificável não necessita ser um único ponto estimado para ser verificável. Uma faixa de possíveis montantes com suas probabilidades respectivas pode também ser verificável.

A verificação pode ser direta ou indireta. Verificação direta significa checar um montante ou outra representação por meio de observação direta, como, por exemplo, por meio da contagem de caixa. Verificação indireta significa checar os dados de entrada do modelo, fórmula ou outra técnica e recalcular os resultados obtidos por meio da aplicação da mesma metodologia. Um exemplo é a verificação do valor contábil dos estoques por meio da checagem dos dados de entrada (quantidade e custos) e por meio do recálculo do saldo final dos estoques utilizando a mesma premissa adotada no fluxo do custo (por exemplo, utilizando o método PEPS).

Um fato importante refere-se às estimativas futuras. Para ajudar os usuários a decidir se desejam usar dita informação, é normalmente necessário divulgar as premissas subjacentes, os métodos de obtenção da informação e outros fatores e circunstâncias que suportam a informação.

No objetivo de ampliar a verificabilidade, a empresa deve utilizar o conhecimento de especialistas, como, por exemplo, os advogados na análise de uma contingência, os engenheiros para a definição da vida útil de um equipamento e os veterinários para avaliação de um ativo biológico animal. Estes profissionais emitem laudos e pareceres que constituem uma referência documental para o reconhecimento contábil e comprovação pela auditoria independente.

c) Tempestividade

Qualquer instrumento (uma ferramenta, um medicamento e até uma informação), para ser útil ao usuário, precisa ser disponibilizado a tempo para o usuário, efetivamente, utilizá-lo em seus propósitos (por exemplo: realizar um conserto, curar-se de uma enfermidade, ou tomar uma decisão), caso contrário, não terá qualquer serventia, perdendo sua relevância.

Significa ter informação disponível e oportuna para tomadores de decisão a tempo de poder influenciá-los em suas decisões. Em geral, a informação mais antiga é a que tem menos utilidade. Contudo, certa informação pode ter o seu atributo tempestividade prolongado após o encerramento do período contábil, em decorrência de alguns usuários, por exemplo, necessitarem identificar e avaliar tendências.

Por outro lado, a pressa na geração da informação não deve provocar a disponibilização de informações precárias ou duvidosas, pois, neste caso, a informação perderia confiabilidade. Portanto, a busca da tempestividade implica num *trade-off* entre relevância e confiabilidade, o que deve ser avaliado pelo contador com bom-senso e neutralidade, caso a caso.

d) Compreensibilidade

Compreensibilidade significa que a classificação, a caracterização e a apresentação da informação são feitas com clareza e concisão, tornando-a compreensível. Mas não é admissível a exclusão da informação complexa e não facilmente compreensível se esse fato tornar o relatório incompleto e distorcido, pois certos fenômenos são realmente difíceis. Os relatórios contábil-financeiros são elaborados na presunção de que o usuário tem conhecimento razoável de negócios e que age diligentemente, mas isso não exclui a necessidade de ajuda de consultor para fenômenos complexos.

As informações apresentadas nas demonstrações contábeis devem ser diretas e claras. As demonstrações contábeis devem ser elaboradas de modo que possam ser entendidas por usuários não contadores, desde que estes estejam interessados e dispostos a compreender a situação patrimonial e o desempenho da entidade analisada, mesmo que para isso seja necessário estudar os conceitos básicos da Contabilidade e das demonstrações contábeis, assim como dados sobre a empresa analisada e sobre o mercado onde atua.

Em virtude de o mundo dos negócios ser competitivo e envolver operações estruturadas e sofisticadas, como acontece no mercado financeiro, a demonstração contábil deve também conter as informações sobre operações complexas que sejam relevantes para a tomada de decisão, ajudando o usuário a melhor conhecer a situação patrimonial e o desempenho da entidade. Esta postura está vinculada ao foco da contabilidade de ser uma linguagem de comunicação.

Exemplo: a direção de uma empresa brasileira resolveu apresentar de forma bastante didática uma operação complexa realizada. Como consequência, as ações desta empresa tiveram uma subida no mercado. Motivo: os investidores conseguiram entender o efetivo benefício da transação econômica para a empresa e valorizaram o fato.

Aplicação conjunta das características qualitativas de melhoria

A aplicação das características qualitativas de melhoria é um processo que requer bom-senso. Algumas vezes, uma característica qualitativa de melhoria pode ter que ser diminuída para maximização de outra característica qualitativa. Por exemplo, a redução temporária na comparabilidade como resultado da aplicação prospectiva de uma nova norma contábil-financeira pode ser vantajosa para o aprimoramento da relevância ou da representação fidedigna no longo prazo. É fundamental que sejam efetuadas divulgações apropriadas.

Exercícios de fixação (3.5.2.2)

Identifique características qualitativas de melhoria da informação:

1. As informações apresentadas nas demonstrações contábeis devem ser diretas e claras. Portanto, devem ser prontamente entendidas pelos usuários que possuem um conhecimento razoável dos negócios, das atividades econômicas e de contabilidade.

2. Os usuários devem poder comparar as demonstrações contábeis de uma entidade ao longo do tempo, de modo a identificar tendências no seu desempenho.

3. Quando há demora indevida na divulgação de uma informação, é possível que ela perca a relevância. Significa ter informação disponível e oportuna para tomadores de decisão a tempo de poder influenciá-los em suas decisões.

3.5.2.3 Restrição de custo na elaboração e divulgação de relatório contábil-financeiro

O custo de gerar a informação é uma restrição que deve estar sempre presente no processo de elaboração e divulgação de relatório contábil-financeiro. Este processo impõe custos, **sendo**

importante que ditos custos sejam justificados pelos benefícios gerados pela divulgação da informação. Existem variados tipos de custos e benefícios a considerar.

Fornecedores de informação contábil-financeira envidam grande parte de seus esforços na coleta, no processamento, na verificação e na disseminação de informação contábil-financeira. Usuários de informação contábil-financeira também incorrem em custos de análise e interpretação de informação fornecida. Se a informação demandada não é fornecida, os usuários incorrem em custos adicionais de obtenção da informação por meio de outras fontes ou por meio de sua estimativa.

Portanto, deve haver sempre a avaliação dos preparadores das Demonstrações Contábeis, pois não deve haver falta e nem excesso.

O equilíbrio resulta em funcionamento mais eficiente dos mercados de capitais e em custo menor de capital para a economia como um todo. O investidor individual, o credor por empréstimo ou outro credor também se beneficiam desse processo por meio de decisões realizadas com melhor informação.

Esta restrição deve ser considerada, inclusive, pelas entidades reguladoras.

Um tratamento diferenciado pode ser apropriado em decorrência dos tamanhos variados das entidades, das diferentes formas de captação de capital (publicamente ou privadamente), das diferentes necessidades de usuários ou de outros fatores.

3.5.3 CPC 00, Capítulo 4 – Premissa subjacente – Continuidade

Este item, que era considerado um Pressuposto Básico da Contabilidade, está sendo apresentado como Premissa Subjacente. O fato é que o conceito é fundamental para a plena atuação da Contabilidade.

No dia 19.6.2011, por exemplo, na Revista O Globo foram apresentadas as três versões da embalagem do Creme Nivea durante seus 100 anos de existência, considerado o primeiro hidratante lançado no mundo. Tal qual o fundador da

empresa que acredita que sua empresa (recém--constituída ou não) terá longa vida útil, o contador também acredita (tem por premissa) que a empresa (entidade objeto da contabilização) terá vida útil indeterminada.

Pronunciamento CPC, item 4.1:

Continuidade

23. As demonstrações contábeis são normalmente preparadas no pressuposto de que a entidade está em marcha e continuará em operação no futuro previsível. Dessa forma, presume-se que a entidade não tem a intenção nem a necessidade de entrar em liquidação, nem reduzir materialmente a escala das suas operações; se tal intenção ou necessidade existir, as demonstrações contábeis terão que ser preparadas numa base diferente e, nesse caso, tal base deverá ser divulgada.

A Contabilidade da empresa deve elaborar as demonstrações contábeis partindo da ideia de que a entidade deverá continuar em operação no futuro, ou seja, não será encerrada em um futuro previsível. Desse modo, presume-se que a empresa não tem a intenção nem a necessidade de colocar todas as suas propriedades a venda.

Se a intenção de descontinuar a empresa ou a necessidade existir em decorrência de uma situação adversa, as demonstrações contábeis terão que ser preparadas numa base diferente, que deve ser divulgada. Quando a empresa estiver em processo de encerramento de suas atividades e liquidação de seus bens para pagamento de suas dívidas, todos esses bens deverão ser avaliados pelo valor de venda. No *Jornal do Comércio*, em out. 2012, foram divulgadas as demonstrações da empresa VISTAAEREA S.A., que está em processo de liquidação. Interessante a comparação das demonstrações de 2011 e de 2012, além de seu BP final:

Ativo Circ.		Passivo e PL	
Cx. e Eq. Cx.	28.480,65	Cap. Social	12.312.170,00
		Prej. Acum.	(12.283.689,35)
Total Ativo	28.480,65	Total Passivo e PL ..	28.480,65

Pesquisa: Procure empresas que existam há mais de 50 anos.

3.6 Princípios de Contabilidade (Resolução CFC nº 1.282/10)

O Conselho Federal de Contabilidade (CFC) emitiu a Resolução nº 750/93, que versa sobre os Princípios Fundamentais de Contabilidade. Em 28 de maio de 2010 entra em vigor a Resolução 1.282/10, segundo a qual os "Princípios Fundamentais de Contabilidade (PFC)", citados na Resolução CFC nº 750/93, passam a denominar-se "Princípios de Contabilidade (PC)" (art. 1º), a saber:

> "Art. 5º O Princípio da Continuidade pressupõe que a Entidade continuará em operação no futuro e, portanto, a mensuração e a apresentação dos componentes do patrimônio levam em conta esta circunstância."

Exemplo: Ao se constituir uma empresa, os sócios esperam que esta funcione durante muitos e muitos anos. Alguns pretendem, até, que a vida da empresa seja mais longa que a dos próprios sócios fundadores. A companhia aérea TAM, fundada em 1961, já teve diversos acionistas majoritários. Um deles foi o Comandante Rolim Adolfo Amaro, que fora contratado, inicialmente, como piloto; em 1978, passou a ser o controlador; em 2001, ele faleceu. Hoje, o principal acionista da empresa é o seu irmão, João Francisco Amaro.

> "Art. 6º O Princípio da Oportunidade refere-se ao processo de mensuração e apresentação dos componentes patrimoniais para produzir informações íntegras e tempestivas.
>
> Parágrafo único. A falta de integridade e tempestividade na produção e na divulgação da informação contábil pode ocasionar a perda de sua relevância, por isso é necessário ponderar a relação entre a oportunidade e a confiabilidade da informação."

Exemplo: Uma empresa de transporte terrestre de produtos químicos recebe uma ligação da Polícia Rodoviária Federal informando sobre um acidente que envolveu um de seus caminhões. Imediatamente, os engenheiros da empresa são deslocados ao local do acidente para evitar a contaminação do meio ambiente e para direcionar o atendimento da população local potencialmente afetada. Os advogados da empresa providenciam o pedido de indenização pela seguradora. O contador reconhece a provisão para perdas.

> "Art. 7º O Princípio do Registro pelo Valor Original determina que os componentes do patrimônio devem ser inicialmente registrados pelos valores originais das transações, expressos em moeda nacional.
>
> § 1º As seguintes bases de mensuração devem ser utilizadas em graus distintos e combinadas, ao longo do tempo, de diferentes formas: I – Custo histórico II – Variação do custo histórico a) Custo corrente b) Valor realizável c) Valor presente d) Valor justo e) Atualização monetária."
>
> "Art. 9º O Princípio da Competência determina que os efeitos das transações e outros eventos sejam reconhecidos nos períodos a que se referem, independentemente do recebimento ou pagamento. Pressupõe a simultaneidade da confrontação de receitas e de despesas correlatas."

Exemplo (1): Serviços negociados e contratados em setembro, cuja execução ocorreu em outubro e cujo valor foi recebido em novembro, devem ser reconhecidos como receita em outubro. Afinal, nessa data, já se conhecia o valor da receita (negociado em setembro), já se havia incorrido nos esforços de produção e venda (conforme a execução do serviço, em outubro, e dessa forma havia o conhecimento dos custos incorridos) e, por hipótese, existia razoável expectativa do recebimento do preço. Portanto, todas as quatro condições haviam sido atendidas em outubro.

Exemplo (2): Despesas referentes ao serviço cuja negociação e contratação são efetuadas em setembro, o atendimento é efetuado em outubro e recebido em novembro, são reconhecidas no mês em que houve a prestação de serviços – ou seja, outubro.

> "Art. 10. [...] O Princípio da Prudência pressupõe o emprego de certo grau de precaução no exercício dos julgamentos necessários às estimativas em certas condições de incerteza, no sentido de que ativos e receitas não sejam superestimados e que passivos e despesas não sejam subestimados, atribuindo maior confiabilidade ao processo de mensuração e apresentação dos componentes patrimoniais."

Exemplo: A empresa possui dois casos na justiça. No primeiro processo, a empresa está atuando como réu, ou seja, há o risco de um desembolso futuro provável constituindo uma contingência passiva. Em outro processo, a empresa é que impetrou a ação, tendo a possibilidade de receber um montante no futuro, tendo uma contingência ativa. De acordo com a convenção do conservadorismo, a empresa não pode reconhecer a contingência ativa e de forma obrigatória deve efetuar uma avaliação para verificar a necessidade do reconhecimento da contingência passiva.

Exercício de inglês contábil

1. Relevance
2. Timeliness
3. Neutrality
4. Comparability
   ( ) Makes statements of one company comparable to another company
   ( ) Prohibits the selection of information favoring one party over another
   ( ) Requires information to be available before it becomes obsolete
   ( ) Financial accounting information must be related to and significant for the decision being considered

Questões de concurso

1. Entre as características qualitativas de melhoria, a comparabilidade está entre as que os analistas de demonstrações contábeis mais buscam. Dessa forma, pode-se definir pela estrutura conceitual contábil que comparabilidade é a característica que (ESAF – 2012 – Receita Federal – Auditor Fiscal da Receita Federal)
   a) permite que os usuários identifiquem e compreendam similaridades dos itens e diferenças entre eles nas Demonstrações Contábeis.
   b) utiliza os mesmos métodos para os mesmos itens, tanto de um período para outro, considerando a mesma entidade que reporta a informação, quanto para um único período entre entidades.
   c) considera a uniformidade na aplicação dos procedimentos e normas contábeis, onde, para se obter a comparabilidade, as entidades precisam adotar os mesmos métodos de apuração e cálculo.
   d) garante que usuários diferentes concluam de forma completa e igual, quanto à condição econômica e financeira da empresa, sendo levados a um completo acordo.
   e) estabelece procedimentos para a padronização dos métodos e processos aplicados em demonstrações contábeis de mesmo segmento.

2. O Pronunciamento Conceitual Básico do CPC, que dispõe sobre a Estrutura Conceitual para a Elaboração e Apresentação das Demonstrações Contábeis, aprovado pela Deliberação CVM nº 539, de 14 de março de 2008, afirma que as demonstrações contábeis preparadas sob a orientação desse pronunciamento objetivam fornecer informações que sejam úteis. Tais demonstrações contábeis são úteis porque (CESGRANRIO – 2011 – TRANSPETRO – Contador Júnior – Contábil)
   a) permitem avaliar as variações patrimoniais, econômicas e financeiras ocorridas no exercício social.

b) fornecem informações para a tomada de decisão e a avaliação por parte dos usuários em geral.

c) facilitam a determinação de políticas públicas.

d) ajudam a desregulamentar as atividades das entidades.

e) determinam a contenção de investimentos para a aplicação em mercado futuro.

Resumo

1. Em 2 de dezembro de 2011, o CPC efetuou uma mudança no texto do Pronunciamento, conhecido como CPC 00, que apresenta os conceitos básicos para a atuação da contabilidade. O novo texto representa parte do material desenvolvido pelo IASB e pelo FASB, que estão efetuando a atualização em etapas, tendo sido aprovado pela Deliberação 675 da CVM de 13 de dezembro de 2011 e pelo CFC através da Resolução nº 1.374, de 8 de dezembro de 2011.

2. O novo texto abrange dois capítulos: o Capítulo 1 – *Objetivo da elaboração e divulgação de relatório contábil-financeiro de propósito geral* e o 3 – *Características qualitativas da informação contábil financeira útil*. O Capítulo 2 – Entidade Contábil – será incluído futuramente. Os itens referentes aos Elementos das Demonstrações Contábeis, seu Reconhecimento e Mensuração e os conceitos de manutenção do capital foram, por enquanto, mantidos no Capítulo 4, que também incluiu o conceito da Continuidade.

3. As características qualitativas são atributos que tornam as demonstrações contábeis úteis aos seus leitores. São estas: Relevância e Representação Fidedigna.

4. As características qualitativas de melhoria da informação podem também auxiliar a determinar qual de duas alternativas que sejam consideradas equivalentes em termos de relevância e fidedignidade deve ser usada para retratar um fenômeno. São estas: Comparabilidade, Verificabilidade, Tempestividade e Compreensibilidade.

5. O custo de gerar a informação é uma restrição sempre presente na entidade no processo de elaboração e divulgação de relatório contábil-financeiro.

Exercícios de verificação

Com base na **Nova Estrutura Conceitual Básica da Contabilidade**, diga para cada situação:

1. O procedimento descrito está correto do ponto de vista contábil?

2. Em que ele se baseia?

(a) A Academia Estação do Corpo oferece a seus alunos sessões de *personal trainer*, que são vendidas em pacotes de 15 sessões. O pacote sai a R$ 900. Os alunos, de modo geral, utilizam duas sessões semanais. No momento em que o aluno paga por um pacote, a academia faz o seguinte lançamento: Aumento no Caixa de R$ 900 e Aumento na PL (Receita) de R$ 900.

   1. _____ 2. _____

(b) O tenista Rafa Nadal contrata um funcionário para controlar exclusivamente quantas bolas de tênis ele gasta por treino. O novo funcionário fará parte de sua equipe e viajará com ele para todos os torneios. Os gastos com as viagens do funcionário são reconhecidos como despesa da empresa do Rafael.

   1. _____ 2. _____

(c) "21 de março de 2009: Uma explosão em um dos galpões do complexo da Perdigão, em Rio Verde, interior do Estado de Goiás, na manhã deste sábado, provocou um incêndio de grandes proporções no local, de acordo com informações do Corpo de Bombeiros da cidade." Os executivos da empresa esperam pelo laudo do Corpo de Bombeiros para que seus contadores registrem a baixa.

   1. _____ 2. _____

(d) A empresa X muda em 2007 seus critérios de custeio de PEPS para Custo Médio, para melhorar seus lucros.

1. _____ 2. _____

(e) Em 30 de março, uma loja recebe um grupo de turistas, que fazem compras com cartão de crédito. Estas só serão recebidas pela loja no mês seguinte. A contabilidade da loja registra as receitas de venda nas demonstrações contábeis de abril.

1. _____ 2. _____

Respostas dos exercícios

Estudo de caso: Resolução

Ao avaliar a conveniência de se abandonar o US Gaap em favor do IFRS, os técnicos da SEC citaram questões como possibilidade de fiscalização do cumprimento dos padrões contábeis globalmente, dificuldades no modelo de transição, nível de compreensão dos investidores sobre as novas regras e a relação entre custo e benefício do processo. No texto divulgado, a Fundação IFRS usa exemplos bem-sucedidos no processo de transição, citando o caso do Brasil por algumas vezes, para tentar convencer os reguladores americanos de que mudar o padrão contábil pode ser difícil, mas é algo já experimentado por diversas jurisdições. Ou seja, está longe de ser um bicho de sete cabeças. O documento cita também exemplos do Canadá, Coreia do Sul e do Brasil para mostrar que o custo para as empresas não teria sido tão relevante, tendo ficado, na maior parte dos casos, em valores inferiores a US$ 1 milhão. Em relação à fiscalização e também à aplicação divergente dos princípios contábeis por diferentes países ou empresas de um setor, a Fundação IFRS entende que, à medida que a SEC se decidir pelo padrão internacional, ela mesma poderá ajudar na solução desses problemas, tanto pela atuação direta em relação às empresas registradas nos EUA como também pelo exemplo para outros reguladores e companhias do mundo. A Fundação IFRS entende também que a entrada dos Estados Unidos no padrão internacional ajudaria a resolver outro problema apontado pelos americanos, que é a estrutura de financiamento do Conselho de Normas Internacionais de Contabilidade (Iasb), que depende de doações para se manter. Isso porque ficaria mais fácil de levantar recursos nos EUA para custear os trabalhos do órgão, que é a entidade técnica responsável pela edição dos pronunciamentos contábeis. A SEC havia prometido divulgar uma decisão final sobre a adoção do IFRS nos EUA até o fim do ano passado, mas não há data prevista para que saia uma decisão sobre o assunto.

(3.1)
1 (b); 2 (e); 3 (a); 4(c); 5 (d)

(3.5.1)
1.
A) Cx = Lucro $ 60.000 ($ 210.000 – $ 150.000)
Cpt = Lucro $ 60.000 ($ 210.000 – $ 150.000)

B) Cx =Prejuízo de $ 10.000 (140.000 – 150.000)
Cpt = Lucro $ 40.000 (Venda de 2 caminhões: $ 140.000 – $ 100.000. O terceiro caminhão ficará no estoque da empresa-ativo)

C) Cx = Prejuízo (150.000) = 0 (nada foi pago) – $ 150.000
(valor dos 3 caminhões)
Cpt = Lucro $ 60.000 ($ 210.000 – $ 150.000)

D) Cx = Prejuízo ($ 50.000) = $ 100.000 (pago) – $ 150.000
Cpt = Lucro $ 60.000 ($ 210.000 – $ 150.000)

2.
A. Continuidade;
B. Regime de Competência;

(3.5.2)
1. Confiabilidade
2. Materialidade

3. Integridade
4. Neutralidade
5. Compreensibilidade
6. Comparabilidade
7. Representação com Propriedade
8. Relevância
9. Prudência
10. Primazia da Essência sobre a Forma

(3.5.2.1)
1. Representação Fidedigna – livre de erros
2. Relevância – Materialidade
3. Representação Fidedigna – Neutralidade
4. Representação Fidedigna – Completa
5. Relevância – Natureza da Informação

(3.5.2.2)
1. Compreensibilidade
2. Comparabilidade
3. Tempestividade

Exercício de inglês contábil

4 – 3 – 2 – 1

Questões de concurso

1. a   2. b

APÊNDICE

Uma análise econômica da informação contábil

A Contabilidade tem por propósito refletir as transações e as atividades econômicas realizadas pelas entidades, portanto, se desenvolve no mesmo ambiente em que as transações e as atividades econômicas ocorrem. Tal ambiente tem características que afetam a qualidade da informação contábil, vejamos algumas.

As atividades econômicas são desenvolvidas por pessoas (em conta própria ou em nome das empresas nas quais trabalham). Tais pessoas têm capacidade restrita de analisar e compreender o ambiente, as transações e suas variáveis (informação e racionalidade limitadas). Portanto, não conseguem antecipar todas as características e os atributos atuais e futuros das variáveis relevantes a cada atividade.

As transações pressupõem a interação de pessoas (no mínimo duas). Como as pessoas têm conhecimentos distintos quanto ao estado das variáveis relevantes à transação (assimetria informacional), as partes envolvidas na transação buscarão obter informações sobre a situação das variáveis, mesmo que isso lhes custe tempo e dinheiro (custo da informação).

Em adição, e potencializado pela assimetria informacional, as partes não necessariamente têm seus interesses alinhados. A rigor, os interesses podem ser conflitantes entre si (por exemplo, mesmo que o comprador e o vendedor queiram chegar a um acordo, o comprador quer obter o melhor produto e pagar o menor preço, enquanto o vendedor quer receber o maior preço). Portanto, é razoável que as partes queiram priorizar seu autointeresse em detrimento do interesse da contraparte. Uma das formas pelas quais as pessoas fazem isso é pelo uso da assimetria informacional a seu favor, o que aumenta a demanda por informações e o custo a ser incorrido pela contraparte.

Os dois principais tipos de assimetria de informação são a seleção adversa e o risco moral. A seleção adversa, como o nome sugere, decorre do fato de o principal escolher o agente "errado", em função de este se apresentar como titular de habilidades que efetivamente não tem. Já o risco moral decorre do fato de o agente, após a contratação, se comportar de forma contrária ao que dele se esperava antes da contratação. O risco moral acontece frequentemente no contexto em que a relação entre as partes é do tipo principal-agente, isto é, quando um é o dono do recurso (principal) e o outro o gestor do recurso (agente). Neste caso, o não alinhamento de incentivos potencializa o desvio de conduta por parte do agente, o que aumenta os custos por parte do principal (custo de agência).

Observe que o cenário apresentado, apesar de soar como pessimista, é realista. Afinal, a racionalidade limitada é uma característica dos seres humanos – obter informação é custoso, e a assimetria informacional é inerente às transações econômicas. Portanto, os custos de informação são incorridos pelas partes no intuito de reduzir os aspectos desfavoráveis da assimetria informacional. Da mesma forma, os custos de agência são incorridos pelo principal com o intuito de evitar perdas maiores decorrentes do comportamento oportunista que o agente pode adotar. Todos estes custos são chamados custos de transação, sejam incorridos antes ou após a contratação, e até mesmo aqueles relacionados com o estabelecimento de mecanismos de incentivo e monitoração do comportamento dos agentes.

Além dessas características do ambiente econômico, os contratos são incompletos, isto é, eles não determinam o resultado da transação em todas as contingências que possam ocorrer. Muitas das vezes é impraticável listar todas as possíveis contingências, e há custos em fazer contratos muito elaborados. Afinal, as partes têm racionalidade e informação limitada, a assimetria de informação é natural às transações e os custos de transação são positivos – até mesmo quando se estão elaborando os contratos. Consequentemente, os contratos contêm brechas, as quais também potencializam o risco moral e aumentam os custos de transação.

Compreendidas as características do ambiente econômico e considerando que a Contabilidade representa (em termos monetários e em demonstrações estruturadas) as transações econômicas, podemos dizer que estas também são características do ambiente de atuação da Contabilidade.

É em função dessas características ambientais que se fazem necessários os mecanismos de Governança Corporativa, dentre eles a exigência de que as demonstrações contábeis sejam auditadas por auditores externos à entidade (auditores, por premissa, independentes).

Considerando-se que a contabilidade tem por objetivo representar as atividades econômicas (atos e fatos; transações e eventos) realizadas pela entidade e seus impactos no respectivo patrimônio e desempenho, podemos dizer que a Contabilidade tem por objetivo sistematizar os dados relativos a tais atividades e reduzir a assimetria informacional, bem como contribuir no processo de estabelecimento de mecanismos de incentivos e monitoramento do desempenho das partes envolvidas nas relações econômicas.

Entendendo-se a Contabilidade dessa forma, é possível compreender o objetivo das demonstrações contábeis: "oferecer informação sobre a posição financeira (balanço patrimonial), o desempenho (resultado e resultado abrangente) e fluxos de caixa de uma entidade, que é útil para a tomada de decisão por uma vasta gama de usuários que não está em posição de exigir relatórios feitos sob medida para atender suas necessidades particulares de informação" (CPC-PME parágrafo 2.2; *IFRS for SMEs*, parágrafo 2.2).

Consequentemente, sem a informação contábil seria muito mais difícil tomar decisões acertadas e monitorar e avaliar o desempenho de pessoas e de entidades. Daí o porquê de se estudar a Contabilidade.

4

Balanço patrimonial

Objetivo do Capítulo

Neste capítulo, você vai estudar uma das principais Demonstrações Contábeis: o Balanço Patrimonial.

Mas o que significa o Balanço Patrimonial de uma empresa? Segundo o CPC 00, este deve conter todos os elementos diretamente relacionados à mensuração da posição patrimonial e financeira da empresa. Na prática, representa grande complexidade, uma vez que deve somar todos os ativos da empresa por mais diferentes que possam nos parecer, como caixa, computadores, contas a receber, seguros pagos antecipadamente, investimentos. Como fazê-lo? Como vimos no Capítulo 1, através de simbologia própria. Cada ativo da empresa recebe um valor da mesma moeda. Depois subtraímos destes o total das dívidas com terceiros, ou seja, os passivos da empresa, tanto as líquidas e certas, quanto as prováveis. Chegamos ao Patrimônio Líquido. Para ficar mais fácil este conceito vamos praticá-lo neste capítulo.

Estudo de Caso

Segundo Marina Falcão, do jornal *Valor Econômico* de 26/10/2012, a Teka pediu recuperação judicial, tendo ajuizado o pedido de recuperação judical em Blumenau, Santa Catarina. Segundo comunicado encaminhado à CVM, a fabricante de artigos de cama, mesa e banho buscará a readequação do passivo à sua capacidade de geração de caixa. Ao fim do primeiro semestre, a empresa acumulava um passivo a descoberto de R$ 780,9 milhões, contra R$ 870 milhões ao fim de 2011. A Teka informa no comunicado que, antes do ajuizamento do pedido de recuperação, fez "esforços expressivos na adequação de suas estruturas de custos fixos e variáveis, a fim de adequá-los às suas condições econômico-financeiras". Procure saber se a Teka já conseguiu se recuperar e quais as principais medidas tomadas. Se precisar de dados adicionais deste caso, verifique ao final deste capítulo.

4.1 Introdução

O Balanço Patrimonial tem como objetivo mostrar a posição financeira de determinada empresa em um momento específico e informar a capacidade de geração dos fluxos futuros de caixa. Toda empresa prepara seu balanço patrimonial ao final de cada exercício social, que normalmente coincide com o ano civil (janeiro a dezembro). As companhias abertas têm a obrigação de divulgá-lo ao público, assim como as demais peças contábeis, a cada trimestre. Para efeito interno, o ideal é a elaboração na periodicidade mensal.

O Balanço Patrimonial consiste da relação, de modo ordenado, dos ativos (bens e direitos), passivos (obrigações) e patrimônio líquido (diferença entre os ativos e os passivos) de uma empresa. A estrutura do Balanço Patrimonial é a seguinte:

ATIVO	PASSIVO
	PATRIMÔNIO LÍQUIDO

O Ativo evidencia onde está o dinheiro aplicado na empresa. O Passivo e o Patrimônio Líquido mostram qual a fonte do dinheiro aplicado na entidade.

ATIVO	PASSIVO + PATRIMÔNIO LÍQUIDO
aplicação de recursos onde o dinheiro foi aplicado?	origem de recursos de onde o dinheiro veio?

O Balanço Patrimonial a seguir representa um exemplo simplificado que mostra a situação financeira da empresa Tiradentes em 31/12/X0.

Cia Tiradentes S.A.
31/12/X0

ATIVO		PASSIVO	
Caixa	700	Fornecedores	2.100
Bancos	1.500	Empréstimos Obtidos	1.800
Clientes	2.000	**Total do Passivo**	**3.900**
Edifícios	4.500		
		PATRIMÔNIO LÍQUIDO	
		Capital Social	3.500
		Reserva de Lucros	1.300
		Total do PL	**4.800**
TOTAL DO ATIVO	**8.700**	**TOTAL DO PASSIVO + PL**	**8.700**

No lado esquerdo estão os Ativos e no lado direito, o Passivo e o Patrimônio Líquido.

As contas do Ativo representam onde os recursos da empresa foram aplicados, e são apresentadas de acordo com sua ordem decrescente de liquidez, ou seja, inicia-se com os itens de maior liquidez:[1] caixa, bancos e clientes, que logo serão convertidos em caixa. No final são colocados os itens que deverão permanecer mais tempo na empresa, como, por exemplo, edifícios, equipamentos, veículos e móveis.

As contas do Passivo representam a origem dos recursos de terceiros e devem ser inicialmente separadas considerando a data de vencimento, ou seja, se ela é abaixo ou superior a um ano. Os Passivos são agregados por sua natureza, como,

[1] Entende-se por liquidez a capacidade e a velocidade de transformar bens e direitos em dinheiro.

por exemplo, fornecedores, empréstimos, impostos a pagar e salários a pagar.

Logo a seguir é apresentado o Patrimônio Líquido, indicando o capital integralizado, as reservas de lucros ou prejuízos acumulados e reservas de capital.

De forma ideal, deve-se procurar utilizar o termo Passivo apenas para as dívidas da empresa, não se utilizando este termo quando estiver se referindo ao Patrimônio Líquido, que representa o valor pertencente aos acionistas.

O total do Ativo e o total do Passivo + Patrimônio Líquido são sempre iguais, sendo por isto chamados balanço. Daí a equação fundamental da contabilidade:

Ativo = Passivo + Patrimônio Líquido

Lembre-se de que esse assunto foi comentado no Capítulo 2.

Exercícios de fixação (4.1)

A) Complete:

1. O Balanço Patrimonial é composto pelo _____, _____ e _____.

2. O Balanço Patrimonial é elaborado no _____ do período contábil.

3. Dadas as seguintes contas do Balanço Patrimonial, no final do ano, determine o valor do Capital Social:

   - Caixa: $ 8.000;
   - Contas a Receber: $ 4.000;
   - Máquinas: $ 6.000;
   - Contas a pagar: $ 2.000;
   - Imposto de renda a pagar: $ 5.000.

BALANÇO PATRIMONIAL

Ativo		Passivo	
Caixa		Contas a Pagar	
Contas a Receber		IR a Pagar	
Máquinas, ,		**Patrimônio Líquido**	
		Capital Social	
Total do Ativo,		Total do Passivo + PL	

B) Classifique as contas abaixo:

	Ativo	Passivo	Patrimônio Líquido
1. Máquinas e equipamentos:			
2. Empréstimo obtido:			
3. Estoques de mercadorias para revenda:			
4. Capital Social:			
5. Contas a pagar:			
6. Clientes:			

C) Prepare um Balanço Patrimonial com as seguintes informações:

Títulos a pagar – $ 27.000

Caixa – $ 24.000

Capital Social – $ 35.000

Imóveis – $ 30.000

Móveis e Utensílios – $ 3.000

Fornecedores – $ 3.500

Empréstimos Obtidos – $ 15.000

Equipamentos – $ 8.500

Clientes – $ 15.000

4.2 Classificação das Contas no Balanço Patrimonial

a) **Ativo**: recurso controlado pela entidade como resultado de eventos passados e do qual se espera que fluam futuros benefícios econômicos para a entidade.

A figura do controle (e não propriedade formal) e a dos futuros benefícios econômicos esperados são essenciais para o reconhecimento de um ativo. Se não houver a expectativa de geração de benefício futuro, direto ou indireto, não existe ativo.

Os itens do ativo são assim agrupados:

- Ativo Circulante: caixa, bancos, investimentos temporários, contas a receber, estoques, despesas antecipadas. (≤12m)
- Ativo não Circulante:
  – Ativo Realizável a Longo Prazo
  – Investimentos
  – Imobilizado
  – Intangível

Ativo Circulante: as disponibilidades, os direitos realizáveis no curso do exercício social subsequente e as aplicações de recursos em despesas do exercício seguinte, ou seja, no período de 12 meses após o encerramento do Balanço. Isto significa que todos serão utilizados na atividade da empresa no curto prazo (máximo de 12 meses).

Ativo Não Circulante: corresponde a todos os itens de ativo não classificados no Ativo Circulante. Para facilitar a interpretação é subclassificado em: Ativo Realizável a Longo Prazo, Investimentos em Participações Societárias, Propriedades para Investimento, Imobilizado e Intangível.

- Ativo Realizável a Longo Prazo: realização após o término do exercício social seguinte, ou seja, num período superior a 12 meses após o encerramento do Balanço Patrimonial. Exemplo: contas a receber a longo prazo, despesas antecipadas a longo prazo, empréstimos concedidos a receber a longo prazo.

É importante verificar que neste item a lei societária apresenta um posicionamento que representa uma exceção à classificação de acordo com o período de recebimento do ativo. A lei, no artigo 179, afirma que é obrigatório que sejam reconhecidos no Realizável a Longo Prazo os direitos derivados de vendas, adiantamentos ou empréstimos a sociedades coligadas ou controladas, diretores, acionistas ou participantes no lucro da companhia, que não constituírem negócios usuais na exploração do objeto da companhia, mesmo que a data de vencimento prevista seja no curto prazo.

- Investimentos em participações societárias: participações permanentes no capital social de outras sociedades. Exemplo: investimentos em ações ou quotas de empresas coligadas.
- Propriedades para investimento: imóveis (terrenos e prédios) destinados para locação, valorização de capital ou ambos.
- Imobilizado: direitos que tenham por objeto bens corpóreos destinados à manutenção das atividades da companhia ou exercidos com essa finalidade e os decorrentes de operações que transfiram à companhia os benefícios, riscos e controle desses bens. Exemplo: terrenos, edifícios, máquinas e equipamentos, móveis e utensílios, instalações, obras em andamento, desde que destinados ao uso nas operações.

- Intangível: direitos que tenham por objeto bens incorpóreos destinados à manutenção da companhia ou exercidos com essa finalidade, inclusive o fundo de comércio adquirido. No Balanço Patrimonial, os Ativos Intangíveis não podem ser avaliados a valor de mercado. Exemplos: fundo de comércio, direitos autorais, marcas, patentes.

Verifique o Balanço Patrimonial da Droga Raia, de 2011, apresentado no Apêndice deste Capítulo, e complete:

- Ativo total = _____ = (Ativo Circulante _____ + Ativo não Circulante _____);
- R$ 339.971 mil estão aplicados em dinheiro e depósitos bancários à disposição da entidade (Caixa e Equivalentes de Caixa);

- nada está aplicado em outras aplicações financeiras de curto prazo;
- R$ _____ estão aplicados em mercadorias disponíveis para serem vendidas (Estoque);
- R$ _____ estão aplicados em bens destinados ao uso pela entidade, em suas operações normais (Imobilizado).

Todos esses itens representam aplicações de recursos realizadas no passado pela Droga Raia, das quais se tem expectativa de geração de benefícios presentes e futuros a serem percebidos e controlados pela entidade.

Esses benefícios podem ser representados pela geração de caixa – como as mercadorias que serão vendidas aos clientes – ou podem evitar a saída futura de caixa – como os prédios e os equipamentos que não precisarão ser alugados, uma vez que a Droga Raia já é proprietária dos ativos.

Exercício (4.2.a)

Teste sua compreensão

1. Máquinas e equipamentos	( ) ativo circulante
2. Imóvel comprado para aluguel por empresa industrial	( ) realizável a longo prazo
3. Estoques de mercadorias para revenda no próprio mês	( ) propriedade para investimento
4. Marca adquirida por uma empresa	( ) ativo imobilizado
5. Contas a Receber em 18 meses	( ) ativo intangível

b) **Passivo:** obrigação presente da entidade, derivada de eventos passados, cuja liquidação se espera que resulte na saída de recursos da entidade capazes de gerar benefícios econômicos:

Os itens do Passivo são assim agrupados:

- Passivo Circulante: compreende todos os passivos que vencem até o término do exercício seguinte (ou em 12 meses) à data do Balanço. Exemplos são: fornecedores, empréstimos, impostos a pagar,

encargos sociais a recolher que vencem no curto prazo.
- Passivo não Circulante: compreende todos os itens de passivo não classificados no Passivo Circulante. Também é conhecido por passivo exigível a longo prazo. Exemplos são: fornecedores a longo prazo, empréstimos e financiamentos de longo prazo.

Portanto, as obrigações da companhia, inclusive financiamentos para aquisição de direitos do ativo não circulante, serão classificadas no passivo circulante, quando vencerem no exercício seguinte e no passivo exigível a longo prazo, se tiverem vencimento em prazo maior.

Note que a separação entre Passivo Circulante e Passivo não Circulante está prevista no Pronunciamento CPC nº 26.

Observe o Balanço Patrimonial da Droga Raia de 2011 (Passivo + PL) apresentado no Apêndice deste Capítulo e complete:

- R$ _____ = Passivo Total;
- R$ _____ são financiados pelos fornecedores das mercadorias – Fornecedores;
- R$ _____ são financiados pelo Governo – Obrigações Fiscais.

Todos esses itens têm uma característica em comum. Representam obrigações da Droga Raia assumidas, no passado, e que ainda não foram pagas, e exigirão desembolsos de recursos no futuro.

Exercício (4.2.b)

Teste sua compreensão:

1. Fornecedores a serem pagos em 15 meses	( ) Passivo Circulante
2. Empréstimo a ser pago em 3 meses	( ) Exigível a Longo Prazo

c) **Patrimônio Líquido:** interesse residual dos ativos da entidade depois de deduzidos todos os seus passivos.

Conjunto de bens e direitos de uma pessoa física ou jurídica, deduzida das suas obrigações para com terceiros. Diferença entre o ativo e o passivo, ou seja, o valor contábil líquido da empresa.

- Capital Social
  - Subscrito – Compromisso de Integralizar;
  - A Realizar – Subscrito, mas não Integralizado;
  - Integralizado – Valor já capitalizado.

Na composição do Patrimônio Líquido verificam-se dois tipos de Reservas que possuem diferenças significativas.

A primeira, Reserva de Capital, decorre de acréscimos ao Patrimônio Líquido decorrentes de transações com acionistas ou terceiros em que não houve uma contrapartida de esforço da empresa em termos de entrega de bens ou prestação de serviços. A Reserva mais comum é a decorrente do fato que um acionista pagar pelo valor da ação um montante acima do nominal ou declarado.

Por exemplo, a empresa emitiu 1.000 ações a R$ 1,00 que pertencem a apenas um acionista. Com o objetivo de expansão é efetuado um acordo para a entrada de um novo sócio. Como a empresa está muito bem posicionada, é efetuado um acordo em que o novo acionista irá integralizar 1.000 novas ações com valor nominal de R$ 1,00 cada, mas pagando o valor de R$ 1.800, ou seja, o valor declarado é de R$ 1,80 por ação.

Esta emissão de capital será contabilizada da seguinte forma:

Caixa	Capital	Reserva de Capital (Ágio Emissão Ações)
Débito	Crédito	Crédito
1.800	1.000	800

O Patrimônio Líquido terá a seguinte composição	$
Capital	2.000 (2.000 ações)
Reserva de Capital-Ágio na emissão de ações	800
Total	2.800

Cada acionista possui 50% do capital, mesmo com a integralização tendo sido efetuada por um valor superior. Afinal, o que importa é o número de ações subscritas e integralizadas pelos acionistas.

As Reservas de Lucros, por outro lado, são decorrentes de apropriações dos lucros das empresas. Portanto, o lucro foi gerado e sua classificação como Reserva objetiva a não distribuição do valor como dividendos. Por exemplo, a empresa acima, que possui um Capital de R$ 2.000, obtém um lucro líquido de R$ 600 e em seu estatuto está prevista a distribuição de um dividendo mínimo obrigatório no percentual de 30% do lucro líquido ajustado de acordo com a legislação societária.

No processo de destinação de lucro, o primeiro passo é verificar sobre a constituição da Reserva Legal. Como a empresa tem um Capital de R$ 2.000, o limite máximo para o valor desta Reserva é R$ 400.

Através do cálculo de 5% do lucro é obtida uma base de constituição no valor de R$ 30, ou seja, R$ 600 multiplicado por 5%. Como este valor é inferior ao montante de R$ 400, que corresponde a 20% do Capital, a empresa constitui R$ 30 como Reserva Legal.

Após este cálculo, deve ser ponderado se devem ser constituídas as outras duas reservas que influenciam no Lucro Líquido Ajustado, Reservas de Lucros a Realizar e Reservas para Contingências. A administração verifica que não há situações de lucros a realizar e não há necessidade de constituir Reservas para Contingências.

Portanto, o valor do Lucro líquido ajustado é R$ 570, ou seja, o lucro líquido de R$ 600 deduzido do valor da Reserva Legal de R$ 30.

Desta base de R$ 570 é calculado o dividendo mínimo obrigatório, que representa o montante de R$ 171.

Após este cálculo tem-se a seguinte posição:

	$
Lucro líquido	600
Constituição da Reserva Legal	(30)
Dividendo mínimo obrigatório	(171)
Lucro retido no período	R$ 399

Este valor deverá ser obrigatoriamente destinado. Admitindo-se que a empresa esteja em fase de expansão, e apresenta um projeto de investimentos indicando a necessidade da retenção desta parcela, a empresa submete esta situação para a Assembleia.

O Balanço Patrimonial é elaborado considerando esta aprovação.

O valor do Dividendo Proposto, por corresponder ao mínimo obrigatório, é apresentado no Passivo Circulante e o Patrimônio Líquido passa a ter a seguinte constituição:

	$
Capital	2.000
Reserva de Capital – Ágio na Emissão de Ações	800
Reserva de Lucros	
Reserva Legal	30
Reserva para Expansão	399
TOTAL	3.229

- Ações em Tesouraria (conta devedora, redutora do PL): as empresas poderão adquirir ações de sua emissão, para efeito de cancelamento ou permanência.

Veja o Balanço Patrimonial da Droga Raia de 2011 apresentado no Apêndice deste Capítulo e complete:

- Patrimônio Líquido = R$ _____
  Passivo + Patrimônio Líquido = R$ _____ = Ativo total
- R$ _____ são contribuições efetivas dos sócios – Capital Social.
- R$ _____ são lucros obtidos pela entidade e ainda não distribuídos – Reserva de Lucros.

Em uma situação normal de descontinuidade da entidade – encerramento de suas atividades – e liquidação de seus Ativos – venda e transformação dos bens e direitos em dinheiro –, todo o Passivo deve ser pago e o PL *sobra* para os sócios. Em caso de falência, pode não haver capacidade de pagamento dos passivos.

> **OBSERVAÇÃO:** Na prática, certos itens são dificilmente classificados nas contas apresentadas nesta seção, portanto, os planos de contas das empresas apresentam tanto no AC, como no AÑC, PC e PÑC, a classificação "Outros" ou "Diversos" para estes itens.
>
> Ressalte-se que essa classificação recebe críticas recorrentes. Embora, em muitas situações, representem a solução mais prática para a classificação de itens pouco representativos e cuja evidenciação não altera a percepção do leitor das informações contábeis com relação à situação econômico-financeira da entidade, o importante é que não ocorra o abuso e que a conta "Outros" não ultrapasse, em valor, as contas principais.

Observe o Balanço Patrimonial da Raia Drogasil S/A (Droga Raia).

Observe que na presente demonstração os valores são somados para cima (Ativo Total, Passivo Total, PL). Além disso, sempre que se vai ler uma Demonstração Contábil de uma empresa surgem situações específicas, não usuais, indicando a grande riqueza e complexidade do mundo corporativo (empresarial). Esse fato demonstra também a necessidade da pesquisa e estudo constante do profissional de contabilidade. No caso da Droga Raia, há uma conta no Ativo denominada "**Precatórios**", que não é encontrada de forma usual. Esse item refere-se a um direito a receber de uma entidade pública, sendo que a liberação do montante está vinculada com cláusulas restritivas, orçamentárias. De forma geral, o recebimento demora um longo período, sendo assim classificado no Ativo não Circulante. No Patrimônio Líquido da empresa observa-se a presença da conta "**Reserva de Reavaliação**". Essa Reserva surgia de um dispositivo legal que previa possi-

bilidade de as empresas brasileiras reconhecerem seus ativos tangíveis com base no valor de mercado. Esta opção não é mais prevista na legislação brasileira desde a edição da Lei nº 11.638, de 2007. É interessante que no processo de convergência foi propiciada uma oportunidade de as empresas também atualizarem seus ativos nas Demonstrações Contábeis do exercício de 2010. Esta possibilidade foi prevista no texto da Interpretação ICPC-10 denominada Interpretação à aplicação inicial dos Pronunciamentos do Ativo Imobilizado e Propriedade para Investimento. A demonstração da controladora, que muitas vezes é denominada através do termo em inglês *holding*, representa a entidade constituída de forma legal que possui participações societárias em outras empresas. Na Raia Drogasil, a *holding* possui ações negociadas na Bolsa de Valores; e a empresa, ainda, paga impostos e dividendos.

A Contabilidade, visando gerar melhor informação, desenvolveu uma técnica para evidenciar informações de uma entidade econômica abstrata, admitindo que a empresa controladora e suas controladas sejam uma única empresa. Esta aglutinação gera as "demonstrações consolidadas", que propiciam a visão integrada do conjunto formado legalmente pelas diversas empresas existentes. Em termos de análise, a demonstração consolidada tem uma qualidade superior e propicia a comparação com os outros conglomerados. Na Raia Drogasil S/A, por exemplo, o consolidado representa a soma de todas as empresas do grupo, após efetuadas as eliminações necessárias (contas internas entre as empresas).

4.3   Critérios de mensuração

Segundo a Resolução CFC 1.282/10:

> "Art 7º § 1º As seguintes bases de mensuração devem ser utilizadas em graus distintos e combinadas, ao longo do tempo, de diferentes formas:
>
> I – Custo histórico. Os ativos são registrados pelos valores pagos ou a serem pagos em caixa ou equivalentes de caixa ou pelo valor jus-

to dos recursos que são entregues para adquiri-los na data da aquisição. Os passivos são registrados pelos valores dos recursos que foram recebidos em troca da obrigação ou, em algumas circunstâncias, pelos valores em caixa ou equivalentes de caixa, os quais serão necessários para liquidar o passivo no curso normal das operações; e

II – Variação do custo histórico. Uma vez integrado ao patrimônio, os componentes patrimoniais, ativos e passivos, podem sofrer variações decorrentes dos seguintes fatores:

a) Custo corrente. Os ativos são reconhecidos pelos valores em caixa ou equivalentes de caixa, os quais teriam de ser pagos se esses ativos ou ativos equivalentes fossem adquiridos na data ou no período das demonstrações contábeis. Os passivos são reconhecidos pelos valores em caixa ou equivalentes de caixa, não descontados, que seriam necessários para liquidar a obrigação na data ou no período das demonstrações contábeis;

b) Valor realizável. Os ativos são mantidos pelos valores em caixa ou equivalentes de caixa, os quais poderiam ser obtidos pela venda em uma forma ordenada. Os passivos são mantidos pelos valores em caixa e equivalentes de caixa, não descontados, que se espera seriam pagos para liquidar as correspondentes obrigações no curso normal das operações da Entidade;

c) Valor presente. Os ativos são mantidos pelo valor presente, descontado do fluxo futuro de entrada líquida de caixa que se espera seja gerado pelo item no curso normal das operações da Entidade. Os passivos são mantidos pelo valor presente, descontado do fluxo futuro de saída líquida de caixa que se espera seja necessário para liquidar o passivo no curso normal das operações da Entidade;

d) Valor justo. É o valor pelo qual um ativo pode ser trocado, ou um passivo liquidado, entre partes conhecedoras, dispostas a isso, em uma transação sem favorecimentos. Em outras palavras, o valor justo pode ser definido como "o valor que seria recebido se um ativo fosse vendido ou pago se um passivo fosse transferido em uma transação ordena-

da entre participantes do mercado na data de mensuração" (parágrafo 9 do IFRS 13); e

e) Atualização monetária. Os efeitos da alteração do poder aquisitivo da moeda nacional devem ser reconhecidos nos registros contábeis mediante o ajustamento da expressão formal dos valores dos componentes patrimoniais.

§ 2º São resultantes da adoção da atualização monetária:

I – a moeda, embora aceita universalmente como medida de valor, não representa unidade constante em termos do poder aquisitivo;

II – para que a avaliação do patrimônio possa manter os valores das transações originais, é necessário atualizar sua expressão formal em moeda nacional, a fim de que permaneçam substantivamente corretos os valores dos componentes patrimoniais e, por consequência, o do Patrimônio Líquido; e

III – a atualização monetária não representa nova avaliação, mas tão somente o ajustamento dos valores originais para determinada data, mediante a aplicação de indexadores ou outros elementos aptos a traduzir a variação do poder aquisitivo da moeda nacional em um dado período."

4.4 Mecânica contábil e elaboração do Balanço Patrimonial

A mecânica contábil se baseia no método das partidas dobradas, ou seja, todo evento é reconhecido mediante dois registros, um que corresponde à aplicação dos recursos e outro que representa as origens, isto é, um lançamento a débito e outro a crédito. Pode haver mais de um lançamento a débito e/ou a crédito.

Existem duas formas "clássicas" de se apresentar o método das partidas dobradas: por meio dos lançamentos em Diário e do registro em Razonetes (ou conta T).

O método das partidas dobradas, como visto no Capítulo 2, demanda o conhecimento dos conceitos de débito e crédito. Por esse método, o Ativo tem natureza devedora, enquanto o Passivo e o Patrimônio Líquido têm natureza credora.

Como o Ativo tem natureza devedora, para aumentar seu saldo, precisamos fazer um lançamento a débito; por outro lado, para reduzir, fazemos um lançamento a crédito.

O, Passivo e o Patrimônio Líquido, por outro lado,, têm natureza credora; para aumentar seus saldos fazemos lançamentos a crédito; e para diminuir, fazemos lançamentos a débito.

Considerando que muitos não contadores têm dificuldade de entender a Contabilidade porque têm dificuldades de aceitar os conceitos de débito e crédito, apresentamos, além dessas duas formas clássicas de aplicação do método das partidas dobradas (**Diário e Razonete**), uma outra, opcional no preparo das demonstrações contábeis: o preenchimento da **Matriz de Lançamentos**.

Dentre as vantagens da **Matriz de Lançamentos**, podemos destacar:

a) auxilia a visualização dos lançamentos efetuados (partidas dobradas);
b) auxilia a verificação de um possível erro;
c) evita o uso dos termos "débito" e "crédito", substituindo-os por "aplicação" e "origem".

A aplicação identifica o destino dos recursos, ou seja, responde a pergunta: "Onde o dinheiro foi aplicado?"

A origem identifica a fonte do recurso, isto é, responde à questão: "De onde o dinheiro veio?"

Vejamos as duas formas de processamento contábil, mediante um exemplo que será desenvolvido duas vezes. Note que o método do razonete foi apresentado no Capítulo 2. Na matriz podemos ter ainda melhor visão dos lançamentos. Ao mesmo tempo que iremos fazer dois lançamentos, débito e crédito, poderemos ver as duas contas afetadas para manter o equilíbrio do BP (A = P + PL). Cabe ressaltar que todas as formas nos permitem apurar as mesmas Demonstrações Contábeis.

Exemplo:

• Em 2 de janeiro de X7 dois amigos resolvem formar uma sociedade, a Cia. Comercial NECC. Eles contribuíram com $ 800,00 em dinheiro, cada um, para a formação do capital social da entidade.

• No dia 18 de janeiro, a Cia. Comercial NECC comprou mercadorias, a prazo, por $ 500,00, para pagamento em março de X7.

• No dia 31 de janeiro, a Cia. Comercial NECC comprou móveis e utensílios para o escritório administrativo por $ 350,00, a vista.

Com base nessas transações, realize todos os lançamentos contábeis e apure o Balanço Patrimonial da Cia. Comercial NECC em 31 de janeiro de X7.

Resolveremos primeiro pelos lançamentos na forma de diário.

Estrutura de Lançamento em Diário:

Data de ocorrência do evento:

D	Conta devedora	Valor
C	Conta credora	Valor
Histórico, descrevendo as principais características da transação.		

Vejamos, portanto, os lançamentos da Cia. Comercial NECC, seguindo a estrutura do Diário:

Em 2 de janeiro de X7:

D	Caixa – AC	1.600,00
C	Capital Social – PL	1.600,00
No dia 2 de janeiro, constituição da empresa e contribuição de $ 800,00 de cada sócio, para a formação do capital social da entidade.		

Em 18 de janeiro de X7:

D	Estoque de mercadorias – AC	500,00
C	Fornecedores a pagar – PC	500,00
No dia 18 de janeiro, aquisição de mercadorias a prazo, com vencimento em março de X7.		

Em 31 de janeiro de X7:

D	Móveis e Utensílios – AÑC	350,00
C	Caixa – AC	350,00
No dia 31 de janeiro, aquisição de móveis e utensílios a vista.		

Com base nesses lançamentos, é necessário apurar o saldo de cada conta, para só então elaborar as demonstrações contábeis. Para apurar os saldos faz-se necessário refletir todos os lançamentos nas contas respectivas. Então, vejamos:

Conta: Caixa – AC	
Data	Valor
2/1/X7	1.600,00
31/1/X7	– 350,00
Saldo	1.250,00

Conta: Capital Social – PL	
Data	Valor
2/1/X7	1.600,00
Saldo	1.600,00

Conta: Estoque de Mercadorias – AC	
Data	Valor
18/1/X7	500,00
Saldo	500,00

Conta: Fornecedores a Pagar – PC	
Data	Valor
18/1/X7	500,00
Saldo	500,00

Conta: Móveis e Utensílios – AÑC	
Data	Valor
31/1/X7	350,00
Saldo	350,00

Esses saldos são evidenciados no Balanço Patrimonial da Cia. Comercial NECC, apurado em 31/1/X7, seguindo a estrutura estudada neste capítulo:

Balanço Patrimonial da Cia. Comercial NECC Apurado em 31/1/X7			
Ativo Circulante		**Passivo Circulante**	
Caixa	1.250,00	Fornecedores a Pagar	500,00
Estoque de mercadorias	500,00	*Total do Passivo Circulante*	*500,00*
Total Ativo Circulante	*1.750,00*		
		Patrimônio Líquido	
Ativo não Circulante		Capital Social	1.600,00
Móveis e Utensílios	350,00	*Total do Patrimônio Líquido*	*1.600,00*
Total do Ativo não Circulante	*350,00*		
Total do Ativo	**2.100,00**	**Total do Passivo + PL**	**2.100,00**

Finalmente, vejamos a matriz de lançamentos. Ela funciona como uma grande tabela, na qual cada coluna corresponde a uma conta; e cada linha corresponde a uma transação que afetou o patrimônio e/ou o desempenho da entidade.

Para se preencher essa planilha é necessário fazer duas perguntas (para cada transação): Onde o dinheiro foi aplicado? De onde o dinheiro veio?

O ponto de partida é o saldo inicial da empresa. A cada novo evento devem-se fazer dois lançamentos referentes a este.

Eventos/Contas	ATIVO						=	PASSIVO + PL				verificação: Ativo – Passivo + PL
	Caixa		Estoques		Móveis e Utensílios		=	Fornecedores		Capital Social		
	D	C	D	C	D	C		D	C	D	C	
Saldos iniciais							=					
Constituição							=					
Compra a prazo							=					
Compra a vista							=					
Saldos finais							=					

A última coluna, da direita, apresenta o somatório dos valores que compõem o Ativo subtraído do somatório dos valores que compõem o Passivo e o Patrimônio Líquido. Considerando a equação fundamental da Contabilidade, essa diferença precisa ser igual a zero; caso contrário, é sinal de que houve algum erro de lançamento.

Começando o preenchimento da tabela, considerando que a Cia. Comercial NECC foi constituída neste exercício, os saldos iniciais evidenciados na planilha foram todos zero.

Eventos/Contas	ATIVO			=	PASSIVO + PL		verificação: Ativo – Passivo + PL
	Caixa	Estoques	Móveis e Utensílios	=	Fornecedores	Capital Social	
Saldos iniciais	–	–	–	=	–	–	0

Para melhor compreensão vamos proceder a cada lançamento em separado:

a) Pela constituição da entidade, foram aplicados $ 1.600 no caixa; essa aplicação teve como origem o capital social ($ 1.600).

Eventos/Contas	ATIVO				=	PASSIVO + PL			verificação: Ativo= Passivo + PL
	Caixa		Estoques	Móveis e Utensílios	=	Fornecedores	Capital Social		
	D	C	D	C			D	C	
Saldos iniciais	–		–	–	=	–		–	0
Constituição	1.600				=			1.600	0

b) Pela compra de mercadorias a prazo, aplicaram-se $ 500 nos estoques, tendo esses recursos origem com os fornecedores.

Eventos/Contas	ATIVO						=	PASSIVO + PL				verificação: Ativo = Passivo + PL
	Caixa		Estoques		Móveis e Utensílios		=	Fornecedores		Capital Social		
	D	C	D	C			=	D	C	D	C	
Saldos iniciais	–		–			–	=	–		–	1.600	0
Constituição	1.600						=					0
Compra a prazo			500				=		500			0

c) Pela compra de móveis e utensílios a vista, aplicaram-se $ 350 nos Móveis e Utensílios, tendo esses recursos como origem o caixa.

Eventos/Contas	ATIVO						=	PASSIVO + PL				verificação: Ativo = Passivo + PL
	Caixa		Estoques		Móveis e Utensílios		=	Fornecedores		Capital Social		
	D	C	D	C	D	C	=	D	C	D	C	
Saldos iniciais	–		–		–		=	–		–		0
Constituição	1.600						=				1.600	0
Compra a prazo			500				=		500			0
Compra a vista		350			350		=	–				0

Comparando essa forma de lançamento (matriz) com as apresentadas anteriormente, a matriz contempla as vantagens dos razonetes, isto é, já apura os saldos das contas automaticamente (os somatórios de cada coluna, na última linha), enquanto na primeira coluna a matriz apresenta de forma resumida os históricos de cada lançamento, o que foi citado como uma vantagem do diário sobre o razonete. Além disso, ainda oferece uma ferramenta de verificação dos valores lançados (a coluna de verificação).

Eventos/Contas	ATIVO						=	PASSIVO + PL				verificação: Ativo – Passivo + PL
	Caixa		Estoques		Móveis e Utensílios		=	Fornecedores		Capital Social		
	D	C	D	C	D	C	=	D	C	D	C	
Saldos iniciais	–		–		–		=	–		–		0
Constituição	1.600						=				1.600	0
Compra a prazo			500				=		500			0
Compra a vista		350			350		=	–				0
Saldos finais	**1.250,00**		**500,00**		**350,00**		**=**	**500,00**		**1.600,00**		0

Uma vez que a matriz tenha sido preenchida e verificada, basta transcrever os saldos finais de cada conta (a última linha) para o Balanço Patrimonial, ou seja, partindo da matriz preenchida, é suficiente olhar para as duas linhas do extremo, a primeira (com os nomes das contas) e a última (com os saldos finais das respectivas contas).

Eventos/Contas	ATIVO			=	PASSIVO + PL		verificação: Ativo – Passivo + PL
	Caixa	Estoques	Móveis e Utensílios	=	Fornecedores	Capital Social	
Saldos finais	**1.250,00**	**500,00**	**350,00**	**=**	**500,00**	**1.600,00**	*0*

Com isso, só resta organizar os saldos finais na estrutura do Balanço Patrimonial.

Balanço Patrimonial da Cia. Comercial NECC Apurado em 31/1/X7	
Ativo Circulante	**Passivo Circulante**
Caixa 1.250,00	Fornecedores a Pagar 500,00
Estoque de Mercadorias 500,00	*Total do Passivo Circulante 500,00*
Total Ativo Circulante 1.750,00	
	Patrimônio Líquido
Ativo não Circulante	Capital Social 1.600,00
Imobilizado	*Total do Patrimônio Líquido 1.600,00*
Móveis e Utensílios 350,00	
Total do Ativo não Circulante 350,00	
Total do Ativo 2.100,00	**Total do Passivo + PL 2.100,00**

Finalmente, reitera-se que as três formas de processamento dos atos e fatos que afetaram o patrimônio da entidade propiciam a apuração de demonstrações contábeis idênticas; as três formas são corretas. Cabe ao leitor escolher a de sua preferência reconhecendo que cada alternativa pode ser a mais aplicável em determinada situação.

Exercícios de fixação (4.4)

Em 22/10/X7, três primos resolvem formar uma sociedade, a Cia. Comercial Primos Unidos.

Nessa ocasião, João, Juliana e Maria formalizaram seus objetivos e propósitos com a nova entidade mediante o contrato social que foi devidamente registrado nos órgãos estatais competentes.

O contrato social estabelecia que cada sócio contribuiria com $ 1.000,00 para a formação do Capital Social da entidade. Entretanto, naquela data, cada um só contribuiu, efetivamente, com $ 700,00, sendo que:

a) João integralizou sua parcela do capital social mediante a entrega de um terreno avaliado por $ 700,00;

b) Juliana e Maria integralizaram suas parcelas do capital social mediante a entrega de $ 700,00, cada uma, em dinheiro.

No dia 25 de outubro, a Cia. Comercial Primos Unidos resolveu abrir uma conta-corrente no banco da Praça S.A. e depositou $ 1.200,00 nessa conta.

No dia 26 de outubro, a Cia. Comercial Primos Unidos comprou mercadorias, a prazo, por $ 800,00.

No dia 30 de outubro, a Cia. Comercial Primos Unidos pagou um quarto (1/4) de suas dívidas com o fornecedor de mercadorias, através da emissão de um cheque.

No dia 31 de outubro, os três sócios integralizaram, cada um, mais $ 100,00 do capital social da Cia. Comercial Primos Unidos, em dinheiro.

Com base nessas transações, realize todos os lançamentos contábeis e apure o Balanço Patrimonial da Cia. Comercial Primos Unidos em 31/10/X7.

Eventos/Contas	ATIVO								=	PASSIVO + PL						verificação: Ativo – Passivo + PL
	Caixa		Bancos		Estoques		Terrenos		=	Fornecedores		Capital Social Subscrito		Capital Social a Integralizar		
	D	C	D	C	D	C	D	C	=	D	C	D	C	D	C	
Saldos iniciais									=							
Constituição									=							
Depósito									=							
Compras									=							
Pagamento									=							
Integralização									=							
Saldos finais									=							

Com isso, só resta organizar os saldos finais na estrutura do Balanço Patrimonial.

Balanço Patrimonial da Cia. Comercial Primos Unidos apurado em 31/10/X7	
Ativo Circulante	**Passivo Circulante**
Caixa	Fornecedores
Bancos	*Total do Passivo Circulante*
Estoque de Mercadorias	
Total do Ativo Circulante	**Patrimônio Líquido**
	Capital Social Subscrito
Ativo não Circulante	(–) Capital Social a Integralizar
Terrenos	*Total do Patrimônio Líquido*
Total do Ativo não Circulante	
Total do Ativo	**Passivo + PL**

Exercício de inglês contábil

1. Economic resource that is expected to provide benefits to a business   ( ) Financial Statement

2. Statement showing a company's financial position at the end of an accounting period   ( ) Asset

3. Amount due to suppliers   ( ) Accounts payable

4. Report containing financial information about an organization   ( ) Balance Sheet

5. Merchandise at a particular point in time   ( ) Inventory

6. Amount due by customers   ( ) Property, Plant and Equipment

7. Factory building and machinery   ( ) Intangible Assets

8. Goodwill and trademark   ( ) Accounts Receivable

Questões de concurso

1. Visando a obter um empréstimo para continuar operando, uma empresa que sofreu um incêndio em maio de 2010 precisou levantar um Balanço Patrimonial especial e entregá-lo ao Banco. O levantamento realizado pelo contador nas dependências da empresa, após o incêndio, identificou os seguintes elementos:
    *   direitos a receber R$ 125.654,00
    *   obrigações a pagar R$ 101.312,00
    *   máquinas e equipamentos funcionando R$ 78.500,00
    *   lote de estoque destruído pelo incêndio R$ 56.340,00
    *   lote de estoque em condições de venda R$ 71.209,00
    *   máquinas e equipamentos destruídos no incêndio R$ 59.431,00
    *   veículo em condições de uso R$ 25.670,00

    Com base exclusiva nos dados acima e considerando a boa técnica contábil, o valor do Patrimônio Líquido da empresa, apurado no Balanço Patrimonial de maio/2010, em reais, é (CESGRANRIO, Petrobras 2012 Técnico em Contabilidade).
    a) 83.950,00
    b) 143.381,00
    c) 199.721,00
    d) 301.033,00
    e) 315.492,00

2. Dados extraídos do razão de uma sociedade anônima, atuando no ramo comercial, em 31/12/2010:
    *   Fornecedores R$ 54.345,00
    *   Obrigações sociais e tributárias R$ 25.111,00
    *   Adiantamento de clientes R$ 93.200,00
    *   Financiamentos bancários R$ 86.439,00

    Além dos saldos acima, todos de curto prazo, a empresa obteve, em novembro de 2010, um empréstimo bancário que deverá ser pago em 18 parcelas mensais de R$ 10.000,00 cada uma, iniciando em dezembro de 2010.

    Sabendo-se que o pagamento das parcelas do empréstimo se encontra rigorosamente em dia e com base exclusivamente nos dados acima, o passivo circulante da companhia apurado no Balanço levantado em 31/12/2010, em reais, é (CESGRANRIO, Petrobras – 2012 – Técnico em Contabilidade)
    a) 259.095,00
    b) 285.895,00
    c) 379.095,00
    d) 429.095,00
    e) 439.095,00

3. O pronunciamento conceitual básico do Comitê de Pronunciamentos Contábeis, que trata da Estrutura Conceitual para a Elaboração e Apresentação das Demonstrações Contábeis,

no item 89, estabelece que um ativo é reconhecido no balanço patrimonial quando (CESGRANRIO, Petrobras 2012, Contador Junior)

a) gerar benefícios futuros de modo a poder identificar de forma aceitável o reconhecimento do custo efetivo do ativo.

b) puder ser assim classificada a obrigação, desde que sejam atendidos os critérios de reconhecimento nas circunstâncias específicas.

c) for provável a saída de recursos envolvendo benefícios econômicos futuros na liquidação da obrigação, a valor presente determinado em bases confiáveis.

d) for provável que os benefícios econômicos futuros dele provenientes fluirão para a entidade e seu custo ou valor puder ser determinado em bases confiáveis.

e) houver um valor futuro estimado para o ativo, de acordo com as normas ditadas dos pronunciamentos em vigor que lhe atribuam o maior valor possível.

4. Os investimentos em ações de outras empresas com perspectiva de resgate em doze meses e os empréstimos de curto prazo concedidos a sócios ou acionistas são classificados, respectivamente, no Balanço Patrimonial, como (FCC – 2012 – TRE-PR – Analista Judiciário – Contabilidade)

a) Investimentos e Realizável a Longo Prazo.

b) Ativo Circulante e Investimentos.

c) Ativo Circulante e Patrimônio Líquido.

d) Ativo Circulante e Ativo não Circulante.

e) Intangível e Realizável a Longo Prazo.

5. Os gastos com a aquisição de Peças e Materiais de Consumo e Manutenção de itens do imobilizado e o de Peças e Conjunto para Reposição em Máquinas e Equipamentos são classificados: (ESAF – 2012 – Receita Federal – Auditor Fiscal da Receita Federal)

a) ambos como Ativo Circulante.

b) Despesas Operacionais e Estoques.

c) Conta de Resultado e Imobilizado.

d) ambos como Imobilizado.

e) Imobilizado e estoques.

Resumo

1. O Balanço Patrimonial tem como objetivo mostrar a posição financeira de determinada empresa em um momento específico. Toda empresa prepara seu Balanço Patrimonial ao final de cada ano.

2. O Balanço Patrimonial consiste na relação, de forma ordenada, dos ativos (bens e direitos), passivos (obrigações) e patrimônio líquido (diferença entre os ativos e os passivos) de uma empresa.

3. As contas do Ativo representam onde os recursos da empresa foram aplicados, e são apresentadas de acordo com sua ordem decrescente de liquidez.

4. As contas do Passivo representam a origem dos recursos de terceiros e devem ser inicialmente separadas considerando a data de vencimento, se abaixo ou superior a um ano.

5. O Patrimônio Líquido indica o capital integralizado pelos sócios, bem como as reservas de capital, reserva de lucros e as contas redutoras, como prejuízos acumulados e ações em tesouraria.

6. A equação fundamental da contabilidade é assim apresentada:

Ativo = Passivo + Patrimônio Líquido

7. Os Ativos são agrupados em circulantes e não circulantes. Os ativos não circulantes compreendem os ativos realizáveis a longo prazo, investimentos em participações societárias, propriedades para investimento, imobilizado e intangível.

8. Os Passivos são agrupados em circulantes e não circulantes, conforme a data de vencimento.

9. A mecânica contábil se baseia no *método das partidas dobradas*, ou seja, todo evento é reconhecido mediante dois registros, um que corresponde à aplicação dos recursos e outro que representa as origens, isto é, um lançamento a débito e outro a crédito.

10. Existem duas formas "clássicas" de se apresentar o método das partidas dobradas: por meio dos lançamentos em *diário* e pelo registro em *razonetes (ou conta T)*.

11. Existe, ainda, um modo opcional no preparo das demonstrações contábeis: o preenchimento da **Matriz de Lançamentos**.

Caso TEKA

A empresa fechou a fábrica de cobertores de Itapira (SP) e demitiu os 800 funcionários.No ano 2011, fez um acordo com o fundo Global Emerging Markets (GEM) para tentar readequar sua estrutura de capital. O diretor financeiro da Teka, Marcello Stewers, disse que as fontes de crédito para o setor haviam se retraído e que a expectativa para 2012 era de um ano sem crescimento. Stewers assumiu a presidência há um mês. Após vencer uma ação judicial sobre tributos, a Teka registrou R$ 251,5 milhões em receitas extraordinárias, o que fez a companhia apresentar um lucro de R$ 77 milhões no primeiro semestre, contra prejuízo de R$ 96 milhões um ano antes. Mas antes desse efeito, a receita com vendas da empresa foi totalmente consumida pelos seus custos e despesas. Do mesmo segmento da Teka, a Buettner conseguiu suspender o processo de falência este ano, por meio de uma liminar. Com isso, voltou ao estágio de recuperação judicial.

Exercícios de verificação

1. Prepare um Balanço Patrimonial com as seguintes informações:

Caixa – $ 2.000

Capital Social – $ 95.000

Fornecedores – $ 18.000

Contas a Receber – $ 28.000

Edifícios – $ 30.000

Material de Consumo – $ 2.000

Clientes – $ 10.000

Contas a pagar – $ 11.000

Terreno – $ 18.000

Máquinas e equipamentos – $ 44.000

Móveis e utensílios – $ 3.000

Mercadorias – $ 32.000

Salários a pagar – $ 30.000

Veículos – $ 15.000

Empréstimos Obtidos – $ 40.000

Empréstimos Concedidos – $ 10.000

2. Indique, com a respectiva letra, o grupo ou subgrupo de contas onde é registrada cada uma das informações seguintes:

( ) Aplicações financeiras com vencimento em seis meses.

( ) Estoques de produtos em processo (prontos em 1 mês).

( ) Despesas Antecipadas apropriáveis daqui a 15 meses.

( ) Adiantamentos a diretores.

( ) Terrenos para expansão (construção de nova fábrica para uso próprio).

( ) Patentes de uma empresa.

( ) Investimentos relevantes em sociedades controladas.

( ) Dividendos a receber.

( ) Imóveis para aluguel.

( ) Construções civis em andamento (para futuro uso próprio).

( ) Empréstimos a sociedades controladas.

( ) Adiantamento a fornecedores para aquisição de mercadorias destinadas a revenda que serão entregues em até 12 meses.

( ) Duplicatas a receber de sociedades controladas por transações operacionais, com vencimento em até 12 meses.

   a. Ativo Circulante

   b. Realizável a Longo Prazo

   c. Investimentos em participações societárias

   d. Propriedades para investimento

   e. Imobilizado

   f. Intangível

3. Assinale com X a única resposta correta de cada questão seguinte:

   a. Qual a semelhança entre AC (Ativo Circulante), AÑC (Ativo não Circulante) e AIm. (Ativo Imobilizado)?

     (1) Nenhuma.

(2) São todos origens de recursos das quais a empresa espera obter benefícios presentes ou futuros.

(3) São todos aplicações de recursos das quais a empresa não espera obter benefícios presentes ou futuros.

(4) São todos aplicações de recursos das quais a empresa espera obter benefícios presentes ou futuros (são todos tipos de Ativo).

b. Qual a diferença entre o AC e o AÑC?

(1) Nenhuma. É tudo igual.

(2) O Ativo Circulante (AC) representa obrigações que vencem no curto prazo, enquanto o Ativo Não Circulante (AÑC), obrigações que vencem no longo prazo.

(3) O Ativo Circulante (AC) representa obrigações que vencem no longo prazo, enquanto o Ativo Não Circulante (AÑC), obrigações que vencem no curto prazo.

(4) O Ativo Circulante (AC) representa aplicações (bens e direitos) realizáveis no curto prazo, enquanto o Ativo Não Circulante (AÑC), (bens e direitos) realizáveis no longo prazo.

c. Qual a semelhança entre PC (Passivo Circulante), PÑC (Passivo não Circulante) e PL (Patrimônio Líquido)?

(1) Nenhuma.

(2) São todos origens de recursos que estão financiando os Ativos da entidade.

(3) São todos aplicações de recursos das quais a empresa não espera obter benefícios presentes ou futuros.

(4) São todos aplicações de recursos das quais a empresa espera obter benefícios presentes ou futuros (são todos tipos de Ativo).

d. Qual das seguintes equações não pode ser derivada da equação básica do patrimônio?

(1) Ativo = Passivo + Patrimônio Líquido.

(2) Passivo = Ativo – Patrimônio Líquido.

(3) Patrimônio Líquido = Passivo – Ativo.

(4) Patrimônio Líquido = Ativo – Passivo.

e. Qual das seguintes transações acarreta um aumento no total dos Ativos de $ 10.000,00?

(1) Compra de um veículo por $ 10.000,00 a vista.

(2) Compra de um equipamento por $ 10.000,00 a prazo.

(3) Cobrança de $ 10.000,00 de uma conta a receber.

(4) Pagamento de uma dívida de $ 10.000,00.

f. A Cia. Fonseca adquire um equipamento no valor de $ 700,00, pagando $ 200,00 e assumindo uma dívida de $ 500,00. Qual o efeito líquido da transação?

(1) Incremento do Ativo e do Passivo de $ 500,00.

(2) Incremento no Ativo de $ 700,00 e no Passivo de $ 500,00.

(3) O Passivo e o Ativo continuam inalterados.

(4) Diminuição no Ativo e no Passivo de $ 200,00.

4. Com base nos eventos a seguir, registre os lançamentos contábeis e apure o Balanço Patrimonial (ao final do último evento):

a) Constituição da empresa Alves em dinheiro 300,00
b) Abertura de uma conta-corrente no Banco da Praça S.A. 290,00
c) Compra de uma loja a vista 100,00
d) Compra de móveis e utensílios a vista 50,00
e) Compra de mercadorias a prazo 500,00
f) Aplicação de 50% da disponibilidade bancária em fundos de investimentos de curto prazo ?

Obs.: Todos os recebimentos e pagamentos foram efetuados através da conta-corrente da empresa aberta no Banco da Praça S.A.

	Caixa		Banco		Imóveis		Móv. Ut.		Mercad.		Fundos de Investimentos	=	Fornec.		Cap. Soc.	
Constituição	D	C	D	C	D	C	D	C	D	C	D	C	=	D	C	D	C
Abert. C/C													=				
Aq. Imóvel													=				
Aq. M.U.													=				
Aq. Mercad.													=				
Aplic. Fundos de Investimentos													=				
Total													=				
	Aplicações										=	Origens					

Empresa Alves
CNPJ
Balanço Patrimonial apurado em XX/XX/XX – (valores em Reais)

Ativo Circulante		Passivo Circulante	
Caixa		Fornecedores	
Bancos		Total do Passivo Circulante	
Aplic. Financ. (Fundos de Investimentos)			
Estoque de Mercadorias		Passivo não Circulante	
Total do Ativo Circulante			
Realizável a Longo Prazo			
		Patrimônio Líquido	
		Capital Social	
Imobilizado		Total do Patrimônio Líquido	
Imóveis			
Móv. e Utens.			
Total do Imobilizado			
Total do Ativo não Circulante			
ATIVO TOTAL		PASSIVO + PL	
Representante empresa (assinatura)		*Contador (assinatura)*	
Representante empresa (nome)		Contador (nome)	
SSP/XX		CRC/X	

5. Com base nos eventos a seguir, registre os lançamentos contábeis na matriz de lançamentos e apure o Balanço Patrimonial no final do último evento. Não esqueça de separar no Balanço Patrimonial as contas de acordo com sua classificação.

a) Em 1º de junho de 2007, Renato e Rodolfo resolvem abrir um escritório de consultoria. Os sócios decidem que o escritório só vai aceitar pagamento a vista. Na constituição da empresa, o contrato social estabelecia que cada sócio contribuiria com $ 50.000 em dinheiro para a formação do Capital Social da entidade. Entretanto, naquela data, cada um só contribuiu efetivamente com $ 30.000.

b) Compraram $ 12.000 em móveis e utensílios, sendo que metade a vista e metade para pagar no próximo mês.

c) Para contribuir com novas ideias, a empresa faz uma assinatura anual da revista *Época Negócios*, por $ 120, pagos a vista. A revista é mensal. Os sócios não têm a intenção de guardar a revista depois de lida.

d) A empresa apura receita de serviços $ 10.000. Desse valor 20% se destinam à comissão de agentes. A receita foi recebida a vista e a comissão também foi paga a vista.

e) A despesa de manutenção do escritório foi de $ 3.000, pagos a vista. A despesa de salários foi de $ 5.000. Este valor só será pago em julho.

f) Renato integralizou mais R$ 10.000 do capital social, transferindo para a empresa dois computadores que possuía. Estes vão ser utilizados para ajudar na atividade da empresa.

g) A empresa compra um apartamento por $ 20.000, para alugar. O pagamento foi feito a vista.

h) Renato pega um adiantamento na empresa no valor de $ 3.000.

i) A primeira revista *Época Negócios* chega no escritório.

j) Metade do saldo em caixa é aplicado em um investimento com vencimento de seis meses.

Respostas dos exercícios

(4.1)

a) Complete:
1. Ativo, Passivo e Patrimônio Líquido
2. Final
3. $ 11.000,00

ATIVO		PASSIVO	
Caixa,	$ 8.000	Contas a pagar	$ 2.000
Contas a Receber	$ 4.000	IR a pagar	$ 5.000
Máquinas	$ 6.000	**Patrimônio Líquido**	
		Capital Social	$ 11.000
Total do Ativo	$ 18.000	Total do Passivo + PL	$ 18.000

b)
1. Ativo
2. Passivo
3. Ativo
4. Patrimônio Líquido
5. Passivo
6. Ativo

c)

ATIVO		PASSIVO	
Caixa	24.000	Títulos a pagar	27.000
Clientes	15.000	Fornecedores	3.500
Móveis e utensílios	3.000	Empréstimos Obtidos	15.000
Equipamentos	8.500		
Imóveis	30.000	**PATRIMÔNIO LÍQUIDO**	
		Capital Social	35.000
Total do Ativo	80.500	Total do Passivo + PL	80.500

Exercícios: Teste sua compreensão

4.2.a) 3 – 5 – 2 – 1 – 4

4.2.b) 2 – 1

(4.4)

Pela Matriz de Lançamentos:

Eventos/ Contas	ATIVO								=	PASSIVO + PL						verificação: Ativo – Passivo + PL
	Caixa		Bancos		Estoques		Terrenos		=	Fornece-dores		Capital Social Subscrito		Capital Social a Integralizar		
	D	C	D	C	D	C	D	C	D	C	D	C	D	C		
Saldos iniciais									=							0
Constituição	1.400						700		=				3.000	900		0
Depósito		1.200	1.200						=							0
Compras					800				=		800					0
Pagamento				200					=	200						0
Integralização			300						=						300	0
Saldos finais	**200**		**1.300**		**800**		**700**		=		**600**	**3.000**			**600**	0

Uma vez que a Matriz tenha sido preenchida e verificada, basta transcrever os saldos finais de cada conta (a última linha) para o Balanço Patrimonial:

Balanço Patrimonial da Cia. Comercial Primos Unidos apurado em 31/10/X7			
Ativo Circulante		**Passivo Circulante**	
Caixa	200,00	Fornecedores a Pagar	600,00
Bancos	1.300,00	*Total do Passivo Circulante*	*600,00*
Estoque de Mercadorias	800,00		
Total do Ativo Circulante	*2.300,00*	**Patrimônio Líquido**	
		Capital Social Subscrito	3.000,00
Ativo não Circulante		(–) Capital Social a Integralizar	(600,00)
Terrenos	700,00	*Total do Patrimônio Líquido*	*2.400,00*
Total do Ativo não Circulante	*700,00*		
Total do Ativo	**3.000,00**	**Passivo + PL**	**3.000,00**

Exercício de inglês contábil

4 – 1 – 3 – 2 – 5 – 7 – 8 – 6

Questões de concurso

1. c   2. c   3. d   4. d   5. e

APÊNDICE
Balanço Patrimonial da Droga Raia de 2011

Raia Drogasil S/A Balanço Patrimonial	31/12/2011 R$ milhares	31/12/2010 R$ milhares
Ativo Total	**3.168.308**	**918.336**
Ativo Circulante	**1.625.795**	**666.448**
Caixa e Equivalentes de Caixa	339.971	180.846
Aplicações Financeiras Avaliadas ao Custo Amortizado	0	15.319
Contas a Receber	367.183	131.017
Estoques	814.975	295.958
Tributos a Recuperar	93.160	39.656
Despesas Antecipadas	10.506	3.652
Ativo Não Circulante	**1.542.513**	**251.888**
Ativo Realizável a Longo Prazo	*44.063*	*31.411*
Contas a Receber	608	565
Imposto de Renda e Contribuição Social Diferidos	0	1.628
Despesas Antecipadas	136	97
Depósitos Compulsórios e Incentivos Fiscais	0	5
Depósitos Judiciais	7.445	1.912
Tributos a Recuperar	35.313	26.459
Precatórios	561	745
Imobilizado	*370.605*	*154.281*
Intangível	*1.127.845*	*66.196*

Fonte: Disponível em: <http://www.cvm.gov.br>. Acesso em: abr. 2012.

Raia Drogasil S/A Balanço Patrimonial	31/12/2011 R$ milhares	31/12/2010 R$ milhares
Passivo Total + Patrimônio Líquido	**3.168.308**	**918.336**
Passivo Circulante	**791.232**	**287.654**
Obrigações Sociais e Trabalhistas	92.460	28.275
Fornecedores	536.399	192.722
Obrigações Fiscais	30.035	14.243
Empréstimos e Financiamentos	50.325	20.355
Dividendos e JCP a Pagar	3.662	11.914
Aluguéis	12.815	4.153
Luvas Comerciais	699	593
Demais Contas a Pagar	55.759	12.564
Provisões	9.078	2.835
Passivo Não Circulante	**175.902**	**32.065**
Empréstimos e Financiamentos	111.985	28.237
Obrigações por Pagamentos Baseados em Ações	0	2.762
Programa de Recuperação Fiscal	6.096	0
Outras Obrigações	2.834	0
Tributos Diferidos	51.715	0
Provisões	3.272	1.066
Patrimônio Líquido Consolidado	**2.201.174**	**598.617**
Capital Social Realizado	908.639	285.400
Reservas de Capital	1.039.935	100.889
Reservas de Reavaliação	13.325	19.523
Reservas de Lucros	239.275	192.805
Ações em Tesouraria	0	– 3.302

Fonte: Disponível em: <http://www.cvm.gov.br>. Acesso em: abr. 2012.

5

Apuração de resultado: DRE, DMPL, DFC

Objetivo do Capítulo

A geração de resultado positivo é um objetivo das empresas, inclusive daquelas sem fins lucrativos. Uma empresa que nunca gera lucros dificilmente terá sua continuidade mantida no longo prazo.

Neste capítulo, será estudada a diferença entre Regime de Caixa e Regime de Competência. Ainda serão apresentadas três demonstrações contábeis: a Demonstração do Resultado do Exercício (DRE ou DEREX), que evidencia a composição do resultado da entidade; a Demonstração das Mutações do Patrimônio Líquido (DMPL ou DEMUT), que informa a movimentação ocorrida nas contas do Patrimônio Líquido; e a Demonstração dos Fluxos de Caixa (DFC), que mostra as origens e as aplicações de caixa.

Especificamente com relação à DFC, este capítulo fornece a conceituação básica que irá sendo fundamentada até o final deste livro através de exercícios que irão ficando mais complexos.

Neste Capítulo é ainda apresentado o EBITDA e em seu Apêndice foi incluída a Instrução CVM nº 527 de 4.10.2012 sobre este assunto.

Estudo de Caso

Segundo o jornal *Valor Econômico* de 18/10/2012, a BR Malls, maior empresa de shopping centers do Brasil, irá emitir US$ 175 milhões em bônus perpétuos. Segundo Adriana Meyge, foi aprovada, em reunião de seu conselho de administração, a emissão de títulos de dívida no exterior, por meio de sua subsidiária BR Malls International Finance, neste valor. Os recursos líquidos provenientes da emissão serão utilizados para quitar todos os títulos de dívida perpétua emitidos em 2007. Os títulos receberam nota "Ba1" pela agência Moody's. A emissão é adicional ao lançamento de títulos feito pela subsidiária em 13 de janeiro do ano passado. As notas adicionais serão perpétuas e poderão ser resgatadas pela subsidiária a partir de 21 de janeiro de 2016. Os títulos serão listados na Bolsa de Luxemburgo e negociados no Euro MTF e pagarão juros de 8,5% ao ano, trimestralmente, nos meses de janeiro, abril, julho e outubro. Os bônus serão ofertados a investidores institucionais qualificados, residentes e domiciliados nos Estados Unidos e demais países. Pesquise o que significa para a empresa tal emissão, assim como para os investidores. Você acha uma boa ideia para a melhoria da empresa? Como contador, tal fato irá alterar suas demonstrações contábeis? Como?

5.1   Conceitos básicos

Segundo o CPC 00, o resultado é frequentemente utilizado como medida de *performance* ou como base para outras medidas, tais como o retorno do investimento ou o resultado por ação. Os elementos diretamente relacionados com a mensuração do resultado são as receitas e as despesas. O reconhecimento e a mensuração das receitas e despesas e, consequentemente, do resultado dependem em parte dos conceitos de capital e de manutenção de capital adotados pela entidade na elaboração de suas demonstrações contábeis.

a) Receita

São aumentos nos benefícios econômicos durante o período contábil sob a forma de entrada de recursos ou do aumento de ativos ou diminuição de passivos, que resultam em aumentos do patrimônio líquido e que não estejam relacionados com a contribuição dos detentores dos instrumentos patrimoniais (proprietários da entidade).

A receita pode surgir da venda de bens, da prestação de serviços e também da remuneração sobre as aplicações financeiras.

A receita proveniente da venda de bens deve ser reconhecida apenas quando: (a) a entidade tenha transferido para o comprador os riscos e benefícios mais significativos inerentes à propriedade dos bens; (b) não mantenha envolvimento continuado na gestão dos bens vendidos; (c) o valor dos ingressos seja confiavelmente mensurável; (d) seja provável que os benefícios econômicos associados à transação fluirão para a entidade; e (e) as despesas incorridas ou a serem incorridas, referentes à transação, possam ser confiavelmente mensuradas.

A Receita reflete uma quantidade de produtos ou serviços vendidos multiplicada por um preço de negociação que foi validado pelo mercado.

Pela estrutura do próprio sistema econômico, para se obter receitas é necessário que a empresa produza um bem ou serviço que seja comprado pelo mercado consumidor. Nesse processo, diversos eventos ocorrem, sendo que a Contabilidade utiliza a seguinte conceituação, segundo o CPC 00:

(4.29) A definição de receita abrange tanto receitas propriamente ditas quanto ganhos. A receita surge no curso das atividades usuais da entidade e é designada por uma variedade de nomes, tais como vendas, honorários, juros, dividendos, *royalties,* aluguéis;

(4.31) Ganhos incluem, por exemplo, aqueles que resultam da venda de ativos não circulantes. A definição de receita também inclui ganhos não realizados. Por exemplo, os que resultam da reavaliação de títulos e valores mobiliários negociáveis e os que resultam de aumentos no valor contábil de ativos de longo prazo. Quando esses ganhos são reconhecidos na demonstração do resultado, eles são usualmente apresentados separadamente, porque sua divulgação é útil para fins de tomada de decisões econômicas. Os ganhos são, em regra, reportados líquidos das respectivas despesas.

(4.32) Vários tipos de ativos podem ser recebidos ou aumentados por meio da receita; exemplos incluem caixa, contas a receber, bens e serviços recebidos em troca de bens e serviços fornecidos. A receita também pode resultar da liquidação de passivos. Por exemplo, a entidade pode fornecer mercadorias e serviços ao credor por empréstimo em liquidação da obrigação de pagar o empréstimo.

b) Despesas

(4.33) A definição de despesas abrange tanto as perdas quanto as despesas propriamente ditas que surgem no curso das atividades usuais da entidade. As despesas que surgem no curso das atividades usuais da entidade incluem, por exemplo, o custo das vendas, salários e depreciação. Geralmente, tomam a forma de desembolso ou redução de ativos, como caixa e equivalentes de caixa, estoques e ativo imobilizado.

(4.34) Perdas representam outros itens que se enquadram na definição de despesas e podem ou não surgir no curso das atividades usuais da entidade, representando decréscimos nos benefícios econômicos e, como tais, não diferem, em natureza, das demais despesas. Consequentemente, não são consideradas como elemento separado nesta *Estrutura Conceitual.*

(4.35) Perdas incluem, por exemplo, as que resultam de sinistros como incêndio e inundações, assim como as que decorrem da venda de ativos não circulantes. A definição de despesas também inclui as perdas não realizadas. Por exemplo, as que surgem dos efeitos dos aumentos na taxa de câmbio de moeda estrangeira com relação aos empréstimos da entidade a pagar em tal moeda. Quando as perdas são reconhecidas na demonstração do resultado, elas são geralmente demonstradas separadamente, pois sua divulgação é útil para fins de tomada de decisões econômicas. As perdas são, em regra, reportadas líquidas das respectivas receitas.

Por exemplo, para comemorar e divulgar o início das suas atividades, a empresa F3 ofereceu um coquetel, no dia da inauguração, que lhe custou $ 200. Na mesma data auferiu uma receita de $ 300. O coquetel corresponde a uma despesa que a empresa incorreu. Não constitui um Bem, nem um Direito, nem uma Obrigação ou Receita.

Receitas e despesas são computadas em separado pela Contabilidade, para se apurar o resultado que depois será incluído no PL. Se a receita é maior do que a despesa, a empresa gera *lucro.* Se a despesa é maior que a receita, gera *prejuízo.* É válido ressaltar que uma empresa pode ter lucro ou prejuízo independente do patrimônio que possui.

Resultado líquido é, portanto, o resultado que a Contabilidade de uma empresa apura no final do exercício social, para saber se ela teve lucro ou prejuízo.

Em nosso exemplo, temos:

RECEITA	300
DESPESA	(200)
LUCRO (Receita maior que Despesa)	100

Extraímos as seguintes conclusões:

1. O lucro apurado por uma pessoa jurídica poderá ser distribuído aos seus donos, na forma de dividendos.
2. Todo prejuízo apurado por uma pessoa jurídica diminui seu patrimônio.
3. O lucro e o prejuízo apurados devem ser transferidos para o PL (Lucros Acumulados ou Prejuízos Acumulados), aumentando-o, se houver lucro, ou diminuindo-o, se houver prejuízo.

É importante observar que ...

- é possível existirem despesas sem receita; entretanto, para gerar receita é necessário que se incorra em despesas;
- não existe relação temporal direta entre o momento do recebimento do dinheiro de uma venda e o momento do reconhecimento contábil da receita (Regime de Competência);
- da mesma forma, o simples pagamento de um compromisso não implica o reconhecimento da despesa no mesmo período.

Exercícios de fixação (5.1)

1. Classifique as contas abaixo em: Ativo, Passivo, Patrimônio Líquido, Receita ou Despesa.

Contas	Classificação
Caixa	
Salários a Pagar	
Despesa com Pessoal	
Estoque de Mercadorias	
Duplicatas a Receber de Clientes	
Móveis e Utensílios	
Provisão para 13º Salário	
Seguro pago antecipadamente	
Receita de Prestação de Serviços	
Custo das Mercadorias Vendidas	
Empréstimos Obtidos	
Empréstimos Concedidos	
Capital Social	
Depreciação Acumulada	
Reserva de Lucros	
Receita Financeira	
Juros a Pagar	
Dividendos a Pagar	
Vendas	
Despesa de Seguros	

5.2 Regime de Competência × Regime de Caixa

O Regime de Competência é adotado pela Contabilidade das empresas, visando dotá-las de uma fiel expressão monetária de todos os seus Bens, Direitos e Obrigações representativos de sua Estrutura Patrimonial. A adoção desse regime é consubstanciada na Lei das Sociedades por Ações (Lei nº 6.404), em seu artigo 177, e no § 1º do artigo 187.

> Lei nº 6.404 (o grifo não consta no original):
>
> Art. 177. A escrituração da companhia será mantida em registros permanentes, com obediência aos preceitos da legislação comercial e desta lei e aos princípios de contabilidade geralmente aceitos, devendo observar métodos ou critérios uniformes no tempo e **registrar as mutações patrimoniais segundo o regime de competência.**
>
> Art. 187. A demonstração do resultado do exercício discriminará:
>
> [...]
>
> **§ 1º Na determinação do resultado do exercício serão computados:**
>
> a. **as receitas e os rendimentos ganhos no período, independentemente de sua realização em moeda; e**
> b. **os custos, despesas, encargos e perdas, pagos ou incorridos, correspondentes a essas receitas e rendimentos.**

Essas conceituações da lei representam o regime contábil de competência.

Segundo a Realização da Receita, essas conceituações são reconhecidas no exercício em que ocorrer o evento econômico – como a venda de bens ou prestação de serviços –, ou seja, quando do fornecimento de bens ou serviços em troca de outros bens ou direitos, tal como os títulos a receber. Assim sendo, esse fundamento norteia a contabilização das vendas de bens e prestação de serviços e o consequente registro das contas a receber, independentemente da sua realização financeira.

Pela confrontação de despesas com receitas e períodos contábeis, os gastos só devem ser reconhecidos, contabilmente, como despesas, quando for possível confrontá-los com a receita relacionada, no mesmo período em que a receita foi reconhecida. Caso contrário, serão reconhecidos como Ativo ou perda, da seguinte forma:

- se o gasto não for confrontado com nenhuma receita no momento presente, mas tiver a capacidade de gerar receita em um período futuro, será contabilizado como um Ativo;
- se o gasto não for confrontado com nenhuma receita, nem no momento presente, nem no futuro, será contabilizado como uma perda.

Esses dois conceitos formam o que se chama de *regime de competência*, em que receitas e gastos são contabilizados como tais no período da ocorrência do seu fato gerador, não quando são recebidos ou pagos em dinheiro.

O resultado contábil é determinado por meio da aplicação do regime de competência, independentemente da movimentação de numerário ocorrida no mesmo período.

É em decorrência desses que:

- a receita de venda é contabilizada por ocasião da venda e não na ocasião de seu recebimento

  Ex.: Uma loja vendeu, no mês de agosto, o total de $ 5.000, sendo $ 1.200 a vista, $ 1.800 no cartão de crédito, a ser recebido no início de setembro, e $ 2.000 a prazo, parcelado em 4 meses sem juros.

  Segundo o Regime de Competência, utilizado pela Contabilidade, se a loja vendeu efetivamente $ 5.000 no mês de agosto, esta é a receita reconhecida, ou seja, $ 5.000. Pelo Regime de Caixa só é reconhecido, no mês de agosto, o valor que efetivamente ingressou em caixa, ou seja, $ 1.200.

- a despesa de pessoal – salários e respectivos encargos – é reconhecida no mês em que se recebeu tal prestação de serviços, mesmo sendo paga no mês seguinte.

  Ex.: A Contabilidade irá reconhecer o valor total dos salários no mês em que os funcionários trabalharam, mesmo que efetue o desembolso de caixa, isto é, o efetivo pagamento, no início do mês posterior.

- a despesa do Imposto de Renda é registrada no mesmo período em que os lucros foram auferidos e não no exercício seguinte, quando o tributo é declarado e pago.

O Regime de **Caixa** consiste, assim, em classificar e reconhecer as operações de uma pessoa jurídica pelo efetivo Ingresso e Desembolso de Bens Numerários. Mais precisamente, sua adoção está, a rigor, voltada ao Fluxo Financeiro – ou Fluxo de Caixa – de um empreendimento.

Determinadas operações das empresas são efetuadas em dinheiro, a vista, sendo a sua realização na data do efeito financeiro.

Entretanto, muitas operações são efetuadas em datas diferentes e a Contabilidade deve efetuar um tratamento contábil conhecido como "lançamentos de ajuste" para regularizar as contas de Balanço (BP) e de Resultado (DRE).

Estas operações podem ter seu fato econômico gerador posterior ou anterior ao Caixa.

Neste capítulo serão comentados alguns conceitos a serem aprofundados nos capítulos posteriores.

a) Efeito Caixa antes do efeito econômico
Receitas recebidas antecipadamente:

Um exemplo desta situação ocorre quando uma empresa do setor editorial recebe o pagamento de assinaturas de seus clientes com o compromisso de entregar revistas durante o período da assinatura.

Vamos admitir o seguinte evento: uma editora recebe $ 120,00 por uma assinatura anual, para a entrega mensal de uma revista.

Lançamento do recebimento antecipado

D	Caixa (Ativo)	120,00
C	Receitas Recebidas Antecipadamente (Passivo)	120,00

Nesta data, não existe reconhecimento do Resultado. Este é auferido no momento da entrega da revista.

No momento da entrega do exemplar do mês, o seguinte lançamento será realizado:

Lançamento do reconhecimento da receita

D	Receitas Recebidas Antecipadamente (Passivo)	10,00
C	Receitas de Assinatura (DRE – Receita)	10,00

Durante os 12 meses em que o assinante tem direito à revista, a empresa reconhecerá uma receita de assinatura de 10,00, na Demonstração de Resultado, abatendo este valor da Receita Recebida Antecipadamente, do Passivo – Balanço Patrimonial, até zerar o saldo desta conta, o que irá representar o término da assinatura da revista.

Despesas pagas antecipadamente

Esta é uma situação análoga, no sentido do caixa movimentado antes do fato gerador da despesa. Por exemplo, uma empresa efetua o pagamento de uma apólice de seguro que irá proteger seu ativo pelo período de 12 meses. No momento do pagamento, a empresa reconhece um ativo denominado como Seguros Pagos Antecipadamente. O montante será apropriado para o resultado como Despesa de Seguro de acordo com o período de cobertura da apólice. Do mesmo modo que foi feito no exemplo anterior, o valor da despesa mensal de seguros será o mesmo durante os 12 meses em que o seguro está em vigor (DRE). A cada mês a conta Despesas pagas antecipadamente (Balanço) será reduzida em 1/12 deste valor (mesmo valor da despesa mensal) até que esta conta não mais exista (final de 12 meses).

b) Efeito Caixa após o efeito econômico

Um exemplo dessa situação são os Serviços Prestados mas não Recebidos. Uma empresa prestadora de serviços executa suas atividades para o seu cliente e somente emite a fatura no final do mês para recebimento no mês seguinte. Segundo o Regime de Competência, a receita é reconhecida (DRE) contra Duplicatas a Receber de Clientes (BP). Pelo Regime de Caixa, porém, só há efetivo reconhecimento no momento em que o pagamento é efetivado pelo cliente (mês seguinte).

Esta mesma empresa poderá ter reconhecido uma Despesa que ainda não foi paga, correspondendo a Despesas Incorridas mas não pagas.

Um exemplo seria o caso de Despesas de salários do mês de outubro, pagas no dia 5 de novembro. A despesa é reconhecida no período em que os empregados estão trabalhando, ou seja, no mês de outubro (DRE). Nesta data é reconhecido o Passivo da empresa com os Salários a Pagar (BP). No momento do pagamento no mês de novembro, o caixa é reduzido e a conta do Passivo é encerrada. Pelo Regime de Caixa só há o reconhecimento no mês de novembro quando ocorre desembolso de caixa relativo ao pagamento dos salários.

c) Casos das Construtoras

Na atividade diária das empresas ocorrem operações cujo tratamento é complexo e requer julgamento de acordo com as situações específicas. Esse fato ocorre, por exemplo, com o setor imobiliário no reconhecimento da receita de uma empresa incorporadora que vende apartamentos antes de sua conclusão., Nesse caso existe a abordagem do reconhecimento da receita de acordo com as etapas de construção, enquanto existe também a validade do reconhecimento somente

no momento da conclusão quando há a denominada "entrega das chaves".

d) Introdução à Depreciação

Uma empresa na sua atuação adquire ativos imobilizados que terão uma vida útil econômica superior a um ano, como, por exemplo, edificações, máquinas e veículos, para comporem sua infraestrutura, que propiciará a geração de produtos e serviços.

Esses ativos vão perdendo capacidade operacional durante a sua atividade. A Contabilidade, a fim de atender seu objetivo informacional, desenvolve a sistemática de apropriação do "consumo" desse ativo durante o tempo que está em atividade. Esse reconhecimento é denominado "depreciação".

Por exemplo, uma empresa de transportes adquiriu um caminhão por $ 100.000, e estima que este veículo será utilizado durante 5 anos, e após este período não terá valor econômico. É necessário reconhecer anualmente esta utilização do veículo. Nesse sentido, o tratamento mais usual é dividir o custo de $ 100.000 pelos cinco anos, reconhecendo uma despesa de depreciação no valor de $ 20.000 por ano.

Este assunto será explicitado com maiores detalhes no Capítulo 8.

Exercícios de fixação (5.2)

1. Complete procedendo ao lançamento segundo o Regime de Caixa e segundo o Regime de Competência, explicando a diferença de tratamento nos dois Regimes.

Caso	Mês	Caixa	Competência
a. O Ateliê Juliana, especializado em cerâmica, vendeu, em janeiro, a vista, seis conjuntos completos por $ 500,00 cada.	Jan.		
	Fev.		
b. Uma Associação de Pacientes cobra anuidade de $ 24,00 por associado. Em janeiro, os 1.000 (mil) associados pagaram suas anuidades.	Jan.		
	Fev.		
c. Em janeiro, a Cia. Décor aceitou encomenda de uma estante no valor de $ 15.000,00, quando recebeu um sinal de $ 5.000,00. O restante ($ 10.000,00) será recebido em fevereiro, no ato da entrega.	Jan.		
	Fev.		
d. Em janeiro, a revista Época vendeu três novas assinaturas anuais no valor de $ 300,00 cada. Estas serão recebidas em três parcelas mensais, a partir de fevereiro. A entrega das revistas se iniciou em janeiro.	Jan.		
	Fev.		
e. Em janeiro, a Cia. Aérea Varig vendeu uma passagem aérea no valor de $ 650,00, a vista. A viagem irá ocorrer em julho.	Jan.		
	Fev.		
f., Em janeiro, a Cia. Sulamérica Seguros vendeu uma apólice anual no valor de $ 1.200,00. O recebimento será em seis parcelas mensais, a partir de fevereiro.	Jan.		
	Fev.		

2. Sob o regime de competência as receitas são reconhecidas quando _____ e as despesas são reconhecidas quando _____.

5.3 Demonstração de Resultado do Exercício (DRE ou DEREX)

A Demonstração de Resultado do Exercício é uma forma estruturada de se evidenciar a composição do resultado da entidade, ou seja, é um critério de se organizarem as receitas auferidas e as despesas incorridas no período.

Ao apresentar o resultado (lucro ou prejuízo), a DRE evidencia a riqueza gerada pela entidade num determinado período (exercício), sabendo-se que essa riqueza pertence, ao fim das contas, aos acionistas da entidade.

5.3.1 Introdução

A forma de evidenciação básica das Despesas na estrutura da DRE, até o resultado operacional,

é constituída para gerar informações *através de 4 funções organizacionais* da empresa:

1 – Produção;
2 – Comercial;
3 – Administrativa;
4 – Financeira.

A composição do primeiro item decorre da forma de atuação da empresa. Em uma indústria é apresentado o Custo dos Produtos Vendidos (CPV), que abrange gastos com a transformação da matéria-prima em produto acabado. Em uma empresa comercial o Custo dos Produtos Vendidos é substituído pelo Custo das Mercadorias Vendidas (CMV), que representa o custo dos estoques entregues aos clientes. Em uma empresa de serviços, procura-se, objetivando gerar informações úteis, destacar os gastos relacionados à produção dos serviços. No item denominado Custo dos Serviços Prestados (CSP), por exemplo, em uma empresa do setor de transporte rodoviário, os gastos com combustível, salários dos motoristas, manutenção e depreciação dos veículos devem ser apresentados nesta conta.

> **OBSERVAÇÃO:** Na prática, certos itens específicos são difíceis de serem enquadrados. A legislação, nestes casos, prevê o item *Outras Receitas e Despesas Operacionais*. Você verificará no estudo da Contabilidade contas iniciadas com o título "Outras", embora esta classificação receba críticas recorrentes. Em diversas situações representam a solução mais prática para a classificação. O importante é que não ocorra o abuso.

5.3.2 Compreendendo a DRE

A Demonstração de Resultado do Exercício (DRE ou DEREX) é um resumo ordenado de **receitas** e **despesas** da empresa em determinado período, chegando-se ao **lucro** ou **prejuízo**. As receitas são representadas pelas vendas de produtos – bens e serviços – realizadas no período de referência (exercício), ainda que não tenham sido recebidas. Por sua vez, as despesas representam o esforço da entidade para conseguir sua receita do período sob exame, mesmo que não haja desembolso de recursos nesse mesmo período.

	Demonstração do Resultado do Exercício (DRE ou DEREX) da **Cia. Inspirational** Do período 1º de dezembro a 31 de dezembro X1
	Receita Bruta (de vendas e de prestação de serviços)

(–)	Deduções da receita:
	    Impostos incidentes sobre a receita (ISS, ICMS, PIS, COFINS)
	    Descontos Incondicionais
	    Devoluções de Vendas

(=)	Receita Líquida
(–)	Custo das Mercadorias Vendidas/Produtos Vendidos/Serviços Prestados
(=)	Resultado Bruto

(–)	Despesas Operacionais:
	    Despesas de Vendas
	    Despesas Administrativas
	    Despesas Financeiras deduzidas das Receitas Financeiras

(=)	Resultado Operacional
(+/–)	Outras Receitas e Despesas Operacionais
(=)	Resultado antes do Imposto de Renda (LAIR) e Contribuição Social
(–)	Imposto de Renda e Contribuição Social
(–)	Participações Estatutárias
(=)	Resultado Líquido
(:)	Número de ações
(=)	Lucro ou Prejuízo por Ação

Na prática, a DRE é a apresentação, em forma resumida, das operações realizadas pela empresa durante o exercício social, destacando-se o resultado líquido do período. A análise do resultado do exercício significa, na verdade, a avaliação do desempenho da empresa.

Observe que esta demonstração cobre determinado exercício, neste caso, o mês de dezembro de X1. Se uma empresa, por exemplo, tem um lucro de $ 100.000, será bem diferente se for considerado como período de apuração uma semana, um mês ou um ano.

O artigo 187 da Lei das Sociedades por Ações disciplina sua apresentação por função, conforme apresentado anteriormente (DRE da Cia. Inspirational). A Demonstração é iniciada com o valor total da receita apurada nas suas operações de vendas e prestação de serviços, da qual são subtraídas as deduções da receita e os custos das mercadorias vendidas (CMV, CSP, CPV), apurando-se o lucro bruto. O lucro bruto corresponde, portanto, ao valor que a empresa consegue obter após recuperar o custo das mercadorias vendidas.

A partir disso, são subtraídas as despesas operacionais segregadas por subtotais, conforme sua natureza, ou seja, ...

- Despesas com vendas: despesas comerciais, realizadas para vender o produto, como despesa de marketing e distribuição.

- Despesas gerais e administrativas: gastos para direção geral da empresa, que representam atividades que geram benefícios para todas as fases do negócio da empresa.

- Despesas financeiras e receitas financeiras: as receitas e as despesas financeiras correspondem aos rendimentos financeiros auferidos sobre suas aplicações financeiras (Ativo) e os juros incidentes sobre empréstimos ou financiamentos (Passivo), respectivamente.

Assim sendo, deduzindo-se as despesas operacionais totais do lucro bruto, apresenta-se o lucro operacional, outro dado importante na análise das operações da empresa. O Lucro Operacional corresponde, portanto, ao valor que a empresa consegue obter após recuperar o custo das mercadorias vendidas e todas as despesas necessárias para obter as receitas, ou seja, é o quanto a atividade operacional gera de riquezas para a entidade.

Uma empresa pode também efetuar a venda de seus ativos não circulantes, após um período de uso. O valor desse resultado, que pode ser positivo ou negativo, é classificado dentro do Resultado Operacional na linha de Outras Receitas ou Despesas Operacionais.,

Deduz-se, a seguir, a despesa com o Imposto de Renda e Contribuição Social e finalmente, deduzem-se as participações (previstas no estatuto) de terceiros calculáveis sobre o lucro – tais como empregados administradores, partes beneficiárias, debêntures e contribuições para fundos de benefícios a empregados –, chegando-se, desta forma, ao lucro ou prejuízo líquido do exercício. Ao ser dividido pelo número de ações, chega-se ao lucro ou prejuízo por ação, valor final da DRE.

Como se nota no texto da alínea b do parágrafo primeiro do artigo 187 da LSA, nos mesmos períodos em que forem lançados os rendimentos e as receitas, deverão estar registrados todos os custos, despesas, encargos e riscos correspondentes àquelas receitas. Por esse conceito – também denominado contraposição de receitas e despesas (Princípio da Confrontação de Despesas com Receitas e com o Período Contábil) –, ao se contabilizar, por exemplo, a receita da venda de determinado produto, dever-se-á registrar, no mesmo período, todas as despesas em que se incorre no que tange àquela receita, tais como:

- custo do produto vendido, que englobaria material, mão de obra e demais custos de sua fabricação;
- as despesas operacionais incorridas, sejam de comercialização ou de administração;
- imposto sobre a renda (lucro) auferida.

Nesse sentido, se a empresa conceder, por exemplo, um período de garantia e de revisões gratuitas ao cliente pelo produto vendido, o custo de tal garantia deverá estar apropriado, nesse mesmo período, por estimativa, e não no período futuro, quando será realizada a substituição de peças ou a revisão gratuita. Por esse motivo é que, havendo a cláusula de garantia sobre as vendas, deve-se constituir uma provisão para custos de garantia.

Dentro dessa mesma filosofia, a comissão dos vendedores deve estar provisionada como despesa, no mesmo período do reconhecimento da venda – mesmo sendo paga, total ou parcialmente, somente quando do recebimento das duplicatas correspondentes.

Um aspecto muito relevante ocorre quando a empresa efetua vendas e compras a prazo. Nesse caso há um efeito decorrente do "custo do dinheiro" entre a data original da transação e o efeito financeiro. O ideal, nesse caso, quando os valores são materiais, é a aplicação do conceito de Ajuste a Valor Presente discutido no Capítulo 7.

Exercícios de fixação (5.3)

1. Complete as lacunas:
   a. O Lucro Líquido de uma empresa, em um determinado período, é apresentado na _____.
   b. O Lucro Líquido é igual às _____ menos as _____.
   c. Um aumento no patrimônio proveniente da venda de mercadorias é uma _____.
   d. Uma diminuição do patrimônio, em decorrência do esforço necessário para obtenção de receita, é chamado de _____.

2. Numere a segunda coluna de acordo com a primeira:
   a. Incêndio na fábrica
   b. Consumo de matéria-prima utilizada na produção
   c. Baixa das mercadorias vendidas
   d. Gasto com propaganda
   e. Salário do Diretor Geral e de suas secretárias
   f. Juros pagos (ou devidos) ao banco
   ( ) Despesa de Vendas
   ( ) Custo (produção do período)
   ( ) Despesa Financeira
   ( ) Despesa Administrativa
   ( ) Custo das Mercadorias Vendidas (CMV)
   ( ) Perda

3. Classifique as contas do DRE colocando um X na coluna adequada:

	Receita	Custo de Bens Vendidos	Despesa de Vendas	Despesas Gerais e Adm.	Outras Despesas
Vendas					
Desp. de Propaganda					
Desp. de Aluguel da loja					
Receita de Prestação de Serviços					
Entrega de mercadorias ao cliente					
Despesa de Juros					
Despesa de Seguros do escritório					

4. Prepare uma DRE com as seguintes informações, chegando até o Resultado Operacional.

    Devolução de vendas – $ 4.000

    Vendas – $ 30.000

    Despesas de juros – $ 700

Despesas de vendas – $ 5.000

Custo das mercadorias vendidas – $ 12.000

Despesas administrativas – $ 1.200

Observe a Demonstração do Resultado do Exercício da Droga Raia:

Raia Drogasil S/A Demonstração do Resultado do Exercício	2011 R$ milhares	2010 R$ milhares
Receita de Venda de Bens e/ou Serviços	2.729.392	2.007.828
Custo dos Bens e/ou Serviços Vendidos	– 2.011.471	– 1.491.904
Resultado Bruto	717.921	515.924
Despesas/Receitas Operacionais	– 638.364	– 401.952
Despesas com Vendas	– 464.112	– 312.185
Despesas Gerais e Administrativas	– 143.898	– 89.767
Outras Despesas Operacionais	– 30.354	0
Resultado Antes do Resultado Financeiro e dos Tributos	79.557	113.972
Receitas Financeiras	22.447	12.372
Despesas Financeiras	– 10.799	– 5.515
Resultado Antes dos Tributos sobre o Lucro	91.205	120.829
Corrente	– 25.270	– 29.981
Diferido	2.761	– 1.833
Resultado Líquido das Operações Continuadas	68.696	89.015
Resultado Líquido de Operações Descontinuadas	0	0
Lucro/Prejuízo Consolidado do Período	68.696	89.015
Atribuído a Sócios da Empresa Controladora	68.696	89.015
Atribuído a Sócios Não Controladores	0	0

Fonte: Disponível em: <http://www.cvm.gov.br>. Acesso em: abr. 2012.

- A Receita Operacional de 2011 foi R$ _____, mil.
- Os Custos das Mercadorias Vendidas foram R$ _____ mil.
- O Lucro Bruto (i. e., Receita Operacional menos os Custos das Mercadorias Vendidas) foi de R$ _____ mil.
- O Lucro Líquido de 2011 foi R$ _____ mil.

Além da Demonstração do Resultado do Exercício, as entidades são obrigadas a apresentar a Demonstração de Outros Resultados Abrangentes (quando houver "outros resultados abrangentes" – o que não foi o caso da Raia Drogasil em 2011).

Os "outros resultados abrangentes" são todos os eventos que atendem perfeitamente a definição de receita ou despesa, mas não são reconhecidos na DRE como receita nem como despesa por força dos pronunciamentos contábeis em vigor.

São exemplos de "outros resultados abrangentes" (nenhum deles discutidos neste livro):

- Ajuste ao valor justo de instrumentos financeiros de cobertura (*hedge*);
- Ajustes na provisão para benefícios a empregados de planos de benefício definido decorrentes da alteração de premissas atuariais;
- Ajustes de variação cambial decorrentes de conversão de demonstrações contábeis para uma moeda de apresentação diferente da moeda funcional.

Exercício de inglês contábil

Traduza os termos desta DRE:

Income Statement	
Revenue	2.439
Cost of goods sold	1.503
Gross Profit	936
Operating Expenses	
Advertising	88
Depreciation	8
Insurance	7
Rent	53
Repairs	27
Taxes	45
Wages	302
Research and development	19
Interest expense	19
Income (loss) before income taxes	368
Provision (benefit) for income taxes	54
Net Income (loss)	314

5.4 EBITDA – *Earnings Before Interest, Taxes, Depreciation and Amortization*

A Comissão de Valores Mobiliários (CVM) editou em 4 de outubro 2012 a Instrução 527 sobre a divulgação voluntária de informações de natureza não contábil, as denominadas Lajida ou Ebitda (sigla em inglês para earnings before interest, taxes, depreciation and amortization, ou lucros antes de juros, impostos, depreciação e amortização, em português) e Lajir ou Ebit (earnings before interest and taxes em inglês, que é o lucro antes de encargos financeiros – pagamento de juros – e impostos), com o objetivo de uniformizar a divulgação das informações financeiras, melhorar o nível de compreensão dessas informações, e tornando-as comparáveis entre as companhias abertas. Além da nota explicativa que a acompanha, estabelece parâmetros para o seu cálculo, bem como critérios para a sua divulgação. A norma determina que, no cálculo do Ebitda e do Ebit, devem ser considerados somente os valores que constem das demonstrações contábeis. Em comunicado, a autarquia frisou que a divulgação dessas informações suscita cuidados que devem ser observados pelos administradores das companhias abertas, devendo ser, preservada a qualidade e a comparabilidade das informações divulgadas, tendo em vista que esse tipo de informação pode ser considerada relevante para a tomada de decisão econômica por parte dos seus usuários.

O EBITDA é um parâmetro informativo, mas o uso excessivo deste indicador por algumas empresas e agentes de mercado é criticado. Isto porque ele é utilizado como principal e, às vezes, como única opção de análise de desempenho e precificação de empresas.

A rigor, o EBITDA (ou LAJIDA) é uma medida utilizada como aproximação do caixa gerado pela atividade operacional da entidade.

Visando ilustrar este indicador, apresentamos o seguinte exemplo da Cia. A:

Receitas	1.000
(–) Despesas de Salários	(250)
(–) Despesa de Depreciação	(200)
(–) Despesa Financeira	(150)
(=) Lucro antes do Imposto de Renda	400
(–) Imposto de Renda	(100)
(=) Lucro Líquido	300

O EBITDA pode ser calculado de duas formas

Vejamos o cálculo do EBITDA do exemplo hipotético da Cia. A, pelas duas abordagens:

A) De cima para baixo

Receitas	1.000
(–) Despesas de Salários	(250)
(=) EBITDA (LAJIDA)	750

B) De baixo para cima

Lucro Líquido	300
(+) Imposto de Renda	100
(+) Despesa Financeira	150
(+) Despesa de Depreciação	200
(=) EBITDA (LAJIDA)	750

Observe que o valor apurado é rigorosamente o mesmo, pelos dois "caminhos".

O EBITDA é um indicador muito utilizado por diversas empresas e analistas. Mas não podemos esquecer que, principalmente para o mercado acionário, o investidor deve estar atento ao lucro líquido e à capacidade de pagamentos de dividendos, que só serão repassados aos acionistas depois do pagamento de juros e impostos.

Os defensores do EBITDA afirmam que este parâmetro não é afetado por variáveis específicas de cada país, como taxas de juros, regras de depreciação e, principalmente, as complexas diferenças entre as leis tributárias. Além disso, por ser um parâmetro exclusivamente operacional, suas variações podem ser melhor identificadas, constituindo uma ferramenta útil quando uma empresa resolve comparar-se com um concorrente ou globalizar suas operações. Com ele, é possível conciliar as estimativas futuras de fluxo de caixa com o resultado obtido em exercícios passados.

Exercícios de fixação (5.4)

Complete as lacunas:

1. O EBITDA é uma forma de aproximação do lucro operacional ao _____ gerado pela atividade operacional da entidade.

2. O EBITDA ou LAJIDA é a sigla do lucro antes dos _____, _____, _____, _____ e _____.

3. A Cia. Fiona apresentava em 31/12/200X o seguinte DRE.,

Receitas Brutas	30.000,00
Despesas Operacionais:	
Despesas, Administrativas	(8.000,00)
Despesas Comerciais	(1.500,00)
Despesas de Depreciação	(5.000,00)
Despesas Financeiras	(3.000,00)
Total das Despesas Operacionais	(17.500,00)
Lucro antes do Imposto de Renda	12.500,00
Imposto de Renda	(3.125,00)
Lucro Líquido	9.375,00

Com base nesses dados, qual é o seu EBITDA nesta data?

5.5 Demonstração das Mutações do Patrimônio Líquido (DMPL ou DEMUT)

A Demonstração das Mutações do Patrimônio Líquido informa a movimentação ocorrida nas contas do PL a partir do saldo final de cada conta do exercício anterior – Capital Social, Reservas de Capital, Reservas de Lucros, Prejuízos Acumulados –, até chegar ao saldo final do exercício em análise, isto é, aumento ou diminuição do Patrimônio Líquido.

Uma visão simplificada da Demonstração das Mutações do Patrimônio Líquido é a seguinte:

	Capital Social	Reserva de capital	Reserva de lucros	Lucros acumulados	Total
Saldos iniciais					
Aumento do capital social					
Lucro líquido do exercício					
Destinação dos lucros					
Constituição de reservas					
Saldos finais					

Note que a conta Lucros Acumulados recebe lançamentos referentes ao reconhecimento do lucro durante o ano. No final do exercício social (normalmente em 31 de dezembro), essa conta deve apresentar saldo zero. O valor nela contido é destinado ao pagamento de dividendos e/ou à constituição de reservas de lucros.

A Demonstração das Mutações do Patrimônio Líquido (DMPL) apresenta as variações sofridas pelo Patrimônio Líquido durante determinado período, bem como seus saldos inicial e final. Entende-se por *variações* os eventos que alteram tanto o valor do PL quanto sua estrutura. Eventos que afetam simultânea e simetricamente as contas desse grupo são evidenciados na DMPL, embora não afetem o saldo do grupo como um todo.

As principais variações sofridas pelo PL são:

- Aumento do capital social: representa o valor integralizado pelos sócios da empresa. Esse valor pode ser aportado em dinheiro ou quaisquer outros bens e direitos, como imóveis, bem como pela apropriação dos saldos das Reservas de Capital e de Lucros.
- Lucro ou prejuízo apurado no período: representa o resultado obtido pela empresa em determinado período. Essa informação é obtida na última linha do DRE.

- Destinação de lucros: do lucro obtido, é normal a empresa distribuir parte para seus acionistas, como dividendos, e reter o restante para manutenção e expansão dos negócios da empresa. A parcela retida deve ser transferida para a coluna destinada às Reservas de Lucros.
- Ajustes de Avaliação Patrimonial, por exemplo, por reconhecimento dc determinados ativos de acordo com o valor justo.

Exemplos de transferências internas de valores:

- aumento de capital social com utilização de reservas;
- apropriação do resultado do exercício para as Reservas de Lucro;
- compensação de prejuízos com reservas.

Esses eventos alteram o saldo das contas, mas não mudam o total do Patrimônio Líquido.

Exercícios de fixação (5.5)

1. Complete as lacunas:
   a. A DMPL (ou DEMUT) evidencia _____ _____.

   b. A DMPL representa a "ligação entre a _____ e o _____ , por receber o

Lucro Líquido do período na coluna dedicada aos Lucros Acumulados e por evidenciar o saldo final de cada conta do Patrimônio Líquido.

2. Faça uma DMPL com as seguintes informações: Distribuição de dividendos – $ 2.000

Capital Inicial – $ 10.000
Aumento de Capital – $ 4.000
Lucro do Período – $ 3.000

Veja a DMPL da Droga Raia, referente ao ano de 2011:

Demonstração das Mutações do patrimônio líquido, 2011 (R$ milhares)

Raia Drogasil S/A

Demonstração das Mutações do Patrimônio Líquido (R$ milhares)	Capital Social	Reservas de Capital, Opções Outorgadas e Ações em Tesouraria	Reservas de Lucro	Lucros Acumulados	Patrimônio Líquido
Saldos em 1º de Janeiro de 2011	285.400	100.889	212.328	0	598.617
Aumentos de Capital	623.239	940.907	0	0	1.564.146
Opções Outorgadas Reconhecidas	0	532	0	0	532
Ações em Tesouraria Vendidas	0	– 2.393	3.302	0	909
Dividendos	0	0	9.738	– 9.738	0
Juros sobre Capital Próprio	0	0	0	– 21.562	– 21.562
Dividendo de 2010 aprovado na AGO de 11 de Abril de 2011	0	0	4.238	0	– 4.238
Juros Sobre Capital Próprio Prescrito	0	0	0	70	70
Lucro Líquido do Período	0	0	0	68.696	68.696
Constituição de Reservas	0	0	37.668	– 37.668	0
Realização da Reserva de Reavaliação	0	0	– 306	306	0
Tributos sobre a Realização da Reserva de Reavaliação	0	0	104	– 104	0
I.R.P.J. e C.S.L. Diferidos sobre Reserva de Reavaliação de Terrenos	0	0	– 5.996	0	– 5.996
Saldos em 31 de Dezembro de 2011	908.639	1.039.935	252.600	0	2.201.174

Fonte: Disponível em: <http://www.cvm.gov.br>. Acesso em: abr. 2012.

Analisando a DMPL da Droga Raia, de 2011, é possível perceber que:

- O Capital Social foi aumentado no valor de R$ _____ mil durante o ano de 2011;
- Em 2011, a entidade distribuiu R$ _____ em dividendos (R$ _____ mil) e juros sobre o capital próprio (R$ _____ mil).

5.6 Demonstração dos Fluxos de Caixa (DFC)

A Lei nº 11.638/07 tornou obrigatória a evidenciação da Demonstração dos Fluxos de Caixa. O Comitê de Pronunciamentos Contábeis emitiu o Pronunciamento Técnico nº 03 apresentando as normas para sua elaboração.

A Demonstração dos Fluxos de Caixa mostra as origens e aplicações de caixa, que é a base para a avaliação da situação financeira da empresa e sua capacidade de pagamento das obrigações. Esta demonstração auxilia a responder a perguntas vitais, como: "Onde foi obtido o dinheiro?" e "Onde o dinheiro foi aplicado e com que objetivo?", e a perguntas específicas, como:

- Onde a empresa consegue recursos?
- Quanto dos recursos financeiros foi gerado internamente pela empresa?
- Como foi financiada a expansão com a compra de ativos imobilizados?
- A empresa está se expandindo em ritmo mais acelerado do que sua geração de recursos?
- A política de distribuição de dividendos está em equilíbrio com a geração operacional?
- Quais os movimentos financeiros com os acionistas e os financiadores?

O caixa é vital para o bom funcionamento de qualquer empresa. O modo como os fluxos de caixa são administrados pode determinar o sucesso ou fracasso de uma empresa. As contas devem ser pagas em seu vencimento, e o dinheiro excedente pode ser aplicado na compra de estoque, de equipamentos ou na geração de rendimentos financeiros.

Entende-se por "Equivalente à Caixa" os recursos aplicados em Bancos conta-movimento e Aplicações Financeiras de imediata realização, ou seja, aqueles com valores resgatáveis no curto prazo e insignificante risco de mudança de valor.

Portanto, $\Delta Cx = (Cx_1 + Bancos_1 + Aplic. Fin. resgatável em CP_1) - (Cx_0 + Bancos_0 + Aplic. Fin. resgatável em CP_0)$.

5.6.1 Aplicação prática

Como visto anteriormente neste capítulo, e também no Capítulo 3, a empresa deve seguir o pressuposto da competência, reconhecendo receitas quando auferidas (nem sempre quando recebidas) e despesas quando incorridas (nem sem-

pre quando pagas). Desta forma, o Lucro Líquido, que é apurado na Demonstração do Resultado do Exercício, nem sempre representa o real fluxo de caixa operacional do período. Para se chegar a este é necessário que se apurem as receitas e despesas sob o enfoque de caixa. Existem dois métodos de evidenciação da Demonstração dos Fluxos de Caixa: o Método Direto e o Método Indireto. Sua diferenciação ocorre no Fluxo de Caixa Operacional.

Segundo o CPC 03, "as entidades são encorajadas a divulgar os fluxos de caixa decorrentes das atividades operacionais usando o método direto. O método direto proporciona informações que podem ser úteis para estimar futuros fluxos de caixa e que não estão disponíveis com o uso do método indireto".

Para melhor compreensão, vamos iniciar com um exemplo bem simples.

O Bazar London S.A. tinha seu patrimônio constituído simplesmente por Caixa e Capital Social, cada um avaliado a $ 2.000.000.

Caixa	2.000.000	Capital Social	2.000.000
Total	2.000.000	Total	2.000.000

Durante determinado período, recebeu uma doação de roupas. Vendeu a um cliente, auferindo receitas totais no montante de $ 1.200.000.

A Demonstração do Resultado, elaborada de acordo com o Pressuposto da Competência, tem de reconhecer o montante total de vendas, independentemente do seu recebimento, apresentando a seguinte evidenciação. Para melhor servir ao raciocínio a ser desenvolvido, não será evidenciado o Custo da Mercadoria Vendida (mesmo porque não nos preocupamos em reconhecer a compra de estoques):

Demonstração do Resultado do Exercício

Receita de Vendas	1.200.000
Lucro Líquido	1.200.000

O valor recebido em caixa, na realidade, durante esse período, foi de $ 900.000. Ao final do ano havia ainda um total de $ 300.000 a receber.

As informações podem ser assim evidenciadas:

Vendas	$ 1.200.000
Aumento das contas a receber de clientes	($ 300.000)
Dinheiro em caixa	$ 900.000

Balanço Patrimonial

Caixa	2.900.000	Capital Social	2.000.000
Clientes	300.000	Reserva de Lucros	1.200.000
Total do Ativo	3.200.000	Total do Passivo + PL	3.200.000

A Demonstração dos Fluxos de Caixa (DFC) vem enriquecer o conteúdo informacional das informações propiciadas pela Contabilidade.

Verifica-se que o aumento do saldo de Caixa no período foi no valor de $ 900.000. Afinal, o saldo final de Caixa ($ 2.900.000) deduzido do respectivo saldo inicial ($ 2.000.000) corresponde à variação de $ 900.000.

A DFC pode ser elaborada por dois métodos, o Direto e o Indireto.

A DFC, pelo Método Direto, teria a simples evidenciação:

Demonstração dos Fluxos de Caixa – Método Direto

Fluxo de Caixa das Atividades Operacionais	
Vendas recebidas	900.000
Variação do Caixa	900.000
Saldo final de Caixa	2.900.000
Saldo inicial de Caixa	(2.000.000)

O método direto, como demonstrado acima, é muito semelhante ao controle que fazemos (pessoas físicas) no canhoto do talão de cheques, onde, para cada entrada e saída de dinheiro, anota-se a data do evento, sua causa e o respectivo valor. Para sua elaboração, é necessário sistematizar as informações do movimento dos Equivalentes a Caixa.

Já de acordo com o Método Indireto, sua evidenciação seria:

Demonstração dos Fluxos de Caixa – Método Indireto

Fluxo de Caixa das Atividades Operacionais	
Lucro Líquido	1.200.000
Menos o Aumento do saldo de Contas a Receber de Clientes	(300.000)
Variação do Caixa	900.000
Saldo final de Caixa	2.900.000
Saldo inicial de Caixa	(2.000.000)

O Método Indireto deve, assim, partir do lucro líquido. Em decorrência, a parcela que ainda não foi recebida é deduzida do valor do lucro. Nesta evidenciação é efetuada uma forma de reconciliação entre o resultado obtido na Demonstração do Resultado com o Caixa gerado pelas atividades operacionais. Esta informação é muito importante para entendimento da situação da empresa e para efetuar projeções.

Neste método, o resultado do período é ajustado, assim, por dois grandes itens. Primeiro devemos procurar na Demonstração de Resultado do Período as contas de receitas e despesas que influenciaram na apuração do resultado, mas que não transitaram pelo Caixa. Neste sentido, se a empresa auferiu lucro, são em seguida somadas as despesas que não tiveram impacto no caixa e deduzidas as receitas que não geraram caixa. No caso da incorrência de prejuízo, o valor é apresentado de forma negativa, sendo o cálculo idêntico.

Em seguida devemos verificar a alteração nas contas do Ativo e Passivo Circulante. No presente exemplo, a conta Clientes que não existia no Balanço Inicial passou a 300.000 no Balanço Final, significando que o caixa deixa de possuir este valor apesar de estar incluído no lucro uma vez que ainda não foi pago. Observa-se, portanto, um pensamento lógico: quanto maior a parcela de vendas a prazo em determinado período, menor será o montante relativo a essas vendas que entrará imediatamente em Caixa. Assim, o aumento de Clientes representa uma dedução ao lucro líquido. Há uma promessa de entrada de caixa, mas isso ainda não ocorreu. Logo, não haverá a entrada no fluxo de caixa do período, apesar de o valor estar evidenciado no Balanço Patrimonial (Ativo) e na Demonstração do Resultado do Exercício (Receita de Vendas) – por força do Regime de Competência. No caso das contas operacionais do Passivo ocorre o sentido inverso.

Apesar de o Método Direto ser considerado o de maior compreensão por seus usuários, uma vez que é menos complexo, o Método Indireto também possui uma grande capacidade informacional, em especial ao efetuar a conciliação entre o lucro e o caixa.

Uma das vantagens informacionais do método Indireto da Demonstração do Fluxo de Caixa é permitir a análise do efeito das políticas de administração do Capital Circulante sobre o Fluxo de Caixa.

5.6.2 Desenvolvimento

A Demonstração dos Fluxos de Caixa classifica os recebimentos e os pagamentos de Caixa em três atividades: operacionais, de investimento e de financiamento.

Para apresentar esta classificação, vamos desenvolver o seguinte exemplo:

A Cia. Brasiliana iniciou suas atividades em 30.12.2007, quando os sócios efetuaram a integralização de $ 10.000,00.

O Balanço Patrimonial em 31.12.2007 tinha a seguinte constituição:

Ativo		Passivo	
Caixa	10.000		
		Capital	10.000
Total	10.000	Total	10.000

Durante o ano de 2008, a empresa efetuou as seguintes transações econômicas:

- Compra de Terrenos no valor de $ 6.500, a vista.
- Obtenção de um Empréstimo bancário de $ 4.500.
- Receita de Serviços de $ 16.000,00, sendo $ 12.000 a vista e $ 4.000 a prazo.
- Despesas Operacionais no montante de $ 7.000, sendo que $ 6.000 foram pagos e $ 1.000 serão pagos no próximo período.
- Pagamento de Dividendos no valor de $ 2.400.

A empresa apresenta as seguintes Demonstrações Contábeis ao término do Período:

A) Demonstração do Resultado do Exercício:

Receitas de Serviços	16.000
Despesas Operacionais	(7.000)
Lucro Líquido	9.000

Apuramos, então, um Lucro Líquido de $ 9.000.

De acordo com a Competência, as receitas de serviços são reconhecidas mesmo quando não recebidas, pois o serviço foi prestado.

B) DMPL

	Capital	Reserva de Lucros	Lucros Acumulados	Total
S. Inicial	10.000		0	10.000
Lucro do período			9.000	9.000
Dividendos			(2.400)	(2.400)
Constituição de reservas		6.600	(6.600)	0
S. Final	10.000	6.600	0	16.600

C) Balanço Patrimonial

ATIVO		PASSIVO e PL	
Caixa	11.600	Contas a pagar	1.000
Clientes	4.000	Empréstimos a pagar	4.500
Terrenos	6.500	Total do Passivo	5.500
Total do Ativo	22.100	PL	
		Capital social	10.000
		Reserva de Lucros	6.600
		Total do PL	16.600
Total	22.100	Total	22.100

Vejamos, agora, a apuração da Demonstração dos Fluxos de Caixa da Cia. Brasiliana S.A., elaborando o fluxo de caixa de cada uma das três atividades: operacional, de investimentos e de financiamento.

a) ATIVIDADES OPERACIONAIS

Consistem no reconhecimento dos ingressos e desembolsos atrelados exclusivamente às atividades principais do empreendimento, ou seja, de sua operação, tais como recebimentos de vendas a vista, ou a prazo, decorrentes do recebimento de duplicatas, contrapondo-se aos desembolsos com a compra de mercadorias para revenda, de matérias-primas, mão de obra, despesas com vendas, administrativas e outras.

O Fluxo de Caixa Operacional é apresentado de forma diferenciada pelo Método Direto e pelo Método Indireto.

DFC Direto Operacional		
Recebimentos das Receitas	12.000	
Pagamentos das Despesas	(6.000)	6.000

Pelo Método Direto é indicado que a empresa obteve uma geração operacional de Caixa no momento de R$ 6.000. Essa evidenciação é mais objetiva que a apresentada de acordo com o Método Indireto, a saber:

Operacional	
Lucro Líquido	9.000
Variações nas contas Operacionais:	
Menos – Aumento em Clientes	(4.000)
Mais – Aumento em Contas a Pagar	1.000
	6.000

De acordo com o Método Indireto, o Fluxo de Caixa Operacional parte do Lucro Líquido (DRE) que, neste caso, foi de $ 9.000. O acréscimo de caixa, ou seja, a conta Caixa no Balanço Final menos a conta Caixa do Balanço Inicial, porém, foi de $ 6.000, valor inferior ao lucro em $ 3.000. Verificamos no DRE que todos os itens afetaram o caixa (receita e despesa). A seguir observamos a diferença dos Ativos e Passivos Circulantes no Balanço Final e Inicial. Observamos que esta diferença é justificada pelo aumento de $ 4.000 em clientes, o que gera um efeito negativo, pois o valor da venda não foi totalmente transformado em Caixa e houve impacto positivo de $ 1.000 em decorrência do não pagamento integral dos fornecedores, que concederam uma forma de crédito para a Cia. Brasiliana.

b) ATIVIDADES DE INVESTIMENTO

As atividades de Investimento incluem entradas de caixa pela venda de imóveis, veículos, equipamentos, recebimento do principal em um empréstimo feito a outras empresas, operações financeiras em função de aplicações ou resgates.

Saídas de caixa nesta categoria podem resultar da compra de um imóvel, ou equipamento, ou outro ativo para a produção, participações acionárias, concedendo empréstimo para terceiros ou efetuando aplicações financeiras de longo prazo, não incluídas no equivalente à Caixa.

Investimentos		
Compra de Terrenos	(6.500)	(6.500)

No exemplo é evidenciado que a empresa comprou o Terreno no valor de R$ 6.500.

c) ATIVIDADES DE FINANCIAMENTO

Reúne todos os ingressos e desembolsos oriundos da captação de recursos de terceiros de curto e longo prazo (Financiamentos, Empréstimos Bancários) e dos recursos dos proprietários (acionistas ou quotistas), abrangendo os aportes ou reduções de capital e dividendos, objeto desses recursos. Portanto, são considerados gerações de caixa pela atividade de financiamento os ingressos de dinheiro decorrentes de aumento do Capital Social, obtenção de Empréstimos e Financiamentos. Por outro lado, são considerados consumo de Caixa pela atividade de financiamento as saídas de dinheiro para pagar Dividendos, amortizar os Empréstimos e Financiamentos.

Financiamentos		
Obtenção de Empréstimos	4.500	
Pagamento de Dividendos	(2.400)	2.100

O Fluxo de Financiamentos da Cia Brasiliana S.A. indica que a empresa captou empréstimos com terceiros no montante de $ 4.500, enquanto houve um desembolso de $ 2.400 com o pagamento de acionistas. Em termos líquidos, o fluxo foi positivo ($ 2.100).

Finalmente, efetuamos a demonstração da variação do caixa, pela qual contrastamos o saldo final $ 11.600 com o saldo inicial ($ 10.000) do caixa.

DFC Direto		
Fluxo de Caixa Operacional		
Recebimentos das Receitas	12.000	
Pagamentos das Despesas	(6.000)	6.000
Fluxo de Caixa de Investimentos		
Compra de Terrenos	(6.500)	(6.500)
Fluxo de Caixa de Financiamentos		
Obtenção de Empréstimos	4.500	
Pagamento de Dividendos	(2.400)	2.100
Variação de Caixa		1.600

Saldos de Caixa	
Em 31/12/2008	11.600
Em 31/12/2007	(10.000)
Aumento do saldo de Caixa	1.600

Assim, comprovamos que a variação do caixa [11.600 – 10.000 = 1.600] é idêntica ao somatório das variações ocorridas nos fluxos operacionais, 6.000, de investimento, (6.500), e de financiamento, 2.100, ou seja, 6.000 + (6.500) + 2.100 = 1.600.

Verificando esta Demonstração, constata-se que ela representa uma evidenciação organizada dos movimentos de Entradas e Saídas de Caixa da empresa. Esta informação é muito útil para os investidores, desde que combinada com outras informações contábeis.

O Método Indireto apresenta os Fluxos de Financiamento e de Investimento com idêntica composição do Método Direto, sendo assim evidenciado:

DFC – Indireto

Fluxo de Caixa Operacional		
Lucro Líquido		9.000
Variações nas contas Operacionais:		
Menos – Aumento em Clientes		(4.000)
Mais – Aumento no Contas a Pagar		1.000
		6.000
Fluxo de Caixa de Investimentos		
Compra de Terrenos	(6.500)	(6.500)
Fluxo de Caixa de Financiamentos		
Obtenção de Empréstimos	4.500	
Pagamento de Dividendos	(2.400)	2.100
Variação de Caixa		1.600

Saldos de Caixa	
Em 31/12/2008	11.600
Em 31/12/2007	(10.000)
Aumento do saldo de Caixa	1.600

Note que o nome da demonstração é Demonstração dos Fluxos de Caixa, uma vez que apresenta a variação do saldo de caixa, que pode ser causada por três razões diferentes: pelas atividades operacionais, pelas atividades de investimento e pelas atividades de financiamento abrangendo recursos de terceiros e recursos dos acionistas.

Vejamos de forma resumida a DFC da Raia Drogasil S/A de 2011:

Raia Drogasil S/A Demonstração dos Fluxos de Caixa	2011 R$ milhares	2010 R$ milhares
Caixa Líquido Atividades Operacionais	28.619	52.446
Caixa Líquido Atividades de Investimento	143.198	– 100.706
Caixa Líquido Atividades de Financiamento	– 12.692	101.414
Aumento (Redução) de Caixa e Equivalentes	159.125	53.154
Saldo Inicial de Caixa e Equivalentes	180.846	127.692
Saldo Final de Caixa e Equivalentes	339.971	180.846

Fonte: Disponível em: <http://www.cvm.gov.br>. Acesso em: abr. 2012.

5.6.3 Como montar DFC a partir da matriz de lançamentos

Nos capítulos anteriores aprendemos a montar a planilha de lançamentos. Na verdade é um método moderno de debitar e creditar. Ao final ficou bem mais fácil montarmos nosso Balanço Patrimonial sem erros, bem como o DMPL e o DRE. Neste momento faremos, primeiro, a Demonstração dos Fluxos de Caixa pelo Método Direto e, a seguir, Indireto.

A) DFC Método Direto: Como neste método nossa base é o movimento de caixa; observaremos o que ocorre na entrada e saída de caixa de nossa planilha; para facilitar, estamos reproduzindo apenas a coluna referente ao caixa. Primeiro devemos assinalar na linha de eventos se os itens são operacionais, de investimento ou financeiros. Depois montamos o DFC, reproduzindo estes números classificados:

	cx	
	D	C
Sinic	50.000	
RecCl = OP	30.000	
Seguro = OP		– 2.400
Venda 1/2EstOP	14.000	
BxEstoque		
AdSocio=Fin		– 1.000
Cpra. Veic.=Inv		– 3.000
DespAdm=OP		– 2.500
SomtParc	88.100	
DistrDiv=Fin		– 2.000
SdoFin	86.100	

DFCDireto		
FlcCxOperac		
RecCl	44.000	
Pg Segurs	– 2.400	
DespAdm/C	– 2.500	
FlxCxFin		
Ad. Socio	– 1.000	
PgDiv	– 2.000	– 3.000
FlxCxinv		
CpraVeic	– 3.000	– 3.000
ΔCx		33.100

B) DFC Método Indireto: Neste método partimos do Lucro (DRE) fazendo ajustes de itens que não afetaram caixa (despesa de depreciação) ou não participaram do fluxo operacional (como a venda de imobilizado). A seguir, devem-se observar a primeira e a última linha da planilha de cada item do Balanço. No Método Indireto, o que se considera na verdade é a sua variação, ou seja, a diferença entre o que havia no início e no final do período.

	CI=OP		Est=OP		Emprs=F	imov	Veic=In	Seg=Op		Fornec	Salarg		CapSc	Desp	Rec
	D	C	D	C	D	D/C	D	D	C	D/C	D	C	D/C	D	C
Sinic	30.000		80.000			100.000				60.000			200.000		
RecCl		– 30.000													
Seg										2.400					
Vend	56.000														70.000
BxEst				– 40.000										40.000	
AdSocio					1.000										
cpra Veic							3.000								
DespSal											2.000			2.000	
Desp														2.500	
SegDesp									– 100					100	
SomtParc															
DistrDiv															
SdoFin	56.000			40.000	1.000	100.000		2.300		60.000	2.000		200.000		

DFC Ind		
Lucro	25.400	
FlxOperac		
Cl	– 26.000	(56.000 – 30.000)
Estoque	40.000	(80.000 – 40.000)
Seguros	– 2.300	
Sal.Pg	2.000	39.100
FlxCxFin		
Ad. Socio	– 1.000	
Divid	– 2.000	– 3.000
FlxCxInv		
Cpr Veic	– 3.000	– 3.000
		33.100

5.6.4 *Apresentação de transações que não envolvam caixa*

As transações que não envolvem caixa, como, por exemplo, a aquisição de um terreno em troca de ações, ou o pagamento de um financiamento com um ativo imobilizado, apesar de não serem apresentadas no corpo da demonstração, devem ter sua evidenciação efetuada em nota explicativa ou como informações complementares.

Exercícios de fixação (5.6)

1. Correlacione a coluna da esquerda com a da direita:

a) Caixa e Equivalente a Caixa	( ) Pagamento de dividendos
b) Fluxo de caixa gerado pela Atividade Operacional	( ) Pagamento a fornecedores
c) Fluxo de caixa consumido pela Atividade Operacional	( ) Recebimento de clientes
d) Fluxo de caixa gerado pela Atividade de Investimento	( ) Aplicações financeiras resgatáveis em 90 dias, sem penalidade
e) Fluxo de caixa consumido pela Atividade de Investimento	( ) Aumento do Capital Social em dinheiro
f) Fluxo de caixa gerado pela Atividade de Financiamento	( ) Resgate de Aplicações Financeiras não consideradas Equivalente a Caixa
g) Fluxo de caixa consumido pela Atividade de Financiamento	( ) Pagamento pela aquisição de ações de outras companhias
	( ) Pagamento pela aquisição de ações de própria emissão (Ações em Tesouraria)
	( ) Dinheiro recebido pela venda de itens do Ativo Imobilizado
	( ) Bancos, conta-corrente
	( ) Bancos, conta poupança
	( ) Amortização de empréstimos e financiamentos
	( ) Pagamento de Despesas Operacionais – Contas a Pagar

2. Identifique, nas Demonstrações Contábeis da Cia. A, a seguir, se a variação do saldo de caixa decorre das atividades operacionais, da atividade de investimento ou da atividade de financiamento:

Em 31/12/X0, a Cia. A apresentava o seguinte Balanço Patrimonial:

ATIVO	($)	PASSIVO + PL	($)
Caixa	10.000	Capital Social	10.000
TOTAL ATIVO	10.000	TOTAL PASSIVO + PL	10.000

EVENTOS:

a) No ano de X1, a Cia. A realizou um aumento do Capital Social, em dinheiro, no montante de $ 8.000.

Balanço Patrimonial, em 31/12/X1:

ATIVO	($)	PASSIVO	($)
Caixa	18.000	Capital Social	18.000
TOTAL ATIVO	18.000	TOTAL PASSIVO + PL	18.000

Demonstração dos Fluxos de Caixa, em 31/12/X1:

Fluxo de Caixa da Atividade de _____	**($)**
Aumento de Capital	8.000
Variação do Caixa:	
Saldo final	18.000
Saldo inicial	10.000
Variação do Caixa	**8.000**

b) Partindo do **Balanço Patrimonial de 31/12/X1**:

Durante o ano de X2, a Cia. A captou um financiamento de longo prazo no montante de $ 4.500.

Balanço Patrimonial, em 31/12/X2:

ATIVO	($)	PASSIVO + PL	($)
Caixa	22.500	Empréstimos (PÑC)	4.500
		Capital Social	18.000
TOTAL ATIVO	22.500	TOTAL PASSIVO + PL	22.500

Demonstração dos Fluxos de Caixa, em 31/12/X2:

Fluxo de Caixa da Atividade de _____	($)
Obtenção de Empréstimos	4.500
Variação do Caixa:	
Saldo final	22.500
Saldo inicial	18.000
Variação do Caixa	**4.500**

c) Partindo do **Balanço Patrimonial de 31/12/X2**:

Durante o ano de X3, a Cia. A auferiu receitas de vendas, a vista no montante de $ 500, e incorreu em despesas, referente ao pagamento aos fornecedores, a vista, no valor de $ 200.

Demonstração do Resultado do Exercício, em 31/12/X3:

	($)
Receita	500
(–) Despesa	(200)
(=) Lucro	300

Balanço Patrimonial, em 31/12/X3:

ATIVO	($)	PASSIVO + PL	($)
Caixa	22.800	Empréstimos (PÑC)	4.500
		Capital Social	18.000
		Reserva de Lucros	300
TOTAL ATIVO	22.800	TOTAL PASSIVO + PL	22.800

Demonstração dos Fluxos de Caixa, em 31/12/X3:

Fluxo de Caixa da Atividade _____	($)
Lucro Líquido	300
Variação do Caixa:	
Saldo final	22.800
Saldo inicial	22.500
Variação do Caixa	**300**

d) Partindo do **Balanço Patrimonial de 31/12/X3**:

Em X4, a Cia. A comprou um equipamento por $ 6.000 a vista.

Balanço Patrimonial, em 31/12/X4:

ATIVO	($)	PASSIVO + PL	($)
Caixa	16.800	Empréstimos (PÑC)	4.500
Equipamentos	6.000	Capital Social	18.000
		Reserva de Lucros	300
TOTAL ATIVO	22.800	TOTAL PASSIVO + PL	22.800

Demonstração dos Fluxos de Caixa, em 31/12/X4:

Fluxo de Caixa da Atividade de _____	**($)**
Aquisição de Imobilizado – Equipamentos	(6.000)
Variação do Caixa:	
Saldo final	16.800
Saldo inicial	22.800
Variação do Caixa	**(6.000)**

e) Partindo do **Balanço Patrimonial de 31/12/X4**:

Durante o ano de X5, a Cia. A auferiu receitas, a vista, no montante de $ 1.400, e incorreu em despesas: (a) administrativas, a vista, no valor de $ 500 e (b) de depreciação, no valor de $ 600.

Demonstração do Resultado do Exercício, em 31/12/X5:

	($)
Receita	1.400
(–) Despesas administrativas	(500)
(–) Despesas de depreciação	(600)
(=) Lucro	300

Balanço Patrimonial, em 31/12/X5:

ATIVO	($)	PASSIVO + PL	($)
Caixa	17.700	Empréstimos (PÑC)	4.500
Equipamentos	6.000	Capital Social	18.000
(–) Depreciação acumulada	(600)	Reserva de Lucros	600
TOTAL ATIVO	23.100	TOTAL PASSIVO + PL	23.100

Demonstração dos Fluxos de Caixa, em 31/12/X5:

Fluxo de Caixa da Atividade _____	($)
Vendas	1400
Desp. Vendas	(500)
= Resultado Operacional	900
Variação do Caixa:	
Saldo final	17.700
Saldo inicial	16.800
Variação do Caixa	**900**

f) Partindo do **Balanço Patrimonial de 31/12/X5**:

Em X6, a Cia. A distribuiu e pagou dividendos no montante de $ 150.

Balanço Patrimonial, em 31/12/X6:

ATIVO	($)	PASSIVO + PL	($)
Caixa	17.550	Empréstimos (PÑC)	4.500
Equipamentos	6.000	Capital Social	18.000
(–) Depreciação Acumulada	(600)	Reserva de Lucros	450
TOTAL ATIVO	22.950	TOTAL PASSIVO + PL	22.950

Demonstração dos Fluxos de Caixa, em 31/12/X6:

Fluxo de Caixa da Atividade de _____	($)
Pagamento de dividendos	(150)
Variação do Caixa:	
Saldo final	17.550
Saldo inicial	17.700
Variação do Caixa	**(150)**

3. Identifique nas transações seguintes se elas acarretam AUMENTO ou REDUÇÃO do respectivo Fluxo de Caixa: Atividade Operacional, Atividade de Investimento, Atividade de Financiamento.

Transação	Operacional	Investimento	Financiamento
Integralização do Capital Social em dinheiro			
Captação de Empréstimo bancário			
Recebimento de Clientes			
Pagamento a Fornecedores			
Recebimento do dinheiro da venda de Ativo Imobilizado			
Pagamento de Dividendos			
Pagamento de Juros sobre empréstimo bancário			
Pagamento pela aquisição de Ativo Imobilizado			

Questões de concurso

1. O lucro bruto apurado na demonstração do resultado do exercício de uma empresa industrial é obtido através da (CESGRANRIO, Petrobras – 2012 – Técnico em Contabilidade)
    a) receita bruta menos deduções da receita bruta
    b) receita bruta menos custos dos produtos vendidos
    c) receita bruta menos devoluções, abatimentos e descontos financeiros
    d) receita líquida menos impostos incidentes sobre vendas
    e) receita líquida menos custo dos produtos vendidos

2. A Demonstração do Fluxo de Caixa apresenta as variações que ocorreram no disponível em um determinado período. Uma transação que aumenta o saldo de Caixa (disponível) é (CESGRANRIO, Petrobras – 2012 – Técnico em Contabilidade)
    a) compras a vista
    b) venda de itens do ativo não circulante
    c) provisão para devedores duvidosos
    d) aquisição de um bem para o imobilizado
    e) acréscimo de um ativo avaliado pelo método de equivalência patrimonial

3. De acordo com o pronunciamento técnico CPC 03, na demonstração de fluxos de caixa, as mudanças no tamanho e na composição do capital próprio e no endividamento da entidade resultam de (CESGRANRIO – 2010 – Petrobras – Contador – Biocombustível)
    a) atividades de financiamento.
    b) atividades de investimento.
    c) atividades operacionais
    d) equivalentes de caixa.
    e) fluxos de caixa.

Resumo

1. Relação do DRE e do BP

    Há uma conexão entre a Demonstração do Resultado do Exercício e o Balanço Patrimonial, pois o lucro representa o excesso de receita sobre despesa. Esse excesso pertence à empresa, que poderá distribuí-lo aos seus acionistas, na forma de dividendos. Podemos considerar como Patrimônio Líquido o Ativo menos o Passivo. Uma vez que a Receita gera recursos e a Despesa consome recursos, o Lucro Líquido gera um fluxo de recursos que aumenta o Patrimônio Líquido. O prejuízo tem efeito contrário.

    A = P + PL; logo, A – P = PL

    Variação do Patrimônio Líquido = aumenta em função dos lucros e reduz em função dos prejuízos; pode-se dizer, também, que o PL aumenta pelas receitas e reduz pelas despesas.

Equação contábil expandida: A – P = PL + Receitas – Despesas

Despesa: Foi incorrida para gerar receita; reduz o Patrimônio Líquido; é diferente de Pagamento.

Receita: Aumenta o Patrimônio Líquido; é diferente de recebimento.

2. Demonstração de Resultado do Exercício (DRE ou DEREX)

A Demonstração de Resultado do Exercício (DRE ou DEREX) é um resumo ordenado de **receitas** e **despesas** da empresa em determinado período, chegando-se ao **lucro** ou **prejuízo**.

3. Regime de Competência × Regime de Caixa

Segundo o *Regime de Competência*, receitas e gastos são contabilizados como tais no período da ocorrência do seu fato gerador (quando ocorre o evento econômico), não quando são recebidos ou pagos em dinheiro (evento financeiro).

Segundo o *Regime de Caixa*, deve-se classificar e reconhecer as operações de uma entidade pelo efetivo ingresso e desembolso de dinheiro (bens numerários).

4. EBITDA (*Earnings Before Interest, Taxes, Depreciation and Amortization*)

Significa "Lucro antes do pagamento de juros, impostos, depreciação e amortização", também conhecido no Brasil por LAJIDA. É uma tentativa de aproximação do caixa gerado pela atividade operacional da entidade.

5. Demonstração das Mutações do Patrimônio Líquido (DMPL ou DEMUT)

A Demonstração das Mutações do Patrimônio Líquido informa a movimentação ocorrida nas contas do PL a partir do saldo final de cada conta do exercício anterior – Capital Social, Reservas de Capital, Reservas de Lucro, Prejuízos Acumulados –, até chegar ao saldo final do exercício em análise, isto é, aumento ou diminuição do Patrimônio Líquido.

6. Demonstração dos Fluxos de Caixa (DFC)

A Demonstração dos Fluxos de Caixa mostra as origens e aplicações de caixa, que são a base de análise para avaliação da situação financeira da empresa e sua capacidade de pagamento das obrigações. Esta demonstração auxilia a responder a perguntas vitais, como "Onde foi obtido o dinheiro?" e "Onde o dinheiro foi aplicado e com que objetivo?"

Existem dois métodos de evidenciação da Demonstração dos Fluxos de Caixa, o Método Direto e o Método Indireto. Ambos são divididos de acordo com suas atividades em operacionais (relaciona-se à atividade principal do empreendimento), atividades de investimento (compra e venda de imóvel, aplicações financeiras) e atividades de financiamento (acionistas => Capital, Dividendos; Terceiros = Empréstimos). Os Fluxos de Caixa Operacional do Método Direto e Indireto são diferentes! Os demais são iguais.

Exercícios de verificação

Não deixe de fazer os seguintes exercícios para verificar a sua aprendizagem.

1. Numere a segunda coluna de acordo com a classificação das contas:
   1. Ativo
   2. Passivo
   3. PL
   4. Receita
   5. Despesa
   ( ) Honorários
   ( ) Títulos a Pagar
   ( ) Despesa de telefone
   ( ) Receita de Vendas
   ( ) Edifícios
   ( ) Despesa de aluguel
   ( ) Capital Social
   ( ) Contas a Receber
   ( ) Despesa de Salários
   ( ) Equipamento de Informática
   ( ) Caixa

2. Determine o valor da Receita mensal pelo Regime de Caixa e pelo Regime de Competência:
   A. Em março, um marceneiro aceitou encomenda de um armário no valor de $

3.000. Ele recebeu um sinal de $ 1.000 no ato, enquanto o restante será recebido em abril, com a entrega do armário.

B. Em junho, a revista *Marie Claire* vendeu dez novas assinaturas anuais no valor de $ 96 cada. Cada assinatura será recebida em 3 vezes, a partir de junho. A revista é publicada mensalmente e a entrega terá início em julho.

C. Uma galeria de artes vendeu em janeiro sete quadros, a vista, por $ 1.200 cada.

D. Uma academia de ginástica cobra anuidade de $ 2.400 por aluno. Em janeiro, 50 alunos pagaram suas anuidades à vista.

3. Nos exemplos seguintes, indique se foi adequado a empresa reconhecer a receita, de acordo com o **Princípio do Reconhecimento da Receita**. Responda sim ou não e explique:

A. A Cia. Amazonas recebeu um cheque de $ 500 de um cliente como pagamento de um produto que será enviado por navio. A transferência da propriedade somente ocorrerá quando o produto chegar ao destinatário. A Cia. Amazonas registrou a receita de $ 500 no ato do recebimento do cheque.

_____

_____

_____

B. Um cliente comprou um televisor por $ 600 e pagou em espécie. Como o cliente iria fazer uma viagem, solicitou à loja que entregasse a televisão no mês seguinte. O televisor está reservado para o cliente em um local especial da loja e eventuais danos ao aparelho serão cobertos pela garantia oferecida pelo fabricante. A empresa registrou os $ 600 recebidos em caixa como receita.

_____

_____

_____

C. A entidade vendeu um carro para Geraldo por $ 10.000, em dezembro. Tendo sido entregue no ato, Geraldo pagou $ 1.000 e concordou em pagar o restante em nove prestações mensais e iguais a

partir de janeiro seguinte. Sua ficha de crédito é excelente. A empresa registrou os $ 1.000 recebidos como receita na DRE de dezembro.

_____

_____

_____

4. Prepare uma DRE com as seguintes informações: Devolução de vendas $ 5.000; Vendas $ 30.000; receita de juros $ 4.000; custo das mercadorias vendidas $ 7.000; despesa de juros $ 6.000; outras despesas operacionais $ 8.000.

5. Na questão anterior não foi considerado o IR. Caso a empresa precise pagar um IR de 30% sobre seu lucro, calcule a despesa com IR, bem como o Lucro Líquido.

6. Com base nos eventos a seguir, registre os lançamentos contábeis e apure a Demonstração do Resultado do Exercício, a Demonstração das Mutações do Patrimônio Líquido, a Demonstração dos Fluxos de Caixa (Direto e Indireto), o Balanço Patrimonial (ao final do último evento):

Dados do problema:

a) Constituição da empresa CIA. VENDE TV, em dinheiro	500,00
b) Compra de uma loja a vista	100,00
c) Compra de móveis e utensílios a vista	80,00
d) Compra, para revenda, de 10 Tvs a $ 60 cada, a prazo	600,00
e) Venda de 5 Tvs a $ 80 cada, a vista	400,00
f) Venda de 3 Tvs a $ 90 cada, a prazo	270,00
g) Pagamento de salários	100,00
h) Pagamento de diversas despesas	50,00
i) Aplicação de $ 500,00 em fundos de investimento de curto prazo que podem ser resgatados imediatamente sem perda do valor	500,00

Obs. 1: Ignore os centavos.

	Caixa	Imóveis	Móv. Ut.	Mercad.	Clientes	Fdo Inv	=	Fornec.	Cap. Soc.	Result.
	D C	D	D	D C	D	D		C	C	D C
Constituição							=			
Aq. Imóvel							=			
Aq. M.U.							=			
Aq. Mercad.							=			
Venda 5 TVs							=			
Baixa Prod. V							=			
Venda 3 TVs							=			
Baixa Prod. V							=			
Pag. Sal.							=			
Pag. Desp. Div.							=			
Aplic. Fundos de Investimentos							=			
Total							=			

Aplicações = Origens

Cia. VENDE TV S/A
CNPJ
Demonstração do Resultado do Exercício encerrado em XX/XX/XX
(valores em Reais)

Receita Bruta

(–) Deduções da Receita

(=) Receita Líquida

(–) Custo das Mercadorias Vendidas

(=) Lucro Bruto

(–) Despesas Operacionais

       Despesas c/ pessoal

       Despesas diversas

    Total das Despesas Operacionais

(=) Lucro Operacional

Representante empresa (assinatura)
Representante empresa (nome)
SSP/XX

Contador (assinatura)
Contador (nome)
CRC/XX

Cia. VENDE TV CNPJ Demonstração das Mutações do Patrimônio Líquido apurada em XX/XX/XX (valores em Reais)					
	Capital social	Reserva de capital	Reservas de lucros	Lucros acumulados	Total
Saldos iniciais					
Aumentos de capital					
Lucro líquido do exercício					
Distribuição do lucro					
Saldos finais					

Assinatura
Representante legal (nome)
SSP/XX

Assinatura
Contador (nome)
CRC/XX

DFC Direto

Fluxo de Caixa Operacional
Venda 5 Tvc
Pagamento de salário
Pagamento de despesa

Fluxo de Caixa de Investimento
Imóvel
Móveis

Fluxo de Caixa de Financiamento

> Capital

DFC Indireto

Fluxo de Caixa Operacional
Lucro
Clientes
Estoques
Fornecedores

Fluxo de Caixa de Investimento
Imóvel
Móveis

Fluxo de Caixa de Financiamento

> Capital

Saldo Final	
Saldo Inicial	
Δ Cx	

7. Com base nos eventos a seguir, registre os lançamentos contábeis na matriz de lançamentos, apure a Demonstração do Resultado do Exercício, a Demonstração de Mutações do Patrimônio Líquido e o Balanço Patrimonial em 31 de março de 2008.

Maria Clara possui uma loja de cosméticos chamada M. C. Cosméticos. O Balanço Patrimonial, em 1º de janeiro de 2008, é apresentado a seguir.

ATIVO		PASSIVO	
Ativo Circulante:			
Disponibilidades	50.000		
Estoques	50.000		
		PATRIMÔNIO LÍQUIDO	
		Capital Social	100.000
Total	100.000	Total	100.000

Durante o primeiro trimestre de 2008 ocorreram as seguintes transações:

a) Venda de 80% do estoque a prazo por $ 70.000, para recebimento em agosto de 2008.

b) A empresa faz uma assinatura anual da revista *Beleza Pura* por $ 96,00 pagos a vista. A revista é trimestral.

c) Catalina entra de sócia na empresa integralizando um imóvel no valor de $ 90.000 e um carro no valor de $ 10.000. A loja irá ocupar 20% do imóvel, enquanto o restante será alugado para terceiros.

d) Compra a vista de móveis para decorar a loja por $ 6.000.

e) Compra de $ 15.000 em estoque. O valor será pago em 01 de fevereiro de 2009.

f) Venda do carro por $ 8.000. O dinheiro é recebido no ato.

g) A primeira revista *Beleza Pura* chega. Depois de lida, as sócias não têm a intenção de guardar a revista.

h) Reconhecimento e pagamento de despesas diversas no valor de $ 800.

i) Reconhecimento de despesas de salários no valor de $ 1.200. O valor será pago em abril.

j) A M. C. Cosméticos declara dividendos no valor de $ 2.000.

8. Com base nos eventos a seguir, registre os lançamentos contábeis na Matriz de lançamentos, apure a Demonstração do Resultado do Exercício, a Demonstração de Mutação do Patrimônio Líquido, o Balanço Patrimonial e a Demonstração dos Fluxos de Caixa em 31 de janeiro de 2007.

Juliana possui uma loja de bonecas, cujo Balanço Patrimonial em 31 de dezembro de 2006 é apresentado a seguir. O estoque é composto por 100 bonecas. Só existe um tipo de bonecas e todas são compradas e vendidas pelo mesmo valor.

ATIVO		PASSIVO	
Ativo Circulante:			
Caixa	2.500		
Estoques	4.500		
Ativo Permanente		PATRIMÔNIO LÍQUIDO	
Investimento:		Capital Social	100.000
Imóvel	100.000	Reserva de Lucros	7.000
Total	107.000	Total	107.000

Em janeiro ocorrem os seguintes eventos:

a. Um cliente revendedor compra metade do estoque da loja por $ 80,00 a unidade. Do valor, 50% será pago a vista e o restante em 120 dias.

b. Juliana pega um adiantamento de $ 300,00, com prazo de 60 dias.

c. Venda do imóvel por $ 110.000. O valor será recebido em 10 parcelas mensais, a partir do próximo mês.

d. Compra a prazo de $ 1.000 em estoque, com prazo para 180 dias.

e. Pagamento a vista das seguintes despesas: despesa de aluguel: $ 200,00 e despesas gerais: $ 150.

f. Reconhecimento das despesas de salários: $ 100,00. Esse valor será pago em fevereiro.

g. Metade do saldo em caixa é aplicado em um investimento resgatável em 18 meses.

Respostas dos exercícios

Estudo de Caso: Reclassificação de saldo de obrigações. A BR Malls informou que o auditor anterior da companhia (Pricewaterhouse-Coopers), com o conhecimento do atual (Ernst & Young Terco), recomendou que a empresa reclassificasse o saldo das obrigações a pagar por aquisição de shopping nas suas demonstrações dos fluxos de caixa referentes aos anos de 2010 e 2011 e ao período de seis meses encerrado em 30 de junho de 2011. O item passou a ser classificado como "fluxos de caixa das atividades de investimento", no lugar de "fluxos de caixa das atividades operacionais". A recomendação foi feita pelo auditor no curso da avaliação da emissão de US$ 175 milhões em bônus perpétuos. A BR Malls reapresentou os documentos à CVM. A BR Malls destaca que não ocorreram alterações no balanço patrimonial, demonstração do resultado, mutação do patrimônio líquido e demonstração do valor adicionado, nem nos principais indicadores da empresa.

(5.1)

1.

Contas	Classificação
Caixa	Ativo
Salários a Pagar	Passivo
Despesa com Pessoal	Despesa
Estoque de Mercadorias	Ativo
Duplicatas a Receber de Clientes	Ativo
Móveis e Utensílios	Ativo
Provisão para 13º Salário	Passivo
Seguro pago antecipadamente	Ativo
Receita de Prestação de Serviços	Receita
Custo das Mercadorias Vendidas	Despesa
Empréstimos Obtidos	Passivo
Empréstimos Concedidos	Ativo
Capital Social	Patrimônio Líquido
Depreciação Acumulada	Ativo (retificadora)
Reserva de Lucros	Patrimônio Líquido
Receita Financeira	Receita
Juros a Pagar	Passivo
Dividendos a Pagar	Passivo
Vendas	Receita
Despesa de Seguros	Despesa

(5.2)

1.

Caso	Mês	Caixa	Competência
a. O Ateliê Juliana, especializado em cerâmica, vendeu, em janeiro, **a vista**, seis conjuntos completos por $ 500,00 cada.	Jan.	$ 3.000,00 ($ 500 × 6)	$ 3.000,00 ($ 500 × 6)
	Fev.	Zero	Zero
b. Uma Associação de Pacientes cobra anuidade de $ 24,00 por associado. Em janeiro, os 1.000 (mil) associados pagaram suas anuidades.	Jan.	$ 24.000,00 ($ 24 × 1000)	$ 2.000,00 (por mês)
	Fev.	Zero (nenhuma entrada de cx)	$ 2.000,00 (por mês)
c. Em janeiro, a Cia. Décor aceitou encomenda de uma estante no valor de $ 15.000,00, quando recebeu um **sinal de $ 5.000,00**. O restante ($ 10.000,00) será recebido em fevereiro, **no ato da entrega**.	Jan.	$ 5.000,00 (sinal)	Zero (não foi efetuada venda)
	Fev.	$ 10.000,00	$ 15.000,00 (efetuada a venda)
d. Em janeiro, a revista Época vendeu três novas assinaturas anuais no valor de **$ 300,00 cada**. Estas serão recebidas em **três parcelas mensais, a partir de fevereiro**. A entrega das revistas iniciou-se em janeiro.	Jan.	Zero	$ 75,00
	Fev.	$ 300,00 (pagamento)	$ 75,00 (3 revistas mensais)
e. Em janeiro, a Cia. Aérea Varig **vendeu** uma passagem aérea no valor de $ 650,00, **a vista. A viagem irá ocorrer em julho**.	Jan.	$ 650,00	Zero (só irá reconhecer em JULHO)
	Fev.	Zero	Zero
f. Em janeiro, a Cia. Sulamérica Seguros vendeu uma apólice anual no valor de **$ 1.200,00**. O **recebimento** será em seis parcelas mensais, a partir de fevereiro.	Jan.	Zero	$ 100,00 ($ 1.200 : 12 meses)
	Fev.	$ 200,00 (rec. mensal)	$ 100,00

2.   auferidas/incorridas

(5.3)

1.   a.   Demonstração do Resultado do período – DRE;
     b.   Receitas; Despesas;
     c.   Receita;
     d.   Despesa;

2.   d – b – f – e – c – a.

3.   Classifique as contas do DRE colocando um X na coluna adequada:

	Receita	Custo de Bens Vendidos	Despesa de vendas	Despesas Gerais e Adm.	Outras Despesas
Vendas	X				
Desp. de Propaganda			X		
Desp. de Aluguel da loja			X		
Receita de prestação de serviços	X				
Entrega de mercadorias ao cliente		X			
Despesa de Juros					X
Despesa de Seguros do escritório				X	

4.

Receita Bruta de Vendas		30.000
Devolução de Vendas		(4.000)
Receita Líquida de Vendas		26.000
Custo das Mercadorias Vendidas		(12.000)
Lucro Bruto		14.000
Despesas Operacionais		(6.900)
de vendas	(5.000)	
administrativas	(1.200)	
financeiras	(700)	
Lucro Operacional		7.100

Exercício de inglês contábil

Income Statement	Demonstração do Resultado
Revenue	Receita
Cost of goods sold	Custo dos Produtos Vendidos
Gross Profit	Lucro Bruto
Operating Expenses	Despesas Operacionais
Advertising	Propaganda,
Depreciation	Depreciação
Insurance	Seguro
Rent	Aluguel
Repairs	Reparos
Taxes	Impostos
Wages	Salários
Research and development	Pesquisa e Desenvolvimento
Interest expense	Despesa de Juros
Income (loss) before Income Taxes-Lucro	(Prejuízo) antes do Imposto de Renda
Provision (benefit) for income taxes	Despesa de Imposto de Renda
Net Income (loss)	Lucro líquido (prejuízo)

(5.4)

Complete as lacunas:
1. Caixa.
2. Juros, dos impostos, da depreciação, amortização e exaustão.
3. Gabarito EBITDA Cia Fiona 31.12.200x

Calculando de cima para baixo:

Receitas Brutas	30.000,00
(–) Despesas, Administrativas	(8.000,00)
(–) Despesas Comerciais	(1.500,00)
(=) EBITDA	20.500,00

Calculando de baixo para cima:

Lucro Líquido	9.375,00
(+) Imposto de Renda	3.125,00
(+) Despesas Financeiras	3.000,00
(+) Despesas de Depreciação	5.000,00
(=) EBITDA	20.500,00

(5.5)

Complete as lacunas:
1.
  a. as alterações sofridas pelo Patrimônio Líquido, isto é, as modificações dos saldos das contas que representam os recursos financiados pelos proprietários da entidade (acionistas).
  b. DRE e o BP.

2.

	Capital Social	Reserva de Lucros	Lucros Acumulados	Total
Saldos Iniciais	10.000	–	–	10.000
Aumento de Capital Social	4.000			4.000
Lucro do Período			3.000	3.000
Distribuição de Dividendos			(2.000)	(2.000)
Constituição de Reservas		1.000	(1.000)	–
Saldos Finais	14.000	1.000	–	15.000

(5.6)

1. g – c – b – a – f – d – e – g – d – a – a – g – c
2.
  2.a) Atividade de Financiamento
  2.b) Atividade de Financiamento
  2.c) Atividade Operacional
  2.d) Atividade de Investimento
  2.e) Atividade Operacional
  2.f) Atividade de Financiamento

3.

Transação	Operacional	Investimento	Financiamento
Integralização do Capital Social em dinheiro			Aumento
Captação de Empréstimo bancário			Aumento
Recebimento de Clientes	Aumento		
Pagamento a Fornecedores	Redução		
Recebimento do dinheiro da venda de Ativo Imobilizado		Aumento	
Pagamento de Dividendos			Redução
Pagamento de Juros sobre empréstimo bancário	Redução		
Pagamento pela aquisição de Ativo Imobilizado		Redução	

Questões de concurso

1. e; 2. b; 3. a

APÊNDICE
Instrução CVM nº 527, de 4 de outubro de 2012

Dispõe sobre a divulgação voluntária de informações de natureza não contábil denominadas LAJIDA e LAJIR.

A PRESIDENTE INTERINA DA COMISSÃO DE VALORES MOBILIÁRIOS – CVM torna público que o Colegiado, em reunião realizada em 2 de outubro de 2012, com fundamento no inciso I, do parágrafo único do art. 22 da Lei nº 6.385, de 7 de dezembro de 1976,

RESOLVEU:

Art. 1º Esta Instrução rege a divulgação voluntária pelas companhias abertas de informações denominadas LAJIDA (*EBITDA*) – Lucro Antes dos Juros, Impostos sobre Renda incluindo Contribuição Social sobre o Lucro Líquido, Depreciação e Amortização e LAJIR (*EBIT*) – Lucro Antes dos Juros e Impostos sobre a Renda incluindo Contribuição Social sobre o Lucro Líquido.

Art. 2º O cálculo do LAJIDA e do LAJIR deve ter como base os números apresentados nas de-

monstrações contábeis de propósito geral previstas no Pronunciamento Técnico CPC, 26 – Apresentação das Demonstrações Contábeis.

§ 1º Não podem compor o cálculo do LAJIDA e do LAJIR divulgados ao mercado valores que não constem das demonstrações contábeis referidas no *caput*, em especial da demonstração do resultado do exercício.

§ 2º A divulgação do cálculo do LAJIDA e do LAJIR deve ser acompanhada da conciliação dos valores constantes das demonstrações contábeis referidas no *caput*.

Art. 3º O cálculo do LAJIDA e do LAJIR não pode excluir quaisquer itens não recorrentes, não operacionais ou de operações descontinuadas e será obtido da seguinte forma:

I – LAJIDA – resultado líquido do período, acrescido dos tributos sobre o lucro, das despesas financeiras líquidas, das receitas financeiras e das depreciações, amortizações e exaustões;

II – LAJIR – resultado líquido do período, acrescido dos tributos sobre o lucro e das despesas financeiras líquidas das receitas financeiras.

Art. 4º A companhia pode optar por divulgar os valores do LAJIDA e do LAJIR excluindo os resultados líquidos vinculados às operações descontinuadas, como especificado no Pronunciamento, Técnico CPC 31 – Ativo Não Circulante Mantido para Venda e Operação Descontinuada, e ajustado por outros itens que contribuam para a informação sobre o potencial de geração bruta de caixa.

§ 1º Os valores referidos no *caput* devem ser divulgados em conjunto com os valores calculados de acordo com o art. 3º desta Instrução.

§ 2º Os outros itens referidos no *caput* somente podem ser usados para ajuste quando constarem dos registros contábeis que serviram de base para a elaboração das demonstrações contábeis do período.

§ 3º A divulgação dos valores referidos no *caput* deve ser acompanhada da descrição de sua natureza, bem como da forma de cálculo e da respectiva justificativa para a inclusão do ajuste.

Art. 5º A divulgação prevista no art. 4º desta Instrução deve ser sempre identificada pelo termo "ajustado".

Art. 6º Os administradores da companhia devem dispensar à divulgação das informações de natureza não contábil tratadas nesta Instrução o mesmo tratamento dado à divulgação das informações contábeis.

Art. 7º Toda a divulgação relativa ao LAJIDA ou LAJIR deve ser feita de forma consistente e comparável com a apresentação de períodos anteriores e, em caso de mudança, deve ser apresentada justificativa, bem como a descrição completa da mudança introduzida.

Art. 8º A divulgação dos valores do LAJIDA ou do LAJIR deve ser feita fora do conjunto completo de demonstrações contábeis previsto no pronunciamento Técnico CPC 26 – Apresentação das Demonstrações Contábeis.

Art. 9º A divulgação do cálculo do LAJIDA ou do LAJIR, conforme previstos nos arts. 3º e 4º desta Instrução, deve ser objeto de verificação por parte do auditor independente da companhia nos termos da norma NBC TA 720 emitida pelo Conselho Federal de Contabilidade.

Art. 10 Esta instrução entra em vigor na data de sua publicação, produzindo efeitos nas divulgações relativas ao LAJIDA e ao LAJIR efetuadas a partir de 1º de janeiro de 2013.

Original assinado por

LUCIANA PIRES DIAS
Presidente Interina

6

Operações com mercadorias

Objetivo do Capítulo

Neste capítulo, vamos estudar os Estoques, seus conceitos, sua composição, os critérios de avaliação e de controle. Já quanto à negociação dos estoques, isto é, quanto às transações com mercadorias, estudaremos o conceito e a mensuração do Custo das Mercadorias Vendidas (CMV) e a respectiva mecânica contábil.

Carolina foi a uma loja de móveis comprar uma mesa para sua sala. Logo que entrou na loja, encontrou exatamente o que procurava. O vendedor, porém, lhe disse que, justo a mesa escolhida, pertencia à loja.

Esta história ilustra a diferença, para a Contabilidade, da classificação do ativo em estoque ou ativo imobilizado. Todos os móveis a venda, naquela loja, estão classificados como estoque; os utilizados pela loja, porém, fazem parte do seu ativo imobilizado, e não estão a venda.

Carolina compreendeu a diferença. Só ficou triste de não poder comprar a mesa escolhida.

6.1 Conceituação

Estoque é toda aplicação de recursos que, diretamente relacionada à atividade-fim da entidade, gera, por si só, benefícios econômicos futuros.

Conforme o glossário do CPC PME, estoques são ativos mantidos: (a) para a venda no curso normal dos negócios; (b) no processo de produção para venda; ou (c) na forma de materiais ou suprimentos a serem consumidos no processo de produção ou na prestação de serviços (Resolução CFC 1.285/2010).

De forma geral, a sua compra está vinculada à expectativa de auferir receita mediante a principal atividade operacional da entidade. Admitindo que o seu valor seja significativo, integram também os Estoques os materiais para consumo como, por exemplo, manutenção, escritório, limpeza. Se o valor não for muito relevante, muitas empresas utilizam o critério de reconhecer o valor desses itens diretamente na despesa, controlando-os em termos físicos. Esse posicionamento não é o mais adequado tecnicamente segundo a Competência de Exercícios, podendo ser justificado pela restrição de custo × benefício.

6.2 Principais itens que compõem o estoque

Os itens que compõem o Estoque variam de acordo com o ramo de atividades das entidades, entretanto, pode-se dizer que, de forma geral, os seguintes itens são os mais comuns para as seguintes atividades:

Ramo de atividade	Exemplo típico de Estoque
Comércio	• Mercadorias para revenda
Indústria	• Produtos acabados • Produtos em elaboração • Matérias-primas

É comum que as empresas administrem seus estoques de forma a reduzir o prazo médio de estocagem,[1] portanto, normalmente, o saldo da conta Estoques é evidenciado integralmente no Ativo Circulante.

Entretanto, nada impede que a entidade classifique como no Ativo Não Circulante a parcela de seus estoques cuja probabilidade de realização financeira dentro de um ano seja remota. Este fato está vinculado com a atividade operacional da empresa. Por exemplo, para as empresas que atuam no setor imobiliário e nas indústrias que executam equipamentos de grande porte, é muito possível que os ativos demorem, mais de um ano para serem concluídos.

A Souza Cruz S.A., por exemplo, evidencia uma parcela de seu "Estoque de Fumo" no Ativo Não Circulante. No Balanço Patrimonial consolidado de 2010, essa parcela somou R$ 11 mil, equivalente a 1,2% de seu estoque total (de AC + do ANC).[2] Isso decorre do fato de a Souza Cruz comprar o fumo (matéria-prima do cigarro) na safra, que ocorre entre janeiro e março de cada ano. Se a safra for muito boa, a Souza Cruz adquire toda a produção de seus parceiros e armazena a parcela que não pretende utilizar tão cedo em câmaras refrigeradas.

---

[1] O prazo médio de estocagem será estudado no Capítulo 10 deste livro, seção 10.5.3.5.
[2] Essa informação foi obtida no *site* da Comissão de Valores Mobiliários, <www.cvm.gov.br>.

O Balanço Patrimonial da Raia Drogasil S.A (Droga Raia) apresenta o Estoque pelo valor líquido de R$ 814.975.

Exercícios de fixação (6.1 e 6.2)

Numere a segunda coluna de acordo com a primeira:

(1) Comércio   ( ) Produtos acabados
(2) Indústria   ( ) Materiais de
                                     manutenção
(3) Toda e qualquer
     atividade   ( ) Matérias-primas
                                ( ) Mercadorias para
                                     revenda
                                ( ) Material de escritório
                                ( ) Produtos em
                                     elaboração
                                ( ) Material de limpeza

6.3 Critérios de avaliação do estoque

De início, precisamos saber no que consiste o valor do Estoque, ou seja, será que podemos considerar simplesmente o valor devido ao fornecedor?

Além do preço devido ou pago ao fornecedor, todos os demais gastos incorridos pela entidade e *necessários para colocar o ativo em condições de gerar benefícios para a entidade* devem ser considerados. Portanto, os estoques são compostos por itens registrados contabilmente a valores monetários representativos dos custos de aquisição e dos gastos necessários à aquisição, desde que estes gastos sejam inevitáveis para colocá-los em condições de serem vendidos e sejam irrecuperáveis.

Dessa forma, o **custo de aquisição** é composto pelo valor da nota fiscal de aquisição, pelos gastos com frete, seguro e armazenamento quando pagos pelo comprador e pelos tributos incidentes sobre a compra quando o comprador não puder se recuperar dos mesmos mediante compensação com o ente tributante (fisco), ao vender os estoques.

Numa indústria, o **Estoque de Produtos em Processo** e o **Estoque de Produtos Acabados** considera, ainda, todos os gastos incorridos na produção (custos).[3]

Um grande problema, relacionado à mensuração a valores passados, é a proibição de se reconhecer, na Contabilidade (para fins de apuração de tributos e distribuição de dividendos), os impactos da inflação, por determinação da Lei nº 9.249/95. Os itens que compõem o patrimônio da entidade devem ser contabilizados a valores históricos, vedada a correção monetária.

No caso dos Estoques, é necessário ressaltar que não se pode escolher livremente qualquer critério de mensuração. A Lei das Sociedades por Ações (LSA, Lei nº 6.404/76) estabelece que o Estoque deve ser avaliado pelo valor de custo ou mercado, dos dois o menor. Veja o texto da lei (o grifo não consta no original).

Lei nº 6.404/76

Art. 183. No balanço, os elementos do ativo serão avaliados segundo os seguintes critérios:
[...]
II – os direitos que tiverem por objeto mercadorias e produtos do comércio da companhia, assim como matérias-primas, produtos em fabricação e bens do almoxarifado, pelo custo de aquisição ou produção, deduzido de provisão para ajustá-lo ao valor de mercado, quando este for menor.

A regra estabelecida pela LSA utiliza um conceito básico da contabilidade que afirma que todo ativo tem que ter condições de ser recuperado em termos econômicos. Este fato possui um relacionamento com o conceito da Prudência que no momento não integra de forma direta a Estrutura Conceitual da Contabilidade, mas que mantém sua influência na normatização contábil.

---

[3] Para maiores detalhes sobre esse assunto, sugere-se consultar livros de Contabilidade de Custos e/ou Contabilidade Gerencial; uma sugestão é CARDOSO, Ricardo L.; MÁRIO, Poueri C.; AQUINO, André C. B.; *Contabilidade gerencial*: mensuração, monitoramento e incentivos. São Paulo: Atlas, 2007.

A questão é saber se esse valor de Mercado é associado ao mercado fornecedor (valor de reposição) ou mercado consumidor (valor de realização). Para responder essa questão, recorremos ao item 13.4 do CPC PME, que estabelece:

CPC PME

13.4 A entidade avalia estoques pelo menor valor entre o custo e o preço de venda estimado diminuído dos custos para completar a produção e despesas de venda.

Portanto, independentemente de se tratar de estoque de matérias-primas, produtos em processo, produtos acabados ou mercadorias para revenda, os estoques devem ser avaliados pelo *valor líquido de realização* ao custo dos dois o menor.

Especificamente em relação ao estoque de matérias-primas por praticidade, pode-se utilizar o valor de reposição (mercado fornecedor) como estimativa do valor realizável líquido (CPC 16, par. 32).

Esta análise deve ser feita separadamente para cada subconta de estoque (matérias-primas ou mercadorias, produtos em processo e produtos acabados).

Exercícios de fixação (6.3)

A. Em que consiste o valor dos Estoques?

_____

_____

_____

_____

B. Como mensurar os Estoques no momento de reconhecimento (mensuração inicial)?

_____

_____

_____

_____

C. Como mensurar os Estoques após o reconhecimento (mensuração subsequente)?

_____
_____
_____
_____
_____.

6.4 Critérios de controle do estoque

Os estoques podem ser controlados diariamente (**controle permanente**), a cada mês, trimestre, semestre, ou ano (**controle periódico**).

No sistema, periódico, a, base para determinação do valor do estoque é obtida através do processo de contagem física, pois a empresa não tem o controle das, unidades que são, vendidas no fluxo operacional.

Pelo sistema de controle permanente, a cada transação que afeta o estoque (compra ou venda, por exemplo) é feito o respectivo registro contábil. Por outro lado, adotando-se o sistema de controle periódico, os registros contábeis das diversas transações que afetaram o estoque só são efetuados no final do período.

Em função dos avanços e redução de custos na área de tecnologia da informação, é razoável esperar que cada vez mais empresas passem a controlar seus estoques permanentemente, uma vez que isso lhes pode permitir evitar perdas de mercadorias, excesso de aplicação de recursos em estoques, bem como a escassez da mercadoria.

O que é importante para o conteúdo deste capítulo é o fato de o sistema de controle dos estoques (periódico ou permanente) afetar a mensuração do Custo das Mercadorias Vendidas (CMV) e, consequentemente, sua própria mensuração.

Ilustramos os critérios de avaliação dos Estoques mediante a apresentação dos itens 4(f) – Principais Práticas Contábeis, Estoques – e 8 – Estoques – das Notas Explicativas da Raia Drogasil S/A, 2011.

4. Principais práticas contábeis

As principais práticas contábeis adotadas na elaboração dessas demonstrações financeiras estão descritas a seguir:

[...]

(f) Estoques

Os estoques são apresentados pelo menor valor entre o custo e o valor líquido realizável. O custo é determinado usando-se o método da média ponderada móvel. O valor realizável líquido é o preço de venda estimado para o curso normal dos negócios, deduzidas as despesas de venda e a provisão para perdas com mercadorias.

Os descontos provenientes de acordos comerciais obtidos como redução no preço de compra dos estoques são levados em consideração na mensuração do custo dos estoques, exceto aqueles que especificamente são recebidos como recuperação de despesas com vendas.

8. Estoques

Raia Drogasil S/A Estoques	2011 R$ milhares	2010 R$ milhares
Mercadorias de revenda	810.575	294.681
Materiais	9.403	2.474
Provisão para perdas com mercadorias	(5.003)	(1.197)
Total dos estoques	814.975	295.958

Os estoques da Companhia estão apresentados pelo valor de custo.

A movimentação da provisão para perdas com mercadorias está demonstrada a seguir:

Raia Drogasil S/A Movimentação da provisão para perdas com mercadorias	2011 R$ milhares	2010 R$ milhares
Saldo inicial	(1.197)	(1.190)
Adições	(1.928)	(1.225)
Adições por meio de combinação de negócios	(3.306)	0
Reversões	1.428	1.218
Saldo final	(5.003)	(1.197)

Para o exercício findo em 31 de dezembro de 2011, o custo das mercadorias vendidas reconhecidas no resultado em relação às operações continuadas foi de R$ 1.998.550 (R$ 1.479.409 em 2010) para o consolidado.

O valor das baixas de estoques reconhecidas como perdas totalizou R$ 12.921 (R$ 12.495 em 2010) para o consolidado, reconhecido em custo de vendas.

O efeito da constituição, reversão ou baixa da provisão para perdas com estoques é registrado na demonstração do resultado, sob a rubrica de "custo das mercadorias vendidas".

6.5 Conceito e mensuração do CMV

O **Custo das Mercadorias Vendidas (CMV)** corresponde à baixa da mercadoria vendida; ou seja, quando a empresa vende a mercadoria a seus clientes, é necessário retirar a mercadoria da prateleira e entregá-la ao consumidor. Consequentemente, o contador reconhece a Receita de Vendas e o Custo das Mercadorias Vendidas (correspondente à baixa da mercadoria dos Estoques). Portanto, tem-se uma "perfeita" confrontação da Despesa (baixa do produto vendido) com a Receita (gerada pela venda do mesmo) – Regime da Competência.

O CMV pode ser visualizado através da seguinte equação que reflete o fluxo das mercadorias em um determinado período:

Estoque Inicial (EI) + Compras – Estoque Final (EF)

O somatório do Estoque Inicial com as compras do período corresponde ao Estoque disponível para venda.

A principal questão que surge com relação ao Custo das Mercadorias Vendidas não é a sua conceituação, mas a sua mensuração, ou seja, a questão mais relevante é: Como atribuir valor às mercadorias que foram vendidas?

Há vários métodos de determinar o valor do estoque quando bens idênticos são adquiridos por preços diferentes em momentos diferentes. Nesse sentido, passamos a estudar os métodos de mensuração do CMV. O interessante é que o valor apurado mediante cada um desses critérios pode depender do sistema de controle de estoques adotado pela entidade.

Os seguintes dados serão utilizados para ilustrar a diferença, entre estes:

A Comercial Mineira Ltda. começou determinado período com 10 unidades do produto MILK em estoque, tendo sido as mesmas adquiridas por $ 20,00 cada uma. Durante este período ocorreram as transações seguintes. Vamos determinar o estoque final de produtos MILK, adotando cada um dos critérios.

Data	Transação	Comprador & Fornecedor	Quantidade (unidades)	Custo de aquisição ($)	Preço de venda ($)
Dia 5	Compra a vista	UBA	30	25,00	
Dia 10	Venda a vista	Carangola	32		60,00
Dia 22	Compra a prazo	Cachambu	5	30,00	
Dia 30	Venda a prazo	Areal	1		60,00

Em termos da equação do CMV, tem-se os seguintes cálculos:

EI = 10, Compras, 35., Em decorrência, o EDV é 45. Como a empresa possui o controle das quantidades vendidas, que foram 33 unidades, o Estoque Final é formado por 12 unidades. A contagem física é realizada objetivando confirmar esta quantidade.

$$EI + C = EDV - EF = CMV, \text{ ou seja, } 10 + 35 = 45. \ 45 - 12 = 33$$

Na impossibilidade de ter-se o controle permanente das quantidades vendidas, uma possibilidade utilizada é obter o Estoque Final através da contagem física e obter o número de unidades vendidas por diferença.

Vejamos cada um dos métodos:

6.5.1 Peps ou Fifo

Pelo método **Peps (Primeiro que Entra, Primeiro que Sai)**, denominado em inglês Fifo (*First in first out*), os custos dos itens baixados (CMV ou CPV) são avaliados pelo custo de aquisição do primeiro item que entrou em estoque (e que lá, ainda, está mantido); consequentemente, o estoque é avaliado pelo custo de aquisição do item mais recente. Ou seja, dá-se baixa dos estoques, sempre, pelo item adquirido há mais tempo, ou mais antigo, ficando o estoque avaliado pelo valor mais atual.

Pelo Peps não há diferença se a entidade adota o sistema de controle permanente ou periódico, o valor apurado será o mesmo.

Peps (tanto faz controle permanente ou periódico)

Data	Entrada (unid.)	Entrada ($)	Saída (unid.)	Saída ($)	Saldo Final (unid.)	Saldo Final ($)
SI					10 × 20,00	200,00
05	30 × 25,00	750,00			10 × 20,00 + 30 × 25,00	950,00
10			10 × 20,00 + 22 × 25,00	200,00 + 550,00	08 × 25,00	200,00
22	05 × 30,00	150,00			08 × 25,00 + 05 × 30,00	350,00
30			1 × 25,00	25,00	07 × 25,00 + 05 × 30,00	325,00 (EF)
Soma	35	900,00	33	775,00 (CMV)		

Nesse exemplo podemos observar que inicialmente a Comercial Mineira Ltda. possuía 10 unidades do produto MILK em estoque, tendo as mesmas sido adquiridas por $ 20,00 cada uma. Assim, o valor dos estoques da companhia correspondia a $ 200,00.

No dia 5, a companhia adquiriu mais 30 unidades do mesmo produto, sendo que, desta vez, ao preço de $ 25,00 cada uma. Dessa forma, o estoque passa a ser avaliado a $ 950,00.

No dia 10, a companhia vendeu 32 unidades do produto MILK. Como adota o método Peps na avaliação do Custo das Mercadorias Vendidas e do Estoque, o valor a ser lançado em seus registros contábeis referente ao Custo das Mercadorias Vendidas será de $ 750, ou seja, as 10 unidades do produto MILK, a $ 20,00 cada uma, que estavam em estoque no início do período, mais 22 unidades a $ 25,00 cada uma, que fazem parte das unidades adquiridas posteriormente. O estoque fica avaliado a $ 200,00, correspondente às 8 unidades remanescentes, adquiridas por $ 25,00 cada uma.

No dia 22 a Companhia Mineira Ltda. efetua uma nova compra do produto MILK, mais 5 unidades ao valor de $ 30,00 cada uma. O estoque passa a ser avaliado a $ 350,00.

No dia 30 vende mais 1 unidade. O Custo das Mercadorias Vendidas será de $ 25,00, correspondente ao custo das unidades mais antigas no estoque da companhia. Já o valor do estoque corresponderá a $ 325,00, referente às 5 unidades mais recentes, adquiridas a $ 30,00 cada uma, mais 7 unidades adquiridas por $ 25,00 cada (no dia 5).

6.5.2 *Custo Médio Ponderado*

O **custo médio ponderado** difere dependendo do sistema de controle. Quando se controlam os estoques permanentemente e se avaliam os estoques pelo custo médio, tem-se o chamado **CMPM (Custo médio ponderado móvel)**. Por outro lado, controlando-se os estoques periodicamente, o custo médio passa a ser denominado **CMPF (Custo médio ponderado fixo)** – vejamos os dois.

6.5.2.1 CMPM (controle permanente)

Mediante o CMPM (Custo médio ponderado móvel), os estoques são avaliados pelo custo médio das mercadorias compradas, ponderadas a cada aquisição. O CMPM demanda o registro permanente das entradas e saídas de mercadorias no estoque, afinal, pressupõe o controle permanente.

Vamos exemplificar agora a adoção desse método utilizando o mesmo exercício apresentado anteriormente para o método Peps.

CMPM

Data	Entrada (unid.)	Entrada ($)	Saída (unid.)	Saída ($)	Saldo Final (unid.)	Saldo Final ($)
SI					10 × 20,00	200,00
05	30 × 25,00	750,00			40 × 23,75	950,00
10			32 × 23,75	760,00	08 × 23,75	190,00
22	05 × 30,00	150,00			13 × 26,154	340,00
30			01 × 26,154	26,154	12 × 26,154	313,848
Soma	35	900,00	33	786,154		

No início do período, a Comercial Mineira Ltda. possuía 10 unidades do produto MILK em estoque, tendo as mesmas sido adquiridas por $ 20,00 cada uma. Assim, o valor dos estoques da companhia correspondia a $ 200,00.

No dia 5, a companhia adquiriu mais 30 unidades do mesmo produto, sendo que, desta vez, ao preço de $ 25,00 cada uma. Dessa forma, o estoque passa a ser avaliado a $ 950,00, sendo que o custo unitário do mesmo (tirando-se a média entre o valor total dos estoques e a quantidade total das mercadorias em estoque) passa a ser de $ 23,75.

No dia 10, a companhia vendeu 32 unidades do produto MILK. Pelo método do CMPM, o Custo das Mercadorias Vendidas será de $ 760,00. Já o estoque fica avaliado a $ 190,00.

No dia 22, a Companhia Mineira Ltda. efetua uma nova compra do produto MILK, mais 5 unidades ao valor de $ 30,00 cada uma. O estoque passa a ser avaliado a $ 340,00, sendo que o valor unitário do produto MILK passa a ser agora de $ 26,154 (arredondado para 3 casas decimais).

No dia 30 vende mais 1 unidade. O Custo das Mercadorias Vendidas será de $ 26,154 e o valor do estoque corresponderá a $ 313,848.

Conforme podemos observar, o método no Peps, por levar para o Custo das Mercadorias Vendidas os estoques mais antigos, apresenta os menores valores nessa rubrica. Já para as mercadorias que permanecem em estoque, o inverso ocorre.

6.5.2.2   CMPF (controle periódico)

Segundo o CMPF (Custo Médio Ponderado Fixo), os estoques são avaliados pelo custo médio das mercadorias compradas, ponderadas ao final de determinado período (afinal, o estoque é controlado periodicamente).

Este critério só é aceito pelo fisco se apurado em curtos períodos de tempo e, ainda assim, se os estoques não forem compostos por produtos com rotações e variações muito diferentes.

O CMPM demanda controle permanente dos estoques e seu valor é alterado sempre que há novas entradas, enquanto o CMPF é utilizado quando os estoques são controlados periodicamente e, não importando quantas entradas houve no período analisado, seu valor é fixado ao final deste período, dividindo-se o valor total das aquisições pelo número de itens adquiridos.

Vejamos o mesmo exemplo:

CMPF

Data	Entrada		Saída		Saldo Final	
	(unid.)	($)	(unid.)		(unid.)	($)
SI					10 × 20,00	200,00
05	30 × 25,00	750,00			40	
10			32		8	
22	05 × 30,00	150,00			13	
30			1		12 × 24,444	293,333
Soma	35	900,00	33	806,667		

O custo de cada unidade em estoque no final do período é $(200 + 750 + 150) \div (10 + 30 + 05)$ = $1.100,00 / 45 = 24,444$. Logo, o estoque final é $12 \times 24,44 = 293,333$ e o custo das mercadorias vendidas no período é $33 \times 24,444 = 806,667$.

> Atenção: Neste método só apuramos a soma das entradas e das saídas (CMV) no final do período, afinal a entidade controla seus estoques periodicamente (isto é, no final do período).

6.5.3 Método do varejo

As grandes empresas de varejo, que trabalham com uma infinidade de itens, podem adotar o método do varejo, por ser mais simples e menos dispendioso; dado o preço de venda do produto, retiram-se as despesas e a margem de lucro, chegando-se ao custo do estoque (este critério é aceito pelo *International Accounting Standards Board* [IASB], em seu posicionamento nº 2). (Pronunciamento CPC 16 itens 21 e 22.

Imagine uma loja de departamentos que venda uma infinidade de diferentes itens cujo prazo médio de estocagem seja muito pequeno.[4] Sem um sistema informatizado de controle dos estoques fica praticamente inviável a adoção regular dos métodos de avaliação dos Estoques (e, consequentemente, do CMV). Portanto, ela adota, no dia a dia, o **Método do Varejo**. Dessa forma, ao vender determinada mercadoria cuja margem de lucro média seja de 30% sobre o preço de venda de $ 10,00, seu contador reconhece a receita de vendas (observando o Princípio da Realização da Receita), e para confrontar a despesa (custo das mercadorias vendidas) associada àquela venda faz o seguinte cálculo: $ 10,00 * (1 – 0,3) = $ 7,00, e reconhece o CMV por $ 7,00.

6.5.4 Identificação específica

Os estoques avaliados pelo critério da **identificação específica** são baixados pelo custo es-

pecífico do item identificado. Por exemplo, uma agência de veículos que tem, em estoque, três automóveis, um da Ford, outro da VW e outro da GM, ao vender o da Ford, deverá baixar o custo específico daquele carro Ford, levando-o a resultado do período. Permanece o estoque composto pelos outros dois veículos, consequentemente, avaliado pelo somatório dos custos específicos daqueles dois itens.

De forma genérica, pode-se afirmar que os primeiros critérios são adotados para avaliar estoques compostos por bens que suas unidades podem ser trocadas umas pelas outras, como este livro. Quando você comprou este livro, a livraria pode ter reconhecido a baixa do estoque pelo PEPS, CMPM, CMPF ou Varejo, não importando se te entregou o livro que recebeu da Editora Atlas na primeira ou na última compra – desde que sejam todos da mesma edição (para ser mais específico, mesmo ISBN). Por outro lado, o método da Identificação específica é recomendável para avaliar estoques compostos por bens cujas unidades não podem ser trocadas umas pelas outras, como por exemplo (a) uma obra de arte em uma galeria de artes; (b) uma peça rara em um antiquário; (c) um automóvel em uma agência de veículos, pois tem um número de *chassis* que o torna único.

Exercícios de fixação (6.4 e 6.5)

A. Numere a segunda coluna de acordo com a primeira:

(1) Comércio   ( )   CSP
(2) Indústria   ( )   CMV
(3) Serviço   ( )   CPV

B. Complete as lacunas:

a) Num ambiente inflacionário, o método _____ superestima o Estoque Final.

b) O método _____ é o mais adequado para avaliar estoques compostos por ativos cujas unidades não podem ser trocadas umas por outras.

---

[4] Sobre o Prazo Médio de Estocagem (PME), veja o Capítulo 10 deste livro.

6.6 Mecânica contábil e elaboração das demonstrações contábeis

A mecânica contábil é rigorosamente a mesma, independentemente do método de avaliação do CMV. Portanto, nesta seção são apresentados os lançamentos contábeis tomando-se por base o Peps.

Para simplificar e consolidar o entendimento dos pontos apresentados nas seções anteriores deste capítulo, tomemos o exemplo da Comercial Mineira Ltda., já discutido.

Para facilitar o entendimento, vamos apresentar somente os lançamentos contábeis com os valores da baixa das mercadorias vendidas pelo Peps (primeiro a entrar é o primeiro a sair) e vamos admitir que a Comercial Mineira Ltda. apurou o seguinte Balanço Patrimonial do início do exercício (1º/1/X0):

Balanço Patrimonial – Comercial Mineira Ltda. – 1º/1/X0			
Ativo Circulante		Patrimônio Líquido	
Disponibilidades	1.800,00	Capital Social	2.000,00
Estoques (MILK)	200,00	Total do PL	2.000,00
Total do AC	2.000,00		
Total do Ativo	2.000,00	Total do Passivo + PL	2.000,00

A Comercial Mineira Ltda. começou determinado período com 10 unidades do produto MILK em estoque, tendo sido as mesmas adquiridas por $ 20,00 cada (Estoque avaliado por $ 200,00 = 10 unidades * $ 20,00 por unidade). Durante este período ocorreram as transações abaixo. Pede-se determinar o estoque final de produtos MILK adotando o critério Peps.

Data	Transação	Comprador & Fornecedor	Quantidade (unidades)	Custo de aquisição (R$)	Preço de venda (R$)
Dia 5	Compra a vista	UBA	30	25,00	
Dia 10	Venda a vista	Carangola	32		60,00
Dia 22	Compra a prazo	Cachambu	05	30,00	
Dia 30	Venda a prazo	Areal	01		60,00

Peps – Primeiro a entrar é o primeiro a sair

Data	Entrada (unid.)	Entrada ($)	Saída (unid.)	Saída ($)	Saldo Final (unid.)	Saldo Final ($)
SI					10 * 20,00	200,00
5	30 * 25,00	750,00			10 * 20,00 + 30 * 25,00	950,00
10			10 * 20,00 + 22 * 25,00	200,00 + 550,00	08 * 25,00	200,00
22	05 * 30,00	150,00			08 * 25,00 + 05 * 30,00	350,00
30			1 * 25,00	25,00	07 * 25,00 + 05 * 30,00	325,00
Soma	35	900,00	33	775,00		

Para registrar esses eventos, o contador da Comercial Mineira Ltda. precisaria fazer os seguintes lançamentos contábeis no Diário:

Pela compra a vista, no dia 5:

D	Estoque da mercadoria MILK (AC)	750,00
C	Disponibilidades (AC)	750,00
Aquisição de 30 unidades da mercadoria MILK, do fornecedor UBÁ, no dia 5		

Pela venda a vista, no dia 10 – Reconhecimento da Receita:

D	Disponibilidades (AC)	1.920,00
C	Receita Bruta de vendas (DRE)	1.920,00
Venda de 32 unidades da mercadoria MILK, ao cliente Carangola, no dia 10		

Pela venda a vista, no dia 10 – Confronto da Despesa com a Receita (baixa pelo PEPS):

D	Custo das Mercadorias Vendidas (DRE)	750,00
C	Estoque da mercadoria MILK (AC)	750,00
Venda de 32 unidades da mercadoria MILK, ao cliente Carangola, no dia 10		

Pela compra a prazo, no dia 22:

D	Estoque da mercadoria MILK (AC)	150,00
C	Fornecedores (PC)	150,00
Aquisição de 5 unidades da mercadoria MILK, do Cachambu, no dia 22		

Pela venda a prazo, no dia 30 – Reconhecimento da Receita:

D	Duplicatas a Receber (AC)	60,00
C	Receita Bruta de vendas (DRE)	60,00
Venda de 1 unidade da mercadoria MILK, ao cliente Areal, no dia 30		

Pela venda a prazo, no dia 30 – Confronto da Despesa com a Receita (baixa pelo Peps):

D	Custo das Mercadorias Vendidas (DRE)	25,00
C	Estoque da mercadoria MILK (AC)	25,00
Venda de 1 unidade da mercadoria MILK, ao cliente Areal, no dia 30		

Ressalte-se que esses lançamentos poderiam ter sido efetuados na matriz de lançamentos apresentada no Capítulo 4 deste livro, conforme a seguir:

Eventos	Disponibilidades	Clientes	Estoque	=	Fornecedores	Capital Social	Resultado
Saldos iniciais	1.800		200	=		2.000	
5 – compra	(750)		750	=			
10 – venda	1.920			=			1.920
10 – baixa (Peps)			(750)	=			(750)
22 – compra			150	=	150		
30 – venda		60		=			60
30 – baixa (Peps)			(25)	=			(25)
Saldos finais	2.970	60	325	=	150	2.000	1.205

É importante lembrar que, pelos outros critérios de mensuração do CMV, os lançamentos contábeis seriam os mesmos (a mesma mecânica contábil); a única diferença seria no valor do CMV reconhecido e, consequentemente, do lucro apurado.

Dessa forma, a Comercial Mineira Ltda. evidenciaria a seguinte Demonstração do Resultado do Exercício:

Comercial Mineira Ltda. DRE apurada em 31/1/X0)	
Receitas de Vendas	1.980,00
(–) Custo Mercadorias Vendidas	(775,00)
(=) Lucro Bruto	1.205,00

A seguinte Demonstração das Mutações do Patrimônio Líquido:

Comercial Mineira Ltda. DMPL apurada em 31/1/X0			
Eventos/Contas	Capital Social	Lucros acumulados	Total PL
Saldos iniciais	2.000,00		2.000,00
Lucro do período		1.205,00	1.205,00
Saldos finais	2.000,00	1.205,00	3.205,00

E o seguinte Balanço Patrimonial:

Balanço Patrimonial – Comercial Mineira Ltda. – 31/1/X0			
Ativo Circulante		Passivo Circulante	
Disponibilidades	2.970,00	Fornecedores	150,00
Clientes	60,00	Total do PC	150,00
Estoque (MILK)	325,00		
Total do AC	3.355,00	Patrimônio Líquido	
		Capital Social	2.000,00
		Lucros Acumulados	1.205,00
		Total do PL	3.205,00
Total do Ativo	**3.355,00**	**Total do Passivo + PL**	**3.355,00**

Exercícios de fixação (6.6)

Apresente os lançamentos contábeis, a DRE, a DMPL e o BP apurados no dia 31/1/X0, da Comercial Mineira Ltda., considerando:
a) que a entidade adota o CMPM na avaliação de seus estoques;
b) que a entidade adota o CMPF na avaliação de seus estoques.

Apresentamos, a seguir, somente os lançamentos no Diário afetados pela alteração do método de avaliação dos estoques.

(a) Pelo CMPM:

Pela venda a vista, no dia 10 – Confronto da Despesa com a Receita (baixa pelo CMPM):

D	Custo das Mercadorias Vendidas (DRE)	
C	Estoque da mercadoria MILK (AC)	
Venda de 32 unidades da mercadoria MILK, ao cliente Carangola, no dia 10		

Pela venda a prazo, no dia 30 – Confronto da Despesa com a Receita (baixa pelo CMPM):

D	Custo das Mercadorias Vendidas (DRE)	
C	Estoque da mercadoria MILK (AC)	
Venda de 1 unidade da mercadoria MILK, ao cliente Areal, no dia 30		

Na Matriz (CMPM), deve ser reconhecido o valor do CMV:

Eventos	Disponibilidades	Clientes	Estoque	=	Fornecedores	Capital Social	Resultado
Saldos iniciais	1.800		200	=		2.000	
5 – compra	(750)		750	=			
10 – venda	1.920			=			1.920
10 – baixa (CMPM)				=			
22 – compra			150	=	150		
30 – venda		60		=			60
30 – baixa (CMPM)				=			
Saldos finais	2.970	60		=	150	2.000	

Demonstração do Resultado do Exercício (CMPM):

Comercial Mineira Ltda. DRE apurada em 31/1/X0	
Receitas de Vendas	1.980,00
(–) Custo Mercadorias Vendidas	
(=) Lucro Bruto	

Demonstração das Mutações do Patrimônio Líquido (CMPM):

Comercial Mineira Ltda. DMPL apurada em 31/1/X0			
Eventos/Contas	Capital Social	Lucros acumulados	Total do PL
Saldos iniciais	2.000,00		2.000,00
Lucro do período			
Saldos finais			

Balanço Patrimonial (CMPM):

Balanço Patrimonial – Comercial Mineira Ltda. – 31/1/X0			
Ativo Circulante		Passivo Circulante	
Disponibilidades	2.970,00	Fornecedores	150,00
Clientes	60,00	Total do PC	150,00
Estoque (MILK)			
Total do AC		Patrimônio Líquido	
		Capital Social	2.000,00
		Lucros Acumulados	
		Total do PL	
Total do Ativo		**Total do Passivo + PL**	

(b) Finalmente, pelo CMPF:

Por todas as vendas realizadas no mês – Confronto da Despesa com a Receita (baixa pelo CMPF):

D	Custo das Mercadorias Vendidas (DRE)	
C	Estoque da mercadoria MILK (AC)	
Venda de 32 unidades da mercadoria MILK, ao cliente Carangola, no dia 10, e de 1 unidade da mercadoria MILK, ao cliente Areal, no dia 30		

Na Matriz (CMPF), deve ser reconhecido o valor do CMV:

Eventos	Disponibilidades	Clientes	Estoque	=	Fornecedores	Capital Social	Resultado
Saldos iniciais	1.800		200	=		2.000	
5 – compra	(750)		750	=			
10 – venda	1.920			=			1.920
22 – compra			150	=	150		
30 – venda		60		=			60
31– baixa (CMPF)				=			
Saldos finais	2.970	60		=	150	2.000	

Demonstração do Resultado do Exercício (CMPF):

Comercial Mineira Ltda. DRE apurada em 31/1/X0	
Receitas de Vendas	1.980,00
(–) Custo Mercadorias Vendidas	
(=) Lucro Bruto	

Demonstração das Mutações do Patrimônio Líquido (CMPF):

Comercial Mineira Ltda. DMPL apurada em 31/1/X0			
Eventos/Contas	Capital Social	Lucros acumulados	Total do PL
Saldos iniciais	2.000,00		2.000,00
Lucro do período			
Saldos finais			

Balanço Patrimonial (CMPF):

Balanço Patrimonial – Comercial Mineira Ltda. – 31/1/X0			
Ativo Circulante		Passivo Circulante	
Disponibilidades	2.970,00	Fornecedores	150,00
Clientes	60,00	Total do PC	150,00
Estoque (MILK)			
Total do AC		Patrimônio Líquido	
		Capital Social	2.000,00
		Lucros Acumulados	
		Total do PL	
Total do Ativo		**Total do Passivo + PL**	

Exercício de inglês contábil

Choose the word or phrase that best complete the sentence:

1. _____ are the costs of good or services used to operate a business.
2. Income earned from the sale of goods or services is called_____
3. The total amount of money to be received in the future for goods or services sold on credit is the _____.
4. Any property owned by a business is a(n)_____.
5. The debts, of a business, are called its _____.
6. A business that sells to retailers is called a(n)_____.
7. _____ refers to the items of merchandise a business has in stock.
8. The date an invoice must be paid is called, the _____.
9. A written request that a certain item or items should be ordered is a(n) _____.
10. A cash discount offered by a supplier for an early payment is called a _____.

(a) Expenses (b) Asset (c) Accounts Receivabl (d) Revenue (e) Due Date (f) Purchase Requisition (g) Wholesaler (h) Liabilities (i) Purchase Discount (j) Inventory

Questões de concurso

1. A empresa Metalfino Ltda. não sofre tributação nas operações de compra e venda de mercadorias; só opera com transações extra-caixa; utiliza o método de controle permanente de estoques, com avaliação a preço médio ponderado.

   Em 15 de outubro a empresa realizou a venda de 120 unidades ao preço unitário de 12 reais. As compras do mês foram: 150 unidades a 8 reais cada uma em 05/10 e 60 unidades a 11 reais, em 18/10.

   Sabendo-se que em 30 de setembro desse ano já havia um estoque de mercadorias no valor de R$ 500,00 correspondentes a 100 unidades, pode-se afirmar que o custo das mercadorias vendidas em outubro foi de (Receita Federal – Analista Tributário – Área Geral, 2012)
   a) R$ 600,00.
   b) R$ 660,00.
   c) R$ 780,00.
   d) R$ 816,00.
   e) R$ 960,00.

2. A Cia. Roseiral do Norte apresentou a seguinte movimentação nos estoques de seu produto X no mês de dezembro de 2011, sendo que o preço de aquisição já está líquido dos impostos recuperáveis:
   – Estoque inicial de 2.300 unidades a R$ 50,00 cada uma;
   – Aquisição de 4.200 unidades a R$ 52,00 cada uma;
   – Aquisição de 3.600 unidades a R$ 53,00 cada uma;
   – Venda de 7.500 unidades a R$ 108,00 cada uma;
   – Aquisição de 1.000 unidades a R$ 51,00 cada uma;
   – Venda de 2.200 unidades a R$ 106,00 cada uma.

   A companhia usa o método PEPS (primeiro que entra, primeiro que sai) para valoração de seus estoques. O estoque final do produto X em 31-12-2011, em reais, foi (FCC – 2012 – TRE-SP – Analista Judiciário – Contabilidade)
   a) 70.000,00.
   b) 71.400,00.
   c) 69.800,00.
   d) 71.800,00.
   e) 72.200,00

3. No período, a Comércio de Calçados Pé Deti Ltda. apresentou, na sequência, a seguinte movimentação de um dos itens do seu estoque:
   1. Compra de 100 unidades a R$ 8,00 cada
   2. Compra de 100 unidades a R$ 8,50 cada
   3. Compra de 100 unidades a R$ 9,00 cada
   4. Venda de 280 unidades a R$ 13,00 cada

   Em função da mudança de estação do ano, o preço atualmente cobrado pelo fornecedor é de R$ 8,20 por unidade. Considerando que não havia estoques anteriores do item e que o critério de atribuição de preços ao estoque utilizado pela firma é o Custo Médio (Média Fixa), uma vez contabilizadas as operações acima, os valores do "Estoque Final" e do "Resultado do Período" são respectivamente (CESGRANRIO – 2011 – Petrobras – Técnico de Contabilidade – 2011)
   a) R$ 180,00 e R$ 1.270,00
   b) R$ 170,00 e R$ 1.260,00
   c) R$ 160,00 e R$ 1.250,00
   d) R$ 160,00 e R$ 1.400,00
   e) R$ 160,00 e R$ 1.260,00

4. Em 31/12/X0, a Companhia H tinha em seu estoque 10 unidades da mercadoria x, sendo seu estoque avaliado em $ 400.

   Durante o mês de janeiro de X1 a Companhia H realizou as seguintes operações:
   1. compra de 20 unidades de x por 840; o frete de $ 80 é pago pelo fornecedor;
   2. venda de 15 unidades de x por $ 60 cada;

3. compra de 10 unidades de x por $ 450; o frete de $ 50 é pago pelo comprador;

4. venda de 20 unidades de x por $ 65 cada.

Em 31/01/X1, os valores do estoque final de acordo com os métodos PEPS e Custo Médio Ponderado Fixo são, respectivamente: (FGV – 2008 – Senado Federal – Contador)

a) $ 1.570 e $ 1.592,50.

b) $ 230 e $ 223,75.

c) $ 250 e $ 217,50.

d) $ 250 e $ 223,75.

e) $ 250 e $ 227,50.

5. Compõe o custo dos estoques: (FCC – 2012 – TCE-AP – Analista de Controle Externo – Controle Externo – Orçamento e Finanças)

a) valor de perdas de materiais decorrentes de desajuste de máquinas por faltas de peças de manutenção.

b) gastos de armazenagem de produtos acabados, em decorrência de parada de exportações por greve nos portos.

c) gastos com hospedagem de desenvolvedor de fornecedor e controlador de qualidade.

d) valor das amostras para avaliação entregues pelos vendedores para os clientes, gastos com seguros das matérias-primas do fornecedor até a fábrica.

Resumo

O estoque é composto por mercadorias, produtos acabados, produtos em processo, matéria-prima, material de escritório, material de limpeza, peças de manutenção, entre outros itens.

O valor do estoque consiste no custo de aquisição mais os gastos necessários para colocar o ativo em condições de gerar benefícios para a entidade, inclusive os tributos não recuperáveis mediante compensação.

O estoque é avaliado pelo custo de aquisição (ou produção), ou o valor líquido de realização, dos dois o menor.

O CMV corresponde à despesa com a baixa da mercadoria vendida, que é confrontada com a receita de venda.

O estoque e, consequentemente, o CMV podem ser avaliados por cinco critérios: Peps, CMPM, CMPF, Varejo ou Identificação Específica.

Não se trata de uma livre escolha. Prioritariamente, a entidade deve adotar a identificação específica. Quando esse método não for adequado, a entidade deve adotar aquele que melhor represente a forma como os estoques são gerenciados.

Exercícios de verificação

A Cia. Comercial RS apurou o seguinte Balanço Patrimonial em 1º/7/X6:

Cia. Comercial RS Balanço Patrimonial apurado em 1º/7/X6			
Ativo Circulante		Patrimônio Líquido	
Caixa	30.000	Capital Social	33.000
Estoque Alegre	3.000	Total do PL	33.000
Total do AC	33.000		
Total do Ativo	**33.000**	**Total do Passivo + PL**	**33.000**

Sabe-se que o estoque inicial de mercadorias estava avaliado em $ 3.000,00 e era composto por 300 unidades da mercadoria Alegre. Sabe-se, ainda, que a Cia. Porto Alegre mantém controle permanente de seus estoques, os quais são mensurados pelo critério do custo médio – portanto, custo médio ponderado móvel.

No mês de julho realizaram-se as seguintes transações:

Aquisição:

Dia	Merc.	Quant. (unid.)	Preço Unitário
5	Alegre	500	$ 20
8	Porto	1.000	$ 10
20	Porto	2.000	$ 15
25	Alegre	1.000	$ 18

Venda:

Dia	Merc.	Quant. (unid.)	Preço Unitário
10	Alegre	700	$ 40,00
10	Porto	500	$ 30,00
22	Porto	1.800	$ 30,00
28	Alegre	1.000	$ 40,00

P.S. Todas as compras foram realizadas a vista.

Pede-se fazer todos os lançamentos contábeis pertinentes e evidenciar a DRE, a DMPL e o BP apurados em 31/7/X6.

Primeiro, é necessário elaborar as fichas de controle dos estoques das duas mercadorias, individualizadamente:

	Ficha de controle (permanente) do estoque de mercadorias Alegre								
Data	Entrada			Saída			Saldo		
	Quant.	Custo unit.	Valor	Quant.	Custo unit.	Valor	Quant.	Custo unit.	Valor
Saldo inicial									
5/7/X6									
10/7/X6									
25/7/X6									
28/7/X6									
Total									

Ficha de controle (permanente) do estoque de mercadorias Porto										
Data	Entrada			Saída			Saldo		
	Quant.	Custo unit.	Valor	Quant.	Custo unit.	Valor	Quant.	Custo unit.	Valor
Saldo inicial									
8/7/X6									
10/7/X6									
20/7/X6									
22/7/X6									
Total									

Tendo apurado os valores do CMV, já se podem realizar os lançamentos contábeis. Para tanto, utilize a Matriz:

	Caixa	Estoque Alegre	Estoque Porto	=	Capital Social	Resultado
Saldos iniciais				=		
5 – Compra Alegre				=		
8 – Compra Porto				=		
10 – Venda Alegre				=		
10 – Baixa Alegre				=		
10 – Venda Porto				=		
10 – Baixa Porto				=		
20 – Compra Porto				=		
22 – Venda Porto				=		
22 – Baixa Porto				=		
25 – Compra Alegre				=		
28 – Venda Alegre				=		
28 – Baixa Alegre				=		
Saldos finais				=		

Finalmente, só falta evidenciar as demonstrações contábeis:

Demonstração do Resultado do Exercício:

DRE – Cia. Comercial RS – 31/7/X6	
Receita Bruta	
(–) Deduções da Receita	
(=) Receita Líquida	
(–) Custo das Mercadorias Vendidas	
CMV mercadoria Alegre	
CMV mercadoria Porto	
Total CMV	
(=) Lucro Bruto	

Demonstração das Mutações do Patrimônio Líquido:

DMPL – Cia. Comercial RS – 31/7/X6			
Eventos/Contas	Capital Social	Lucros Acumulados	Total do PL
Saldos iniciais			
Lucro do Período			
Saldos finais			

Balanço Patrimonial:

Cia. Comercial RS Balanço Patrimonial apurado em 31/7/X6			
Ativo Circulante		Passivo Circulante	
Caixa		Total do PC	
Estoque Alegre			
Estoque Porto		Patrimônio Líquido	
Total do AC		Capital Social	
		Lucros Acumulados	
		Total do PL	
Total do Ativo		Total do Passivo + PL	

Dica de estudo!

Você pode refazer este exercício alterando o sistema de controle e/ou critério de mensuração. Por exemplo, em seu caderno, refaça este exercício considerando que a Cia. Porto Alegre:

Adote o controle permanente e avalie os estoques pelo Peps;

Adote o controle periódico e avalie os estoques pelo Custo Médio (CMPF).

Respostas dos exercícios

(6.1 e 6.2)

2 – 3 – 2 – 1 – 3 – 2 – 3

(6.3)

A. Além do preço devido ou pago ao fornecedor, todos os demais gastos incorridos pela entidade e necessários para colocar o ativo em condições de gerar benefícios para a entidade, inclusive os tributos não recuperáveis mediante compensação.

B. Pelos custos de aquisição mais os custos de transformação. Portanto, pelo preço de compra mais os tributos não recuperáveis, transporte, manuseio e outros custos diretamente atribuíveis à aquisição, deduzidos de descontos comerciais, abatimentos etc., mais os custos incorridos na produção, como mão de obra direta e outros custos diretos e indiretos, fixos e variáveis.

C. Na mensuração subsequente, os estoques são avaliados pelo menor valor entre o custo e o preço de venda estimado diminuído dos custos para completar a produção e despesas de venda.

(6.4 e 6.5)

A. 3 – 1 – 2

B.

a) PEPS – Primeiro a entrar é o primeiro a sair.

b) Identificação específica.

(6.6)

(a) Pelo CMPM:

Pela venda a vista, no dia 10 – Confronto da despesa com a receita (baixa pelo CMPM):

D	Custo das Mercadorias Vendidas (DRE)	760,00
C	Estoque da mercadoria MILK (AC)	760,00
Venda de 32 unidades da mercadoria MILK, ao cliente Carangola, no dia 10		

Pela venda a prazo, no dia 30 – Confronto da despesa com a receita (baixa pelo CMPM):

D	Custo das Mercadorias Vendidas (DRE)	26,154
C	Estoque da mercadoria MILK (AC)	26,154
Venda de 1 unidade da mercadoria MILK, ao cliente Areal, no dia 30		

Na Matriz (CMPM):

Eventos	Disponibilidades	Clientes	Estoque	=	Fornecedores	Capital Social	Resultado
Saldos iniciais	1.800		200	=		2.000	
5 – compra	(750)		750	=			
10 – venda	1.920			=			1.920
10 – baixa (CMPM)			(760)	=			(760)
22 – compra			150	=	150		
30 – venda		60		=			60
30 – baixa (CMPM)			(26,15)	=			(26,15)
Saldos finais	2.970	60	313,85	=	150	2.000	1.193,85

Demonstração do Resultado do Exercício (CMPM):

Comercial Mineira Ltda. DRE apurada em 31/1/X0	
Receitas de Vendas	1.980,00
(–) Custo Mercadorias Vendidas	(786,15)
(=) Lucro Bruto	1.193,85

Demonstração das Mutações do Patrimônio Líquido (CMPM):

Eventos/Contas	Capital Social	Lucros acumulados	Total do PL
Saldos iniciais	2.000,00		2.000,00
Lucro do período		1.193,85	1.193,85
Saldos finais	2.000,00	1.193,85	3.193,85

Balanço Patrimonial (CMPM):

Balanço Patrimonial – Comercial Mineira Ltda. – 31/1/X0			
Ativo Circulante		Passivo Circulante	
Disponibilidades	2.970,00	Fornecedores	150,00
Clientes	60,00	Total do PC	150,00
Estoque (MILK)	313,85		
Total do AC	3.343,85	Patrimônio Líquido	
		Capital Social	2.000,00
		Lucros Acumulados	1.193,85
		Total do PL	3.193,85
Total do Ativo	**3.343,85**	**Total do Passivo + PL**	**3.343,85**

(b) Finalmente, pelo CMPF:

Por todas as vendas realizadas no mês – Confronto da despesa com a receita (baixa pelo CMPF):

D	Custo das Mercadorias Vendidas (DRE)	806,67
C	Estoque da mercadoria MILK (AC)	806,67
Venda de 32 unidades da mercadoria MILK, ao cliente Carangola, no dia 10, e de 1 unidade da mercadoria MILK, ao cliente Areal, no dia 30		

Na Matriz (CMPF):

Eventos	Disponibilidades	Clientes	Estoque	=	Fornecedores	Capital Social	Resultado
Saldos iniciais	1.800		200	=		2.000	
5 – compra	(750)		750	=			
10 – venda	1.920			=			1.920
22 – compra			150	=	150		
30 – venda		60		=			60
30 – baixa (CPMF)			(806,67)	=			(806,67)
Saldos finais	2.970	60	293,33	=	150	2.000	1.173,33

Demonstração do Resultado do Exercício (CMPF):

Comercial Mineira Ltda. DRE apurada em 31/1/X0	
Receitas de Vendas	1.980,00
(–) Custo Mercadorias Vendidas	(806,67)
(=) Lucro Bruto	1.173,33

Demonstração das Mutações do Patrimônio Líquido (CMPF):

Comercial Mineira Ltda. DMPL apurada em 31/1/X0			
Eventos/Contas	Capital Social	Lucros acumulados	Total do PL
Saldos iniciais	2.000,00		2.000,00
Lucro do período		1.173,33	1.173,33
Saldos finais	2.000,00	1.173,33	3.173,33

Balanço Patrimonial (CMPF):

Balanço Patrimonial – Comercial Mineira Ltda. – 31/1/X0			
Ativo Circulante		Passivo Circulante	
Disponibilidades	2.970,00	Fornecedores	150,00
Clientes	60,00	Total do PC	150,00
Estoque (MILK)	293,33		
Total do AC	3.323,33	Patrimônio Líquido	
		Capital Social	2.000,00
		Lucros Acumulados	1.173,33
		Total do PL	3.173,33
Total do Ativo	**3.323,33**	**Total do Passivo + PL**	**3.323,33**

Questões de concurso

1. d   2. e   3. b   4. c   5. e

Exercícios de verificação

A Cia. SARAH apresentou o seguinte Balanço Patrimonial em 01/01/200X:

Balanço Patrimonial – 1º/1/2009			
Ativo	**($)**	**Passivo**	**($)**
Disponível	60.000,00	Fornecedores a Pagar	9.000,00
Duplicatas a receber	10.000,00	Contas a Pagar	4.000,00
Estoque Mercadorias	50.000,00	Empréstimos Obtidos (PC)	8.000,00
		Capital Social	95.000,00
		Lucros Acumulados	4.000,00
Total do Ativo	**120.000,00**	**Total do Passivo + PL**	**120.000,00**

Obs. 1: O Estoque de 1º/1/200X era composto por 50.000 unidades da mercadoria "A". A Cia. SARAH controla seu estoque permanentemente e o avalia pelo PEPS – Primeiro que entra, primeiro que sai.

Obs. 2: Os Empréstimos Obtidos (PC) cobram juros mensais de $ 50,00.

Durante o primeiro semestre de 200X, ocorreram as seguintes transações:

1) A Cia. Sarah recebeu 80% do saldo de Duplicatas a Receber do início do ano;

2) A Cia. SARAH pagou metade da dívida com Fornecedores que devia desde o início do ano;

3) A Cia. SARAH pagou as Contas a Pagar que devia desde início do ano;

4) Os sócios da Cia. SARAH aumentaram o Capital Social da empresa, integralizando-o imediatamente em dinheiro, no valor de $ 60.000,00;

5) A Cia. SARAH comprou, a prazo, 10.000 unidades da mercadoria "A", por $ 2,00 a unidade (desconsidere os impostos);

6) A Cia. SARAH vendeu 25.000 unidades da mercadoria "A", por $ 3,00 a unidade (desconsidere os impostos). A venda foi negociada a prazo;

7) A Cia. SARAH recebeu de seus clientes metade das Duplicatas a Receber referentes às vendas deste ano. O restante das duplicatas vencerá, ainda, em 2009 (no segundo semestre);

8) No início de abril, a Cia. SARAH comprou veículos, para a diretoria, à vista, por $ 12.000,00. Espera-se que esses móveis tenham vida útil de 5 anos, ao final do qual se reduzirão a sucata e o método de depreciação adotado é o linear – cotas constantes. A Cia. SARAH reconheceu a depreciação mensalmente (inclusive no mês de abril);

9) A Cia. SARAH incorreu e pagou despesas administrativas de $ 700,00 e despesas comerciais de $ 1.000,00;

10) Sabe-se que, durante o primeiro semestre, a Cia. SARAH pagou todos os juros devidos sobre os Empréstimos Obtidos (PC) – $ 50,00 por mês;

11) Ainda em 30/06/200X, a Cia. SARAH pagou 70% da dívida bancária – referente ao Empréstimo Obtido (PC) no ano anterior – $ 8.000,00;

12) Sabe-se que foram distribuídos e pagos dividendos no valor total de $ 12.000,00.

Dicas: *Ignore todo e qualquer tributo. Não se esqueça de reconhecer a depreciação dos móveis, a baixa das mercadorias vendidas e as despesas financeiras!*

Pede-se elaborar as demonstrações contábeis da Cia. SARAH, apuradas em **30/06/200X**:

1) Demonstração do Resultado do Exercício;

2) Demonstração das Mutações do Patrimônio Líquido;

3) Balanço Patrimonial;

4) Demonstração dos Fluxos de Caixa (pelo método Direto).

7

Fatos contábeis diversos: Vendas a prazo
Operações financeiras
Receitas e despesas antecipadas
Contingências passivas

Objetivo do Capítulo

Neste capítulo, será apresentado como proceder, do ponto de vista contábil, em algumas situações que surgem em nosso cotidiano mas que requerem tratamento específico. Para sua melhor compreensão serão explicadas de forma separada, sendo posteriormente inseridas em problemas como mais de um de seus itens. São elas:

a) A mensuração e reconhecimento das perdas estimadas em contas a receber. Quando se vende a prazo, a entidade não recebe o dinheiro no ato, mas o cliente lhe entrega um título do crédito (duplicata, cheque pré-datado, nota promissória etc.) mediante o qual se compromete a pagar à entidade no futuro. O problema decorrente disso é que a entidade não tem certeza absoluta se o cliente pagará sua dívida na data de vencimento do título, portanto a entidade precisa reconhecer em suas Demonstrações Contábeis o risco dessa inadimplência.

b) O reconhecimento das Receitas e Despesas Financeiras. As operações financeiras correspondem aos empréstimos que a entidade obtém no mercado financeiro (operações financeiras passivas) e às aplicações que a entidade realiza (operações financeiras ativas). Essas operações financeiras consomem (passivas) ou geram (ativas) juros e variação monetária que são reconhecidos contabilmente como Despesa Financeira e Receita Financeira, respectivamente. Dependendo da característica da operação financeira, esta precisa ser mensurada contabilmente pelo valor de mercado.

c) O reconhecimento das Receitas e Despesas Antecipadas. Algumas negociações efetuadas pela entidade, com terceiros, implicam que transações financeiras (pagamento ou recebimento) sejam realizadas anteriormente ao evento econômico. Quando o recebimento do dinheiro por um serviço é realizado anteriormente à execução do serviço, o valor recebido pela entidade é reconhecido contabilmente como uma Receita Antecipada. Por outro lado, quando o pagamento de uma despesa (um serviço contratado de terceiro) é efetuado anteriormente à prestação do serviço pela entidade contratada, reconhece-se uma Despesa Antecipada.

d) O reconhecimento das Contingências Passivas. Algumas obrigações da entidade são condicionadas à ocorrência de determinados eventos futuros e incertos; tais obrigações são denominadas contingências passivas. Na última seção deste capítulo estudaremos quando e como as contingências passivas devem ser reconhecidas nas Demonstrações Contábeis.

O Apêndice deste capítulo é dedicado à apresentação dos ajustes a valor presente. Tal é utilizado quando a entidade tem direitos a realizar no longo prazo ou obrigações exigíveis no longo prazo, ou relevantes no circulante, sendo tais valores evidenciados no Balanço Patrimonial pelo valor presente equivalente aos fluxos futuros desses ativos e passivos.

7.1 Mensuração e reconhecimento das perdas em contas a receber

Ao vender a prazo, a entidade corre o risco de não receber o dinheiro do cliente. A probabilidade de não recebimento é denominada "risco de inadimplência".

Vimos no Capítulo 6 que, ao vender a mercadoria (seja à vista ou a prazo), a entidade reconhece a receita de vendas (Receita Bruta) e reconhece a baixa da mercadoria vendida (CMV), seguindo o Regime de Competência.

Considerando que o risco de inadimplência decorre da venda a prazo, é necessário reconhecer a despesa associada a esse risco (Despesa Estimada com os Créditos de Liquidação Duvidosa – PCLD), confrontando-a com a receita de vendas. Isso ocorre de forma semelhante ao confronto do CMV com a Receita Bruta.

Uma proposta de nomenclatura seria utilizar o termo Perdas Estimadas em Créditos de Liquidação Duvidosa em virtude da restrição ao termo Provisão. Entretanto, como na prática há o grande uso do termo Provisão para Créditos de Liquidação Duvidosa, este nome será aplicado.

Em relação ao cálculo da PCLD existem duas visões. A primeira, que é amplamente utilizada no Brasil, é a apuração da perda pelo método, de Perdas Estimadas ou Esperadas. Esta forma é apresentada no texto do livro. Entretanto, o Pronunciamento CPC 38 – "Instrumentos Financeiros: Reconhecimento e Mensuração" aborda a utilização do conceito de Perda Incorrida, quando a despesa é reconhecida quando o cliente deixa de efetuar o pagamento na data ou quando há um fato gerador negativo indicando a existência de um sério problema com o cliente.

A Lei nº 6.404/76, com redação dada pela Lei nº 11.638/07, prevê o reconhecimento da PCLD no artigo 183 (o grifo não consta no original).

> Art. 183. No balanço, os elementos do ativo serão avaliados segundo os seguintes critérios:
> I – as aplicações em instrumentos financeiros, inclusive derivativos, e em direitos e títulos de créditos, classificados no ativo circulante ou no realizável a longo prazo:
> a) pelo seu valor justo, quando se tratar de aplicações destinadas à negociação ou disponíveis para venda; e
> b) **pelo valor de custo de aquisição ou valor de emissão**, atualizado conforme disposições legais ou contratuais, **ajustado ao valor provável de realização, quando este for inferior, no caso das demais aplicações e os direitos e títulos de crédito.**

Vejamos um exemplo: em 12 de abril, a Cia. Comercial RFJC vende a prazo 1.000 unidades da mercadoria X ao cliente Fiel, por $ 10,00 a unidade, com prazo para recebimento em 14 de maio. Sabe-se que cada unidade da mercadoria X custou $ 7,00 à Cia. Comercial RFJC. De acordo com o que estudamos no Capítulo 6, a Cia. Comercial RFJC reconheceria os seguintes lançamentos contábeis:

Pela venda a prazo, no dia 12 – Reconhecimento da receita:

D	Duplicatas a Receber (AC) ou clientes (AC)	10.000,00
C	Receita Bruta de vendas (DRE)	10.000,00
Venda a prazo de 1.000 unidades da mercadoria X, ao cliente Fiel, no dia 12 de abril, com vencimento em 14 de maio.		

Pela venda a prazo, no dia 12 – Confronto do CMV com a receita (Baixa do Estoque):

D	Custo das Mercadorias Vendidas (DRE)	7.000,00
C	Estoque da mercadoria X (AC)	7.000,00
Venda de 1.000 unidades da mercadoria X, ao cliente Fiel, no dia 12		

O contador da Cia. Comercial RFJC, após efetuar uma análise com o setor de crédito da empresa, estima que a probabilidade de o cliente Fiel não pagar a sua dívida é de 2% (risco de inadimplência). Portanto, há dúvida entre dois valores válidos para o Ativo Circulante – Duplicatas a Receber: $ 10.000,00, valor que a Cia. Comercial RFJC tem o direito de cobrar do cliente Fiel; ou $ 9.800,00, o valor mais provável que se espera que o cliente Fiel pague [$ 10.000,00 × (1 – 0,02)].

Esse fato deve ser mantido, pois sempre que houver dúvida entre dois valores válidos para o Ativo, deve-se reconhecer o menor. Logo, é necessário reconhecer a Despesa com a PCLD, no valor de $ 200,00 ($ 10.000,00 × 2%).

Pela venda a prazo, no dia 12 de abril – Confronto da PCLD com a receita:

D	Despesa com Provisão para Créditos de Liquidação Duvidosa (DRE)	200,00
C	Provisão para Créditos de Liquidação Duvidosa (redutora do AC)	200,00
Reconhecimento do risco de inadimplência (2%) sobre a venda a prazo ao cliente Fiel, no valor de $ 10.000,00, com vencimento em 14 de maio.		

Dúvidas recorrentes entre os nossos alunos são as seguintes:

a) Se o cliente pagar a dívida no dia 14 de maio, como fica a PCLD?
b) Se o cliente não pagar a dívida no dia 14 de maio, como fica a PCLD?

Vejamos, primeiro, o cenário otimista. Caso o cliente Fiel pague sua dívida ($ 10.000,00) no dia combinado, a entidade reconhecerá o dinheiro recebido e a baixa das Duplicatas a Receber e, subsequentemente, reconhecerá a reversão da PCLD, afinal, a expectativa de inadimplência não se realizou.

Pelo recebimento do crédito, no dia 14 de maio – Reconhecimento do caixa:

D	Disponibilidades (AC)	10.000,00
C	Duplicatas a Receber (AC)	10.000,00
Recebimento da duplicata contra o cliente Fiel, relativa à venda do dia 12 de abril, em 14 de maio.		

Pelo recebimento do crédito, no dia 14 de maio – Reversão da PCLD:

D	Provisão para Créditos de Liquidação Duvidosa (redutora do AC)	200,00
C	Reversão da Provisão para Créditos de Liquidação Duvidosa (DRE)	200,00
Reversão da PCLD constituída em 12 de abril, porque o risco de inadimplência não se realizou, uma vez que o cliente Fiel pagou sua dívida em 14 de maio.		

Esta reversão representa na essência uma despesa negativa, decorrente da anulação da despesa anteriormente reconhecida, mas cujo fato negativo não ocorreu.

Por outro lado, se o cliente não pagar a dívida no dia 14 de maio, a Cia. Comercial RFJC precisará rever a sua expectativa de risco de inadimplência.

Caso a entidade resolva manter sua expectativa de não recebimento do cliente Fiel em 2%, não precisará fazer qualquer novo lançamento.

Entretanto, digamos que a Cia. Comercial RFJC estime, agora, que a probabilidade de o cliente Fiel não pagar sua dívida ($ 10.000,00) seja de 5,5%; então, precisará reconhecer o reforço da Provisão para Créditos de Liquidação Duvidosa em 3,5% (5,5% – 2%), ou seja, precisará aumentar o saldo da provisão em $ 350,00 ($ 10.000,00 × 3,5%), perfazendo o saldo total da PCLD em $ 550,00 ($ 200,00 + $ 350,00). Isso seria feito mediante o seguinte registro contábil:

Pelo não recebimento do crédito, no dia 14 de maio – Reforço da PCLD:

D	Despesa com Provisão para Créditos de Liquidação Duvidosa (DRE)	350,00
C	Provisão para Créditos de Liquidação Duvidosa (redutora do AC)	350,00
Reforço da PCLD pelo aumento do risco de inadimplência (de 2% para 5,5%), posto que o cliente Fiel não pagou sua dívida no vencimento (14 de maio).		

A questão mais relevante sobre a PCLD diz respeito a sua mensuração, ou seja: Como medir o risco de inadimplência?

As empresas costumam medir tal risco pela análise histórica da inadimplência sofrida sobre as vendas a prazo.

Por exemplo, imagine que a Cia. Comercial RFJC tenha vendido a prazo, nos últimos 3 anos, $ 100.000.000,00; e que desse montante não recebeu $ 2.000.000,00. Então, a taxa histórica de inadimplência foi de 2% ($ 2.000.000,00/ $ 100.000.000,00). A administração da Cia. Comercial RFJC, estimando que a inadimplência histórica, dos últimos três anos, é um bom indicador da inadimplência futura, utiliza a taxa de 2% para mensurar a Provisão para Créditos de Liquidação Duvidosa.

Adicionalmente, as empresas costumam fazer uma análise individualizada dos clientes, buscando identificar eventuais ajustes a essa taxa histórica. Dessa forma, quando a entidade vende a prazo (ou concede qualquer tipo de empréstimo e financiamento) a um cliente que sempre pagou suas dívidas em dia e, ainda, dispõe de excelente situação econômico-financeira, reconhece a PCLD em uma taxa menor que a média histórica geral. Por outro lado, ao conceder crédito a um cliente com precária situação econômico-financeira, ou que já atrasou o pagamento de suas dívidas, a entidade reconhece a PCLD em uma taxa maior que a média histórica geral. Esse procedi-

mento equivale ao reconhecimento da PCLD por um processo de "rating".

Por exemplo, a administração da Cia. Comercial RFJC procedeu à revisão do risco de inadimplência do cliente Fiel, ao constatar que este não havia pago sua dívida na data de vencimento. Como consequência, aumentou a taxa de provisionamento de 2% para 5,5% sobre o valor do crédito.

7.1.1 Mecânica contábil: PCLD

Pela Matriz de Lançamentos, os registros contábeis dessas transações seriam os seguintes. Para facilitar a compreensão, imagine que a Cia. Comercial RFJC evidenciasse, no Balanço Patrimonial, Estoques no valor de $ 7.000,00 e Capital Social de $ 7.000,00.

Inicialmente, vamos considerar somente os lançamentos reconhecidos em abril:

Eventos/Contas	Disponibilidades	Duplicatas a Receber		(–) PCLD	Estoques	=	Capital Social	Resultado
		D	C		D		C	
Saldos Iniciais					7.000,00	=	7.000,00	
								C
Receita vendas		10.000,00				=		10.000,00
					C			D
Baixa merc. vendidas					(7.000,00)	=		(7.000,00)
								D
Constituição PCLD				(200,00)		=		(200,00)
Saldos Finais	–	10.000,00		(200,00)	–	=	7.000,00	2.800,00

Considerando que, em maio, o cliente Fiel pagou a sua dívida, teríamos o ingresso do dinheiro no Caixa e a reversão da PCLD:

Eventos/Contas	Disponibilidades	Duplicatas a Receber	(–) PCLD	Estoques	=	Capital Social	Resultado
Saldos Iniciais	–	10.000,00	(200,00)	–	=	7.000,00	2.800,00
Recebimento	10.000,00	(10.000,00)			=		
Reversão PCLD			200,00		=		200,00
Saldos Finais	10.000,00	–	–	–	=	7.000,00	3.000,00

Por outro lado, se o cliente Fiel não pagasse sua dívida, haveria a necessidade de rever a estimativa da PCLD e, se for o caso, reforçar o seu saldo. No exemplo desenvolvido nesta seção, a Cia. Comercial RFJC reforçou a PCLD em 3,5%. Portanto:

Eventos/Contas	Disponibilidades	Duplicatas a Receber	(–) PCLD	Estoques	=	Capital Social	Resultado
Saldos Iniciais	–	10.000,00	(200,00)	–	=	7.000,00	2.800,00
Reforço PCLD			(350,00)		=		(350,00)
Saldos Finais	–	10.000,00	(550,00)	–	=	7.000,00	2.450,00

7.1.2   O caso da Raia Drogasil S/A

Ilustramos os critérios de avaliação dos Contas a Receber mediante a apresentação dos itens 4(d)(i)(3) – Principais Práticas Contábeis, Intrumentos Financeiros, Ativos Financeiros, Empréstimos e Recebíveis – e 7 – Clientes – das Notas Explicativas da Raia Drogasil S/A, 2011.

4. Principais práticas contábeis

As principais práticas contábeis adotadas na elaboração dessas demonstrações financeiras estão descritas a seguir:
   [...]

(d) Instrumentos financeiros

(i) Ativos Financeiros

Classificação e mensuração
A Companhia classifica seus ativos financeiros nas categorias de mensurados ao valor justo por meio do resultado, ativos mantidos até o vencimento e recebíveis. A Administração determina a classificação de seus ativos financeiros no reconhecimento inicial dependendo da finalidade para a qual os ativos financeiros foram adquiridos. Quando reconhecidos, são inicialmente registrados ao valor justo, acrescidos, no caso de investimentos não designados a valor justo por meio do resultado, dos custos de transação que sejam diretamente atribuíveis à aquisição do ativo financeiro.
   [...]

(3) Empréstimos e Recebíveis

Incluem-se nesta categoria os recebíveis, que são ativos financeiros não derivativos com recebimentos fixos ou determináveis, não cotados em um mercado ativo. São classificados como ativo circulante, exceto aqueles com prazo de vencimento superior a 12 meses após a data de emissão do balanço, que são classificados como ativos não circulantes. Os recebíveis da Companhia compreendem as contas a receber de clientes e as demais contas a receber.

7. Clientes

A seguir, estão demonstrados os saldos de contas a receber, por idade de vencimento:

Raia Drogasil S/A Clientes	2011 R$ milhares	2010 R$ milhares
A vencer	279.588	112.725
Vencidas		
Entre 1 e 30 dias	7.811	1.486
Entre 31 e 60 dias	614	83
Entre 61 e 90 dias	74	49
Entre 91 e 180 dias	201	187
Entre 181 e 360 dias	4	30
A mais de 360 dias	515	228
Provisão para créditos liquidação duvidosa	(964)	(494)
Total dos Clientes	**287.843**	**114.294**

O prazo médio de recebimento das contas a receber de clientes é de aproximadamente 40 dias, prazo esse considerado como parte das condições normais e inerentes das operações da Companhia; por esse motivo, não foram identificados saldos e transações para os quais o efeito do ajuste a valor presente fosse relevante.

A movimentação da provisão para créditos de liquidação duvidosa está demonstrada a seguir:

Raia Drogasil S/A Movimentação da provisão para perdas com mercadorias	2011 R$ milhares	2010 R$ milhares
Saldo inicial	(494)	(544)
Adições	(650)	(531)
Adições por meio de combinação de negócios	(314)	0
Reversões	494	581
Saldo final	(964)	(494)

As contas a receber são classificadas na categoria de ativos financeiros "Recebíveis" e, portanto, mensuradas de acordo com o descrito na Nota 4 (d)(i)(3).

Exercícios de fixação (7.1)

1. Em que consiste o risco de inadimplência?

    _____

    _____

    _____

2. Quais princípios contábeis e conceitos fundamentais estão relacionados ao reconhecimento da PCLD?

_____

_____

_____

3. A Cia. Curitiba vendeu todo o seu estoque a prazo por $ 60.000. a)

a) Na data do Balanço fez uma estimativa de inadimplência de 10%. Faça a planilha de lançamentos, DRE e BP e DFC Indireto.

	BP	Inicial	
Cx.	20.000		
Estoq.	30.000	Cpt	50.000
Total	50.000	Total	50.000

b) Na semana seguinte ao Balanço os clientes pagaram $ 57.000,00. Em relação ao PCLD, foi julgado que ainda havia um risco de inadimplência de 50% do respectivo montante. Faça a planilha de lançamentos, DRE, BP e DFC Indireto.

c) Após várias tentativas de cobrança foi definido que não seria mais pago o que era devido. Foi efetuada a baixa CI e PCLD. Como fica o BP?

7.2 Reconhecimento das receitas e despesas financeiras

O reconhecimento das receitas financeiras e das despesas financeiras segue a mesma lógica do reconhecimento das demais receitas e despesas, ou seja, o Princípio da Competência, segundo o qual os eventos são reconhecidos quando ocorre a transação econômica, independentemente do recebimento ou pagamento.

Na prática, as receitas e as despesas financeiras correspondem aos rendimentos financeiros auferidos sobre suas aplicações financeiras (Ativo) e os encargos financeiros incidentes sobre empréstimos ou financiamentos (Passivo), respectivamente. Vejamos exemplos de ambos. Primeiro, da receita financeira.

7.2.1 Receitas financeiras

Suponha que no dia 31 de julho de X6 a empresa Comercial Conservadora Ltda. tenha investido $ 10.000,00 na caderneta de poupança. Considerando que o rendimento da poupança em agosto de X6 foi de 0,7448%, em 31 de agosto a entidade reconheceria a Receita Financeira no valor de $ 74,48, conforme o cálculo a seguir.

Aplicação na Caderneta de Poupança:		
Principal	10.000,00	em 31/7/X6
Rendimento	0,7448%	em agosto de X6
Receitas Financeiras	**74,48**	**em agosto de X6**

Consequentemente, seria efetuado o seguinte registro contábil:

Pelo reconhecimento da receita financeira, em 31 de agosto de X6:

D	Aplicações Financeiras – Poupança (AC)	74,48
C	Receitas Financeiras (DRE)	74,48
Reconhecimento da receita financeira decorrente do rendimento da poupança.		

Na Matriz, os lançamentos seriam os seguintes. Para facilitar o entendimento, suponha que o patrimônio era de $ 10.000,00 – disponíveis no Caixa e financiados pelo Capital Social:

Eventos/Contas	Caixa	Poupança	=	Capital Social	Resultado
Saldos Iniciais	10.000,00		=	10.000,00	
Aplicação	(10.000,00)	10.000,00	=		
Receita Financera		74,48	=		74,48
Saldos Finais	–	10.074,48	=	10.000,00	74,48

7.2.2 Despesas financeiras

Vejamos agora um exemplo de despesa financeira. No dia 1º/7/X4, uma empresa captou um empréstimo bancário no valor de $ 100.000,00, com as seguintes condições:

- forma de pagamento: 50% da dívida precisará ser amortizada daqui a um ano e o restante daqui a dois anos;
- encargos financeiros: variação monetária medida pelo IGP-M e juros de 3% ao semestre.

Essa empresa precisaria reconhecer os seguintes lançamentos contábeis:

Pela obtenção do empréstimo, no dia 1º de julho:

D	Disponibilidades (AC)	100.000,00
C	Empréstimos bancários (PC)	50.000,00
C	Empréstimos bancários (PÑC)	50.000,00
Obtenção de empréstimo bancário, em 1º/7/X4, com vencimento para 1º/7/X5 e 1º/7/X6.		

Em 31 de dezembro de X4, para apurar a DRE do período, a entidade precisou reconhecer as Despesas Financeiras no valor total de $ 8.438,40, calculado conforme demonstrado a seguir:

Empréstimo Bancário:		
Principal sem correção	100.000,00	
IGP-M	5,28%	no segundo semestre de X4
Taxa de juros	3%	ao semestre
Variação monetária	5.280,00	do segundo semestre de X4
Juros	3.158,40	do segundo semestre de X4
Despesas Financeiras	**8.438,40**	**do segundo semestre de X4**

Observe que os juros incidem sobre o valor corrigido de $ 105.280,00 ($ 100.000,00 + $ 5.280,00). Consequentemente, foram efetuados os seguintes lançamentos contábeis.

Pelo reconhecimento dos encargos financeiros, em 31/12/X4:

D	Despesas Financeiras – Variação Monetária (DRE)	5.280,00
D	Despesas Financeiras – Juros (DRE)	3.158,40
C	Empréstimos bancários (PC)	4.219,20
C	Empréstimos bancários (PÑC)	4.219,20
Reconhecimento dos encargos financeiros do segundo semestre de X4, relativos ao empréstimo bancário.		

> Os termos "Variação Monetária" e "Correção Monetária" costumam ser utilizados indistintamente, sendo a primeira forma a mais adequada.

Quando chegar em 1º/7/X5, antes de pagar a primeira parcela, a entidade precisará mensurar o valor a ser pago, consequentemente, será necessário reconhecer os encargos financeiros relativos a esse período, no valor total de $ 5.207,75, assim calculado:

Empréstimo Bancário:		
Principal	108.438,40	corrigido até 31/12/X4
IGP-M	1,75%	no primeiro semestre de X5
Taxa de juros	3%	ao semestre
Correção monetária	1.897,67	no primeiro semestre de X5
Juros	3.310,08	no primeiro semestre de X5
Despesas Financeiras	**5.207,75**	**no primeiro semestre de X5**

Consequentemente, reconheceria os seguintes lançamentos contábeis:

Pelo reconhecimento dos encargos financeiros, em 1º/7/X5:

D	Despesas Financeiras – Variação (DRE)	1.897,67
D	Despesas Financeiras – Juros (DRE)	3.310,08
C	Empréstimos bancários (PC)	2.603,88
C	Empréstimos bancários (PÑC)	2.603,87
Reconhecimento dos encargos financeiros do primeiro semestre de X5, relativos ao empréstimo bancário.		

Pelo pagamento da primeira parcela, em 1º/7/X5:

D	Empréstimos bancários (PC)	56.823,08
C	Disponibilidades (AC)	56.823,08
Pagamento da primeira parcela do empréstimo bancário, acrescida de juros e correção monetária, até a data (1º/7/X5).		

Considerando que a segunda parcela vencerá em 1º/7/X6, ou seja, em 12 meses a contar de julho de X5, é necessário transferir a dívida do Passivo não Circulante para o Passivo Circulante. Isso é feito mediante o seguinte lançamento contábil:

Pela transferência do PÑC para o PC, em 1º/7/X5:

D	Empréstimos bancários (PÑC)	56.823,07
C	Empréstimos bancários (PC)	56.823,07
Transferência da dívida de PÑC para PC, pelo decurso do tempo.		

Em 31 de dezembro de X5, para apurar a DRE do período, a entidade precisou reconhecer as Despesas Financeiras calculadas conforme demonstrado a seguir:

Empréstimo Bancário:		
Principal	56.823,07	corrigido até 1º/7/X5
IGP-M	– 0,54%	no segundo semestre de X5
Taxa de juros	3%	ao semestre
Variação monetária	(306,84)	do segundo semestre de X5
Juros	1.695,49	do segundo semestre de X5
Despesas Financeiras	**1.388,64**	**do segundo semestre de X5**

Observe que no segundo semestre de X5 houve deflação de 0,54%, no Brasil. Consequentemente, a variação monetária precisa ser, ainda, reconhecida como uma Despesa, sendo que a crédito (como se fosse uma despesa com sinal invertido), e a empresa reconheceu os seguintes lançamentos contábeis.

Pelo reconhecimento dos encargos financeiros, em 31 de dezembro de X5:

D	Despesas Financeiras – Juros (DRE)	1.695,49
C	Despesas Financeiras – Variação Monetária (DRE)	306,84
C	Empréstimos bancários (PC)	1.388,64

Reconhecimento dos encargos financeiros do segundo semestre de X5, relativos ao empréstimo bancário.

Observação: O reconhecimento do efeito da variação negativa do IGPM sobre o Passivo como Despesa é o procedimento mais adequado, caso contrário, reconhecer-se-ia uma Receita sobre um Passivo. O raciocínio básico considera que sobre um Passivo é sempre incorrida uma <u>Despesa Financeira, mesmo que esta seja negativa</u>. De forma análoga, sobre uma aplicação financeira sempre gera uma Receita, mesmo que negativa, e nunca uma Despesa.

Quando chegar em 1º/7/X6, antes de pagar a primeira parcela, a entidade precisará mensurar o valor a ser pago.

Empréstimo Bancário:		
Principal	58.211,72	corrigido até 31/12/X5
IGP-M	1,41%	no primeiro semestre de X6
Taxa de juros	3%	ao semestre
Variação monetária	820,79	do primeiro semestre de X6
Juros	1.770,98	do primeiro semestre de X6
Despesas Financeiras	**2.591,77**	**do primeiro semestre de X6**

Consequentemente, reconheceria os seguintes lançamentos contábeis.

Pelo reconhecimento dos encargos financeiros, em 1º/7/X6:

D	Despesas Financeiras – Variação Monetária (DRE)	820,79
D	Despesas Financeiras – Juros (DRE)	1.770,98
C	Empréstimos bancários (PC)	2.591,77

Reconhecimento dos encargos financeiros do primeiro semestre de X6, relativos ao empréstimo bancário.

Pelo pagamento da primeira parcela, em 1º/7/X6:

D	Empréstimos bancários (PC)	60.803,49
C	Disponibilidades (AC)	60.803,49

Pagamento da última parcela do empréstimo bancário, acrescida de juros e variação monetária, até a data (1º/7/X6).

Na Matriz, os lançamentos seriam os seguintes. Para facilitar o entendimento, suponha que o patrimônio era de $ 20.000,00 – disponíveis no Caixa e financiados pelo Capital Social.

Em X4, seriam reconhecidos os seguintes lançamentos:

Eventos/Contas	Caixa	=	Empréstimos PC	Empréstimos PÑC	Capital Social	Resultado
Saldos Iniciais	20.000,00	=			20.000,00	
Captação empréstimo	100.000,00	=	50.000,00	50.000,00		
Variação Monetária		=	2.640,00	2.640,00		(5.280,00)
Juros		=	1.579,20	1.579,20		(3.158,40)
Saldos Finais	120.000,00	=	54.219,20	54.219,20	20.000,00	(8.438,40)

Em X5:

Eventos/Contas	Caixa	=	Empréstimos PC	Empréstimos PÑC	Capital Social	Resultado
Saldos Iniciais	120.000,00	=	54.219,20	54.219,20	20.000,00	(8.438,40)
Variação Monetária		=	948,84	948,84		(1.897,67)
Juros		=	1.655,04	1.655,04		(3.310,08)
Pagamento	(56.823,08)	=	(56.823,08)			
Transferência ELP p/ PC		=	56.823,08	(56.823,08)		
Variação Monetária		=	(306,84)			306,84
Juros		=	1.695,49			(1.695,49)
Saldos Finais	63.176,92	=	58.211,72	–	20.000,00	(15.034,80)

Em X6:

Eventos/Contas	Caixa	=	Empréstimos PC	Empréstimos PÑC	Capital Social	Resultado
Saldos Iniciais	63.176,92	=	58.211,72	–	20.000,00	(15.034,80)
Variação Monetária		=	820,79			(820,79)
Juros		=	1.770,98			(1.770,98)
Pagamento	(60.803,49)	=	(60.803,49)			
Saldos Finais	2.373,43	=	–	–	20.000,00	(17.626.57)

Exercícios de fixação (7.2)

1. Em que consistem os juros sobre empréstimos?

   _____

   _____

   _____

   _____

   _____

2. Por que a variação monetária ativa é sempre considerada uma receita financeira, independentemente de ser positiva (aumenta o lucro) ou negativa (reduz o lucro)?

   _____

   _____

   _____

   _____

   _____

3. Indique se a afirmativa abaixo está <u>certa</u> ou <u>errada</u>. Estando errada, corrija-a e justifique a correção:

   A despesa financeira é reconhecida quando operações financeiras consomem juros e correção monetária.

   ( ) Certa / ( ) Errada

   Se errada, a forma correta é:

   _____

   _____

   _____

   _____

   _____

   Afinal ...

   _____

   _____

7.3 Reconhecimento das receitas e despesas antecipadas

As receitas e as despesas antecipadas surgem quando o evento financeiro ocorre antes do evento econômico. Este assunto foi abordado no Capítulo 5.

7.3.1 Reconhecimento das despesas antecipadas

Quando a entidade compra mercadorias a prazo, primeiro ocorre o evento econômico (a aquisição) e só depois o evento financeiro (pagamento). Portanto, no ato da aquisição a entidade reconhece a dívida a pagar a fornecedores.

Por outro lado, quando a empresa contrata e paga por um serviço cujo período de execução é maior que um mês, como um seguro que tem apólice com vigência de 12 meses, o pagamento (evento financeiro) ocorre antes da execução do serviço (evento econômico). Portanto, no ato da contratação do serviço, a entidade reconhece o pagamento antecipado como Despesas Antecipadas. Conforme o tempo for passando e o serviço for sendo prestado, a entidade vai apropriando as Despesas Antecipadas ao resultado do exercício, na DRE.

Imagine que, no dia 31/3/X6, o Hospital R&P fez o seguro de sua frota de ambulâncias, tendo pago à Cia. Seguradora o valor de $ 12.000,00 pelo seguro com vigência de 12 meses. Nessa ocasião, o hospital reconheceria todo o valor pago como Despesas Antecipadas.

Pela contratação do seguro, em 31/3/X6:

D	Despesas Antecipadas – Seguros (AC)	12.000,00
C	Disponibilidades (AC)	12.000,00
Contratação e pagamento do seguro da frota de ambulâncias, com vigência até 31 de março de X7.		

Conforme o tempo for passando, o Hospital R&P reconhecerá 1/12 (um doze avos) como despesa mensal com seguros. Portanto, em 30/4/X6, o hospital reconhece a Despesa de Seguros no valor de $ 1.000,00, apropriando parte das Despesas Antecipadas.

Pela apropriação da despesa com seguros, em 30/4/X6:

D	Despesas com Seguros (DRE)	1.000,00
C	Despesas Antecipadas – Seguros (AC)	1.000,00
Reconhecimento da despesa de seguros da frota de ambulâncias, de abril de X6.		

Esse lançamento é reconhecido mês a mês, até que se extinga o prazo de vigência da apólice de seguros. Seguindo a resolução do exemplo, em 31/3/X7.

Na Matriz de lançamentos, considerando que o patrimônio da empresa era composto por $ 20.000,00 – aplicados em Disponibilidades e financiados pelo Capital Social, seriam:

Eventos/Contas	Disponibilidades	Desp. Antecipadas	=	Capital Social	Resultado
Saldos Iniciais	20.000,00		=	20.000,00	
Contratação do seguro	(12.000,00)	12.000,00	=		
Despesas mensais		(1.000,00)	=		(1.000,00)
Saldos Finais	8.000,00	11.000,00	=	20.000,00	(1.000,00)

7.3.2 Reconhecimento das receitas antecipadas

O mesmo raciocínio se aplica à receita antecipada. Imagine uma empresa de *software* que venda assinaturas anuais de seus produtos, como o antivírus, por $ 72,00. Ao cliente acessar o portal dessa entidade, pagar o preço e fazer o *download* do *software*, a empresa ficará obrigada a manter o antivírus atualizado e a disponibilizar atualizações a seu cliente. Portanto, o valor pago pelo assinante no ato do *download* não é reconhecido como uma receita do período, mas como uma Receita Antecipada e, a cada mês, ela reconhece 1/12 do valor com receita do mês, abatendo o saldo das Receitas Antecipadas. Suponha que em 30/10/X6 um cliente contrate o antivírus e o pague. A empresa de *software* reconhecerá:

Pela contratação do antivírus, em 30/10/X6:

D	Disponibilidades (AC)	72,00
C	Receitas Antecipadas – Antivírus (PC)	72,00
Contratação e recebimento do antivírus, com vigência até 30 de novembro de X7.		

Conforme o tempo for passando, a empresa de *software* reconhecerá 1/12 (um doze avos) como receita mensal. Portanto, em 31/12/X6, reconhece a Receita com assinatura de antivírus no valor de $ 6,00, apropriando parte das Receitas Antecipadas.

Pela apropriação da receita com antivírus, em 31/12/X6:

D	Receitas Antecipadas – Antivírus (PC)	6,00
C	Receita com assinatura de antivírus (DRE)	6,00
	Reconhecimento da receita com antivírus, de dezembro de X6.	

Na Matriz de lançamentos, considerando que o patrimônio da empresa era composto por $ 10.000,00 – aplicados em Disponibilidades e financiados pelo Capital Social, seriam:

Eventos/Contas	Disponibilidades	=	Rec. Antecipadas	Capital Social	Resultado
Saldos Iniciais	10.000,00	=		10.000,00	
Recebimento serviço	72,00	=	72,00		
Receitas mensais		=	(6,00)		6,00
Saldos Finais	10.072,00	=	66,00	10.000,00	6,00

Exercícios de fixação (7.3)

1. Indique se a afirmativa abaixo está <u>certa</u> ou <u>errada</u>. Estando errada, corrija-a e justifique a correção:

   a) A despesa antecipada ocorre sempre que há descasamento entre o evento financeiro e o evento econômico.

   ( ) Certa / ( ) Errada

   Se errada, a forma correta é:

   _____
   _____
   _____
   _____
   _____

   Afinal ...

   _____
   _____
   _____
   _____

   b) A receita antecipada pode ser contabilizada tanto no Passivo Circulante como no Passivo não Circulante.

   ( ) Certa / ( ) Errada

Se errada, a forma correta é:

_____
_____
_____
_____
_____

Afinal ...

_____
_____
_____
_____

7.4 Provisões e contingências passivas

Nos Capítulos 2 e 4 deste livro estudamos o significado de Passivo como "uma obrigação presente da entidade, derivada de eventos passados, cuja liquidação se espera que resulte em saída de recursos capazes de gerar benefícios econômicos" (Pronunciamento Conceitual Básico, CPC, parágrafo 49). Entretanto, há obrigações (ou expectativas de desembolsos futuros) **com características diferenciadas por possuírem prazo ou valor incertos, que são as Provisões e as Contingências Passivas ou para Riscos.** Os seguintes conceitos são apresentados no Pronunciamento **CPC 25 – Provisões, Passivos Contingentes e Ativos Contingentes**, que seguem os IFRSs completos:

- *Provisão* é um passivo de prazo ou de valor incertos.
- Contingência Passiva (Contabilizado).
- Uma provisão deve ser reconhecida quando:

(a) a entidade tem uma obrigação presente (legal ou não formalizada) como resultado de evento passado; (b) **seja provável** que será necessária uma saída de recursos que incorporam benefícios econômicos para liquidar a obrigação; e (c) possa ser feita uma estimativa confiável do valor da obrigação.

Passivo contingente (Não Contabilizado):

(a) uma obrigação possível que resulta de eventos passados e cuja existência será confirmada apenas pela ocorrência ou não de um ou mais eventos futuros incertos não totalmente sob controle da entidade; ou (b) uma obrigação presente que resulta de eventos passados, mas que não é reconhecida porque: (i) não é provável que uma saída de recursos que incorporam benefícios econômicos seja exigida para liquidar a obrigação; ou (ii) o valor da obrigação não pode ser mensurado com suficiente confiabilidade.

A diferença (prática e conceitual) entre o passivo propriamente dito, provisão e a contingência passiva é que a contingência passiva depende da ocorrência de evento futuro, enquanto o passivo é líquido e certo, e a provisão é a estimativa de pagamento futuro em função da incerteza sobre o prazo ou seu valor.

Quando a probabilidade de pagamento futuro decorrente de contingências passivas for considerada *remota*, não se faz qualquer lançamento nem evidenciação contábil. Quando a obrigação de pagamento futuro for considerada *provável* deve-se reconhecer a respectiva provisão (contra resultado, despesa de constituição de provisão). Quando o desembolso futuro não for nem provável nem remoto, mas sua probabilidade estiver em nível intermediário, *possível*, deve-se evidenciar tal fato em notas explicativas, mas não se deve reconhecer qualquer lançamento contábil.

Segundo o CPC PME, as contingências passivas não são reconhecidas, nem mesmo se sua ocorrência for provável; mas deve-se evidenciar em notas explicativas.

Vejamos um exemplo:

A Cia. Empregador que adota os IFRSs, completos apresentou as seguintes demonstrações contábeis relativas ao período encerrado em 31/03/X8, entretanto, antes de alguns ajustes:

DRE, 31/03/X8, antes dos ajustes:

Receita Bruta	460.000,00
Deduções da Receita	–
Receita Líquida	460.000,00
Custo dos Serviços Prestados	(160.000,00)
Lucro Bruto	300.000,00
Despesas Operacionais	
Salários e Encargos	(57.000,00)
Diversas	(43.000,00)
	200.000,00
Lucro antes do Imposto de Renda	200.000,00
Imposto de Renda	(68.000,00)
Lucro Líquido	132.000,00

BP, 31/3/X8, antes dos ajustes:

ATIVO		PASSIVO + PL	
Ativo Circulante		**Passivo Circulante**	
Disponibilidades	40.000,00	Salários a pagar	8.000,00
Clientes	159.000,00	Prov. 13º Salário e Férias	3.000,00
Estoques	96.000,00	IR e CS a recolher	68.000,00
Total AC	**295.000,00**	**Total PC**	**79.000,00**
		Patrimônio Líquido	
		Capital Social	70.000,00
		Res. Lucros	14.000,00
		Lucro do Período	132.000,00
		Total do PL	**216.000,00**
ATIVO TOTAL	**295.000,00**	**PASSIVO + PL TOTAL**	**295.000,00**

Observe que nesse balanço patrimonial já constam as provisões para 13º salários e férias, que se referem aos períodos já trabalhados pelos empregados e sobre os quais a empresa tem a obrigação de lhes pagar tais encargos trabalhistas. Os valores são aproximados, uma vez que aumentos salariais ao longo do período aquisitivo, demissões e pedidos de dispensa podem afetar tais montantes. Observe, ainda, que o lucro do período ($ 132.000,00) não foi transferido para a Reserva de Lucros ($ 14.000,00), pois a DRE apresentada ainda é preliminar – uma vez que falta o ajuste das contingências passivas.

No final do mês de março, a Cia. Empregador recebeu três notificações da Justiça do Trabalho. Em todas elas, ex-empregados reclamam horas extras e outras verbas, supostamente não pagas pela Cia. Empregador.

Em consulta aos advogados da empresa, o contador obteve as seguintes perspectivas de desfecho de cada processo:

- No Processo nº X8-000-103-5, mediante o qual o ex-empregado Josenaldo Xavier pede indenizações de $ 50.000,00, as chances de a empresa perder são remotas, uma vez que a empresa tem todos os comprovantes de pagamento e a jurisprudência a seu favor.

- No Processo nº X8-000-147-8, mediante o qual o ex-empregado Marinaldo Assumpção pede indenizações de $ 30.000,00, é possível que a empresa perca, embora ela tenha todos os comprovantes de pagamento, e não há jurisprudência consolidada nos tribunais sobre a matéria. A expectativa de perda será de $ 20.000,00.

- No Processo nº X8-000-283-2, mediante o qual o ex-empregado Rufinaldo de Alencar pede indenizações de $ 80.000,00, é provável que a empresa perca, uma vez que ela não tem todos os comprovantes de pagamento e a jurisprudência lhe é contrária. Embora o empregado tenha pleiteado indenizações no valor total de $ 80.000,00, a expectativa de desembolso da indenização é de $ 55.300,00.

Contas	ATIVO				PASSIVO + PL						
	Disponibilidades	Clientes	Estoques		Fornecedores	Prov. 13º e Férias	IR e CS	Prov. Contr. Trab.	Capital Social	Res. Lucros	Resultado
saldos antes ajustes	40.000,00	159.000,00	96.000,00	=	8.000,00	3.000,00	68.000,00	–	70.000,00	14.000,00	132.000,00
provisão trabalhista								55.300,00			(55.300,00)
saldos parciais	40.000,00	159.000,00	96.000,00	=	8.000,00	3.000,00	68.000,00	55.300,00	70.000,00	14.000,00	76.700,00
retenção lucro										76.700,00	(76.700,00)
saldos finais	40.000,00	159.000,00	96.000,00	=	8.000,00	3.000,00	68.000,00	55.300,00	70.000,00	90.700,00	–

Com base nessas estimativas, o contador resolveu:

- Quanto ao Processo nº X8-000-103-5, com relação à perda remota, nada reconhecer nem evidenciar;
- Quanto ao Processo nº X8-000-147-8, com relação à perda possível, nada reconhecer, mas evidenciar em notas explicativas;
- Quanto ao Processo nº X8-000-283-2, com relação à perda provável, reconhecer a provisão no montante de $ 55.300,00.

Dessa forma, o único lançamento contábil a efetuar seria:

A DRE, em 31/03/X8, após o ajuste:

Receita Bruta	460.000,00
Deduções da Receita	–
Receita Líquida	460.000,00
Custo dos Serviços Prestados	(160.000,00
Lucro Bruto	300.000,00
Despesas Operacionais	
Salários e Encargos	(57.000,00)
Prov. Cont. Trabalhistas	**(55.300,00)**
Diversas	(43.000,00)
Imposto de Renda	(68.000,00)
Lucro Líquido	76.700,00

Observe que o reconhecimento da despesa de constituição da provisão para contingência trabalhista ($ 55.300,00) não afetou o valor do Imposto de Renda, uma vez que tal provisionamento não é dedutível.

DMPL, em 31/03/X8, após o ajuste:

Contas	Capital Social	Res. Lucros	Total
Saldos Iniciais	70.000,00	14.000,00	84.000,00
Lucro do Período		76.700,00	76.700,00
Saldos Finais	70.000,00	90.700,00	160.700,00

BP, em 31/03/X8, após o ajuste:

ATIVO		PASSIVO + PL	
Ativo Circulante		**Passivo Circulante**	
Disponibilidades	40.000,00	Salários a pagar	8.000,00
Clientes	159.000,00	Prov. 13º Salário e Férias	3.000,00
Estoques	96.000,00	IR e CS a recolher	68.000,00
Total do AC	**295.000,00**	**Total do PC**	**79.000,00**
		Exigível a longo prazo	
		Prov. Cont. Trabalhista	55.300,00
		Total ELP	**55.300,00**
		Patrimônio Líquido	
		Capital Social	70.000,00
		Res. Lucros	90.700,00
		Total do PL	**160.700,00**
ATIVO TOTAL	**295.000,00**	**PASSIVO + PL TOTAL**	**295.000,00**

Observe que com o lançamento de ajuste, o lucro do trimestre já foi transferido para Reserva de Lucros, conforme demonstrado na DMPL.

A Nota Explicativa da Contingência Passiva:

Provisão para Contingências

Constituída para fazer face às perdas prováveis em processo judicial relacionado a questões trabalhistas, em valores considerados suficientes, segundo avaliação de advogados e assessores jurídicos.

A entidade ainda é polo passivo em outros processos judiciais que também envolvem questões trabalhistas. A administração da companhia não reconheceu qualquer provisão, por considerar a perda possível estimada em $ 20.000,00.

Exercícios de fixação (7.4)

1. Se você fosse o auditor externo responsável por avaliar as demonstrações contábeis da Cia. Empregador, que procedimentos você adotaria para se certificar de que o provisionamento das contingências trabalhistas está adequadamente mensurado?

2. Durante décadas, a indústria tabagista vem sendo acionada em juízo por fumantes, ex-fumantes e respectivos parentes que pleiteiam indenizações alegando ser a indústria tabagista culpada por seus supostos problemas de saúde, principalmente respiratórios e cardiovasculares. Até o ano de 2010, nenhuma empresa tabagista brasileira havia sido condenada (em última instância) por processos daquela natureza. Baseada nisso, que parece ser a jurisprudência nacional sobre o assunto, a Souza Cruz S/A evidenciou em notas explicativas (31/12/2010):

16. Provisões para contingências e depósitos judiciais

A Companhia é parte envolvida em processos tributários, trabalhistas, cíveis e de outras naturezas, cujas discussões se encontram em andamento nas esferas administrativa e judicial.

O risco de perda associado a cada processo é avaliado periodicamente pela administração em conjunto com seus consultores jurídicos internos e externos e leva em consideração: (i) histórico de perda envolvendo discussões similares; (ii) entendimentos dos tribunais superiores relacionados a matérias de mesma natureza; (iii) doutrina e jurisprudência aplicável a cada disputa. Com base nessa avaliação, a Companhia constitui provisão para contingência para aqueles processos cuja avaliação de risco é considerada como provável de perda.

(a) Composição consolidada

A Companhia e suas controladas possuem a seguinte posição de processos administrativos e judiciais, considerando-se o risco de perda envolvido:

			2010			2009
	Provável	Possível	Total	Provável	Possível	Total
Tributárias:						
• Taxa ANVISA de inspeção sanitária (i)	46,9	–	46,9	40,8	–	40,8
• IPI sobre cigarros sinistrados (ii)	–	36,0	36,0	–	35,6	35,6
• Demais ações	39,0	112,4	151,4	30,5	89,8	120,3
	85,9	148,4	234,3	71,3	125,4	196,7
Cíveis	7,1	21,1	28,2	1,0	28,7	29,7
Trabalhistas	53,5	75,4	128,9	74,9	84,1	159,0
Total	146,5	244,9	391,4	147,2	238,2	385,4

Comentários sobre os principais processos envolvendo a Companhia e suas controladas (valores individuais acima de $ 30 milhões):

(i) Taxa ANVISA de inspeção sanitária

A Companhia, suportada por mandado de segurança, vem depositando judicialmente os valores cobrados pela ANVISA a título da taxa de inspeção sanitária exigida no registro e renovação de produtos. Por entender que as possibilidades de perda nessa discussão são prováveis, esses valores se encontram provisionados e são periodicamente corrigidos pela administração.

(ii) IPI sobre cigarros sinistrados

As autoridades fiscais autuaram a Companhia pelo não recolhimento do IPI sobre operações de vendas de cigarros que não se completaram por conta do roubo dos produtos antes da entrega ao cliente. A administração entende que esse tributo não é devido, considerando que a operação de venda aos clientes não ocorreu e, portanto, não se configurou o evento econômico, pressuposto para a tributação.

No contexto desse entendimento, já foram proferidas duas decisões favoráveis à tese defendida pela Souza Cruz, que se baseia na defesa de que o fato gerador para fins tributários deve ser associado à materialização do evento econômico, o qual não ocorre no caso de roubo de mercadorias, o que reforça a posição da administração de que as chances de perda nessas autuações devem ser consideradas como possíveis, não sendo requerido o provisionamento dos valores envolvidos.

(b) Responsabilidade pelo fato do produto

Em 31 de dezembro de 2010, havia 293 processos (2009 – 317 processos) dessa natureza em andamento. De acordo com opiniões dos consultores jurídicos internos e externos da Companhia, não existem ações que justifiquem provisão referente à responsabilidade pelo fato do produto.

Foram proferidas pelo Judiciário brasileiro 329 decisões definitivas (2009 – 280), todas favoráveis aos argumentos de defesa da Companhia.

(c) Provisões para contingências

A movimentação das provisões para contingências consolidadas pode ser resumida como segue:

	Tributárias	Cíveis	Trabalhistas	Total
Saldos em 31 de dezembro de 2008	67,6	1,2	72,4	141,2
Adições e reversões	9,6	1,0	7,3	17,9
Baixas por pagamento	(5,9)	(1,2)	(4,8)	(11,9)
Saldos em 31 de dezembro de 2009	71,3	1,0	74,9	147,2
Adições e reversões	15,2	8,3	(10,4)	13,1
Baixas por pagamento	(0,6)	(2,2)	(11,0)	(13,8)
Saldos em 31 de dezembro de 2010	85,9	7,1	53,5	146,5

(d) Depósitos judiciais

A posição consolidada de depósitos judiciais relacionados por natureza pode ser resumida como segue:

	Tributárias	Cíveis	Trabalhistas	Total
Saldos em 31 de dezembro de 2009	76,9	9,2	27,7	113,8
Saldos em 31 de dezembro de 2010	87,5	9,5	36,2	133,2

Em 2007, a Souza Cruz S/A foi condenada a pagar indenização a familiares de um ex-fumante, conforme narrado no *site* <http://jornaljuridico.blogspot.com/2007_08_23_archive.html>.

Souza Cruz condenada a indenizar por malefícios do cigarro

Não há dúvida que produzir cigarros é uma atividade lícita. Contudo, a mera licitude formal da atividade comercial não exonera a empresa de reparar prejuízos gerados aos consumidores. **Com esse entendimento majoritário, a 5ª Câmara Cível do TJRS condenou a Souza Cruz S/A a indenizar por dano moral. A viúva, cinco filhos e dois netos receberão, cada um, R$ 70 mil pela morte do marido e pai. Os dois netos, R$ 35 mil cada.** Os valores serão corrigidos pelo IGP-M desde 27/6, data da sessão de julgamento do colegiado, acrescido de juros legais a contar do falecimento, em 24/12/01, na ordem de 6% ao ano, até a entrada em vigor do vigente Código Civil, em 11/1/2003, passando a incidir o percentual de 1% ao mês. Vitorino Mattiazzi nasceu em junho de 1940 e começou a fumar na adolescência, motivado, na época, pelo "glamour" que tal agir ensejava, afirmou a sua família à Justiça. O falecido fumava cigarros, principalmente, da marca "Hollywood", todos produzidos pela demandada. Morreu por causa de um "Adenocarcinoma Pulmonar". Alegaram que o único fator de risco era o tabagismo. A sentença do Juízo de Cerro Largo, no interior do Rio Grande do Sul, julgou improcedentes os pedidos dos familiares. Da decisão, houve recurso ao Tribunal. Narrou o relator, Desembargador Paulo Sérgio Scarparo, que a doença que acometeu Vitorino foi devidamente comprovada, "uma vez que o diagnóstico restou amplamente demonstrado [...] inclusive sendo determinada como *causa mortis*". O uso de cigarros da marca Hollywood desde os 18 anos e o falecimento em decorrência de câncer foram confirmados ao longo do processo. Para a Organização Mundial de Saúde (OMS), ressaltou o magistrado, "o tabagismo é a principal causa de morte evitável em todo o mundo". Segundo a organização, 1,2 bilhão de pessoas no mundo são fumantes; 4,9 milhões de pessoas morrem anualmente em decorrência do tabagismo e caso mantidos os índices atuais de expansão do consumo de tabaco, o número de mortes será elevado para 10 milhões ao ano em 2030, sendo a metade dessas mortes de pessoas em idade produtiva (35 a 69 anos). Também destacou o Desembargador Scarparo que é "inafastável o fato – atualmente público e notório – que o uso de tabaco pode causar câncer, como também um sem--número de outras doenças". "O produto oferecido [...] contém mais de 4.700 substâncias, sendo que, dentre elas, muitas são consideradas, cientificamente, cancerígenas", disse. "Ou seja, evidente o liame causal entre o hábito de fumar e a propensão a doenças cancerígenas", concluiu. "Desde a década de 1950 as empresas tabagistas têm pleno conhecimento acerca de todos os malefícios decorrentes do uso do tabaco", afirmou. "É incontroverso o fato de não terem alertado os consumidores de tais males, sendo que só o fizeram depois de décadas, por determinação legal." A respeito do argumento da empresa de que o falecido passou a fumar por sua livre e deliberada vontade, não podendo ser responsabilizada, o julgador entende que "ao comercializar seu produto, omitindo dos consumidores os malefícios gerados pelo seu consumo, assim como a existência de substâncias causadoras de dependência psíquica e química (nicotina, por exemplo), fez com que os usuários do produto fossem induzidos em erro na externação de sua vontade". **"Nos dias de hoje, efetivamente, fuma quem quer, à medida que público e notório todos os problemas decorrentes do uso do tabaco – todavia (...) tal consciência não existia 20 anos atrás, quando o falecido já era dependente da droga há muitos anos", disse o Desembargador Scarparo. O falecido começou a fumar com 18 anos de idade, ou seja, em 1958, quando não eram veiculadas, por qualquer meio, informações a respeito dos malefícios do tabaco, sendo que, à época, a demandada já tinha ampla noção de tais informações.** Assim, inviável falar-se em lisura no proceder da ré e em voluntariedade no consumo de cigarro pelo consumidor. Para o magistrado, "cigarro causa dependência psíquica, o que leva a concluir que improcede a afirmação da empresa – isso porque para de fumar não quem quer, mas sim quem consegue". Estudos da OMS estimam que apenas entre 0,5% a 5% dos fumantes que tentam deixar o vício, sem ajuda ou suporte, conseguem atingir uma abstinência duradoura, considerou. "As tímidas e insuficientes informações que hoje são conhecidas pelo público em geral são oriundas de leis impostas pelo ordenamento jurídico pátrio e não de espontaneidade proveniente da requerida e das empresas afins, no intuito de exercitarem a necessária boa-fé objetiva", considerou. **O Desembargador Umberto Guaspari Sudbrack acompanhou o voto do Relator. Já o Desembargador Pedro Luiz Rodrigues Bossle, que presidiu o julgamento, ocorrido em 27/6/07, divergiu do relator. "Há muito tempo a sociedade conhece os malefícios do cigarro e obviamente que a propaganda associa o hábito de fumar com atividades prazerosas, o que não poderia ser diferente", afirmou o magistrado. "Contudo", observou, "o prazer do fumo vem mal acompanhado pelo risco do vício e por danos à saúde", continuou. "Diante desse quadro em que é consabido que basta força de vontade para parar de fumar, não vislumbro espaço para a responsabilização da ré pela indenização pretendida, impondo-se a manutenção da sentença"** (Processo nº 70017634486).

Pede-se:

Apresentar dois argumentos pró e dois argumentos contra uma eventual mudança de procedimentos contábeis da Souza Cruz S/A relativos às provisões sobre responsabilidade pelo fato do produto, quando da elaboração das demonstrações contábeis apuradas em 31/12/2010.

Compare seus argumentos (quesito anterior) com os apresentados pela Souza Cruz S/A nas notas explicativas às demonstrações contábeis apuradas em 31/12/2010 (divulgadas em 2010):

Exercício de inglês contábil

Wich of the following contingencies must be both disclosed and recorded?

a) Probable gain contingency

b) Reasonably possible gain contingency

c) Remote loss contingency

d) Probable loss contingency

Questões de concurso

1. A reversão, no exercício corrente, de um saldo não utilizado de uma provisão constituída no exercício anterior, tem como contrapartida uma conta (FCC – 2012 – TRE-SP – Analista Judiciário – Contabilidade)

   a)   patrimonial redutora do passivo.

   b)   de despesa negativa.

   c)   patrimonial redutora do ativo.

   d)   de despesa diferida.

   e)   de despesa.

2. As provisões correspondem às estimativas de perdas de ativos ou às obrigações para com terceiros. Assinale a alternativa que NÃO apresenta condição para o reconhecimento de uma provisão decorrente. (CONSULPLAN – 2012 – TSE – Analista Judiciário – Contabilidade)

   a)   A entidade tem uma obrigação presente, decorrente de um evento passado.

   b)   A responsabilidade da empresa não constitui uma obrigação formalizada.

   c)   A saída de recursos para liquidar a obrigação é provável.

   d)   O montante da obrigação pode ser estimado de modo confiável.

3. Considere as seguintes afirmativas atinentes ao balanço patrimonial:

   • No Passivo, não somente são lançadas obrigações definidas, certas e suportadas por documentação que não deixe dúvidas quanto ao valor e data prevista para pagamento.

   • Existem Passivos que também devem ser registrados, apesar de não terem data fixada de pagamento ou mesmo não conterem expressão exata de seus valores.

   • No exigível, deve ser contabilizada a totalidade das obrigações, encargos e riscos conhecidos e calculáveis. As afirmativas acima estão relacionadas ao conceito de (CESGRANRIO – 2011 – Petrobras – Técnico de Contabilidade – 2011)

   a)   Reservas de Capital

   b)   Reservas de Lucros

   c)   Provisões

   d)   Patrimônio Líquido

   e)   Reservas de Capital e Patrimônio Líquido

4. Uma empresa produz componentes para televisores LCD. Para conquistar o mercado, ela oferece aos seus clientes uma garantia de um ano para o funcionamento dos componentes que vende., Devido a esse procedimento, ela deve registrar o valor provável a ser gasto com essa garantia na conta. (CESGRANRIO – 2011 – TRANSPETRO – Técnico de Contabilidade)

   a)   Reserva para contingências

   b)   Reserva para garantia

   c)   Reserva para eventos subsequentes

   d)   Provisão para contingências

   e)   Provisão para garantias

5. Em relação à constituição de provisões, analise as afirmativas a seguir: (FCC – 2009 – TJ-PI – Técnico Judiciário – Contabilidade)

   I.   A Provisão para Créditos de Liquidação Duvidosa deve ser constituída com base nas taxas admitidas pela legislação fiscal.

II. A contrapartida da constituição de uma provisão é sempre uma conta de despesa.

III. A Provisão para Contingências Trabalhistas é uma conta retificadora do Ativo.

IV. As Provisões classificadas no Passivo têm a mesma natureza que as reservas de lucros.

É correto o que consta em

a) I, apenas.

b) II, apenas.

c) I e IV, apenas.

d) III e IV, apenas.

e) I, II, III e IV.

Resumo

• Considerando que o risco de inadimplência decorre da venda a prazo, é necessário reconhecer a despesa associada a esse risco (despesa com a provisão para créditos de liquidação duvidosa – PCLD), confrontando-a com a receita de vendas.

• Este reconhecimento é também importante para que no Balanço Patrimonial seja evidenciado o provável montante das entradas futuras de caixa.

• As empresas costumam fazer análises individualizadas dos clientes, ou análises históricas agrupadas. Dessa forma, quando a entidade vende a prazo (ou concede qualquer tipo de empréstimo e financiamento) a um cliente que sempre pagou suas dívidas em dia e, ainda, dispõe de excelente situação econômico-financeira, a entidade reconhece a PCLD em uma taxa menor que a média histórica geral. Por outro lado, ao conceder crédito a um cliente com precária situação econômico-financeira, ou que já atrasou o pagamento de suas dívidas, a entidade reconhece a PCLD em uma taxa maior que a média histórica geral.

• As operações financeiras correspondem aos empréstimos que a entidade obtém no mercado financeiro (operações financeiras passivas) e às aplicações que a entidade realiza (operações financeiras ativas).

• As operações financeiras consomem (passivas) ou geram (ativas) juros e correção monetária que são reconhecidos contabilmente como Despesas e Receitas Financeiras, respectivamente, de acordo com o Princípio da Competência.

• Quando o pagamento por uma despesa (um serviço contratado de terceiro) é efetuado anteriormente à prestação do serviço pela entidade contratada, reconhece-se uma Despesa Antecipada. Conforme o tempo for passando e as cláusulas contratuais cumpridas, a Despesa Antecipada vai sendo apropriada ao resultado do período, como Despesa propriamente dita.

• Quando o recebimento do dinheiro por um serviço é realizado anteriormente à execução do serviço, o valor recebido pela entidade é reconhecido contabilmente como uma Receita Antecipada. Conforme o tempo for transcorrendo e as cláusulas contratuais cumpridas, a Receita Antecipada vai sendo apropriada ao resultado do período, como Receita propriamente dita.

• As obrigações que dependem da ocorrência de evento futuro para se tornarem exigíveis só são reconhecidas contabilmente se a probabilidade de ocorrência do evento futuro for considerada *provável* pela administração da entidade (conforme os IFRSs completos). Caso essa probabilidade seja considerada como *possível*, a entidade não deverá reconhecer o passivo, mas deverá evidenciar tal fato e seus possíveis reflexos em Notas Explicativas. Por outro lado, sendo *remota* a ocorrência do evento futuro, a entidade não precisará nem evidenciar o fato em Notas Explicativas.

Exercícios de verificação

A Cia. Bola 8 apresentou, em 30/6/X7, o seguinte Balanço Patrimonial:

ATIVO		PASSIVO + PL	
AC			
Disponibilidades	11.050,00		
Estoques	4.950,00		
Total AC	16.000,00		
AÑC – Imobilizado	7.130,00	PL	
Terreno		Capital Social	23.130,00
		Total PL	23.130,00
Total AÑC	7.130,00		
Total do Ativo	23.130,00	Total Passivo + PL	23.130,00

Obs.: Sabe-se que o estoque de mercadorias, em 30/6/X7, era composto por 90 unidades da mercadoria e que foram adquiridas por $ 55,00 a unidade.

Durante o terceiro trimestre de X7, a Cia. Bola 8 desenvolveu as seguintes transações:

a) em 10/7, vendeu 80 unidades de mercadorias A, por $ 100,00 a unidade, sendo 40% a vista e o restante para recebimento em 30 dias – a expectativa de inadimplência corresponde a 1,5% do saldo de clientes;

b) em 15/7, contrata o seguro dos computadores, mediante uma apólice de seguros que prevê o pagamento de $ 1.200,00, em duas prestações de $ 600,00 (uma paga imediatamente e a outra em 25/8), e estabelece uma vigência de 12 meses;

c) em 10/8, recebe o saldo de clientes;

d) em 11/8, aplica $ 4.000,00 em um fundo de investimentos de curto prazo, que pode ser resgatado imediatamente sem qualquer perda de valor;

e) em 24/8, paga a dívida com a seguradora;

f) em 30/9, o extrato bancário indicava que o saldo da aplicação era de $ 4.867,00, tendo esse acréscimo do saldo sido provocado pelo rendimento financeiro.

Pede-se:

i. proceda a todos os lançamentos contábeis pertinentes;

ii. apure a DRE, a DMPL, a DFC direto e indireto e o BP da Cia. Bola 8, evidenciados em 30/9/2007.

Para facilitar a resolução do exercício de verificação, sugere-se utilizar as estruturas a seguir como base:

Matriz de Lançamentos

Eventos/Contas	Disponib.	Aplic. Financ.	Dup. a Receb.	(–) PCLD	Estoques	Desp. Ant.	Terreno	=	Seguros a Pg.	Capital Social	Resultado
Saldos Iniciais								=			
Receita vendas								=			
Baixa merc. vendidas								=			
Constituição PCLD								=			
Contratação seguro								=			
Despesa seguro julho								=			
Recebimento								=			
Reversão PCLD								=			
Aplicação Fundo Invest.								=			
Pagamento seguro								=			
Despesa seguro agosto								=			
Receita financeira								=			
Despesa seguro setembro								=			
Saldos Finais								=			

DRE

Receita de Vendas	
(–) CMV	
= Lucro Bruto	
(–) Desp. Seguro	
(–) Desp. PCLD	
(+) Rec. Financeira	
= Lucro Operacional	

DMPL

	Capital Social	Lucros Acumulados	Total do PL
Saldos Iniciais			
Lucro do período			
Saldos Finais			

DFC

Demonstração dos Fluxos de Caixa (método direto)	
Fluxo de Caixa da Atividade Operacional	
Recebimento de Clientes	
Recebimento de Receita Financeira	
Pagamento a Fornecedores	
Pagamento de Seguro	
Total FCO	
Fluxo de Caixa da Atividade de Investimento	
Total FCI	
Fluxo de Caixa da Atividade de Financiamento	
Total FCF	
Variação do saldo de Caixa e Equivalente	
Saldo Inicial de Caixa e Equivalente	
Saldo Final de Caixa e Equivalente	

Respostas dos exercícios

(7.1)

1. O risco de inadimplência consiste na possibilidade de a empresa não receber os seus créditos na data do vencimento, ou seja, de seus devedores não pagarem o que lhe devem na data combinada.

2. A constituição da PCLD está relacionada ao Princípio da Competência, afinal, a despesa com o risco de inadimplência deve ser reconhecida quando a empresa concede o prazo a seus devedores e, portanto, incorre no risco de não receber o dinheiro. Também é relacionado ao conceito da Prudência, afinal, o ativo e o lucro devem ser avaliados pelo menor valor – no caso dos créditos, pelo valor líquido que se espera receber (deduzido da PCLD).

3. A Cia. Curitiba vendeu todo o seu estoque a prazo por $ 60.000. Na data do Balanço fez uma estimativa de inadimplência de 10%.

	BP		Inicial
Cx	20.000	Cpt	50.000
Estoq	30.000		
Total	50.000	Total	50.000

a) Faça a planilha de lançamentos, DRE e BP e DFC indireto

Evento/Conta	Caixa Deb.	Caixa Cred.	Clientes Deb.	Clientes Cred.	PCLD Deb.	PCLD Cred.	Estoque Deb.	Estoque Cred.	Capital Deb.	Capital Cred.	Desp. D	Rec. C
SI	20.000						30.000			50.000		
VendaEst.Pzo.			60.000									60.000
Bx. Est.								30.000			30.000	
Reconh.10%						6.000					6.000	
Total	20.000		60.000			6.000				50.000	36.000	60.000

DRE	
Rec.V	60.000
CMV	– 30.000
L.bruto	30.000
Desp.Op.	– 6.000
LL	24.000

BP

	BP		
Cx.	20.000	Cpt	50.000
CI	60.000	Lac.	24.000
PCLD	– 6.000		
Total	74.000	Total	74.000

DFC	IND		
Lucro	24.000	CxFin	74.000
Red.Est.	30.000	CxInic	– 20.000
Operac.	54.000	ΔCX	54.000

202 Contabilidade Geral • Szuster e Cardoso

b) Na semana seguinte ao Balanço os clientes pagaram $ 57.000,00. Em relação ao PCLD, foi julgado que ainda havia um risco de inadimplência de 50% do respectivo montante. Faça a planilha de lançamentos, DRE, BP e DFC Indireto.

Evento/Conta	Caixa Deb.	Caixa Cred.	Clientes Deb.	Clientes Cred.	PCLD Deb.	PCLD Cred.	Estoque Deb.	Estoque Cred.	Capital Deb.	Capital Cred.	Acumulado Deb.	Acumulado Cred.	Receita Deb.	Receita Cred.	Despesas Deb.	Despesas Cred.
SI	20.000		60.000			6.000				50.000		24.000				
Pag. CI 57.000	57.000			57.000												
Reverso					3.000									3.000		3.000
Total	77.000		3.000			3.000				50.000		24.000		3.000		-3.000

DRE	
PCLD	3.000
LL	3.000

BP

Cx	77.000	Cpt	50.000
CI	3.000	Lac.	27.000
PCLD	-3.000		
Total	77.000	Total	77.000

DFCInd.	
LL	3.000
Red.Est.	57.000
Red.PCLD	-3.000
Total	57.000

CxFin	77.000
CxInic	20.000
ΔCX	57.000

c) Após várias tentativas de cobrança foi definido que não seria mais pago o que era devido. Foi efetuada a baixa CI e PCLD. Como fica o BP?

BP

Cx.	77.000	Cpt	50.000
CI	0	Lac	27.000
PCLD	0		
Total	77.000	Total	77.000

(7.2)

1. Os juros sobre empréstimos consistem na remuneração do capital de terceiros, isto é, a remuneração que a empresa oferece ao banco que a financia – o "aluguel" pelo uso do dinheiro do banco.

2. Por que a empresa tem um ativo e sua variação monetária, segundo CVM delib 488, é receita mesmo se sua variação for negativa?

3. Indique se a afirmativa abaixo está <u>certa</u> ou <u>errada</u>. Estando errada, corrija-a e justifique a correção:

   A despesa financeira é reconhecida quando operações financeiras consomem juros e variação monetária.

   (X) Errada

   A despesa financeira é reconhecida periodicamente sobre o passivo oneroso (juros, variação monetária e variações cambiais passivas).

(7.3)

1. Indique se a afirmativa abaixo está <u>certa</u> ou <u>errada</u>. Estando errada, corrija-a e justifique a correção:

   a) (X) Errada

   A despesa antecipada deve ser reconhecida sempre que o evento financeiro ocorrer antes do evento econômico, relativamente a uma despesa.

   Afinal, pode ser que o evento econômico relativo a uma despesa ocorra antes do financeiro e, nesse caso, será reconhecida uma obrigação (Contas a Pagar).

   b) (X) Certa

   Afinal, depende do prazo que se espera decorra entre o evento financeiro (recebimento) e o evento econômico (reconhecimento da receita por Competência).

Exercício de inglês contábil

Quais das seguintes contingências devem ser tanto evidenciadas quanto reconhecidas?

a) Contingência provavelmente ganha

b) Contingência possivelmente ganha

c) Contingência remotamente perdida

d) Contingência provavelmente perdida

Resposta: D

Questões de concurso

1. b   2. b   3. c   4. e   5. b

APÊNDICE
Ajuste a valor presente

Durante décadas as transações (compra e venda e prestação de serviços) negociadas a termo (financiadas) com juros prefixados foram reconhecidas contabilmente pelo valor nominal, o que é um erro à luz do regime de competência. Embora a Instrução CVM 192 e respectiva Nota Explicativa tentassem corrigir esse equívoco, pelo curto período de vigência de tal instrução (de julho de 1992 a janeiro de 1993), podemos dizer que esse erro nunca fora sanado na contabilidade financeira brasileira, salvo recentemente, com a edição da Lei nº 11.638/07, que alterou os arts. 183 e 184 da Lei nº 6.404/76, estabelecendo que "os elementos do ativo decorrentes de operações de longo prazo serão ajustados a valor presente, sendo os demais ajustados quando houver efeito relevante" (inc. VIII do art. 183, Lei 6.404/76), e que "as obrigações, encargos e riscos classificados no passivo exigível a longo prazo serão ajustados ao seu valor presente, sendo os demais ajustados quando houver efeito relevante" (inc. III do art. 184, Lei nº 6.404/76).

Embora a Lei nº 11.638/07 não esclareça qual taxa de juros deva ser utilizada para se descontar os fluxos futuros a valor presente, nem em que conta deva ser reconhecida a contrapartida de tal ajuste, faremos uma analogia ao disposto na revogada Instrução CVM 192/92, uma vez que tal matéria ainda não foi regulada pelo Comitê de Pronunciamentos Contábeis (CPC).

A Instrução CVM 192 estabelecia que a taxa de juros para cálculo do valor presente deveria ser a efetivamente contratada e, em sua falta, a taxa divulgada pela ANBID (Associação Nacional dos Bancos de Investimento). Para fins de fazermos prevalecer a essência econômica sobre a forma, consideraremos que se a taxa de juros contratada não for observável, o ajuste a valor presente deverá ser feito com base no custo de capital da entidade.

Já o esclarecimento quanto à conta em que a contrapartida do ajuste dos ativos e passivos a valor presente deve ser registrada ficou a cargo da Nota Explicativa à Instrução CVM 192, que assim estabelecia: "A apropriação dos ajustes a valor presente de créditos e obrigações deverá ser realizada nas contas de resultado a que se vinculam [...] e a apropriação das reversões destes ajustes à conta de receitas ou despesas financeiras [...]."

Vejamos um exemplo, com três períodos. No primeiro período apresentaremos uma empresa que presta serviços para recebimento a longo prazo e incorre em despesas a vista. No segundo, a mesma empresa que presta serviços para recebimento a vista e incorre em despesas a serem pagas no longo prazo. Finalmente, no terceiro período a empresa presta serviços e paga as despesas, tudo a vista. Observe que não abordaremos a compra de ativos, uma vez que esse ponto será coberto no Capítulo 8, quanto tratarmos do arrendamento mercantil financeiro.

Ano 1: Receita a termo prefixada, Despesa a vista

Imagine que a Cia. Sem Pressa tenha evidenciado o seguinte balanço patrimonial no dia 30/12/2007:

ATIVO		PASSIVO + PL	
Ativo Circulante		Patrimônio Líquido	
Disponibilidades	50.000,00	Capital Social	40.000,00
Total do AC	**50.000,00**	Res. Lucros	10.000,00
		Total do PL	**50.000,00**
ATIVO TOTAL	**50.000,00**	**PASSIVO + PL TOTAL**	**50.000,00**

Imagine que em 31/12/2007, a Cia. Sem Pressa presta serviços e emite fatura no valor total de $ 2.304,76 para recebimento em 2 parcelas anuais e iguais, e que na prestação desse serviço incorra em despesas, pagas a vista, no valor de $ 1.300,00. Os lançamentos contábeis, antes do ajuste a valor presente, seriam os seguintes:

Contas	Disponibilidades	Clientes (AC)	Aj. Valor Presente (AC)	Clientes (RLP)	Aj. Valor Presente (RLP)		Fornec. (PC)	Aj. Valor Presente (PC)	Fornec. (PNC)	Aj. Valor Presente (PNC)	Capital Social	Res. Lucros	Resultado
Saldos em 30/12/2007	50.000,00					=					40.000,00	10.000,00	
Receita		1.152,38		1.152,38		=							2.304,76
Despesa	(1.300,00)					=							(1.300,00)

ATIVO = PASSIVO + PATRIMÔNIO LÍQUIDO

Sabe-se que o valor presente corresponde ao valor futuro descontado pela taxa de juros ponderada pelo prazo do financiamento, ou seja, $VP = VF / (1 + i)^n$, em que:

- VP = valor presente
- VF = valor futuro
- i = taxa de juros
- n = número de períodos (prazo) do financiamento

Lembre-se que você primeiro precisa desenvolver a operação que está dentro dos parênteses, isto é, $1+ i$. Depois você deve elevar esse somatório ao expoente n. Para, só depois, dividir o VF por $(1 + i)^n$.

Considerando que o custo de capital (*taxa de juros, i*) da Cia. Sem Pressa seja 10% ao ano, teríamos o seguinte cálculo a valor presente do saldo de Clientes:

Valor total	2.304,76
Número de prestações	2
Valor da prestação	1.152,38
Taxa de juros anual	10%
Vencimento 1ª parcela, daqui a (em anos)	1
Valor presente da 1ª prestação	1.047,62 = 1.152,38 / 1,10
Juros embutidos na 1ª prestação	104,76 = 1.152,38 − 1.047,62
Vencimento 2ª prestação, daqui a (anos)	2
Valor presente na 2ª prestação	952,38 = 1.152,38 / 1,21
Juros embutidos na 2ª prestação	200,00 = 1.152,38 − 952,38

Observe que ajustamos a valor presente todas as prestações, inclusive a que vence primeiro, classificada no Ativo Circulante, por considerar o efeito relevante.

Consequentemente, teríamos o seguinte lançamento contábil relativo à apropriação do ajuste a valor presente:

	ATIVO					=	Passivo + Patrimônio Líquido		
Contas	Disponibilidades	Clientes (AC)	Aj. Valor Presente (AC)	Clientes (RLP)	Aj. Valor Presente (RLP)	=	Capital Social	Res. Lucros	Resultado
Saldos em 30/12/2007	50.000,00	–	–	–	–	=	40.000,00	10.000,00	
Receita		1.152,38		1.152,38		=			2.304,76
Despesa	(1.300,00)					=			(1.300,00)
Apropriação ajuste VP			(104,76)		(200,00)	=			(304,76)
Saldos parciais	48.700,00	1.152,38	(104,76)	1.152,38	(200,00)	=	40.000,00	10.000,00	700,00
Retenção lucro						=		700,00	(700,00)
Saldos em 31/12/2007	48.700,00	1.152,38	(104,76)	1.152,38	(200,00)	=	40.000,00	10.700,00	–

De posse desses lançamentos e considerando que sejam os únicos a serem efetuados no ano de 2007, poderíamos elaborar as demonstrações contábeis relativas ao ano de 2007.

DRE, 31/12/2007:

Receita Bruta	2.304,76
Deduções da Receita (Aj. Valor Presente)	(304,76)
Receita Líquida	2.000,00
Custo dos Serviços Prestados	(1.300,00)
Lucro Bruto	700,00
Despesas Operacionais:	
Receita Financeira	–
Despesa Financeira	–
Lucro	700,00

Observe que, seguindo orientação da Nota Explicativa à Instrução CVM 192/92, a apropriação do ajuste a valor presente das duplicatas a receber de clientes foi efetuada em conta retificadora da receita.

DMPL, 31/12/2007:

Eventos	Capital Social	Res. Lucros	Total PL
Saldos iniciais	40.000,00	10.000,00	50.000,00
Lucro do Período		700,00	700,00
Saldos finais	40.000,00	10.700,00	50.700,00

BP, 31/12/2007:

ATIVO		PASSIVO + PL	
Ativo Circulante			
Disponibilidades	48.700,00		
Clientes	1.152,38		
– Ajuste Valor Presente	(104,76)		
Total do AC	**49.747,62**		
Realizável a Longo Prazo		**Patrimônio Líquido**	
Clientes	1.152,38	Capital Social	40.000,00
– Ajuste Valor Presente	(200,00)	Res. Lucros	10.700,00
Total do AÑC	**952,38**	**Total do PL**	**50.700,00**
Ativo Total	**50.700,00**	**Passivo + PL Total**	**50.700,00**

DFC, 31/12/2007:

Atividade Operacional	
Recebimento de Clientes	–
Pagamento a Fornecedores	(1.300,00)
Fluxo de Caixa da Atividade Operacional	**(1.300,00)**
Atividade de Investimento	
Fluxo de Caixa da Atividade de Investimento	–
Atividade de Financiamento	
Fluxo de Caixa da Atividade de Financiamento	–
Fluxo de Caixa	**(1.300,00)**
Saldo final de Caixa e Equivalente a Caixa	48.700,00
Saldo inicial da Caixa e Equivalente a Caixa	50.000,00
Variação do saldo de Disponibilidades	**(1.300,00)**

Ano 2: Receita a vista, Despesa a termo prefixada

Em 31/12/2008, a Cia. Sem Pressa recebe a primeira parcela de clientes. Os lançamentos contábeis relativos ao recebimento, à reversão do ajuste a valor presente e às transferências dos valores a receber do longo prazo para o circulante seriam os seguintes:

Contas	ATIVO					=	Passivo + Patrimônio Líquido		
	Disponibilidades	Clientes (AC)	Aj. Valor Presente (AC)	Clientes (RLP)	Aj. Valor Presente (RLP)	=	Capital Social	Res. Lucros	Resultado
Saldos em 31/12/2007	48.700,00	1.152,38	(104,76)	1.152,38	(200,00)	=	40.000,00	10.700,00	
Recebimento	1.152,38	(1.152,38)				=			
Receita financeira (1ª prest.)			104,76			=			104,76
Receita financeira (2ª prest.)					95,24	=			95,24
Transf. LP p/ CP		1.152,38	(104,76)	(1.152,38)	104,76	=			

Observe que a reversão parcial do ajuste a valor presente da venda a prazo efetuada no ano anterior, agora, corresponde a uma receita financeira, que totaliza $ 200,00 (sendo $ 104,76 relativos à parcela classificada no Ativo Circulante e $ 95,24 relativos ao Realizável a Longo Prazo).

Sabe-se que a receita financeira relativa à parcela classificada no Realizável a Longo Prazo foi apurada pela diferença do valor presente do título representativo da 2ª parcela de Clientes entre os dois momentos: 31/12/2007 (data de emissão) e 31/12/2008 (um ano depois de sua emissão).

1 ano depois...		
valor nominal da 2ª prestação	1.152,38	
valor líquido de livros da 2ª prestação	952,38	
taxa de juros anual	10%	
vencimento da 2ª prestação, daqui (em anos)	1	
valor presente da 2ª prestação	1.047,62	= 1.152,38/1,10
receita financeira a ser reconhecida em relação à 2ª prestação	95,24	= 1.047,62 – 952,38

Consequentemente, na transferência da 2ª prestação de Clientes do RLP para o AC, o Ajuste a Valor Presente é transferido pelo valor líquido de $ 104,76, que corresponde aos $ 200,00 originalmente reconhecidos (em 31/12/2007) menos a receita financeira de $ 95,24 reconhecida em 31/12/2008.

Contas	ATIVO						PASSIVO + PATRIMÔNIO LÍQUIDO						
	Disponibilidades	Clientes (AC)	Aj. Valor Presente (AC)	Clientes (RLP)	Aj. Valor Presente (RLP)		Fornec. (PC)	Aj. Valor Presente (PC)	Fornec. (PÑC)	Aj. Valor Presente (PÑC)	Capital Social	Res. Lucros	Resultado
Saldos em 31/12/2007	48.700,00	1.152,38	(104,76)	1.152,38	(200,00)	=					40.000,00	10.700,00	
Recebimento	1.152,38	(1.152,38)				=							
Receita financeira (1ª prest.)			104,76			=							104,76
Receita financeira (2ª prest.)					95,24	=							95,24
Transf. LP p/ CP		1.152,38	(104,76)	(1.152,38)	104,76	=							
Receita	2.000,00					=							2.000,00
Despesa						=	749,05		749,05				(1.498,10)

Admita, ainda em 31/12/2008, que a Cia. Sem Pressa preste novos serviços emitindo fatura no valor total de $ 2.000,00 recebida a vista e que na prestação desses serviços incorre em despesas no valor total de $ 1.498,10, para pagamento em 2 parcelas anuais e iguais, no valor de $ 749,05. Os lançamentos contábeis, antes do ajuste a valor presente, seriam os seguintes:

Considerando que o custo de capital (*taxa de juros, i*) da Cia. Sem Pressa continue sendo 10% ao ano, teríamos o seguinte cálculo a valor presente do saldo de Fornecedores:

Valor total	1.498,10	
Número de prestações	2	
Valor da prestação	749,05	
Taxas juros anual	10%	
Vencimento 1ª prestação, daqui a (em anos)	1	
Valor presente da 1ª prestação	680,95	= 749,05 / 1,10
Juros embutidos na 1ª prestação	68,10	= 749,05 – 680,95
Vencimento 2ª prestação, daqui a (em anos)	2	
Valor presente da 2ª prestação	619,05	= 749,05 / 1,21
Juros embutidos na 2ª prestação	130,00	= 749,05 – 619,05

Consequentemente, teríamos o seguinte lançamento contábil relativo à apropriação do ajuste a valor presente:

	ATIVO						PASSIVO + PATRIMÔNIO LÍQUIDO						
Contas	Disponibilidades	Clientes (AC)	Aj. Valor Presente (AC)	Clientes (RLP)	Aj. Valor Presente (RLP)	=	Fornec. (PC)	Aj. Valor Presente (PC)	Fornec. (PÑC)	Aj. Valor Presente (PÑC)	Capital Social	Res. Lucros	Resultado
Saldos em 31/12/2007	48.700,00	1.152,38	(104,76)	1.152,38	(200,00)	=	–	–	–	–	40.000,00	10.700,00	
Recebimento	1.152,38	(1.152,38)				=							
Receita financeira (1ª prest.)			104,76			=							104,76
Receita financeira (2ª prest.)					95,24	=							95,24
Transf. LP p/ CP		1.152,38	(104,76)	(1.152,38)	104,76	=							
Receita	2.000,00					=							2.000,00
Despesa						=	749,05		749,05				(1.498,10)
Apropriação ajuste VP						=		(68,10)		(130,00)			198,10
Saldos Parciais	51.852,38	1.152,38	(104,76)	–	–	=	749,05	(68,10)	749,05	(130,00)	40.000,00	10.700,00	900,00
Retenção lucro						=						900,00	(900,00)
Saldos em 31/12/2008	51.852,38	1.152,38	(104,76)	–	–	=	749,05	(68,10)	749,05	(130,00)	40.000,00	11.600,00	–

De posse desses lançamentos e considerando que sejam os únicos a serem efetuados no ano de 2008, poderíamos elaborar as demonstrações contábeis relativas ao ano de 2008.

DRE, 31/12/2008:

Receita Bruta		2.000,00
Deduções da Receita (Aj. VP)		–
Receita Líquida		2.000,00
Custo dos Serviços Prestados (Bruto)	(1.498,10)	
Ajuste a Valor Presente	198,10	
Custo dos Serviços Prestados (Líquido)		(1.300,00)
Lucro Bruto		700,00
Despesas Operacionais:		
Receita Financeira		200,00
Despesa Financeira		–
Lucro		900,00

Normalmente, as parcelas (nesse caso, o Custo dos Serviços Prestados) são evidenciadas pelo valor líquido. Neste exemplo, as contas foram detalhadas para fins didáticos.

DMPL, 31/12/2008:

Eventos	Capital Social	Res. Lucros	Total PL
Saldos iniciais	40.000,00	10.700,00	50.700,00
Lucro do Período		900,00	900,00
Saldos finais	40.000,00	11.600,00	51.600,00

BP, 31/12/2008:

ATIVO		PASSIVO + PL	
Ativo Circulante		**Passivo Circulante**	
Disponibilidades	51.852,38	Fornecedores	749,05
Clientes	1.152,38	– Ajuste Valor Presente	(68,10)
– Ajuste Valor Presente	(104,76)	**Total do PC**	**680,95**
Total do AC	**52.900,00**		
Realizável a Longo Prazo		**Passivo não Circulante**	
		Fornecedores	749,05
		– Ajuste Valor Presente	(130,00)
Total do AÑC	**–**	**Total do PÑC**	**619,05**
		Patrimônio Líquido	
		Capital Social	40.000,00
		Res. Lucros	11.600,00
		Total do PL	**51.600,00**
ATIVO TOTAL	**52.900,00**	**PASSIVO + PL TOTAL**	**52.900,00**

DFC, 31/12/2008:

Atividade Operacional	
Recebimento de Clientes	3.152,38
Pagamento a Fornecedores	–
Fluxo de Caixa da Atividade Operacional	**3.152,38**
Atividade de Investimento	–
Fluxo de Caixa da Atividade de Investimento	**–**
Atividade de Financiamento	
Fluxo de Caixa da Atividade de Financiamento	**–**
Fluxo de Caixa	**3.152,38**
Saldo final de Caixa e Equivalente a Caixa	51.852,38
Saldo inicial de Caixa e Equivalente a Caixa	48.700,00
Variação do saldo de Disponibilidades	**3.152,38**

Ano 3: Receita e Despesa a vista

Em 31/12/2009, a Cia. Sem Pressa recebe a segunda parcela de Clientes e paga a primeira aos Fornecedores. Os lançamentos contábeis relativos ao recebimento e à reversão do ajuste a valor presente seriam os seguintes:

Contas	ATIVO				PASSIVO + PATRIMÔNIO LÍQUIDO						
	Disponibilidades	Clientes (AC)	Aj. Valor Presente (AC)	=	Fornec. (PC)	Aj. Valor Presente (PC)	Fornec. (PÑC)	Aj. Valor Presente (PÑC)	Capital Social	Res. Lucros	Resultado
Saldos em 31/12/2008	51.852,38	1.152,38	(104,76)	=	749,05	(68,10)	749,05	(130,00)	40.000,00	11.600,00	–
Recebimento	1.152,38	(1.152,38)		=							
Receita financeira (2ª prest.)			104,76	=							104,76
Pagamento	(749,05)			=	(749,05)						
Despesa financeira (1ª prest.)				=		68,10					(68,10)
Despesa financeira (2ª prest.)				=				61,90			(61,90)
Transf. LP p/ CP				=	749,05	(68,10)	(749,05)	68,10			

Observe que a reversão parcial do ajuste a valor presente do saldo de clientes a receber desde o ano anterior, agora, corresponde à receita financeira no montante de $ 104,76. Observe, ainda, que a reversão parcial do ajuste a valor presente das contas a pagar aos fornecedores desde o ano anterior corresponde a uma despesa financeira que totaliza $ 130,00 (sendo $ 68,10

relativos à parcela classificada no Passivo Circulante e $ 61,90 relativos ao Passivo Não Circulante). Sabe-se que a despesa financeira relativa à parcela classificada no Passivo Não Circulante foi apurada pela diferença do valor presente do título representativo da 2ª parcela de Fornecedores entre os dois momentos: 31/12/2008 (data de emissão) e 31/12/2009 (um ano depois de sua emissão).

1 ano depois...		
valor nominal da 2ª prestação	749,05	
valor líquido de livros da 2ª prestação	619,05	
taxa de juros anual	10%	
vencimento da 2ª prestação, daqui (em anos)	1	
valor presente da 2ª prestação	680,95	= 749,05/1,10
receita financeira a ser reconhecida em relação à 2ª prestação	61,90	= 680,95 − 619,05

Consequentemente, na transferência da 2ª prestação de Fornecedores do ELP para o AC, o Ajuste a Valor Presente é transferido pelo valor líquido de $ 68,10, que corresponde aos $ 130,00 originalmente reconhecidos (em 31/12/2008) menos a despesa financeira de $ 61,90 reconhecida em 31/12/2009.

Admita, ainda em 31/12/2009, que a Cia. Sem Pressa preste novos serviços emitindo fatura no valor total de $ 2.000,00, recebida a vista, e que na prestação desses serviços incorre em despesas no valor total de $ 1.300,00, pagas a vista; consequentemente, teríamos os seguintes lançamentos contábeis:

Contas	ATIVO				PASSIVO + PATRIMÔNIO LÍQUIDO						
	Disponibilidades	Clientes (AC)	Aj. Valor Presente (AC)		Fornec. (PC)	Aj. Valor Presente (PC)	Fornec. (PÑC)	Aj. Valor Presente (PÑC)	Capital Social	Res. Lucros	Resultado
Saldos em 31/12/2008	51.852,38	1.152,38	(104,76)	=	749,05	(68,10)	749,05	(130,00)	40.000,00	11.600,00	–
Recebimento	1.152,38	(1.152,38)		=							
Receita financeira (2ª prest.)			104,76	=							104,76
Pagamento	(749,05)			=	(749,05)						
Despesa financeira (1ª prest.)				=		68,10					(68,10)
Despesa financeira (2ª prest.)								61,90			(61,90)
Transf. LP p/ CP				=	749,05	(68,10)	(749,05)	68,10			
Receita	2.000,00			=							2.000,00
Despesa	(1.300,00)			=							(1.300,00)
Saldos parciais	52.955,71	–	–	=	749,05	(68,10)	–	–	40.000,00	11.600,00	674,76
Retenção lucro										674,76	(674,76)
Saldos em 31/12/2009	52.955,71	–	–	=	749,05	(68,10)	–	–	40.000,00	12.274,76	–

De posse desses lançamentos e considerando que sejam os únicos a serem efetuados no ano de 2009, poderíamos elaborar as demonstrações contábeis relativas ao ano de 2009.

DRE, 31/12/2009:

Receita Bruta	2.000,00
Deduções da Receita (Aj. VP)	–
Receita Líquida	2.000,00
Custo dos Serviços Prestados	(1.300,00)
Ajuste VP	–
Lucro Bruto	700,00
Despesas Operacionais:	
Receita Financeira	104,76
Despesa Financeira	(130,00)
Lucro	674,76

DMPL, 31/12/2009:

Eventos	Capital Social	Res. Lucros	Total PL
Saldos iniciais	40.000,00	11.600,00	51.600,00
Lucro do Período		674,76	674,76
Saldos finais	40.000,00	12.274,76	52.274,76

BP, 31/12/2009:

ATIVO		PASSIVO + PL	
Ativo Circulante		**Passivo Circulante**	
Disponibilidades	52.955,71	Fornecedores	749,05
Clientes	–	– Ajuste Valor Presente	(68,10)
– Ajuste Valor Presente	–	**Total do PC**	**680,95**
Total do AC	**52.955,71**		
		Passivo não Circulante	
Realizável a Longo Prazo		Fornecedores	–
Clientes	–	– Ajuste Valor Presente	–
– Ajuste Valor Presente	–	**Total do PÑC**	–
Total do AÑC	–		
		Patrimônio Líquido	
		Capital Social	40.000,00
		Res. Lucros	12.274,76
		Total do PL	**52.274,76**
ATIVO TOTAL	**52.955,71**	**PASSIVO + PL TOTAL**	**52.955,71**

DFC, 31/12/2009:

Atividade Operacional	
Recebimento de Clientes	3.152,38
Pagamento a Fornecedores	(2.049,05)
Fluxo de Caixa da Atividade Operacional	**1.103,33**
Atividade de Investimento	
Fluxo de Caixa de Investimento	–
Atividade de Financiamento	
Fluxo de Caixa da Atividade de Financiamento	–
Fluxo de Caixa	**1.103,33**
Saldo final de Caixa e Equivalente a Caixa	52.955,71
Saldo inicial de Caixa e Equivalente a Caixa	51.852,38
Variação do saldo de Disponibilidades	**1.103,33**

Exercício de verificação – Apêndice

Refaça os lançamentos contábeis desta seção, desconsiderando o ajuste a valor presente. De posse dos dois conjuntos de demonstrações contábeis, pede-se:

a) Por que não haveria qualquer diferença na DFC?

b) Qual conjunto de informações sobre o lucro é mais próximo do "real" desempenho econômico da Cia. Sem Pressa? Por quê?

c) Sugira pelo menos dois critérios para determinação da taxa de juros para fins de cálculo do valor presente. Apresente argumentos pró e contra a adoção de tais critérios.

8

Aspectos fundamentais do imobilizado e do tangível

Objetivo do Capítulo

O Imobilizado corresponde às aplicações de recursos da entidade em ativos tangíveis que não se tem por objetivo transformar diretamente em dinheiro e que são utilizadas em sua atividade operacional, ou seja, o Imobilizado corresponde aos saldos dos bens tangíveis da entidade utilizados em suas operações normais e que têm a capacidade de gerar benefícios econômicos durante vários períodos, como: imóveis, móveis, utensílios, máquinas, equipamentos e veículos. São avaliados pelo valor original de aquisição, deduzidos da depreciação acumulada e da provisão para perdas por irrecuperabilidade.

Não fazem parte do Imobilizado a Propriedade para investimento e os Ativos Biológicos utilizados na atividade agrícola.

Propriedade para investimento é o imóvel (terreno ou construção, ou parte, ou ambos) mantido para receber pagamento de aluguel ou para valorização de capital, ou ambos, que não seja para: (a) uso na produção ou fornecimento de bens ou serviços ou para fins administrativos; ou (b) venda no curso normal dos negócios. O princípio de mensuração da propriedade para investimento é o valor justo, sendo a variação do valor justo reconhecida no resultado do período.

Ativos biológicos são plantas e animais vivos. Atividade agrícola é o gerenciamento da transformação biológica e da colheita de ativos biológicos para venda, ou para conversão em produtos agrícolas ou em ativos biológicos adicionais da entidade. Os ativos biológicos utilizados nas atividades agrícolas são mensurados pelo valor justo, sendo a variação do valor justo reconhecida no resultado do período.

O Intangível corresponde aos itens incorpóreos adquiridos pela empresa, em transações realizadas com terceiros, e que têm a capacidade de gerar benefícios econômicos durante vários períodos, como: marcas, patentes e fundo de comércio. São avaliados pelo valor original de aquisição, deduzidos da amortização acumulada e da provisão para perdas por irrecuperabilidade.

Neste capítulo, vamos estudar:

* principais itens que compõem o Imobilizado;
* critério de avaliação do Imobilizado;
* o conceito da Depreciação;

- critérios de mensuração da Depreciação;
- mecânica Contábil e Elaboração das Demonstrações Contábeis – Imobilizado;
- principais itens que compõem o Intangível e seu critério de avaliação;
- amortização do Intangível.

Além disso, este capítulo contém dois Apêndices, um dedicado ao estudo do Arrendamento Mercantil Financeiro (*capital lease*) e outro dedicado ao estudo da Provisão para Perda por Irrecuperabilidade (*impairment*).

8.1 Ativo Imobilizado

O Balanço Patrimonial consolidado da Droga Raia, de 2011, apresenta o Imobilizado pelo valor líquido de R$ 370.605 mil (como pode ser visto na página 9), não evidenciando como ele é composto. Entretanto, essa informação pode ser obtida nas Notas Explicativas (nota 11(a) – Imobilizado e Intangível, Imobilizado) que será apresentada e comentada em seguida:

11. Imobilizado e intangível

(a) Imobilizado

A seguir estão apresentadas as movimentações no ativo imobilizado do Consolidado.

Na rubrica "Terrenos" são reconhecidos os terrenos onde estão localizadas as lojas drogarias. Da mesma forma que na rubrica "Edificações" estão classificados os prédios das lojas sobre tais terrenos.

É interessante notar que, quando nós vamos à drogaria, não costumamos fazer a distinção entre o que é o terreno e o que são as edificações sobre ele. Entretanto, jurídica e contabilmente, esses dois ativos são distinguidos e reconhecidos separadamente.

Juridicamente, isto é, nos termos do Direito Imobiliário, tanto o terreno quanto as edificações são registrados no cartório de Registro Gerais de Imóveis. A rigor, normalmente é feito o "registro" do terreno e as edificações são "averbadas" ao "registro" do respectivo terreno. Afinal, a edifica-

ção pode ser demolida e, em seguida, outra edificação construída sobre o mesmo terreno.

Contabilmente, conforme pode ser observado na Nota Explicativa 11(a) da Droga Raia, 2011, tais ativos também são classificados separadamente. Afinal, o desgaste das edificações é muito maior que o desgaste do terreno, cujo tempo de vida útil é infinito. Além disso, como já foi dito, do fato de a edificação poder ser demolida e construída outra em seu lugar.

As "Benfeitorias em imóveis de terceiros" correspondem, normalmente, às obras que a entidade faz em imóveis alugados. Repare que os imóveis alugados não são reconhecidos como ativo da entidade, mas as obras que a entidade faz nos imóveis de terceiros devem ser reconhecidas no ativo imobilizado. Afinal, foram aplicações de recursos realizadas pela entidade que têm a capacidade de gerar benefícios futuros, sem a transformação direta em dinheiro, no curso de suas operações normais. Tais benefícios são gerados ao longo do prazo de locação, pois, ao final desse prazo, a entidade tem a obrigação contratual de devolver o imóvel ao locador (senhorio, proprietário) e, consequentemente, as obras não lhe gerarão mais qualquer benefício.

As "Instalações" correspondem, normalmente, à infraestrutura construída (instalada) pela empresa em seus imóveis próprios. Os exemplos mais recorrentes de instalações são: cabeamento de *Internet*, fiações de energia elétrica, tubulações de água e gás.

As "máquinas e equipamentos" de uma drogaria compreendem as caixas registradoras (equipamentos emissores de cupom fiscal), geladeiras e *freezers* etc. Nas entidades fabris, essa conta contempla as máquinas industriais utilizadas no processo produtivo.

"Móveis e Utensílios" correspondem a mesas, cadeiras e armários dos escritórios administrativos, cadeiras das caixas registradoras, gôndolas e prateleiras utilizadas como mostruários etc.

A conta "Veículos" representa os automóveis utilizados pela administração da entidade e os automóveis e motocicletas utilizados para entregar as vendas realizadas por telefone e pela *Internet* na residência dos consumidores.

	Terrenos	Edificações	Móveis, utensílios e Instalações	Máquinas e equipamentos	Veículos	Benfeitorias em imóveis de terceiros	Reformas e modernizações de lojas	Total
Custo								
Saldo em 01 de janeiro de 2010	22.551	28.552	37.217	22.534	6.943	53.963	6.319	178.079
Adições	2.086	615	16.956	6.628	3.248	29.894	4.223	63.650
Alienações			-2.290	-864	-1.450	-5.271	-140	-10.015
Saldo em 31 de dezembro de 2010	24.637	29.167	51.883	28.298	8.741	78.586	10.402	231.714
Adições por meio de combinações de negócios	3.088	729	108.119	39.849	9.275	191.922	0	352.982
Adições	0	3.495	19.335	9.798	3.090	39.572	644	75.934
Alienações	0	0	-1.270	-570	-1.456	-5.518	-872	-9.686
Saldo em 31 de dezembro de 2011	27.725	33.391	178.067	77.375	19.650	304.562	10.174	650.944
Depreciação acumulada								
Taxas anuais médias de depreciação (%)	0	2,7	7,4-10	7,1-16,4	20-24,4	17-20,6	20	
Saldo em 01 de janeiro de 2010	0	-12.796	-13.654	-11.825	-2.671	-19.327	-1.893	-62.166
Adições	0	-742	-3.874	-3.335	-1.819	-12.902	-1.709	-24.381
Alienações	0	0	2.142	771	1.058	5.023	120	9.114
Saldo em 31 de dezembro de 2010	0	-13.538	-15.386	-14.389	-3.432	-27.206	-3.482	-77.433
Adições por meio de combinações de negócios	0	-165	-46.923	-24.498	-4.313	-96.239	0	-172.138
Adições	0	-840	-6.889	-4.687	-2.555	-22.216	-2.042	-39.229
Alienações	0	0	909	544	1.318	4.818	872	8.461
Saldo em 31 de dezembro de 2011	0	-14.543	-68.289	-43.030	-8.982	-140.843	-4.652	-280.339
Em 31 de dezembro de 2010	24.637	15.629	36.497	13.909	5.309	51.380	6.920	154.281
Em 31 de dezembro de 2011	27.725	18.848	109.778	34.345	10.668	163.719	5.522	370.605

As "Reformas e modernizações de lojas", como o próprio nome sugere, correspondem aos gastos incorridos para adaptar os prédios ao formato (*layout*) de drogarias, e não se confundem com "benfeitorias em imóveis de terceiros".

Os "Imobilizados em Andamento" correspondem às edificações que ainda estão em fase de construção. Quando as obras estiverem concluídas, o saldo dessa conta é transferido para Edificações.

O saldo classificado em "Outros" representa imobilizados não representados nas contas anteriores e que, pelo baixo valor, não necessitam ser classificados em contas específicas.

Exercícios de fixação (8.1)

1. Cite cinco itens que compõem o Ativo Imobilizado.

_____
_____
_____
_____
_____

2. Correlacione a coluna da esquerda com a da direita. Imagine que se trata de uma escola:

a. Máquinas e Equipamentos	( ) fiação elétrica da sala de aula
b. Móveis e Utensílios	( ) projetor multimídia
c. Instalações	( ) mesas e cadeiras da sala de aula

8.2 Critérios de avaliação do Imobilizado

No reconhecimento inicial, o imobilizado é mensurado pelo custo de aquisição. Na mensuração subsequente, o imobilizado é avaliado pelo custo menos depreciação acumulada e perda por irrecuperabilidade acumulada.

Uma questão que surge é: Qual é o custo de aquisição? Restringe-se ao preço pago (devido) ao fornecedor?

Considera-se Custo de Aquisição, além do preço devido ou pago ao fornecedor, todos os demais gastos incorridos pela entidade e *necessários para colocar o ativo em condições de gerar benefícios para a entidade*. No caso do imobilizado, tais gastos são associados à colocação de tal ativo em condições de ser utilizado nas atividades operacionais. Também compõe o custo do imobilizado a estimativa dos custos de desmontagem e remoção do item e de restauração da área na qual o item está localizado.

Para exemplificar, imagine que na sua residência não há aparelho de ar-condicionado. Então, no último verão, que bateu os recordes de calor dos últimos anos, você resolveu comprar um condicionador de ar, de 7.500 BTUs, a vista, por $ 779,00.

Considerando que o aparelho pesa 29 kg e tem as seguintes dimensões, em centímetros, 54,1 × 36,8 × 54,0, você solicitou que a loja entregasse o aparelho na sua residência. Por esse frete, você pagou $ 26,00, em adição ao preço já pago.

Quando recebeu o aparelho de ar-condicionado em sua casa, percebeu que não poderia utilizá-lo enquanto não fosse devidamente instalado, o que implicaria, entre outras coisas, em fazer um buraco na parede. Para tanto, você contratou um pedreiro que lhe cobrou $ 95,00 para fazer o serviço (quebrar a parede, retirar o entulho, preparar a tomada, instalar o aparelho e o acabamento em seu entorno).

Nesse caso, qual o valor do Imobilizado?

Certamente, o aparelho de ar-condicionado seria reconhecido no Imobilizado por $ 900,00, ou seja, $ 779,00 + $ 26,00 + $ 95,00. Afinal, esse valor corresponde ao preço pago ou devido ao fornecedor ($ 779,00) mais os gastos incorridos e necessários para colocá-lo em condições de ser utilizado e gerar benefícios ($ 26,00 + $ 95,00).

Se você morasse em um imóvel alugado, você teria a obrigação de retirar o aparelho de ar-condicionado e recuperar a parede quando devolvesse as chaves ao proprietário. Vamos supor que o valor presente da estimativa dos custos de remoção do aparelho e restauração da parede fosse $ 100. Nesse caso, o aparelho de ar-condicionado seria reconhecido no Imobilizado por $ 1.000,00.

Outras dúvidas muito recorrentes com relação ao Custo do Imobilizado são:

a) Os juros e demais encargos financeiros relacionados ao financiamento do Imobilizado compõem o seu custo?

b) Os gastos com a manutenção e reparos do Imobilizado também integram o seu Custo?

c) A depreciação afeta o valor do Imobilizado?

d) Considerando que o Imobilizado permanece na empresa durante muito tempo, a inflação não distorce o seu valor histórico?

Vejamos essas questões separadamente.

Primeiro, os juros. Se a entidade adotar os IFRSs completos, considera-se, sim, Custo do Imobilizado os juros decorrentes de financiamentos, aplicados em sua construção. A lógica desse tratamento é que "o custo final de um ativo representa, em última análise, o valor dos bens adquiridos e/ou serviços prestados para a sua aquisição ou produção e que, na sua essência, os juros representam o custo do dinheiro utilizado na construção ou produção dos ativos, devendo ser, portanto, a estes integrados". Este assunto está normatizado no Pronunciamento CPC 20 "Custos de Empréstimos":

I – Os juros incorridos e demais encargos financeiros, relativamente a financiamentos obtidos de terceiros, para construção de bens integrantes do ativo imobilizado ou para produção de estoques de longa maturação, devem ser registrados em conta destacada, que evidenciem a sua natureza, e classificados no mesmo grupo do ativo que lhes deu origem.

[...]

III – Os juros e encargos referidos no item I somente poderão ser ativados até o momento em que o ativo em construção ou produção estiver substancialmente completado e colocado em condições de uso ou venda.

Imagine uma companhia geradora de energia elétrica que capte um empréstimo no BNDES, Banco Nacional de Desenvolvimento Econômico e Social, para financiar a construção da barragem em um rio, necessária à instalação de uma nova usina hidroelétrica. Os juros incorridos por esse empréstimo são reconhecidos como custo da barragem (Imobilizado) até o momento em que a barragem estiver pronta para uso. Caso o prazo de financiamento se estenda além da data de conclusão das obras, os juros desse período adicional não são contabilizados no Imobilizado, mas reconhecidos como Despesa Financeira, no exercício de competência – tal qual os juros dos demais empréstimos.

Caso a entidade adote o IFRS para PMES, tais juros (custos de empréstimos) não integram o custo do Imobilizado, mas devem ser reconhecidos imediatamente como despesa financeira no resultado do período em que foi incorrido.

Com relação à segunda questão, os gastos com manutenção e reparos só devem ser integrados ao Imobilizado (somados ao item que sofreu a manutenção e reparado) se, e somente se, tal manutenção aumentar a vida útil do bem ou sua capacidade produtiva. Caso contrário, os gastos com a manutenção devem ser reconhecidos como despesa do período em que foram incorridos.

Vejamos dois exemplos de gastos com manutenção: o primeiro reflete a situação na qual o gasto com a manutenção é somado ao custo do imobilizado; no segundo exemplo, o gasto com a manutenção é reconhecido, imediatamente, como despesa.

Imagine uma gráfica (tal qual a que imprimiu este livro) que tenha uma determinada imprensa adquirida em 1973, que ainda funciona, mas precariamente, e fica a maior parte do tempo ociosa. Então, a Dna. Rosana, proprietária, resolveu gastar $ 7.000,00 com o restauro desse equipamento, que envolveu a troca de algumas engrenagens e de todas as correias e, ainda, a eliminação dos pontos de ferrugem. Com essa manutenção, o equipamento voltou a funcionar como na década de 80 (quando era seminovo) e, agora, voltou a ser um dos principais equipamentos da linha de produção. Nesse caso, certamente, os gastos com a manutenção são integrados ao Imobilizado, pois a máquina que estava praticamente sucateada voltou a ser utilizada normalmente, e é provável que continue o sendo por mais alguns anos.

Por outro lado, imagine que o motorista da gráfica, o Sr. Pedro, resolva trocar o óleo do caminhão utilizado para fazer a entrega dos produtos (impressos) aos clientes, afinal, já se rodaram mais de 8.000 km desde a última vez em que o óleo foi trocado. Nesse caso, os gastos incorridos com a manutenção (óleo e filtro) são reconhecidos como Despesa do período, pois a troca do óleo não tem a capacidade de aumentar a potencialidade de geração de benefícios pelo veículo.

A terceira questão – depreciação – será discutida de forma resumida neste ponto e voltará a ser apresentada, detalhadamente, nas duas próximas seções deste Capítulo. No que tange à depreciação, conforme o Imobilizado vai sendo utilizado, isto é, vai gerando os benefícios que dele se esperavam, vai-se reconhecendo a sua depreciação, que é contabilizada como conta redutora (retificadora) do Imobilizado, na rubrica "Depreciações Acumuladas". Portanto, o valor contábil do Imobilizado corresponde à diferença entre seu Custo de Aquisição e a Depreciação Acumulada, ou seja, o valor Líquido (ou Valor Líquido de Livros).[1]

Finalmente, até a década de 90 do século passado, a economia brasileira era caracterizada por elevados índices de inflação. Portanto, nessa época, as empresas precisavam reconhecer, nas Demonstrações Contábeis, os efeitos da perda de poder aquisitivo da moeda. Afinal, o custo histórico ficava rapidamente defasado e a informação contábil perdia significância.

Com o Plano Real (1994), a inflação ficou razoavelmente controlada e, a partir de 1996, por força da Lei nº 9.249/95, as empresas ficaram proibidas de reconhecer a variação monetária de balanços.

Para exemplificar os critérios de avaliação do Imobilizado, estudados nesta seção, veja o item *i* da Nota Explicativa nº 4 – Principais Políticas Contábeis, Imobilizado, da Droga Raia, em 2011:

4. Principais práticas contábeis

As principais práticas contábeis adotadas na elaboração dessas demonstrações financeiras estão descritas a seguir:

[...]

(i) Imobilizado

São apresentados ao custo histórico de aquisição, líquido de depreciação acumulada e/ou perdas acumuladas de valor recuperável, se for o caso. A depreciação é calculada pelo método linear ao longo da vida útil do ativo de acordo com as taxas divulgadas na Nota 11(a). O valor residual, a vida útil dos ativos e os métodos de depreciação são revistos no encerramento de cada exercício e ajustados de forma prospectiva, quando for o caso.

Terrenos e edifícios compreendem o escritório central, centro de distribuição e algumas lojas próprias e são demonstrados pelo custo histórico de aquisição acrescido de reavaliação ocorrida em outubro de 1987, com base em laudos de avaliação emitidos por peritos avaliadores independentes. O aumento no valor contábil resultante da reavaliação dos terrenos e edifícios foi contabilizado a crédito de reserva específica no patrimônio líquido.

Um item de imobilizado é baixado quando vendido ou quando nenhum benefício econômico

---

[1] Veja, novamente, a Nota Explicativa 11(a) da Droga Raia – 2011, apresentada na seção anterior. O valor líquido, R$ 370.605 mil, já está deduzido da Depreciação Acumulada.

futuro for esperado do seu uso ou venda. Ganhos e perdas em alienações são determinados pela comparação dos valores de alienação com o valor contábil e são inclusos no resultado do exercício em que o ativo for baixado. Quando os ativos reavaliados forem destinados à venda, os valores incluídos na reserva de reavaliação, quando da alienação, serão contabilizados em lucros acumulados.

Reparos e manutenções são apropriados ao resultado durante o período em que são incorridos.

Exercícios de fixação (8.2)

1. Qual a regra básica para a avaliação do Imobilizado?

   _____
   _____
   _____
   _____
   _____

2. Em que situação os juros pagos ou devidos sobre financiamentos devem integrar o valor do Imobilizado?

   _____
   _____
   _____
   _____
   _____

3. Em que situação os gastos incorridos com a manutenção do Imobilizado devem integrar o seu valor?

   _____
   _____
   _____
   _____
   _____

8.3 O que significa depreciação

Pode-se apresentar a depreciação de duas formas, segundo uma visão estática e segundo uma visão dinâmica.

Pela visão estática, a depreciação corresponde à redução do valor do ativo imobilizado, em função de: desgaste pelo uso; ação da natureza; e obsolescência tecnológica.

Os exemplos a seguir ajudam a ilustrar essas três causas da depreciação.

O veículo utilizado como táxi, normalmente, aparenta ser mais velho que um carro idêntico, de mesma idade, utilizado por particular. Afinal, o táxi costuma rodar mais quilômetros que o carro particular. Essa falsa aparência de "velho" decorre do maior desgaste sofrido pelo uso do táxi.

Os bancos do calçadão de Copacabana, no Rio de Janeiro, aparentam ser mais antigos que os bancos da Praça Raul Soares, em Belo Horizonte. Afinal, a combinação da umidade com a maresia, o vento e a areia, típicos da orla, causam a corrosão das estruturas metálicas e o apodrecimento das madeiras em velocidade maior que no interior, onde esses quatro fatores não se combinam. Tal aparência de "antigo" é consequência de a ação da natureza ser mais intensa sobre os bancos da beira da praia que do interior.

A obsolescência tecnológica é característica marcante nos computadores que, embora funcionem, perdem rapidamente seu valor em função do lançamento de máquinas mais modernas e velozes e do lançamento de novos *softwares,* que demandam maior capacidade de armazenamento e processamento.

Ressalta-se que essa distinção é meramente didática. Afinal, todas as três causas costumam atuar em conjunto. Por exemplo, a tecla "enter" do computador que está sendo usada para digitar este texto está com mal-contato, de tanto que já foi pressionada (desgaste pelo uso); a porta USB do mesmo computador não funciona mais, pois está com zinabre (ação da natureza); mas, se eu for tentar vender este computador, provavelmente não encontrarei nenhum comprador, não pelo estado do teclado ou da porta USB, mas, principalmente, pelo fato de ter baixa capacidade de armazenamento e processamento, de forma que não é compatível, praticamente, com nenhum novo *software* e periféricos (obsolescência tecnológica).

Enquanto a visão estática considera o imobilizado como um simples objeto que sofre redução (perda) de seu valor, a visão dinâmica da depreciação considera o imobilizado como um agente gerador de benefícios futuros.

Ou seja, considerando-se que o ativo corresponde a aplicações de recursos das quais se espera a geração de benefícios futuros, a depreciação é o reconhecimento contábil da realização efetiva dos benefícios que se esperava, no passado, que o imobilizado gerasse (no futuro – que já é passado ou presente).

Imagine um taxista que, ao comprar um carro novo, por $ 40.000,00, pense em mantê-lo até que tenha rodado 200.000 km. Consequentemente, a cada 1 km efetivamente dirigido, o veículo gerará 1/200.000 (um, duzentos mil avos) dos benefícios que se esperava ao adquiri-lo. Portanto, essa parcela do Ativo é reconhecida como despesa de depreciação.

> **Curiosidade:**
> O termo *Depreciação* é utilizado quando se trata de bens tangíveis. Para os itens intangíveis (marca e patentes, por exemplo), utiliza-se o termo *Amortização*.

Exercícios de fixação (8.3)

1. Apresente dois exemplos de itens que sofrem diminuição de valor em função de:
   a) desgaste pelo uso: _____
   _____
   _____
   _____
   b) ação da natureza: _____
   _____
   _____
   _____
   c) obsolescência tecnológica: _____
   _____
   _____
   _____

2. Comente, resumidamente, a vinculação entre a definição de ativo e a definição dinâmica da depreciação:
   _____
   _____

_____
_____
_____

3. Correlacione a coluna da esquerda com a da direita:

a) Depreciação	( ) patentes
b) Amortização	( ) marcas
	( ) veículos
	( ) máquinas da produção

8.4   Critérios de mensuração da depreciação

Os bens da empresa, com exceção do terreno, têm vida útil limitada por deterioração ou por se tornarem obsoletos. Os custos incorridos em sua aquisição devem ser apropriados à despesa, nos exercícios sociais relacionados com sua utilização.

Cinco variáveis são determinantes do valor da depreciação: o custo (apresentado na seção 8.2), a vida econômica do imobilizado, sua vida útil, o valor residual ao final da vida útil e o método de depreciação.

A vida econômica é o tempo total que se espera que o imobilizado gere benefícios econômicos a seu titular (pouco importa quem seja). Portanto, a vida econômica é a vida total do imobilizado, até que vire sucata.

A vida útil é a parcela da vida econômica durante a qual a entidade pretende utilizar o item do imobilizado em suas atividades operacionais.

O valor residual é o valor pelo qual a entidade espera vender o item do imobilizado ao final de sua vida útil. Só é pertinente estimar o valor residual quando a entidade estimar vender o item do imobilizado antes que este vire sucata (isto é, vida útil menor que a vida econômica), caso contrário, o valor residual será zero.

Finalmente, em relação ao método de depreciação – vejamos dois desses métodos.

8.4.1 Métodos das quotas constantes

Segundo o método das quotas constantes, o valor da depreciação reconhecida é o mesmo a cada período.

Graficamente, apresenta-se como uma distribuição uniforme, afinal é calculada da seguinte forma:

> Depreciação = (Custo − Valor residual) / Tempo de vida útil
> ou
> Depreciação = (Custo − Valor residual) × Taxa de depreciação

Para ilustrar o cálculo da depreciação, vamos imaginar uma máquina adquirida em 1º de janeiro de X1 pelo custo de aquisição total de $ 9.000,00 e que comece a ser utilizada na mesma data. Con-siderando que o tempo de vida útil dessa máquina seja de 10 anos, e admitindo que seu valor residual seja de $ 1.500,00 ao final desse período, a depreciação anual será de $ 750,00, ou seja:

a	Valor original	9.000,00	
b	Valor residual	1.500,00	
c = a − b	Valor depreciável	7.500,00	
d	Tempo de vida útil	10	anos
e = c / d	Depreciação anual	750,00	ao ano

Portanto, esse método é denominado das quotas constantes porque o valor da depreciação reconhecida anualmente é constante. No exemplo, a depreciação será de $ 750,00 por ano, conforme evidenciado no gráfico:

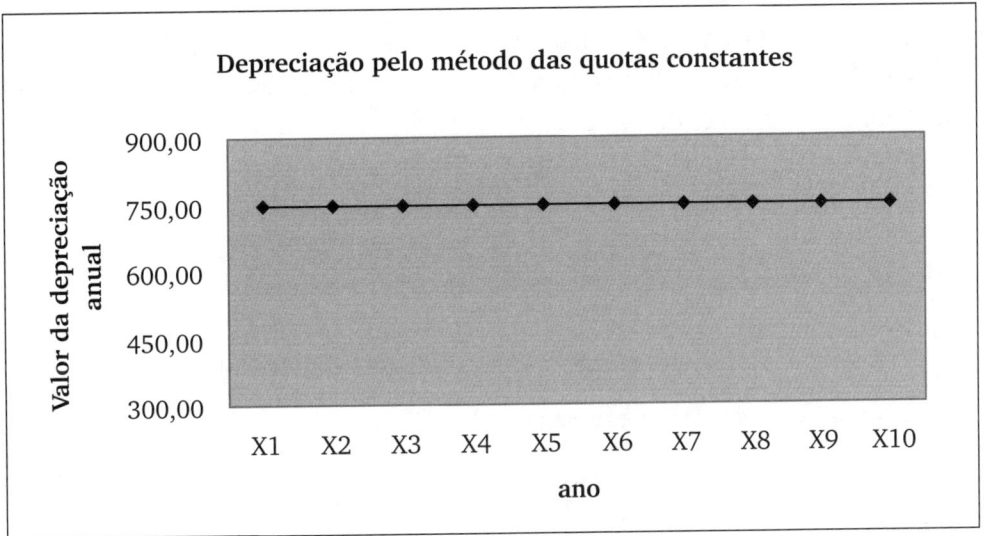

Neste caso, admitiu-se que a máquina foi adquirida e começou a ser utilizada no início do ano (em 1º/1/X1). Entretanto, qual seria o valor da depreciação, nos anos X1 e X2, se a máquina começasse a ser utilizada no meio do ano (em 1º/07/X1)?

Em X1, seria reconhecida a depreciação em montante equivalente à metade do valor da depreciação anual, posto que a máquina, nesse ano, foi utilizada somente durante seis meses, portanto, $ 375,00 ($ 750,00 ÷ 2). Já em X2 a depreciação anual seria reconhecida por $ 750,00 (que corresponde a um ano inteiro).

Muitas empresas não utilizam o cálculo baseado no dia do mês em que o bem foi adquirido. Se este for adquirido de 1 a 14, será considerado no mês que foi adquirido. Se o for após o dia 15, sua compra será considerada no mês posterior. Afinal, esse tratamento é muito prático e o valor da depreciação de um mês acaba não sendo relevante.

Imagine, agora, que a máquina tivesse começado a ser utilizada em 25/8/X1. Como ficaria a sua depreciação nos anos X1 e X2?

a	Valor original	9.000,00	
b	Valor residual	1.500,00	
c = a – b	Valor depreciável	7.500,00	
d	Tempo de vida útil	10	anos
e = c / d	Depreciação anual	750,00	ao ano
Em X1		**250,00**	
Agosto	5 dias (*)	, , , , , –,	
Setembro	o mês inteiro	62,50	
Outubro	o mês inteiro	62,50	
Novembro	o mês inteiro	62,50	
Dezembro	o mês inteiro	62,50	
Em X2	**o ano inteiro**	**750,00**	

(*) Pela praticidade, resolve-se não depreciar o bem em agosto de X1, porque só começou a ser utilizado após o dia 15 do mês.

Mas nada impede que a empresa calcule a depreciação na exata proporção de dias contados da data na qual foi posto em condições de uso. Calcula-se a depreciação *pro rata temporis*, a cada dia desde o início da utilização do mesmo.

Vejamos, novamente, o exemplo, mas adotando o critério da exata proporção *pro rata temporis*, dia a dia:

a	Valor original	9.000,00	
b	Valor residual	1.500,00	
c = a – b	Valor depreciável	7.500,00	
d	Tempo de vida útil	10	anos
e = c / d	Depreciação anual	750,00	ao ano
Em X1		**260,42**	
Agosto	5 dias (*)	10,42	
Setembro	o mês inteiro	62,50	
Outubro	o mês inteiro	62,50	
Novembro	o mês inteiro	62,50	
Dezembro	o mês inteiro	62,50	
Em X2	**o ano inteiro**	**750,00**	

(*) Considerou-se que cada mês tem 30 dias, ou seja, que o ano tem 360 dias (12 meses × 30 dias).

8.4.2 Método do benefício gerado

O método do benefício gerado é o que melhor representa o consumo do imobilizado no processo de geração de receita.

Antes de estudar este método de depreciação, é oportuno relembrar o processo de geração de receitas dos estoques. Quando determinada unidade de mercadoria é vendida, ela é retirada da prateleira e entregue ao cliente; consequentemente, o contador reconhece a Receita de Vendas e o Custo das Mercadorias Vendidas (correspondente à baixa da mercadoria dos Estoques). Portanto, tem-se uma "perfeita" confrontação da Despesa (baixa do produto vendido) com a Receita (gerada pela venda do mesmo).

Em se tratando do imobilizado, por exemplo, em uma máquina utilizada no processo de transformação das matérias-primas em produtos acabados, a identificação do confronto das despesas com as receitas fica um pouco prejudicada. Afinal, a empresa não vende a máquina, vende o produto fabricado pela máquina. Mas é inegável que a máquina contribuiu ao processo de geração de receita, produzindo o bem vendido. Portanto, é necessário reconhecer a depreciação da máquina. Nesse contexto, a depreciação corresponde à baixa parcial da máquina: uma fração da máquina que é consumida no processo produtivo.

Relembrando os conceitos apresentados na seção 8.3 deste capítulo,[2] é fácil perceber que o método de depreciação pelos benefícios gerados é o que mais se aproxima da visão dinâmica da depreciação.

Retornemos ao exemplo da máquina adquirida em 1º de janeiro de X1, por $ 9.000,00, cujo valor residual esperado ao final de sua vida útil seja $ 1.500,00. Suponhamos que a máquina tenha capacidade produtiva equivalente a 100.000 unidades de determinado produto e que a produção efetiva dos anos X1 a X10 seja de:

Produção anual, efetiva:		
X1	5.000	unidades
X2	8.700	unidades
X3	6.500	unidades
X4	7.000	unidades
X5	8.100	unidades
X6	14.500	unidades
X7	10.200	unidades
X8	13.000	unidades
X9	15.000	unidades
X10	12.000	unidades

A depreciação, pelo método do benefício gerado, será proporcional a essa produção. Dessa forma, os valores da depreciação anual não serão constantes ao longo do tempo, mas acompanharão as oscilações do volume produzido.

[2] Os conceitos são: o Imobilizado é um agente gerador de benefícios futuros, como todo e qualquer ativo; o Ativo corresponde a aplicações de recursos das quais se espera a geração de benefícios futuros; a Depreciação é o reconhecimento contábil da realização efetiva dos benefícios que se esperava, no passado, que o Imobilizado gerasse (no futuro – que já é passado ou presente).

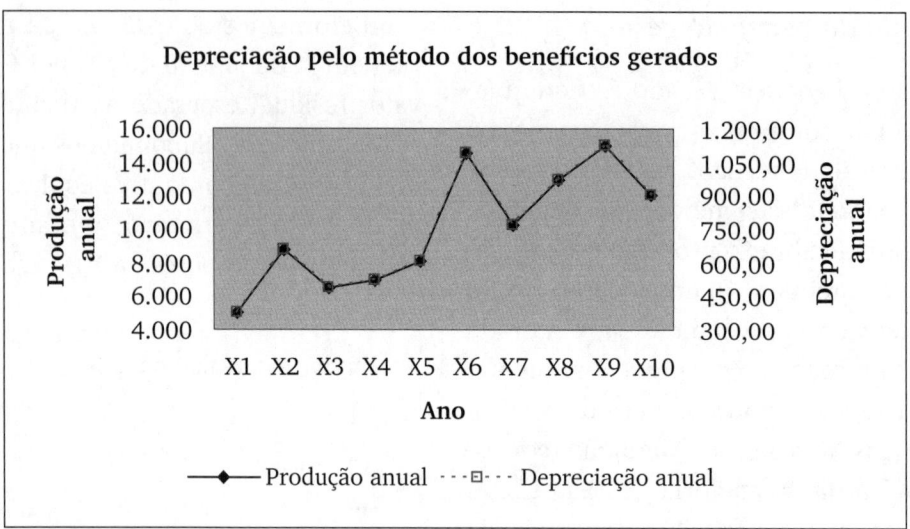

Os valores apresentados neste gráfico foram calculados conforme demonstrado a seguir:

a	Valor original	9.000,00	
b	Valor residual	1.500,00	
c = a – b	Valor depreciável	7.500,00	
d	Capacidade produtiva total	100.000	unidades
e	Produção anual, efetiva:		
	X1	5.000	unidades
	X2	8.700	unidades
	X3	6.500	unidades
	X4	7.000	unidades
	X5	8.100	unidades
	X6	14.500	unidades
	X7	10.200	unidades
	X8	13.000	unidades
	X9	15.000	unidades
	X10	12.000	unidades
	Total	100.000	unidades
f = c / d * e	Depreciação anual:		
	X1	375,00	por ano
	X2	652,50	por ano
	X3	487,50	por ano
	X4	525,00	por ano
	X5	607,50	por ano
	X6	1.087,50	por ano
	X7	765,00	por ano
	X8	975,00	por ano
	X9	1.125,00	por ano
	X10	900,00	por ano
	Total	7.500,00	

Embora este método permita confrontar as despesas associadas ao consumo do imobilizado com os benefícios por ele gerados, não é o mais difundido, talvez por ser pouco prático estimar a produção total esperada (benefícios esperados).

Exercícios de fixação (8.4)

1. Explique, resumidamente, a diferença entre a mensuração da depreciação pelo método das quotas constantes e pelo método do benefício gerado.

   _____

   _____

   _____

   _____

   _____

2. Qual valor da depreciação anual (pelo método dos benefícios gerados) deverá ser reconhecido com relação a uma máquina cujo custo de aquisição foi de $ 160.000,00 e cuja vida útil seja estimada em 80.000 horas de funcionamento? Sabendo-se que nos cinco primeiros anos tenha funcionado:

Ano	Horas de funcionamento
1	2.112 horas
2	5.760 horas
3	6.720 horas
4	4.800 horas
5	5.808 horas

8.5 Mecânica contábil e elaboração das demonstrações contábeis

A conta "Depreciação Acumulada", de natureza credora, é classificada no Balanço Patrimonial, no lado do Ativo, como uma redução do custo do bem depreciado. Portanto, a "Depreciação Acumulada" é uma conta redutora (ou retificadora) do Imobilizado.

A conta "Despesa de Depreciação", de natureza devedora, é computada na Demonstração de Resultado do Exercício.

Exemplo: um veículo de passageiros (0 km) foi comprado por $ 25.000,00, em 1º/1/X1. Como sua depreciação é realizada em 5 anos pelo método das quotas constantes (taxa de depreciação = 20% ao ano), considerando-se o valor residual nulo, reconhecer-se-á depreciação anual de $ 5.000,00.

Valores evidenciados em 31/12/X1		
na Demonstração do Resultado do Exercício	no Balanço Patrimonial	
(–) Despesa de Depreciação (5.000,00)	Veículo de passageiros	25.000,00
	(–) Depreciação Acumulada	(5.000,00)
	Valor líquido	20.000,00

Portanto, o lançamento contábil efetuado em 31/12/X1 foi:

D	Despesa de Depreciação (DRE)	5.000,00
C	Depreciação Acumulada (redutora do Ativo)	5.000,00
Histórico: Reconhecimento da depreciação anual do veículo, à taxa de 20% ao ano e valor residual nulo.		

ATENÇÃO: A depreciação é uma transação que não envolve caixa neste período, isto é, apesar de ser uma despesa, seu valor não é desembolsado no ato do reconhecimento da, depreciação. O efeito caixa ocorreu na data da aquisição do Ativo se a compra foi a vista ou no pagamento das parcelas, se a compra foi a prazo.

Esse mesmo registro é efetuado ao longo dos cinco anos do prazo de vida útil do veículo. Na Demonstração do Resultado do Exercício, uma despesa de depreciação neste valor ($ 5.000) é reconhecida a cada ano. No Balanço Patrimonial, a cada ano, o valor da depreciação vai sendo acumulado, até completar o valor total do Ativo (considerando valor residual nulo).

Valores evidenciados em 31/12/X2

na Demonstração do Resultado do Exercício		no Balanço Patrimonial	
(–) Despesa de Depreciação	, (5.000,00)	Veículo de passageiros	, , 25.000,00
		(–) Depreciação Acumulada	, (10.000,00)
		Valor líquido	, , 15.000,00

Valores evidenciados em 31/12/X3

na Demonstração do Resultado do Exercício		no Balanço Patrimonial	
(–) Despesa de Depreciação	, (5.000,00)	Veículo de passageiros	, , 25.000,00
		(–) Depreciação Acumulada	, (15.000,00)
		Valor líquido	, , 10.000,00

Valores evidenciados em 31/12/X4

na Demonstração do Resultado do Exercício		no Balanço Patrimonial	
(–) Despesa de Depreciação	, (5.000,00)	Veículo de passageiros	, , 25.000,00
		(–) Depreciação Acumulada	, (20.000,00)
		Valor líquido	, , , 5.000,00

Valores evidenciados em 31/12/X5

na Demonstração do Resultado do Exercício		no Balanço Patrimonial	
(–) Despesa de Depreciação	, (5.000,00)	Veículo de passageiros	, , 25.000,00
		(–) Depreciação Acumulada	, (25.000,00)
		Valor líquido	, , , , , –,

Uma dúvida que surge é: Como reconhecer a venda do imobilizado?

Essa questão pode ser analisada em dois cenários:

a) quando o bem ainda não está totalmente depreciado;
b) quando o bem já está totalmente depreciado.

Primeiro, é necessário reconhecer a venda:

D	Disponibilidades (Ativo Circulante)	12.000,00
C	Outras receitas operacionais (DRE)	12.000,00
Histórico: Reconhecimento da venda do veículo usado, a vista.		

Em segundo lugar, é necessário "preparar" o ativo vendido para ser baixado, eliminando-se o saldo da conta depreciação acumulada contra o saldo da conta do respectivo bem:

D	Depreciação Acumulada (redutora do Ativo Imobilizado)	15.000,00
C	Veículos (Ativo Imobilizado)	15.000,00
Histórico: Baixa da Depreciação Acumulada, contra o saldo da conta Veículos, como preparação ao reconhecimento da venda desse ativo.		

Finalmente, reconhece-se a baixa do veículo vendido.

D	Outra despesa operacional (DRE)	10.000,00
C	Veículos (Ativo Imobilizado)	10.000,00
Histórico: Baixa do Veículo vendido.		

Observe que a receita seria apresentada na DRE pelo valor líquido de $ 2.000,00.

Digamos que a empresa do exemplo anterior tivesse vendido o veículo no dia 1º/1/X4, quando o veículo já estava avaliado, na Contabilidade, pelo valor líquido de $ 10.000,00 (o mesmo evidenciado no BP de 31/12/X3). Suponhamos que o bem tenha sido vendido por $ 12.000,00. A empresa apuraria uma receita de $ 2.000,00, como mostrado abaixo:

Pela Matriz de Lançamentos, vamos considerar que a empresa tivesse apurado, em 31/12/X3, o seguinte Balanço Patrimonial:

Balanço Patrimonial – 31/12/X3			
Ativo		**Passivo**	–
Ativo Circulante			
Disponibilidades	8.000,00		
Ativo não Circulante Imobilizado		Patrimônio Líquido	
Veículos de passageiros	25.000,00	Capital Social	12.000,00
(–) Depreciação Acumulada	(15.000,00)	Reserva de Lucros	6.000,00
Total do Imobilizado	10.000,00	Total do PL	18.000,00
Total do Ativo	**18.000,00**	**Total do Passivo + PL**	**18.000,00**

Então, ao vender o veículo, cujo custo histórico é $ 25.000,00, e já depreciado em $ 15.000,00, por $ 12.000,00, reconheceria os seguintes registros contábeis:

	Disponib.	Veículos	(–) Depreciação Acumulada	=	Capital Social	Reserva de Lucros	Resultado
Saldos iniciais	8.000,00	25.000,00	(15.000,00)	=	12.000,00	6.000,00	
Reconhecimento da venda	12.000,00			=			12.000,00
Baixa da depreciação acumulada		(15.000,00)	15.000,00	=			
Baixa do veículo vendido		(10.000,00)		=			(10.000,00)
Somatórios parciais	20.000,00	–	–	=	12.000,00	6.000,00	2.000,00
Transferência do resultado				=		2.000,00	(2.000,00)
Saldos finais	20.000,00	–,	–,	=	12.000,00	8.000,00	–,

Portanto, o Balanço Patrimonial apurado em 1º/1/X4, logo após a venda do veículo, seria evidenciado da seguinte forma:

Balanço Patrimonial – 1º/1/X4 logo após a venda			
Ativo		Passivo Circulante	–
Ativo Circulante			
Disponibilidades	20.000,00		
Ativo não Circulante Imobilizado		Patrimônio Líquido	
Veículos de passageiros	–	Capital Social	12.000,00
(–) Depreciação Acumulada	–	Reserva de Lucros	8.000,00
Total do Imobilizado	–	Total do PL	20.000,00
Total do Ativo	**20.000,00**	**Total do Passivo + PL**	**20.000,00**

A mesma lógica seria adotada se a empresa vendesse o veículo após transcorrido todo o seu tempo de vida útil.

Digamos que a empresa tivesse vendido o veículo em 21/1/X8, por $ 1.500,00, quando o saldo da Depreciação Acumulada já era idêntico ao do custo de aquisição ($ 25.000,00). Seriam reconhecidos os seguintes lançamentos contábeis:

Pelo reconhecimento da receita de vendas:

D	Disponibilidades (Ativo Circulante)	1.500,00
C	Outras receitas operacionais (DRE)	1.500,00
Histórico: Reconhecimento da venda do veículo usado, a vista.		

Pela baixa da Depreciação Acumulada:

D	Depreciação Acumulada (redutora do Ativo Imobilizado)	25.000,00
C	Veículos (Ativo Imobilizado)	25.000,00
Histórico: Baixa da Depreciação Acumulada, contra o saldo da conta Veículos, como preparação ao reconhecimento da venda desse ativo.		

Neste caso, não é necessário realizar o terceiro lançamento contábil, pois o saldo da conta Veículos já está zerado, não havendo valor de Outra Despesa Operacional a ser reconhecido.

Pela Matriz de Lançamentos, vamos considerar que a empresa tivesse apurado, em 21/1/X8, antes da venda, o seguinte Balanço Patrimonial:

Balanço Patrimonial – 21/1/X8, antes da venda			
Ativo		Passivo	–,
Ativo Circulante			
Disponibilidades	35.000,00		
Ativo não Circulante Imobilizado		Patrimônio Líquido	
Veículos de passageiros	25.000,00	Capital Social	12.000,00
(–) Depreciação Acumulada	(25.000,00)	Lucros Acumulados	23.000,00
Total do Imobilizado	–	Total do PL	35.000,00
Total do Ativo	**35.000,00**	**Total do Passivo + PL**	**35.000,00**

Então, ao vender o veículo totalmente depreciado, por $ 1.500,00, reconheceria os seguintes registros contábeis:

	Disponib.	Veículos	(–) Depreciação Acumulada	=	Capital Social	Lucros Acumulados	Resultado
Saldos iniciais	35.000,00	25.000,00	(25.000,00)	=	12.000,00	23.000,00	
Reconhecimento da venda	1.500,00			=			1.500,00
Baixa da depreciação acumulada		(25.000,00)	25.000,00	=			
Somatórios parciais	36.500,00	–,	–,	=	12.000,00	23.000,00	1.500,00
Transferência do resultado				=		1.500,00	(1.500,00)
Saldos finais	36.500,00	–,	–,	=	12.000,00	24.500,00	–,

Portanto, o Balanço Patrimonial apurado em 21/1/X8, logo após a venda do veículo, seria evidenciado da seguinte forma:

Balanço Patrimonial – 21/1/X8, logo após a venda			
Ativo		Passivo	–,
Ativo Circulante			
Disponibilidades	36.500,00		
Ativo não Circulante Imobilizado		Patrimônio Líquido	
Veículos de passageiros	–,	Capital Social	12.000,00
(–) Depreciação Acumulada	–,	Lucros Acumulados	24.500,00
Total do Imobilizado	–,	Total do PL	36.500,00
Total do Ativo	**36.500,00**	**Total do Passivo + PL**	**36.500,00**

Exercícios de fixação (8.5)

Nos exercícios a seguir, demonstre como ficam os saldos das contas: Despesa de Depreciação (DRE), Ativo Imobilizado (BP) e a respectiva Depreciação Acumulada (BP). Observe as datas apresentadas em cada questão.

1. A Cia. Saúde e Vida comprou em 1º/7/X0 um carro de passageiros no valor de $ 30.000,00. Estimaram-se: tempo de vida útil = 5 anos e valor residual = zero e método das quotas constantes.

    12/X0

    DRE   BP

    Desp. Deprec.   [ ]   Veículo [ ]

                             Dep. Ac. [ ]

    12/X2

    DRE   BP

    Desp. Deprec.   [ ]   Veículo [ ]

                             Dep. Ac. [ ]

2. A Cia. Flavasco comprou uma sala em Copacabana (RJ), em 2/1/X0, por $ 250.000,00. Estimaram-se: tempo de vida útil = 100 anos e valor residual = zero e método das quotas constantes.

    12/X0

    DRE   BP

    Desp. Deprec.   [ ]   Prédio [ ]

                             Dep. Ac. [ ]

    12/X6

    DRE   BP

    Desp. Deprec.   [ ]   Prédio [ ]

                             Dep. Ac. [ ]

3. A Cia. Take Time adquiriu uma estante no valor de $ 23.000 em 3/1/X1. Estimaram-se: tempo de vida útil = 10 anos e valor residual = $ 3.000,00 e método das quotas constantes.

12/X1

DRE	BP
Desp. Deprec.	Móv. & Ut.
	Dep. Ac.

12/X3

DRE	BP
Desp. Deprec.	Móv. & Ut.
	Dep. Ac.

4. A Cia. Valebras comprou um equipamento no valor de $ 120.000,00 em 1º/10/X0. Estimaram-se: tempo de vida útil = 5.000.000 de horas de processamento; valor residual = $ 20.000.00; método do benefício gerado.
    *   tempo de produção anual foi:
        X0 = 100.000 horas
        X1 = 200.000 horas
        X2 = 220.000 horas
        X3 = 280.000 horas
        X4 = 300.000 horas

12/X0

DRE	BP
Desp. Deprec.	Equip.
	Dep. Ac.

12/X4

DRE	BP
Desp. Deprec.	Equip.
	Dep. Ac.

5. Problemas

    5.1 A Empresa Itararé vende um veículo por $ 9.000 cujo custo foi de $ 30.000 e possui depreciação acumulada de $ 23.000. Determine o ganho ou perda na venda.

    5.2 A empresa Esportiva compra uma máquina em 1º de julho de X1 por $ 30.000. A máquina tem uma expectativa de vida útil de três anos e valor residual de $ 3.000. Determine em quanto será depreciada nos anos X1, X2 e X3.

8.6   Ativo Intangível

Com as alterações da Lei nº 6.404/76, promovidas pelas Leis nºs 11.638/07 e 11.941/09, foi criado um grupo de contas denominado "Ativo Intangível", figurando na estrutura do ativo não circulante, em conjunto com o realizável a longo prazo, os investimentos e o imobilizado. O Comitê de Pronunciamentos Contábeis aborda o tema no Pronunciamento Técnico CPC 04 – Ativo Intangível, aprovado pela Comissão de Valores Mobiliários e pelo Conselho Federal de Contabilidade.

Este assunto constitui um dos pontos mais complexos da Contabilidade. Muitas críticas são apresentadas afirmando que grande parte da riqueza de uma empresa é constituída por Ativos Intangíveis e que a contabilidade não os evidencia de forma completa. Esta afirmação tem de ser analisada de forma aprofundada. A Contabilidade, como base, somente reconhece os ativos intangíveis comprados de terceiros, não evidenciando os ativos formados internamente na empresa. Se as normas contábeis não estipulassem esta restrição haveria um grande risco de manipulação dos valores. Um exemplo comum é o valor da Marca de uma empresa ou de um produto. Muitos estudos são divulgados, como, por exemplo, o da Interbrand,, indicando que marcas famosas valem até bilhões de reais, uma vez que realmente atraem clientes e geram receitas fabulosas, mas não estão contabilizadas e nem podem estar.

Portanto, as empresas que evidenciam em seu Balanço Patrimonial um alto valor no grupo de Ativo Intangível, provavelmente adquiriram este ativo de outras empresas operacionais. Nesse caso surge o ativo "Goodwill", muitas vezes denominado Ágio, que representa o montante pago superior ao valor justo de todos os ativos e passivos identificados da empresa., O reconhecimento de ativos formados internamente somente pode ocorrer em circunstâncias muito especiais como, por exemplo, em alguns ativos em desenvolvimento.

8.6.1 A normatização

O pronunciamento 04 do CPC apresenta a seguinte definição: "Ativo intangível é um ativo não monetário identificável sem substância física." Para aplicação prática deste conceito, um dos pontos relevantes é o termo identificável, que exige do ativo: (a) ser "separável" ou (b) resultar de direitos contratuais ou outros direitos legais. Para poder ser considerado separável, o ativo deve ter condições de ser vendido, transferido, licenciado, alugado ou trocado, individualmente ou em conjunto com outro contrato, ou seja, o objetivo é que, para ser reconhecido, o ativo tenha uma espécie de "vida própria".

De forma complementar, um ativo intangível, para ser reconhecido, deve atender às características gerais do ativo, ou seja, potencial de benefícios econômicos futuros, capacidade de ser medido com segurança e existência de controle, que no caso do ativo intangível, muitas vezes, requer a existência de direitos legais de uso.

O custo de ativo intangível adquirido separadamente inclui: (a) Seu preço de compra, acrescido de impostos de importação e impostos não recuperáveis sobre a compra, após deduzidos os descontos comerciais e abatimentos; e (b) Qualquer custo diretamente atribuível à preparação do ativo para a finalidade proposta.

8.6.2 Exemplos de Ativos Intangíveis

No estudo da Análise sobre a aplicação do IFRS no Brasil efetuado pela FIPECAFI e pela Ernst&Young Terco, com base nas Demonstrações Contábeis das maiores 60 empresas brasileiras, foram identificadas as seguintes categorias de ativos intangíveis:

Softwares, Goodwill, Concessões e licenças, Marcas e Patentes, Carteira ou Relacionamento com clientes, Ativos Intangíveis em desenvolvimento, Direitos de propriedade ou Direitos Autorais, Contatos Diversos e Fundos de Comércio.

Exemplo da Droga Raia

O Balanço Patrimonial consolidado da Droga Raia, de 2011, apresenta o Intangível pelo valor líquido de R$ 1.127.845 mil, não evidenciando como ele é composto. Entretanto, essa informação pode ser obtida nas Notas Explicativas (nota 4(*j*) – Principais Práticas Contábeis Intangíveis – e 11(b) – Imobilizado e Intangível, Intangível):

4. Principais práticas contábeis

As principais práticas contábeis adotadas na elaboração dessas demonstrações financeiras estão descritas a seguir:

[...]

(j) Intangíveis

(1) Ágio na aquisição de empresa

O ágio apurado na aquisição do investimento na Drogaria Vison é anterior a 2009 e foi calculado como a diferença entre o valor da compra e o valor contábil do patrimônio líquido da empresa adquirida. O ágio está fundamentado na expectativa de rentabilidade futura. Até dezembro de 2008, o ágio era amortizado pelo prazo, extensão e proporção dos resultados projetados, não superior a dez anos. A partir de janeiro de 2009, o ágio não foi mais amortizado e passou a ser testado anualmente em relação ao seu valor de recuperação, no nível da unidade geradora de caixa.

(2) Pontos comerciais

Compreende cessão de pontos comerciais adquiridos na contratação de locação de lojas, que são demonstrados a valor de custo de aquisição e amortizados pelo método linear às taxas anuais mencionadas na Nota 11.b, as quais levam em consideração os prazos dos contratos de locação, todos inferiores a quinze anos.

(3) Licenças de uso ou desenvolvimento de sistemas de informática

Licenças de programas de computador são demonstradas pelo valor de custo de aquisição e amortizadas ao longo de sua vida útil estimada, pelas taxas descritas na Nota 11.b.

Os gastos associados ao desenvolvimento ou à manutenção de *softwares* são reconhecidos como despesas na medida em que são incorridos. Os gastos diretamente associados a *softwares* identificáveis e únicos, controlados pela Companhia e que, provavelmente, gerarão benefícios econômicos maiores que os custos por mais de um ano, são reconhecidos como ativos intangíveis e são amortizados usando-se o método linear, ao longo de suas vidas úteis, pelas taxas demonstradas na Nota 11.b.

Os gastos diretos incluem a remuneração dos funcionários da equipe de desenvolvimento de *softwares* e a parte adequada das despesas gerais relacionadas. O período de amortização e o método de amortização para os ativos intangíveis de vida definida são revistos no mínimo ao final de cada exercício financeiro.

Ganhos e perdas resultantes da baixa de um ativo intangível, quando estas ocorrem, são mensurados como a diferença entre o valor líquido obtido da venda e o valor contábil do ativo, sendo reconhecidos na demonstração do resultado no momento da baixa do ativo.

11. Imobilizado e intangível

(b) Intangível

A seguir estão apresentadas as movimentações no ativo intangível do Consolidado:

> *Software* – A classificação do *software* no Balanço Patrimonial é abordada no pronunciamento do CPC sobre Ativos Intangíveis. No caso de um *software* que é parte integrante de um ativo físico cujo valor é maior, o *software* deve ser tratado *como ativo imobilizado*. Por exemplo, tem-se um *software* de uma máquina-ferramenta controlada por um computador que não funciona sem esse *software* específico ou o sistema operacional de um computador. Quando o *software* não é parte integrante do respectivo *hardware*, ele deve ser tratado *como um ativo intangível*. Esse caso, por exemplo, corresponde aos *softwares* contábeis e de gestão conhecidos como ERP (*Enterprise Resource Planning*).

Comentários gerais:

Cada empresa deve desenvolver sua política para o tratamento contábil do Ativo Intangível, estabelecendo critérios, pois os gastos nessa área podem possuir um grande risco.

O item mais frequente corresponde aos, direitos de uso de *software* (sistemas de informática).

Com o avanço da tecnologia, as empresas estão cada vez mais investindo em *softwares*, que, dependendo da característica, podem ser classificados no Intangível ou no Imobilizado.

Intangível formado internamente

Uma grande discussão refere-se aos gastos com pesquisa e desenvolvimento. A normatização contábil determina que os gastos com pesquisas devem ser reconhecidos sempre como despesa.

No caso do desenvolvimento, que é uma fase posterior, o pronunciamento impõe fortes restrições e afirma que, para o reconhecimento como ativo, a empresa deverá demonstrar os seguintes aspectos: (a) viabilidade técnica para concluir o ativo intangível de forma que ele seja disponibilizado para uso ou venda; (b) intenção de concluir o ativo intangível e de usá-lo ou vendê-lo; (c) capacidade para usar ou vender o ativo intangível; (d) existência de um mercado para os produtos do ativo intangível ou para o próprio ativo intangível; (e) disponibilidade de recursos técnicos, financeiros e outros recursos adequados para concluir seu desenvolvimento e usar ou vender o ativo intangível; e (f) capacidade de mensurar com segurança os gastos atribuíveis ao ativo intangível durante seu desenvolvimento.

As patentes são reconhecidas quando a empresa registra sua invenção no INPI ou no órgão competente em países estrangeiros.

O ponto comercial (ou fundo de comércio) é outro exemplo de Ativo Intangível, reconhecido contabilmente pelo custo de aquisição quando a empresa paga para ter o direito de ocupar determinado espaço. Este caso é comum nos *shopping centers*, recebendo a denominação de Luvas.

	Ponto comercial	Licença de uso de software e implantação de sistemas	Ágio na aquisição de empresa (Vision)	Ágio na aquisição de empresa (Raia S/A)	Marcas	Carteira de clientes	Outros intangíveis	Total
Custo								
Saldo em 01 de janeiro de 2010	**30.847**	**6.109**	**22.275**	0	0	0	0	**59.231**
Adições	36.976	950	0	0	0	0	0	37.926
Alienações	(10.265)	0	0	0	0	0	0	(10.265)
Saldo em 31 de dezembro de 2010	**57.558**	**7.059**	**22.275**	0	0	0	0	**86.892**
Adições por meio de combinações de negócios	88.603	36.725	0	780.084	151.700	41.700	1.811	1.100.623
Adições	6.086	1.244	0	0	0	0	441	7.771
Alienações	(1.860)	0	0	0	0	0	0	(1.860)
Saldo em 31 de dezembro de 2011	**150.387**	**45.028**	**22.275**	**780.084**	**151.700**	**41.700**	**2.252**	**1.193.426**
Amortização acumulada								
Taxas anuais médias de amortização (%)	12,3–21	20	Vida útil indefinida	Vida útil indefinida	Vida útil indefinida	6,7–25	20	
Saldo em 01 de janeiro de 2010	**(12.372)**	**(5.441)**	**(2.387)**	0	0	0	0	**(20.200)**
Adições	(6.651)	(260)	0	0	0	0	0	(6.911)
Alienações	6.415	0	0	0	0	0	0	6.415
Saldo em 31 de dezembro de 2010	**(12.608)**	**(5.701)**	**(2.387)**	0	0	0	0	**(20.696)**
Adições por meio de combinações de negócios	(15.783)	(13.735)	0	0	0	0	(483)	(30.001)
Adições	(13.550)	(1.348)	0	0	0	(1.527)	(18)	(16.443)
Alienações	1.559	0	0	0	0	0	0	1.559
Saldo em 31 de dezembro de 2011	**(40.382)**	**(20.784)**	**(2.387)**	0	0	**(1.527)**	**(501)**	**(65.581)**
Em 31 de dezembro de 2010	**44.950**	**1.358**	**19.888**	0	0	0	0	**66.196**
Em 31 de dezembro de 2011	**110.005**	**24.244**	**19.888**	**780.084**	**151.700**	**40.173**	**1.751**	**1.127.845**

Na Droga Raia, é evidenciado o ágio[3] decorrente da aquisição de ações de outras companhias (como a Vision e Raia S/A), tendo sido o ágio motivado pela mais-valia do fundo de comércio da empresa controlada – nesse caso, o ágio costuma ser denominado *goodwill*.[4]

Considerando que os intangíveis, em muitos casos, são únicos (só existe um de cada, e são exclusivos da entidade que os detém), como a marca, a patente e o fundo de comércio, sua avaliação contábil acaba sendo restrita ao custo de aquisição.[5]

Embora existam diversos modelos matemático-estatísticos destinados a estimar o valor corrente (valor de mercado),[6] tais modelos são permeados por premissas subjetivas, de forma que pessoas diferentes, muito provavelmente, apurarão valores distintos para o mesmo intangível. Buscando primar pela confiabilidade da informação contábil (uma das características qualitativas estudadas no Capítulo 3), os intangíveis ficam avaliados ao custo de aquisição. Portanto, a contabilidade só reconhece os intangíveis adquiridos de terceiros independentes e sem favorecimento. Sua avaliação é efetuada pelo valor justo da transação (*fair value*).

Quanto aos itens do ativo intangível gerados internamente, há uma diferença entre os IFRSs completos e o IFRS para PMEs. Os IFRSs completos permitem o reconhecimento do intangível gerado internamente, sendo sua mensuração inicial restrita aos gastos incorridos na fase de desenvolvimento. O IFRS para PMEs não permite o reconhecimento do ativo intangível gerado internamente.

Exercícios de fixação (8.6)

1. Cite cinco itens que compõem o Ativo Intangível.

   _____

   _____

   _____

   _____

   _____

2. Explique o significado de "Fundo de Comércio".

   _____

   _____

   _____

   _____

   _____

3. Por que a marca não é reconhecida contabilmente pelo valor de mercado?

   _____

   _____

   _____

   _____

   _____

4. Por que o capital intelectual não é evidenciado no Balanço Patrimonial como um Ativo Intangível?

   _____

   _____

   _____

   _____

   _____

8.7   Amortização do intangível

Tal qual o imobilizado, cujo terreno não sofre depreciação, alguns itens do intangível podem não ser amortizados, ao passo que outros podem ser amortizados tanto pelo método da linha reta como pelo do benefício gerado. Segundo os IFRSs completos:

---

[3] Entende-se por ágio a diferença para mais entre o valor pago pelas ações (ou quotas do capital social) de uma entidade e seu valor patrimonial, desde que a investidora tenha expectativa de obter benefícios futuros – caso contrário, seria uma perda.

[4] Pode-se entender o *goodwill* como a parcela do ágio que não é explicada pela mais-valia de ativos tangíveis individualizáveis e identificáveis.

[5] Em alguns casos, o *software* é desenvolvido sob demanda pela entidade que o adquire. Mas, mesmo que seja um "*software* de prateleira", também é avaliado pelo custo de aquisição.

[6] Considerando que normalmente não há um intangível idêntico sendo negociado no mercado, a expressão *valor de mercado* não é adequada para designar o valor corrente de aquisição dos intangíveis.

- Se o item do intangível tiver vida útil indefinida, não deve ser amortizado.
- Se o item do intangível tiver uma vida útil finita, deve ser amortizado. A dúvida que surge neste caso é quanto ao critério de amortização (linha reta ou benefício gerado).

Segundo o IFRS, para PMEs, todo ativo intangível reconhecido é amortizado. Caso não seja viável determinar a vida útil de um item intangível de forma confiável, este deve ser amortizado em 10 anos pelo método das quotas constantes.

O direito de uso de uma marca é um exemplo bastante interessante. Embora o direito de uso de uma marca registrada no INPI tenha vigência (vida útil) definida em 10 anos (art. 133 da Lei nº 9.279/96), o registro pode ser renovado sucessiva e ilimitadamente por igual período, e o custo da renovação, normalmente, é insignificante se comparado ao valor presente dos benefícios futuros que a marca deverá gerar a seu titular. Caso o titular da marca estime renovar a marca a cada decênio, indefinidamente, a vida útil da marca será indefinida; consequentemente, não será amortizada.

Já o direito de uso de patente tem sua vigência estabelecida em 20 anos (art. 40 da Lei nº 9.279/96) e não pode ser prorrogada. Portanto, o custo de aquisição e registro da patente deve ser amortizado. A questão é a definição do critério de amortização. Digamos que se espere a geração de receitas com essa patente ao longo dos 20 anos, na ordem de R$ 1 bilhão, a valor presente. Sendo geradas receitas de R$ 100 mil no primeiro ano de sua exploração, a patente deverá ser amortizada à taxa de 10% no primeiro ano (benefício gerado). Por outro lado, se não for viável fazer a estimativa dos benefícios futuros com razoável assertiva, a patente deverá ser amortizada pelo critério da linha reta, em 5% ao ano (100% / 20 anos).

Independente da amortização, é necessário verificar, periodicamente e para cada item do intangível, se a estimativa dos benefícios futuros por parte do respectivo intangível, a valor presen-

te, supera o custo de aquisição do mesmo. Caso afirmativo, nenhum registro contábil deve ser efetuado (mantendo-se o ativo por seu custo de aquisição). Caso contrário, é necessário reconhecer uma provisão para perda, é a chamada Provisão para Perda por Irrecuperabilidade do Custo, ou *impairment* – ponto abordado no Apêndice 2 deste Capítulo.

Exercícios de fixação (8.7)

1. Apresente um exemplo de *software* com vida útil finita por força contratual. Nesse caso, deveria ser amortizado? Como? Há diferença entre os IFRSs completos e o IFRS para PMEs?

   _____
   _____
   _____
   _____
   _____

2. Apresente um exemplo de *software* com vida útil indefinida. Nesse caso, deveria ser amortizado? Como? Há diferença entre os IFRSs completos e o IFRS para PMEs?

   _____
   _____
   _____
   _____
   _____

3. Imagine que a marca "Havaianas", cuja Alpargatas é a titular, tenha seu registro válido por mais 4 anos a contar de hoje, e que a direção da Alpargatas resolva parar de produzir tais sandálias, de forma a não ter mais interesse em renovar o registro daquela marca. Sabendo-se que até esta oportunidade a marca não vinha sendo amortizada, que procedimento contábil deverá ser adotado daqui pra frente?

   _____
   _____
   _____
   _____
   _____

Exercício de inglês contábil

Which of the following statements regarding intangibles is false?

a) Intangibles are present on financial statements as an asset.

b) Intangibles are presented on financial statements net of any amortization.

c) Accumulated amortization for intangibles is presented on the face of the balance sheet.

d) Intangibles are presented on the balance sheet.

Questões de concurso

1. Observe as contas apresentadas abaixo.

Equipamentos de Informática; Ferramentas; Instalações; Obras de arte; Terrenos; Veículos.

Dentre elas, as únicas que NÃO sofrem depreciação são (CESGRANRIO – 2012 – Petrobras – Técnico de Contabilidade)

a) ferramentas e instalações

b) ferramentas e veículos

c) terrenos e equipamentos de Informática

d) terrenos e obras de arte

e) obras de arte e equipamentos de informática

2. Uma máquina, adquirida em segunda mão pela Companhia Lourival S/A, está evidenciada no Balanço Patrimonial, ao final do primeiro ano de sua utilização, da seguinte forma:

Ativo Não Circulante
Imobilizado
Máquina   R$ 125.000,00
(–) Depreciação Acumulada   (R$ 50.000,00)

Informações adicionais apresentadas pela Companhia Lourival:

• A máquina foi vendida por R$ 60.000,00, exatamente no dia seguinte ao do encerramento do terceiro ano de sua utilização.

• Utilização da máquina: 1º ano – regime de três turnos; 2º ano – regime de dois turnos; e 3º ano – regime de turno único.

• Método de depreciação: quotas constantes.

• Valor residual da máquina: 0 (zero).

Considere as informações recebidas e a boa técnica teórico-conceitual aplicável ao caso e desconsidere a incidência de qualquer tipo de imposto. Nesse contexto, o resultado apurado na venda da máquina, em reais, é (CESGRANRIO – 2011 – Petrobras – Contador Junior)

a) ganho de 12.500,00

b) ganho de 47.500,00

c) ganho de 60.000,00

d) perda de 52.500,00

e) perda de 65.000,00

3. A Companhia de Aviação Alta Linhas Áreas S/A, que adquiriu o direito de aterrissagem em aeroportos nacionais, mediante subvenção governamental, informou:

Custo nominal do direito de aterrissagem
                              R$ 100.000,00
Valor de negociação do direito, estimado em
                              R$ 200.000,00
Registro do contrato nos órgãos competentes
                              R$ 20.000,00
Gastos no preparo dos parques de estacionamento
                              R$ 150.000,00

Para a solução do caso proposto, admita que

• a resposta deve ser embasada nos dizeres do CPC 04 – Ativos intangíveis.

• não existe nenhum outro CPC específico para o caso apresentado.

Considerando-se exclusivamente as informações recebidas, esse intangível deve ser registrado pela contabilidade, em reais, por (CESGRANRIO – 2011 – Petrobras – Contador Junior)

a) 100.000,00

b) 120.000,00

c) 200.000,00

d) 270.000,00

e) 350.000,00

4. A firma Mobiliada S/A possui móveis e utensílios adquiridos em dezembro de 2010 por R$ 40.000,00. Incorporados ao grupo imobilizado em janeiro de 2011, esses bens são depreciados com valor residual de 5%, considerando-se uma vida útil de 10 anos como é costumeiro.

No exercício de 2012, no balanço de 31 de dezembro, a empresa deverá apresentar esses móveis com valor contábil de (Receita Federal – Analista Tributário – Área Geral, 2012)

a) R$ 40.000,00.
b) R$ 32.400,00.
c) R$ 32.000,00.
d) R$ 30.400,00.
e) R$ 30.000,00.

Resumo

- O Imobilizado corresponde às aplicações de recursos da entidade (Ativo) que não têm por objetivo transformar diretamente em dinheiro e que são utilizadas em sua atividade operacional.

- De acordo com o Princípio do Registro pelo Valor Original, "os componentes do patrimônio devem ser registrados pelos valores originais das transações com o mundo exterior, expressos a valor presente na moeda do País, que serão mantidos na avaliação das variações patrimoniais posteriores" (Res. CFC nº 750/93). Portanto, a regra básica de avaliação do Imobilizado é o seu valor histórico de aquisição.

- Pode-se apresentar a depreciação de duas formas: segundo uma visão estática e segundo uma visão dinâmica.

- Pela visão estática, a depreciação corresponde à redução do valor do ativo imobilizado, em função de desgaste pelo uso, ação da natureza e obsolescência tecnológica.

- A visão dinâmica da depreciação considera o Imobilizado como um agente gerador de benefícios futuros. A Depreciação é o reconhecimento contábil da realização efetiva dos benefícios que se esperava, no passado, que o Imobilizado gerasse no futuro (que já é passado ou presente).

- Os bens da empresa, com exceção do terreno, têm vida útil limitada por deterioração, ação da natureza ou por se tornarem obsoletos. Os custos incorridos em sua aquisição devem ser apropriados à despesa, nos exercícios sociais relacionados com sua utilização. Os critérios de mensuração de depreciação mais utilizados são o método das quotas constantes e o método dos benefícios gerados.

- A base de depreciação é o seu valor de custo subtraído de seu valor residual.

- A conta "Depreciação Acumulada", de natureza credora, é classificada no Balanço Patrimonial, no lado do Ativo, como uma redução do custo do bem depreciado. Portanto, a "Depreciação Acumulada" é uma conta redutora (ou retificadora) do Imobilizado.

- A conta "Despesa de Depreciação", de natureza devedora, é computada na Demonstração de Resultado do Exercício, ou no custo do produto em cuja fabricação se utilizou o bem ora depreciado.

- A contabilidade só reconhece o intangível adquirido em transações com terceiros independentes.

- O intangível é avaliado por seu custo de aquisição, deduzido da provisão para perda por irrecuperabilidade do custo e da amortização acumulada, quando for o caso.

- Se o intangível tiver vida útil indefinida, não deverá ser amortizado.

- Se o intangível tiver vida útil finita, deverá ser amortizado, podendo a amortização ser mensurada pelo método da linha reta ou pelo método dos benefícios gerados.

Exercícios de verificação

1. O método de depreciação deve ser sistemático e _____.

2. A base de depreciação é calculada subtraindo do custo o seu _____.

3. Problemas

   3.1 A empresa Gem comprou uma máquina em 2/1/X1 por $ 2.600, tendo uma vida útil de 4 anos e valor residual de $ 200. Determine a sua depreciação anual.

3.2 Mantenha os dados anteriores com a diferença de que a máquina foi adquirida em 1º de outubro de X1. Qual a depreciação de X1?

Respostas dos exercícios

(8.1)

1. Terrenos, Edificações, Benfeitorias e Melhoramentos, Instalações, Máquinas e Equipamentos, Móveis e Utensílios, Veículos, Obras em Andamento.

2. c – a – b

(8.2)

1. O custo histórico de aquisição ou produção acrescido dos gastos incorridos e necessários para colocar o imobilizado em condições de ser utilizado pela entidade, deduzido da Depreciação Acumulada e da Provisão por Irrecuperabilidade.

2. Quando a entidade adotar os IFRSs completos e os juros forem referentes a empréstimos obtidos para financiar especificamente determinado item do Imobilizado, e até o momento em que este estiver pronto para ser utilizado pela entidade.

3. Somente quando a manutenção ampliar a vida útil do imobilizado.

2.

Ano	Horas de funcionamento	Depreciação por hora	Depreciação por ano
1	2.112 horas	$ 2,00	$ 4.224,00
2	5.760 horas	$ 2,00	$ 11.520,00
3	6.720 horas	$ 2,00	$ 13.440,00
4	4.800 horas	$ 2,00	$ 9.600,00
5	5.808 horas	$ 2,00	$ 11.616,00

(8.3)

1.a) máquinas da produção, veículos, móveis.

1.b) guindastes, *pier.*

1.c) computadores, projetores de multimídia.

2. Se o Ativo representa as aplicações de recursos das quais a entidade espera a obtenção de benefícios futuros, a Depreciação representa a baixa periódica do Ativo em função dos benefícios efetivamente gerados por ele a cada período.

3. b – b – a – a

(8.4)

1. Pelo método das quotas constantes, atribui-se um tempo de vida útil aos itens do imobilizado e se reconhece a depreciação como o quociente do custo de aquisição líquido do valor residual pelo respectivo tempo de vida útil. Por esse critério, a depreciação não guarda uma relação nítida entre o valor reconhecido contabilmente e a geração de benefícios que o ativo proporcionou para a entidade.

Pelo método do benefício gerado, atribui-se o valor total dos benefícios esperados do ativo e identifica-se, periodicamente, o montante dos benefícios efetivamente gerados pelo bem. Dessa forma, a depreciação reconhecida contabilmente permite a confrontação do desgaste do imobilizado com o benefício por ele gerado.

(8.5)

1.

12/X0

DRE	BP	
Desp. Deprec. 3.000	Veículo	30.000
	Dep. Ac.	(3.000)

12/X2

DRE	BP	
Desp. Deprec. 6.000	Veículo	30.000
	Dep. Ac.	(15.000)

2.

12/X1

DRE	BP	
Desp. Deprec. 2.500	Imóv.	250.000
	Dep. Ac.	(5.000)

12/X6

DRE	BP	
Desp. Deprec. 2.500	Imov.	250.000
	Dep. Ac.	(17.500)

3.

12/X1

DRE	BP	
Desp. Deprec. 2.000	Móv. & Ut.	23.000
	Dep. Ac.	(2.000)

12/X3

DRE	BP	
Desp. Deprec. 2.000	Móv. & Ut.	23.000
	Dep. Ac.	(6.000)

4.

12/X0

DRE	BP	
Desp. Deprec. 2.000	Equip.	120.000
	Dep. Ac.	(2.000)

12/X4

DRE	BP	
Desp. Deprec. 6.000	Equip.	120.000
	Dep. Ac.	(22.000)

5. Problemas

5.1

Venda: 9.000

Custo: 30.000

Depr. Ac. (23.000) (7.000)

Resposta: Lucro de $ 2.000.

5.2

1º/7/X1 30.000

Recup. (3.000)

27.000 : 3 = 9.000 / ano

```
X1= 9.000 : 2 = 4.500
X2 = 9.000
X3 = 9.000
```

(8.6)

1. Marca, Patente, Fundo de Comércio (ou ponto comercial), *Software* (ou sistema de informática), *Goodwill* (ou parcela do ágio não vinculada a ativos tangíveis individualizáveis e identificáveis).

2. "Fundo de Comércio" corresponde ao valor do ponto comercial, isto é, numa loja, está relacionado aos ganhos que se espera auferir nas vendas a clientes que já estão acostumados a encontrar os produtos que procuram em determinada loja.

3. Porque a marca é um ativo único (não existe marca idêntica sendo negociada no mercado), portanto, o valor de mercado da marca só pode ser estimado com base em modelos matemático-estatísticos, permeados por premissas demasiadamente subjetivas. Por conseguinte, na busca pela confiabilidade da informação contábil, a marca fica avaliada ao custo histórico.

4. Porque o capital intelectual é vinculado às habilidades, conhecimentos e inteligência dos funcionários da entidade. Como o funcionário não é um ativo da entidade, não há como se reconhecer o capital intelectual no Balanço Patrimonial. Ademais, os gastos com treinamento e capacitação dos funcionários são reconhecidos como despesa, no período em que são incorridos, em função do risco (praticamente incerteza) de esses gastos gerarem qualquer benefício para a entidade que pagou o curso para seu funcionário – afinal: (a) o funcionário pode não ter aprendido nada de útil; (b) o funcionário pode estar desempenhando uma função que nada aproveite o conhecimento aprendido no curso; (c) o funcionário pode pedir demissão para ir trabalhar no concorrente da empresa que lhe pagou o curso.

(8.7)

1. O antivírus é um exemplo de *software* com vida útil finita por força contratual. Neste caso, deve ser amortizado, tanto conforme os IFRSs completos como pelo IFRS para PMEs. Como a estimativa de seus benefícios futuros, para o cessionário (assinante), é extremamente subjetiva, é mais adequado amortizá-lo pelo método da linha reta. Digamos que sua vida útil contratual seja de 2 anos, deverá ser amortizado em 50% por ano (linha reta).

2. Caso uma determinada empresa contrate um programador (ou empresa especializada) para desenvolver um *software* de gestão de processos e adquira o "código fonte", de forma a poder fazer adaptações conforme suas necessidades, diríamos que tal *software* teria vida útil indefinida. Neste caso, pelos IFRSs completos *a priori*, não deveria ser amortizado, salvo se sua obsolescência seja estimada – aí, deverá ser amortizado, provavelmente, pelo método da linha reta. Quanto ao IFRS para PMEs, considerando tratar-se de um intangível gerado internamente, não deveria ser reconhecido como ativo, mas seus gastos deveriam ter sido reconhecidos imediatamente como despesa. Entretanto, caso se trate de um ativo intangível adquirido de terceiros, seria sim reconhecido como ativo e, subsequentemente, amortizado a 10% ao ano (considerando que a entidade não conseguiria estimar de forma confiável o seu tempo de vida útil).

3. Caso resolva parar de renovar o registro da marca "Havaianas" faltando 4 anos para o fim

de sua vigência, mas ainda continuar produzindo as sandálias com esta marca pelos próximos 4 anos, o contador deverá alterar a prática contábil, de forma a passar a amortizá-la pelos próximos 4 anos, além de reconhecer a provisão para perda por irrecuperabilidade – *impairment* (tema discutido no Apêndice 2 deste Capítulo). Ressalta-se que se a direção da Alpargatas resolver, subitamente, parar de produzir as Havaianas, abandonando tal marca, mesmo que o registro da marca ainda tenha 4 anos de vigência, o contador deverá reconhecer a baixa (amortização integral), salvo se não seja caso de abandono da marca, mas de sua negociação (venda); nesta hipótese, bastará reconhecer o *impairment*.

Exercício de inglês contábil

Qual das seguintes afirmações relacionadas a intangíveis é *falsa*:

a) Os intangíveis são apresentados nas demonstrações contábeis como um ativo

b) Os intangíveis são apresentados nas demonstrações contábeis líquidos da amortização acumulada

c) Amortização acumulada de intangíveis é apresentada de forma direta no Balanço Patrimonial

d) Os intangíveis são apresentados no Balanço Patrimonial.

Resposta: C

Questões de concurso

1. d   2. b   3. d   4. c

APÊNDICE 1
Arrendamento mercantil

No Capítulo 3 deste livro, apresentamos que a essência econômica das transações deve prevalecer sobre sua forma jurídica. Pois bem, o arrendamento mercantil é um caso clássico em que a substância econômica pode ser significativamente diferente da aparência formal do contrato.

Preocupado com isso, o CFC emitiu em 2001 a Resolução 921, tratando da contabilização de contratos de arrendamento mercantil no sentido de fazer prevalecer o reconhecimento da substância econômica.

Apresentaremos neste Apêndice o tratamento contábil previsto no CPC 06 e na seção 20 do CPC PME (IFRS para PMEs).

O contrato de arrendamento mercantil (*leasing*) pode ser classificado em dois tipos, arrendamento operacional (*operating lease*) ou arrendamento financeiro (*capital lease*). Enquanto o operacional tem características de aluguel, o financeiro tem características de compra financiada.

Fazendo analogia a essas duas modalidades tradicionais de negociação (aluguel e compra financiada), é fácil perceber que o aluguel não transfere para o locatário (inquilino) o controle nem os riscos sobre o bem alugado e, de qualquer forma, não transfere todos os fluxos de benefícios futuros ao inquilino. Por outro lado, a compra financiada transfere, sim, ao locatário o controle, os riscos e os fluxos de benefícios futuros (se não todos, em grande parte) relativos ao bem adquirido.

Mesmo que se queira dizer que o aluguel transfere ao locatário algum controle, risco e expectativa de benefícios futuros, o faz com baixíssima intensidade em comparação à compra financiada.

Então, quando se tiver que contabilizar um contrato de arrendamento mercantil, o primeiro passo é identificar se estamos diante de um arrendamento operacional ou de um arrendamento financeiro.

Em se tratando de um arrendamento operacional, as contraprestações devidas (e/ou pagas) mês a mês serão reconhecidas como despesa do período (direto na DRE).

Diferentemente, em se tratando de um arrendamento financeiro, na data do recebimento do bem em arrendamento (data da assinatura do contrato), é necessário reconhecer a aplicação, no Imobilizado, relativa ao valor de aquisição do bem em uma transação a vista (*fair value*) e a dívida assumida, a valor presente, no passivo (origem). Periodicamente, o bem deve ser depreciado e, sobre o financiamento, os juros devem ser reconhecidos como despesa financeira.

Para tornar este ponto mais claro, vamos estudar primeiro como se distinguem os dois tipos de arrendamento e, em seguida, desenvolveremos um exemplo numérico que contemple os dois tipos.

No que tange à distinção, é importante observar que é necessário ler as cláusulas contratuais, uma vez que, na forma, ambos os contratos contêm:

- Título: contrato de arrendamento mercantil.
- Qualificação das partes: arrendador (quem entrega o bem em arrendamento) e arrendatário (quem recebe o bem em arrendamento).
- Identificação do objeto arrendado.
- Opção de compra: cláusula que faculta ao arrendatário ser o legítimo proprietário do bem arrendado se, ao final do contrato de arrendamento mercantil, pagar o valor residual (também denominado: valor residual garantido – VRG).

Para o IASB, tal distinção envolve aspectos mais subjetivos, entretanto, a norma é mais detalhada. Vejamos o texto do CPC 06:

CPC 06 – Operações de Arrendamento Mercantil

10. A classificação de um arrendamento mercantil como arrendamento mercantil financeiro ou arrendamento mercantil operacional depende da essência da transação e não da forma do contrato. Exemplos de situações que individualmente ou em conjunto levariam normalmente a que um arrendamento mercantil fosse classificado como arrendamento mercantil financeiro são:

(a) o arrendamento mercantil transfere a propriedade do ativo para o arrendatário no fim do prazo do arrendamento mercantil;

(b) o arrendatário tem a opção de comprar o ativo por um preço que se espera seja suficientemente mais baixo do que o valor justo à data em que a opção se torne exercível, de forma que, no início do arrendamento mercantil, seja razoavelmente certo que a opção será exercida;

(c) o prazo do arrendamento mercantil refere-se à maior parte da vida econômica do ativo mesmo que a propriedade não seja transferida;

(d) no início do arrendamento mercantil, o valor presente dos pagamentos mínimos do arrendamento mercantil totaliza pelo menos substancialmente todo o valor justo do ativo arrendado; e

(e) os ativos arrendados são de natureza especializada, de tal forma que apenas o arrendatário pode usá-los sem grandes modificações.

11. Os indicadores de situações que individualmente ou em combinação também podem levar a que um arrendamento mercantil seja classificado como arrendamento mercantil financeiro são:

(a) se o arrendatário puder cancelar o arrendamento mercantil, as perdas do arrendador associadas ao cancelamento são suportadas pelo arrendatário;

(b) os ganhos ou as perdas da flutuação no valor justo do valor residual são atribuídos ao arrendatário (por exemplo, na forma de abatimento que equalize a maior parte do valor da venda no fim do arrendamento mercantil); e

(c) o arrendatário tem a capacidade de continuar o arrendamento mercantil por um período adicional com pagamentos que sejam substancialmente inferiores ao valor de mercado.

12. Os exemplos e indicadores enunciados nos itens 10 e 11 nem sempre são conclusivos. Se for claro com base em outras características que o arrendamento mercantil não transfere substancialmente todos os riscos e benefícios inerentes à propriedade, o arrendamento mercantil deve ser classificado como operacional. Isso pode acontecer se, por exemplo, a propriedade do ativo se transferir ao final do arrendamento mercantil mediante um pagamento variável igual ao valor justo no momento, ou se há pagamentos contingentes, como resultado dos quais o arrendatário não tem substancialmente todos os riscos e benefícios.

O arrendamento financeiro difere do operacional pelo fato de o primeiro transferir para o arrendatário o controle, os riscos e as expectativas de benefícios futuros sobre o bem arrendado, conforme o CPC 06: "Um arrendamento é classificado como financeiro se transferir substancialmente todos os riscos e benefícios inerentes à propriedade. Um arrendamento é classificado como operacional se ele não transferir substancialmente todos os riscos e benefícios inerentes à propriedade."

Vejamos dois exemplos numéricos.

Em 31/12/2009, a Cia. Arrendatária evidenciou o seguinte balanço patrimonial:

ATIVO		PASSIVO + PL	
Ativo Circulante		**Passivo Circulante**	
Disponibilidades	50.000,00		
Total do AC	**50.000,00**		
		Total do PC	–
		Patrimônio Líquido	
		Capital Social	42.000,00
		Lucros Acumulados	8.000,00
		Total do PL	**50.000,00**
ATIVO TOTAL	**50.000,00**	**PASSIVO + PL TOTAL**	**50.000,00**

Em 2 de janeiro de 2010, a Cia. Arrendatária firmou dois contratos de arrendamento mercantil, um de um veículo e outro de uma impressora, cada qual com suas respectivas características.

Características do arrendamento do veículo:

- Prazo contratual do arrendamento: 48 meses.
- Valor nominal das contraprestações mensais: $ 800,00.
- O contrato não transfere a propriedade definitiva para o arrendatário.
- Valor residual garantido para exercício da opção de compra: $ 800,00.

Com relação ao veículo arrendado, sabe-se:

- Tempo de vida útil (vida útil econômica): 60 meses (5 anos).
- Valor de mercado, a vista (valor justo, *fair value*): $ 30.875,00.

- Valor estimado do bem na data da opção (ao final do 48º mês): $ 12.000,00.

Características do arrendamento da impressora:

- Prazo contratual do arrendamento: 12 meses.
- Valor nominal das contraprestações mensais: $ 340,00.
- O contrato não transfere a propriedade definitiva para o arrendatário.
- Valor residual garantido para exercício da opção de compra: $ 12.200,00.

Com relação à impressora arrendada, sabe-se:

- Tempo de vida útil (vida útil econômica): 96 meses (8 anos).
- Valor de mercado, a vista (valor justo, *fair value*): $ 15.000,00.

• Valor estimado do bem na data da opção (ao final do 12º mês): $ 12.200,00.

De posse dessas informações, já podemos classificar os contratos de arrendamento mercantil em operacional e financeiro. Começaremos pelo veículo.

Análise do arrendamento do veículo:

a) O arrendamento não transfere a propriedade do veículo para a Cia. Arrendatária.

b) A Cia. Arrendatária tem a opção de comprar o ativo por $ 800,00, valor significativamente mais baixo do que o valor justo à data da opção daqui a 48 meses ($ 12.000,00) – o valor residual cobre somente 6,7% do valor justo do bem na data da opção.

c) O prazo de arrendamento refere-se à maior parte da vida econômica do veículo – efetivamente, 80%.

d) No início do arrendamento, o valor presente dos pagamentos mínimos é $ 30.875,00, o mesmo que o valor de mercado do bem a vista na data da assinatura do contrato de arrendamento.

e) O veículo arrendado não é específico.

Considerando que o arrendamento do veículo passou em três ("b", "c" e "d") dos cinco testes, podemos afirmar que se trata de um arrendamento financeiro. A rigor, bastava passar em um deles. Portanto, a Cia. Arrendatária deverá reconhecer o veículo arrendado no seu Ativo Permanente Imobilizado pelo valor que pagaria se o tivesse adquirido a vista, o valor justo ou *fair value* ($ 30.875,00), como aplicação; e deverá reconhecer a dívida assumida (descontada a valor presente) no Passivo (a parcela relativa às 12 primeiras prestações no Passivo Circulante e as demais no Exigível a Longo Prazo).

Para se segregar os juros do "financiamento" ($ 8.325,00 = $ 39.200,00 – $ 30.875,00) em Passivo Circulante e Exigível a Longo Prazo,

é necessário decompor o valor das contraprestações mensais em duas parcelas: amortização e juros, mediante a incidência da taxa implícita do contrato (TIR) sobre o valor do bem a vista (valor justo, que corresponde ao valor financiado).

Percebe-se, dessa forma, que dos juros totais ($ 8.325,00), $ 3.369,91 correspondem ao primeiro ano de financiamento (primeiras 12 contraprestações), $ 2.579,74 correspondem ao 2º ano, $ 1.689,34 ao terceiro e $ 686,01 ao quarto ano (12 últimas contraprestações). Observe que conforme a Cia. Arrendatária vai amortizando a dívida, o principal reduz-se, consequentemente, os juros também.

Análise do arrendamento da impressora:

a) o arrendamento não transfere a propriedade da impressora para a Cia. Arrendatária;

b) a Cia. Arrendatária tem a opção de comprar a impressora por $ 12.200,00, equivalente ao valor justo à data da opção ($ 12.200,00) – o valor residual corresponde a 100% do valor justo do bem na data da opção;

c) o prazo de arrendamento não se refere à maior parte da vida econômica da impressora – efetivamente só 12,5%;

d) no início do arrendamento, o valor presente dos pagamentos mínimos do arrendamento ($ 3.881,34) não excede a parte substancial do valor justo do veículo arrendado ($ 15.000,00) – o pagamento mínimo cobre somente 25,9% do valor justo;

e) a impressora não é específica.

Considerando que o arrendamento da impressora não passou em nenhum dos cinco testes, podemos afirmar que se trata de um arrendamento operacional. Portanto, a Cia. Arrendatária deverá reconhecer os valores devidos (pagos) mensalmente como despesa (na DRE), como se fosse um "aluguel tradicional".

Mês	Valor da dívida	Valor do pagamento	Valor dos juros	Valor da amortização	Mês	Valor da dívida	Valor do pagamento	Valor dos juros	Valor da amortização
0	30.875,00		1,00005%		25	17.000,90	800,00	176,26	623,74
1	30.383,77	800,00	308,77	491,23	26	16.370,92	800,00	170,02	629,98
2	29.887,62	800,00	303,85	496,15	27	15.734,64	800,00	163,72	636,28
3	29.386,51	800,00	298,89	501,11	28	15.091,99	800,00	157,35	642,65
4	28.880,39	800,00	293,88	506,12	29	14.442,92	800,00	150,93	649,07
5	28.369,21	800,00	288,82	511,18	30	13.787,36	800,00	144,44	655,56
6	27.852,92	800,00	283,71	516,29	31	13.125,24	800,00	137,88	662,12
7	27.331,46	800,00	278,54	521,46	32	12.456,50	800,00	131,26	668,74
8	26.804,79	800,00	273,33	526,67	33	11.781,07	800,00	124,57	675,43
9	26.272,86	800,00	268,06	531,94	34	11.098,89	800,00	117,82	682,18
10	25.735,60	800,00	262,74	537,26	35	10.409,88	800,00	110,99	689,01
11	25.192,97	800,00	257,37	542,63	36	9.713,99	800,00	104,10	695,90
12	24.644,91	800,00	251,94	548,06	37	9.011,13	800,00	97,15	702,85
13	24.091,37	800,00	246,46	553,54	38	8.301,25	800,00	90,12	709,88
14	23.532,30	800,00	240,93	559,07	39	7.584,26	800,00	83,02	716,98
15	22.967,64	800,00	235,34	564,66	40	6.860,11	800,00	75,85	724,15
16	22.397,32	800,00	229,69	570,31	41	6.128,72	800,00	68,60	731,40
17	21.821,31	800,00	223,99	576,01	42	5.390,01	800,00	61,29	738,71
18	21.239,53	800,00	218,22	581,78	43	4.643,91	800,00	53,90	746,10
19	20.651,94	800,00	212,41	587,59	44	3.890,35	800,00	46,44	753,56
20	20.058,47	800,00	206,53	593,47	45	3.129,26	800,00	38,91	761,09
21	19.459,07	800,00	200,60	599,40	46	2.360,55	800,00	31.29	768,71
22	18.853,67	800,00	194,60	605,40	47	1.584,16	800,00	23,61	776,39
23	18.242,21	800,00	188,55	611,45	48	0,00	1.600,00	15,84	1.584,16
24	17.624,65	800,00	182,43	617,57	Somatório		**39.200,00**	**8.325,00**	**30.875,00**

Buscando fechar o exemplo para efetuar todos os lançamentos contábeis relativos a um ano inteiro e apurar as demonstrações contábeis, vamos considerar mais algumas informações relativas ao ano de 2010 que afetaram o patrimônio da Cia. Arrendatária:

- prestou serviços, auferindo receitas no valor total de $ 47.000,00, recebidos à vista;
- incorreu nos custos dos serviços prestados, em valor total de $ 13.450,00, pagos a vista;

- incorreu e pagou despesas de salários e encargos no valor total de $ 4.550,00;
- pagou todas as contraprestações mensais, que venceram em 2010, dos dois arrendamentos;
- depreciou o veículo durante o 1º ano, considerando o tempo de vida útil (TVU) = 5 anos e valor residual nulo;
- reconheceu as despesas financeiras relativas ao 1º ano;
- apropriou parcela da dívida de arrendamento do veículo originalmente classificada no Exigível a Longo Prazo para o Passivo Circulante (correspondente às prestações 13 a 24); e
- provisionou a despesa com Imposto de Renda sobre o lucro do período, à alíquota de 34%.

Considerando todas estas informações, a Matriz de Lançamentos já preenchida tem a seguinte aparência:

DRE, em 31/12/2010:

Receita Bruta	47.000,00
Deduções da Receita	–
Receita Líquida	47.000,00
Custo dos Serviços Prestados	(13.450,00)
Lucro Bruto	33.550,00
Despesas Operacionais:	
Desp. com Salários e Encargos	(4.550,00)
Desp. Arrendamento Operacional	(4.080,00)
Desp. Depreciação	(6.175,00)
Desp. Financeira	(3.369,91)
Lucro Operacional	15.375,09
Resultado Não Operacional	–
Lucro antes do Imposto de Renda	15.375,09
Imposto de Renda (34%)	(5.227,53)
Lucro Líquido	10.147,56

DMPL, em 31/12/2010:

Eventos	Capital Social	Res. Lucros	Total PL
Saldos iniciais	42.000,00	8.000,00	50.000,00
Lucro do Período		10.147,56	10.147,56
Saldos finais	42.000,00	18.147,56	60.147,56

BP, em 31/12/2010:

ATIVO		PASSIVO + PL	
Ativo Circulante		**Passivo Circulante**	
Disponibilidades	65.320,00	Arrendamento a PG	9.600,00
Total do AC	**65.320,00**	– Juros a transcorrer	(2.579,74)
		Imposto de Renda a Pg	5.227,53
		Total do PC	**12.247,79**
Ativo não Circulante Imobilizado		**Passivo não Circulante**	
Veículo (arrendado)	30.875,00	Arrendamento a Pg	20.000,00
(–) Depreciação Acumulada	(6.175,00)	(–) Juros a Transcorrer	(2.375,35)
Total do AÑC	**24.700,00**	**Total do PÑC**	**17.624,65**
		Patrimônio Líquido	
		Capital Social	42.000,00
		Res. Lucros	18.147,56
		Total do PL	**60.147,56**
ATIVO TOTAL	**90.020,00**	**PASSIVO + PL TOTAL**	**90.020,00**

DFC – método direto, em 31/12/2010:

Atividade Operacional	
Recebimento de Clientes	47.000,00
Pagamento a fornecedores (bens e serviços)	(13.450,00)
Pagamentos de salários	(4.550,00)
Pagamento de arrendamento operacional	(4.080,00)
Fluxo de Caixa da Atividade Operacional	**24.920,00**
Atividade de Investimento	
Fluxo de Caixa da Atividade de Investimento	–
Atividade de Financiamento	
Pagamento arrendamento financeiro	(9.600,00)
Fluxo de Caixa da Atividade de Financiamento	**(9.600,00)**
Fluxo de Caixa	**15.320,00**
Saldo final de Disponibilidades	65.320,00
Saldo inicial de Disponibilidades	50.000,00
Variação do saldo de Disponibilidades	**15.320,00**

Com relação à DFC, é necessário fazer duas observações no que tange à elaboração em consonância ao CPC 03:

- O parágrafo 33 permite que os juros pagos em decorrência de financiamentos sejam classificados como fluxos de caixa da atividade de financiamento;
- O parágrafo 17, item "e", permite que a amortização de dívidas de arrendamentos financeiros seja classificada como fluxos de caixa da atividade de financiamento.

Finalmente, é necessário destacar que no Brasil, não obstante a Res. CFC 921/01 ter sido publicada no *Diário Oficial* do dia 3/1/2002, muitas empresas não faziam a distinção entre arrendamento operacional e financeiro. A rigor, costumavam contabilizar tal transação como se sempre fossem arrendamentos operacionais (como aluguel), fazendo prevalecer a forma sobre a essência – o que é uma atrocidade, pelo menos, do ponto de vista contábil. Isso tem sido assim porque a legislação fiscal (Lei nº 6.099/74, art. 11) aceita que o valor das contraprestações mensais (pagas ou devidas) seja considerado despesa dedutível do Imposto de Renda, independentemente da essência econômica. Embora a regra tributária só devesse influenciar, *a priori*, a área fiscal, para que as empresas aproveitassem tal despesa como dedutível, precisavam contabilizá-la na "escrita comercial" – isto é, na contabilidade societária.

Felizmente, essa confusão acaba com a edição da Lei nº 11.638/07, que estabeleceu a necessidade de as empresas fazerem ajustes na "escrita comercial" para anular as distorções causadas por regras tributárias, de modo a evidenciar a substância econômica das transações em suas demonstrações contábeis.

Exercício de verificação – Apêndice 1

Refaça os lançamentos contábeis desta seção, considerando que a Cia. Arrendatária não faça qualquer distinção entre os tipos de arrendamento, contabilizando os dois contratos como se fossem arrendamentos operacionais, e responda:

a) Se a única diferença entre os dois métodos diz respeito ao critério de contabilização, explique as diferenças apresentadas na DFC.

b) Se você fosse o gestor da Cia. Arrendatária, antes da edição da Lei nº 11.638/07, qual critério de contabilização do arrendamento do veículo você adotaria se seu maior incentivo fosse maximizar o valor presente dos fluxos de caixa? Por quê?

c) Se você fosse o gestor da Cia. Arrendatária, antes da edição da Lei nº 11.638/07, qual critério de contabilização do arrendamento do veículo você adotaria se a Cia. Arrendadora tivesse firmado um contrato de empréstimo com cláusula de *covenant* (restrições) que estabelecesse o parâmetro mínimo de Liquidez Geral em 2,5? Por quê?

APÊNDICE 2
Perda por irrecuperabilidade do custo (*impairment*)

No Capítulo 3 deste livro, apresentamos que a informação contábil precisa ser neutra (não otimista). Uma das formas de se alcançar essa qualidade (característica qualitativa) é mediante a identificação de se o valor contábil dos ativos será recuperado, quer pela venda (valor realizável líquido), quer pelo uso ao longo de sua vida útil (valor presente dos benefícios futuros esperados). Em outras palavras, podemos dizer que o valor contábil não será recuperado se for maior que o maior valor entre o valor líquido de realização (aquele que se pretende auferir na venda) e o valor presente dos fluxos futuros esperados (aquele que se pretende auferir mediante o uso).

O conceito de perda por irrecuperabilidade já vem sendo adotado pelas empresas brasileiras há décadas para alguns itens do Ativo Circulante. As duplicatas a receber de clientes são reduzidas pela expectativa de não recebimento (inadimplência), por meio da provisão para créditos de liquidação duvidosa (PCLD), tal qual estudamos no Capítulo 7. Ainda, os estoques são reduzidos ao valor de mercado, caso este seja menor. Vejamos um exemplo:

A Cia. Vende TV, no início de 2008, tinha 1.000 unidades de TV analógica em estoque, adquiridas por $ 300,00 cada (custo de aquisição), que ela pretendia revender por $ 500,00 cada. Em função da aprovação da legislação sobre TV digital, os consumidores passaram a querer comprar TV digital, de modo que as TVs analógicas acabaram "encalhando". Por conseguinte, as empresas revendedoras (concorrentes da Cia. Vende TV) baixaram o preço de venda da TV analógica, de $ 500,00 para $ 290,00, e esperam gastar $ 10,00 para vender (comissão de vendedores e impostos sobre vendas).

Considerando que a Cia. Vende TV precisou acompanhar a política de descontos de seus con-

correntes, reconheceu a Perda por Irrecuperabilidade das mercadorias analógicas no montante de $ 20.000,00 [1.000 unidades × ($ 280,00 – $ 300,00)]. A contabilização é bastante simples: a aplicação é a perda na DRE, e a origem é a redução do valor dos Estoques, em conta retificadora do Ativo Circulante.

A novidade introduzida na Contabilidade brasileira pela Lei nº 11.638/07 e pelo Pronunciamento CPC nº 1 diz respeito à obrigatoriedade de se reconhecer a perda por irrecuperabilidade, também, para os itens do Ativo Imobilizado e Intangível.

Vejamos um exemplo numérico.

A Cia. Prudencial apresentou o seguinte Balanço Patrimonial e DRE, apurados em 31/12/2008, antes de proceder aos testes de recuperabilidade de seus ativos:

BP

ATIVO		PASSIVO + PL	
Ativo Circulante		**Passivo Circulante**	
Disponibilidades	5.000,00	Contas a pagar	1.500,00
Total AC	**5.000,00**	**Total do PC**	**1.500,00**
Ativo não Circulante		**Patrimônio Líquido**	
Máquina X	35.000,00	Capital Social	30.000,00
– Depr. Acum. (máq. X)	(25.000,00)	Lucros Acumulados	3.500,00
– Perda Irrecup. (máq. X)	–	**Total do PL**	**33.500,00**
Máquina Y	60.000,00		
– Depr. Acum. (máq. Y)	(40.000,00)		
– Perda Irrecup. (máq. Y)	–		
Total AP	**30.000,00**		
ATIVO TOTAL	**35.000,00**	**PASSIVO + PL TOTAL**	**35.000,00**

DRE

Receita Bruta	23.800,00
Deduções da Receita	–
Receita Líquida	23.800,00
Custo dos Serviços Prestados	(13.450,00)
Lucro Bruto	10.350,00
Despesas Operacionais	(7.650,00)
Lucro Operacional antes do Imposto de Renda	2.700,00
Imposto de Renda	–
Lucro Líquido	2.700,00

Para realizar os testes de recuperabilidade das duas máquinas, foram identificados:

- Valor contábil da máquina X: $ 10.000,00.
- Valor contábil da máquina Y: $ 20.000,00.
- Valor corrente de venda da máquina X: $ 12.000,00.
- Gastos estimados para a retirada e venda da máquina X (no ano corrente): $ 1.500,00.
- Valor corrente de venda da máquina Y: $ 18.000,00.
- Gastos estimados para a retirada e venda da máquina Y (no ano corrente): $ 1.600,00.
- Tempo de vida útil remanescente estimado para a máquina X: 5 anos.
- Produção anual estimada para a máquina X: ano 1 = 1.200 unidades; ano 2 = 1.200 unidades; ano 3 = 1.000 unidades; ano 4 = 1.000 unidades; ano 5 = 1.000 unidades.
- Margem de contribuição unitária do produto fabricado na máquina X: $ 10,00/unidade.
- Gastos normais de manutenção periódica da máquina X: ano 1 = $ 40,00; ano 2 = zero; ano 3 = $ 40,00; ano 4 = $ 20,00; ano 5 = zero.

- Valor de venda estimado da máquina X, no final de sua vida útil: $ 3.200,00.
- Gastos estimados para a retirada e venda da máquina X (no final de sua vida útil): $ 1.500,00.
- Tempo de vida útil remanescente estimado para a máquina Y: 3 anos.
- Produção anual estimada para a máquina Y: ano 1 = 1.000 unidades; ano 2 = 1.000 unidades; ano 3 = 1.000 unidades.
- Margem de contribuição unitária do produto fabricado na máquina Y: $ 6,00/unidade.
- Gastos normais de manutenção periódica da máquina Y: ano 1 = zero; ano 2 = $ 250,00; ano 3 = zero.
- Valor de venda estimado da máquina Y, no final de sua vida útil: $ 7.000,00.
- Gastos estimados para a retirada e venda da máquina Y (no final de sua vida útil): $ 1.296,00.
- Taxa de desconto (custo do capital da Cia. Prudencial): 10% ao ano.

Vejamos os cálculos de cada máquina isoladamente. Comecemos pela máquina X.

Valor contábil:

Máquina X	2008
Custo histórico (valor original) da máquina X:	35.000,00
Depreciação acumulada da máquina X:	(25.000,00)
Valor contábil da máquina X:	**10.000,00**

Valor realizável líquido:

Máquina X	2008
Valor corrente de venda da máquina X:	12.000,00
Gastos estimados para a retirada e venda da máquina X (no ano corrente)	(1.500,00)
Valor realizável líquido da máquina X:	**10.500,00**

Valor em uso (valor presente dos benefícios futuros):[7]

Máquina X	2008	2009	2010	2011	2012	2013
Tempo de vida útil remanescente estimado para a máquina X (em anos):	5					
Produção anual estimada para a máquina X:		1.200	1.200	1.000	1.000	1.000
Margem de contribuição unitária do produto fabricado na máquina X ($/unidade):	10,00					
Margem de contribuição total anual do produto fabricado na máquina X ($/ano):		12.000,00	12.000,00	10.000,00	10.000,00	10.000,00
Gastos anuais normais de manutenção periódica da máquina X ($/ano):		40,00	–	40,00	20,00	–
Valor de venda estimado da máquina X, no final de sua vida útil:						3.200,00
Gastos estimados para a retirada e venda da máquina X (no final de sua vida útil):						1.500,00
Benefícios futuros esperados da máquina X ao longo de sua vida útil:		11.960,00	12.000,00	9.960,00	9.980,00	11.700,00
Taxa de desconto (custo do capital da Cia. Prudencial):	10%					
Valor em uso (valor presente líquido dos benefícios futuros) da máquina X:	**42.354,43**					

---

[7] O cálculo do valor presente envolve conhecimentos de Matemática Financeira, pelo menos que o $VP = VF / (1 + i)^n$. No Excel, utiliza-se a função (fx) financeira VPL. Na HP12-C utilizam-se as teclas <i>, <CHS>, <g> (para acessar as "teclas" azuis <CFo>, <CFj> e <Nj>) e a tecla <f> (para acessar a "tecla" laranja <NPV>).

Considerando que o valor contábil ($ 10.000,00) é menor que o maior valor entre o Realizável Líquido ($ 10.500,00) e o Em Uso ($ 42.354,43), não há que se reconhecer qualquer perda por irrecuperabilidade em relação à máquina X.

Teste de recuperabilidade da máquina X:	
Valor Contábil:	10.000,00
Maior entre Valor Realizável Líquido em Uso:	42.354,43
Perda por irrecuperabilidade:	**não aplicável**

Vejamos, agora, os mesmos cálculos para a máquina Y:

Valor contábil:

Máquina Y	2008
Custo histórico (valor original) da máquina Y:	60.000,00
Depreciação acumulada da máquina Y:	(40.000,00)
Valor contábil da máquina Y:	**20.000,00**

Valor realizável líquido:

Máquina Y	2008
Valor corrente de venda da máquina Y:	18.000,00
Gastos estimados para a retirada e venda da máquina Y (no ano corrente):	(1.600,00)
Valor realizável líquido da máquina Y:	**16.400,00**

Valor em uso (valor presente dos benefícios futuros):

Máquina Y	2008	2009	2010	2011
Tempo de vida útil remanescente estimado para a máquina Y (em anos):	3			
Produção anual estimada para a máquina Y:		1.000	1.000	1.000
Margem de contribuição unitária do produto fabricado na máquina Y ($ unidade)	6,00			
Margem de contribuição total anual do produto fabricado na máquina Y ($/ano):		6.000,00	6.000,00	6.000,00
Gastos anuais normais de manutenção periódica da máquina Y ($/ano):		–	250,00	–
Valor de venda estimado da máquina Y, no final de sua vida útil:				7.000,00
Gastos estimados para a retirada e venda da máquina Y (no final de sua vida útil):				1.296,00
Benefícios futuros esperados da máquina Y ao longo de sua vida útil:		6.000,00	5.750,00	11.704,00
Taxa de desconto (custo do capital da Cia. Prudencial):	10%			
Valor em uso (valor presente líquido dos benefícios futuros) da máquina Y:	**19.000,00**			

Considerando que o valor contábil ($ 20.000,00) excede o maior valor entre o Realizável Líquido ($ 16.400,00) e o Em Uso ($ 19.000,00) em $ 1.000,00, é necessário reconhecer a perda por irrecuperabilidade em relação à máquina Y nesse montante.

Teste de recuperabilidade da máquina Y:	
Valor contábil:	20.000,00
Maior entre Valor Realizável Líquido e Valor em Uso:	19.000,00
Perda por irrecuperabilidade:	**1.000,00**

Realizando-se os lançamentos contábeis necessários, conforme a Matriz de Lançamentos que segue:

ATIVO

Contas	Disponibilidades	Máq. X	(Depr. Acum. X)	(Perda Irrecup. X)	Máq. Y	(Depr. Acum. Y)	(Perda Irrecup. Y)	=	Contas a pg.	Capital Social	Lucros Acum.	Resultado
Saldos iniciais	5.000,00	35.000,00	(25.000,00)	–	60.000,00	(40.000,00)	–	=	1.500,00	30.000,00	3.500,00	
Impairment Y							(1.000,00)	=				(1.000,00)
Saldos parciais	5.000,00	35.000,00	(25.000,00)	–	60.000,00	(40.000,00)	(1.000,00)					
Retenção lucro								=			(1.000,00)	(1.000,00)
Saldos finais	5.000,00	35.000,00	(25.000,00)	–	60.000,00	(40.000,00)	(1.000,00)	=	1.500,00	30.000,00	2.500,00	–

Podemos elaborar as demonstrações contábeis ajustadas:

BP

ATIVO		PASSIVO + PL	
Ativo Circulante		**Passivo Circulante**	
Disponibilidades	5.000,00	Contas a pagar	1.500,00
Total do AC	**5.000,00**	**Total do PC**	**1.500,00**
Ativo não Circulante		**Patrimônio Líquido**	
Máquina X	35.000,00	Capital Social	30.000,00
– Depr. Acum. (máq. X)	(25.000,00)	Lucros Acumulados	2.500,00
– Perda Irrecup. (máq. X)	–	**Total do PL**	**32.500,00**
Máquina Y	60.000,00		
– Depr. Acum. (maq. Y)	(40.000,00)		
– Perda Irrecup. (máq. Y)	(1.000,00)		
Total do AÑC	**29.000,00**		
ATIVO TOTAL	**34.000,00**	**PASSIVO + PL TOTAL**	**34.000,00**

DRE

Receita Bruta	23.800,00
Deduções da Receita	–
Receita Líquida	23.800,00
Custo dos Serviços Prestados	(13.450,00)
Lucro Bruto	10.350,00
Despesas Operacionais	(7.650,00)
Perda Irrecuperabilidade	(1.000,00)
Lucro antes do Imposto de Renda	1.700,00
Imposto de Renda	–
Lucro Líquido	1.700,00

Observe que o reconhecimento do *impairment* não gera qualquer impacto tributário.

Se as estimativas utilizadas para se calcular o valor recuperável sofrerem alterações significativamente positivas para a entidade, o cálculo do valor recuperável (maior valor entre o Realizável Líquido e o Em Uso) deverá ser refeito e a Perda por Irrecuperabilidade poderá ser reduzida ou anulada.

As situações que sugerem tais alterações favoráveis à entidade podem ser, conforme o parágrafo 106 do Pronunciamento CPC nº 1:

• o valor de mercado do ativo aumentou significativamente durante o período;

• ocorreram, durante o período, ou ocorrerão em futuro próximo, mudanças significativas, com efeito favorável sobre a entidade, no ambiente tecnológico, de mercado, econômico ou legal no qual ela opera, ou no mercado no qual o ativo é utilizado;

• as taxas de juros de mercado ou outras taxas de mercado aplicáveis sobre o retorno de investimentos diminuíram durante o período e essas diminuições possivelmente afetarão a taxa de desconto usada no cálculo do valor do ativo em uso e aumentarão substancialmente seu valor recuperável;

- ocorreram, durante o período, ou ocorrerão em futuro próximo, mudanças significativas, com efeito favorável sobre a entidade, na medida ou maneira pela qual o ativo é utilizado ou deverá ser utilizado. Essas mudanças incluem gastos incorridos durante o período, com a finalidade de melhorar ou aprimorar o desempenho de um ativo ou de reestruturar a operação à qual o ativo pertence; e

- existe evidência nos relatórios internos que indica que o desempenho econômico do ativo é ou será melhor do que o esperado.

Observe que com o passar do tempo o valor presente dos benefícios futuros (valor em uso) aumenta. Segundo o parágrafo 111 do Pronunciamento CPC nº 1, isso não é fundamento para se reverter a perda reconhecida em períodos anteriores.

A reversão da Perda deve ser evidenciada na DRE, como uma recuperação de uma despesa (somando ao lucro do período). E o maior valor que se poderá reverter é o saldo remanescente da provisão, ou seja, não será possível aumentar o valor original como se fosse uma reavaliação – afinal, a Lei nº 11.638/07 proibiu a reavaliação.

Exercícios de verificação – Apêndice 2

Vejamos duas situações contraditórias com relação ao incentivo do gestor em reconhecer (ou não) o *impairment*:

A – Incentivo para não reconhecer

Imagine que você é o gestor da Cia. Prudencial e que o lucro evidenciado na DRE antes do ajuste (no início deste Apêndice) coincidia com o montante mínimo (piso) para que você recebesse sua participação nos lucros (bônus) – caso o lucro fosse menor que $ 2.700,00, você não receberia qualquer bônus neste ano.

Registre-se, a título de curiosidade, que nos últimos 8 anos (desde que você assumiu o cargo de gestor), você sempre bateu a meta de resultado anual com folga e, consequentemente, sempre recebeu seu bônus.

Que argumento você adotaria para convencer os auditores no sentido de não ser necessário (adequado) o reconhecimento do *impairment*?

B – Incentivo para reconhecer

Imagine que você é o gestor da Cia. Prudencial e que o lucro evidenciado na DRE antes do ajuste (no início deste Apêndice) ultrapassava o montante máximo (teto) para cálculo da maior participação nos lucros (bônus) possível. Digamos que tal teto fosse $ 2.700,00; ultrapassando esse valor, você não receberia qualquer bônus adicional neste ano. E que o lucro mínimo (piso) para que você receba o bônus seja $ 1.200,00.

Registre-se, a título de curiosidade, que há expectativa de que nos próximos anos haja retração no mercado consumidor, o que provavelmente diminuirá, momentaneamente, os lucros dos próximos dois anos.

Que argumento você adotaria para convencer os auditores no sentido de ser necessário (adequado) o reconhecimento do *impairment* no montante não maior que $ 1.500,00 ($ 2.700,00 – $ 1.200,00) neste ano?

9

Demonstração dos Fluxos de Caixa (DFC) e Demonstração do Valor Adicionado (DVA)

Objetivo do Capítulo

Neste capítulo será aprofundado o tratamento da Demonstração dos Fluxos de Caixa (DFC). Observe que os principais conceitos da DFC foram desenvolvidos no Capítulo 5. Antes de prosseguir, retorne a este capítulo e revise o que foi ensinado.

A Demonstração do Valor Adicionado (DVA) também é apresentada, uma vez que, de acordo com a Lei nº 11.638/07, torna-se obrigatória para as companhias abertas.

Vamos acompanhar, agora, um exemplo comparativo entre os Métodos Direto e Indireto.

Uma empresa, em dezembro de X0, apresentava o seguinte Balanço Patrimonial:

Ativo	($)	Passivo + PL	($)
Estoques	1.000	Fornecedores	1.000

A empresa efetuou, em janeiro de X1, a venda à vista de todo o estoque por $ 1.500, pagou o saldo de Fornecedores ($ 1.000) e comprou a prazo novas mercadorias pelo valor de $ 1.000, restando $ 500 em caixa.

Em fevereiro de X1, a empresa efetuou a venda de todo o estoque ($ 1.000) à vista pelo mesmo valor ($ 1.500) com um lucro de $ 500. Efetuou a reposição do estoque ($ 1.000) mas não pagou ao Fornecedor ($ 1.000 + $ 1.000) pela dívida de janeiro.

As demonstrações contábeis seriam as seguintes:

DRE	Janeiro/X1	Fevereiro/X1
Vendas	1.500	1.500
CMV	(1.000)	(1.000)
Lucro Bruto	**500**	**500**

Balanço Patrimonial	Dezembro/X0	Janeiro/X1	Fevereiro/X1
Ativo	($)	($)	($)
Caixa		500	2.000
Estoques	1.000	1.000	1.000
Total do Ativo	**1.000**	**1.500**	**3.000**
Passivo + PL	($)	($)	($)
Fornecedores	1.000	1.000	2.000
Lucros Acumulados		500	1.000
Total Passivo + PL	**1.000**	**1.500**	**3.000**

DFC – Método Direto	Janeiro/X1	Fevereiro/X1
Recebimento de Clientes	1.500	1.500
Pagamento a Fornecedores	(1.000)	0
Fluxo de Caixa da Atividade Operacional	**500**	**1.500**
Saldo Inicial de Caixa	0	500
Saldo Final de Caixa	500	2.000
Variação do Caixa	**500**	**1.500**

No método Indireto partimos do Lucro Líquido e a Variação.*

DFC – Método Indireto	Janeiro X1	Fevereiro X1
Lucro Líquido	500	500
Variação do saldo de Estoques	0	0
Variação do saldo de Fornecedores	0	1.000
Fluxo de Caixa da Atividade Operacional	**500**	**1.500**
Saldo Inicial de Caixa	0	500
Saldo Final de Caixa	500	2.000
Variação do Caixa	**500**	**1.500**

---

* Significa a diferença entre o começo do período e final do período.

Esta informação no método Indireto é mais prática para a análise das estratégias financeiras adotadas pelas empresas. Indica que o acréscimo do saldo de Caixa acima do lucro em fevereiro no montante de R$ 1.000 decorre de a empresa não ter realizado o pagamento aos Fornecedores. Este fato abre um ponto para reflexão, pois pode decorrer de aspectos positivos ou negativos.

Veja, agora, a diferença na Estrutura do Método Direto e do Método Indireto da DFC:

DFC – Método DIRETO	$	DFC – Método INDIRETO	$
Fluxo de Caixa da Ativ. Operac.		**Fluxo de Caixa da Ativ. Operac.**	
Recebimento de Clientes		Lucro Líquido	
Pagamento a Fornecedores		(+) Desp. Depreciação	
Pagamento de Desp. Oper.		(–) Aum. Duplicatas a Rec.	
Pagamento de IR e CSLL		(–) Aum. Estoques	
Pagamento de Juros		(–) Red. Fornecedores	
		(–) Red. Contas a Pg.	
		(+) Aum. IR e CSLL a Pg.	
		(+) Aum. Juros a Pg.	
Fluxo de Caixa da Ativ. de Invest.		**Fluxo de Caixa da Ativ. de Invest.**	
Aplicação em Títulos e Val. Mob. (RLP)		Aplicação em Títulos e Val. Mob. (RLP)	
Compra de Ativos Imobilizados		Compra de Ativos Imobilizados	
Fluxo de Caixa da Ativ. de Financ.		**Fluxo de Caixa da Ativ. de Financ.**	
Pagamento de Dividendos		Pagamento de Dividendos	
Variação do saldo de Cx. e Equivalente		**Variação do saldo de Cx. e Equivalente**	
Saldo Inicial de Cx. e Equivalente		**Saldo Inicial de Cx. e Equivalente**	
Saldo Final de Cx. e Equivalente		**Saldo Final de Cx. e Equivalente**	

Observe, agora, a Demonstração dos Fluxos de Caixa da Droga Raia:

Raia Drogasil S/A Demonstração dos Fluxos de Caixa	2011 R$ milhares	2010 R$ milhares
Caixa Líquido Atividades Operacionais	**28.619**	**52.446**
Caixa Gerado nas Operações	*158.253*	*158.437*
Lucro Líquido Antes do I.R. e C.S.L.L.	91.205	120.829
Ajustes para conciliação do Lucro Líquido	67.048	37.608
Variações nos Ativos e Passivos Operacionais	*– 97.694*	*– 74.196*
(Acréscimo) decréscimo de Ativos	– 174.925	– 70.323
(Decréscimo) acréscimo de Passivos	77.231	– 3.873
Imposto de Renda e Contribuição Social Pagos	*– 31.940*	*– 31.795*
Caixa Líquido Atividades de Investimento	**143.198**	**– 100.706**
Aquisições de Imobilizado e Intangível	– 83.705	– 101.577
Recebimentos por Vendas de Imobilizados	494	871
Caixa Adquirido em Combinação de Negócios	226.409	0
Caixa Líquido Atividades de Financiamento	**– 12.692**	**101.414**
Financiamentos Tomados	60.865	28.543
Pagamentos de Financiamentos	– 26.183	– 17.785
Juros Pagos	– 7.420	– 3.865
Recebimento de Exercício do Plano de Opção de Ação	909	262
Recebimento da Alienação de Ações Mantidas em Tesouraria	0	125.510
Juros Sobre Capital Próprio e Dividendos Pagos	– 40.863	– 31.251
Aumento (Redução) de Caixa e Equivalentes	**159.125**	**53.154**
Saldo Inicial de Caixa e Equivalentes	180.846	127.692
Saldo Final de Caixa e Equivalentes	**339.971**	**180.846**

Fonte: Disponível em: <http://www.cvm.gov.br>. Acesso em: abr. 2012.

Em relação à estrutura da Demonstração, verifica-se que em nosso modelo o valor de Juros Pagos estava no Fluxo Operacional, enquanto na DFC da Droga Raia os juros pagos estão classificados no Fluxo de Financiamentos. Esta posição alternativa é permitida pelo Pronunciamento do CPC e demonstra que a DFC também apresenta aspectos de subjetividade.

Além disso, podemos observar que:

- O caixa gerado pelas atividades operacionais reduziu de R$ 52.446 mil para R$ 28.619 mil.
- Já as atividades de investimento, que em 2010 consumiram R$ 100.706 mil, em 2011 geraram R$ 143.198.

- Por sua vez, as atividades de financiamento, que em 2010 geraram R$ 101.414, em 2011 consumiram R$ 12.692.
- A variação total do caixa foi de R$ 159.125 mil em 2011.

Exercícios de fixação (9.1)

Faça a reconciliação entre o lucro e o caixa (Fluxo de Caixa gerado pela Atividade Operacional) a partir do DRE e dos Balanços abaixo:

1.

Balanço Patrimonial – Inicial

Ativo		Passivo + PL	
Ativo Circulante			
Caixa	50.000		
Estoques	30.000		
Ativo não Circulante		Patrimônio Líquido	
Equipamentos	20.000	Capital Social	90.000
(–) Dep. Acum.	(5.000)	Lucros Acum.	5.000
Total do Ativo	95.000	Total do Passivo + PL	95.000

DRE

Receita Bruta		91.000
(–) Deduções da Receita		–
(=) Receita Líquida		91.000
(–) CMV		(53.500)
(=) Lucro Bruto		37.500
(–) Despesas Operacionais		
Salários	(6.000)	
Gerais	(4.000)	
Depreciação	(542)	
Juros	(60)	
Aluguel	(1.000)	
		(11.602)
(=) Lucro Operacional		25.898
(+/–) Outras Receitas e Despesas Operacionais		
Venda de terreno		(2.000)
(=) Lucro Líquido		23.898

Balanço Patrimonial – Final

Ativo		Passivo + PL	
Ativo Circulante		Passivo Circulante	
Caixa	109.940	Contas a pg. (desp. operac.)	10.000
Estoques	14.000	Financiamentos a pg. (veículo)	15.000
Aluguel antec.	11.000	Fornecedores	17.500
		Empréstimo	3.000
Ativo não Circulante Realizável a Longo Prazo		Patrimônio Líquido	
Contas a Rec.	38.000	Capital social	130.000
Ativo Imobilizado	39.400	Lucros acum.	26.840
Equipamento	20.000		
Depr. Acum.	(5.183)		
veículo	15.000		
Depr. Acum.	(417)		
Total do Ativo	**212.340**	**Total do Passivo + PL**	**212.340**

Fluxo de, Caixa da Atividade Operacional	
Lucro Líquido	
(+) Depreciação	
(+/–) Resultado não operacional	
(=) Lucro Ajustado	
Diminuição estoques	
Aumento aluguel antec.	
Aumento desp. a pagar	
Aumento fornecedores	

2.

Balanço Patrimonial – Inicial

Ativo		Passivo + PL	
Ativo Circulante		Passivo Circulante	
Caixa	41.000	Fornecedores a Pagar	15.000
Estoque	50.000	Contas a Pagar	5.000
Ativo não Circulante		Empréstimos Obtidos	20.000
Veículos	8.000	Patrimônio Líquido	
(–) Dep. Acum.	(3.000)	Capital Social	54.000
		Lucros Acumulados	2.000
Total do Ativo	**96.000**	**Total do Passivo + PL**	**96.000**

DRE		
Receita		108.000
(–) CMV		(64.800)
(=) Lucro Bruto		43.200
(–) Desp. Adm.	(5.000)	
(–) Desp. Com.	(7.000)	
(–) Desp. Depreciação	(133)	
(–) Desp. Financ.	(80)	
Despesas Operacionais		(12.213)
(=) Lucro Operacional		30.987
Lucro do Período		30.987

Balanço Patrimonial – Final

Ativo		Passivo + PL	
Ativo Circulante		Passivo Circulante	
Caixa	114.420	Fornecedores	25.500
Estoque	23.200		
Ativo não Circulante		Patrimônio Líquido	
Veículos	8.000	Capital Social	84.000
(–) Dep. Acum.	(3.133)	Lucros Acumulados	32.987
Total do Ativo	**142.487**	**Total do Passivo + PL**	**142.487**

Fluxo de, Caixa da Atividade Operacional	
Lucro Líquido	
(+) Desp. Depreciação	
(=) Lucro Ajustado	
Variações:	
Diminuição Estoque	
Aumento Fornecedores	
Diminuição Contas a pagar	

9.1 Demonstração do Valor Adicionado (DVA)

Esta Demonstração está normatizada pelo Pronunciamento 09 do CPC.

Informa a riqueza gerada pela empresa, durante determinado período, sabendo que essa riqueza pertence a toda a sociedade (empregados, governo, financiadores e acionistas).

A DVA parte do conceito de Produto Interno Bruto (PIB) calculado pelos economistas. Enquanto o PIB retrata a riqueza gerada por um país durante determinado período, isto é, o que o país produz menos o que ele compra pronto de outros países, a DVA retrata a riqueza gerada por uma entidade durante determinado período, ou seja, o que ela gera de receitas menos o que ela compra pronto de outras empresas.

De forma geral, pode-se dizer que o somatório dos valores adicionados por todas as empresas de um determinado país, durante determinado período, corresponde ao PIB desse país. A diferença seria relacionada aos estoques, uma vez que o PIB parte da produção e a DVA parte da Receita (pelo Princípio da Competência, a parcela da produção não vendida – não transformada em Receita – fica contabilizada no Estoque).

9.1.1 Estrutura básica de DVA

	$
Receita Bruta de Vendas e Prestação de Serviços	
(–) Insumos adquiridos de terceiros	
(–) Serviços contratados de terceiros	
(=) Valor Adicionado Bruto	
(–) Despesa de Depreciação, Amortização e Exaustão	
(=) Valor Adicionado Líquido	
(+) Receitas Financeiras	
(=) Valor Adicionado a Distribuir	

Distribuição do Valor Adicionado:	$	%
• Empregados		
• Governo		
• Financiadores		
• Acionistas		

Partindo dessa estrutura, é possível perceber que a principal diferença da DVA para a Demonstração do Resultado do Exercício (DRE) é que a DRE apresenta a riqueza gerada pela empresa durante determinado período, que pertence aos acionistas, ao passo que a DVA é mais abrangente, evidenciando a riqueza gerada pela empresa, durante determinado período, que pertence a toda a sociedade (coletividade).

Exercícios de fixação (9.1.1)

1. Identifique as distribuições abaixo em "Empregados", "Governo", "Investidores e Financiadores" e "Acionistas":

Distribuição	Classificação
Salário dos Empregados	
Dividendos pagos/propostos aos Acionistas	
Imposto de Renda	
Juros pagos/devidos ao Banco	
Imposto sobre a Propriedade Territorial Urbana (IPTU)	
Parcela do Lucro não distribuída	
13º Salário dos Empregados	

Observe, agora, a Demonstração do Valor Adicionado da Droga Raia:

Raia Drogasil S/A Demonstração do Valor Adicionado	2011 R$ milhares	2010 R$ milhares
Receitas:		
Receitas de Vendas de Mercadorias, Produtos e Serviços	2.829.944	2.080.648
Outras Receitas	412	484
Provisão/Reversão de Créds. Liquidação Duvidosa	– 471	51
Insumos Adquiridos de Terceiros:		
Custos Prods., Mercs. e Servs. Vendidos	– 1.858.944	– 1.373.777
Materiais, Energia, Servs. de Terceiros e Outros	– 132.434	– 65.262
Perda/Recuperação de Valores Ativos	– 1.366	– 609
Valor Adicionado Bruto	**837.141**	**641.535**
Retenções: Depreciação, Amortização e Exaustão	– 55.672	– 31.292
Valor Adicionado Líquido Produzido	**781.469**	**610.243**
Vlr. Adicionado Recebido em Transferência: Receitas Financeiras	22.448	12.372
Valor Adicionado Total a Distribuir	**803.917**	**622.615**
Distribuição do Valor Adicionado	**803.917**	**622.615**
Pessoal: Salários, Benefícios e Encargos	278.524	184.223
Impostos, Taxas e Contribuições: Federais, Estaduais e Municipais	334.674	265.805
Remuneração de Capitais de Terceiros: Juros e Aluguéis	122.023	83.572
Remuneração de Capitais Próprios: Dividendos, JSCP e Lucros Retidos	68.696	89.015

Fonte: Disponível em: <http://www.cvm.gov.br>. Acesso em: abr. 2012.

- O valor adicionado líquido produzido pela entidade aumentou de R$ 610.243 mil para R$ 781.469 mil.
- Do valor adicionado distribuído, verifica-se que o maior valor vai para o governo, 41,6% (isto é, R$ 334.674 mil ÷ R$ 803.917 mil).
- O valor destinado aos acionistas (dividendos e retenção de lucros) reduziu de 14,3% para 8,5% do valor adicionado distribuído.

9.1.2 Dúvidas frequentes

a) O que significa Valor Adicionado?

R.: Conforme sugerido pela definição acima, o Valor Adicionado corresponde à riqueza gerada por uma entidade durante determinado período.

b) Existe alguma relação entre Valor Adicionado e PIB?

R.: Sim, o Produto Interno Bruto (PIB) corresponde à riqueza gerada por uma sociedade (um país, por exemplo) durante determinado período.

c) Então, Valor Adicionado e PIB são sinônimos?

R.: Não, o PIB parte do conceito de produção, ou seja, para os economistas, a riqueza gerada pelo Brasil durante o ano de 2009 (R$ 3.239.404 milhões, medido pelo IBGE, conforme informação disponível em <http://www.ibge.gov.br/home/estatistica/economia/contasnacionais/2009/tabelas_pdf/tab05.pdf>) foi medida com base no valor da produção (de bens e serviços) menos os insumos importados de outras economias. Ao passo que o Valor Adicionado parte do conceito de venda (receita), isto é, para os contadores, a riqueza gerada pela Droga Raia, durante o ano de 2011, no Consolidado (R$ 781.469 mil), foi medida com base na receita de venda (de bens e serviços) menos os insumos e serviços adquiridos de terceiros.

d) Mas, é possível conciliar o Valor Adicionado com o PIB?

R.: Sim, a diferença teórica entre esses dois conceitos está nos Estoques. Portanto, se subtrairmos do PIB o valor não realizado relativo aos Estoques, chegaremos ao Valor Adicionado. Afinal, o contador observa o Princípio da Competência (Princípios da Realização da Receita e da Confrontação de Despesas com Receitas e com o período contábil), de forma que só reconhece a receita quando aquelas quatro condições são atendidas (conhecer o valor da receita, incorrer em significativo esforço de venda, conhecer o valor do custo e ter razoável expectativa de que o preço será recebido).

e) Partindo da DRE é possível elaborar a DVA?

R.: "Sim" (um sim, entre aspas), desde que a DRE esteja muito bem detalhada (analítica), o que não é de praxe. Por exemplo, o valor apresentado na DRE referente ao Custo das Mercadorias Vendidas é semelhante a uma "caixa preta". Por exemplo, o "Custo das Mercadorias Vendidas" apresentado na DVA consolidada de 2011 (R$ 2.011.471 mil) não

corresponde, exatamente, ao valor baixado da conta "Estoque de Mercadorias" (apresentado no Balanço Patrimonial), porque os Estoques são contabilizados pelo valor líquido de impostos recuperáveis (como ICMS, PIS, COFINS e IPI, conforme estudado no Apêndice do Capítulo 6 deste livro), enquanto que, na DVA, o "Custo das Mercadorias Vendidas" é apresentado pelo valor bruto, isto é, somado dos impostos recuperáveis. Além disso, o valor dos "Materiais, energia, serviços de terceiros e outros," evidenciado na DVA consolidada de 2011 (R$ 132.434 mil), não é evidenciado de forma destacada na DRE, uma vez que aparece distribuído entre o "Custo das Mercadorias Vendidas" e as "Despesas Operacionais". Portanto, para um usuário externo, é praticamente impossível elaborar a DVA, com precisão, partindo somente das Demonstrações Contábeis tradicionais (BP, DRE, DMPL, DFC e Notas Explicativas).

f) Qual a utilidade da DVA? Quem são seus usuários?

R.: Para responder essa pergunta, é necessário comentar a origem da DVA. A DVA surgiu na França, no final da década de 1960, com o objetivo principal de demonstrar os impactos que a empresa gerava à sociedade na qual estava inserida. Entretanto, o chamado Balanço Social francês só passou a ser exigido das empresas no final da década de 1970, por força da Lei nº 77.769/1977. Partindo desse breve histórico e do significado de Valor Adicionado, já apresentado, pode-se inferir que a utilidade da DVA é evidenciar o quanto a empresa agrega de valor à economia da sociedade na qual está inserida e, ainda, como essa riqueza é distribuída entre os principais componentes dessa sociedade (empregados, governo, financiadores e acionistas).

Pode-se dizer que, atualmente, no Brasil, a DVA é pouco difundida, o que prejudica sua utilidade. Mas é possível apontar potenciais usuários:

- o Poder Judiciário, especificamente as Varas do Trabalho. O Juiz do Trabalho pode utilizar a informação "Distribuição do Valor Adicionado aos Empregados" (pessoal e encargos) para decidir um litígio entre empresa e sindicato dos empregados quanto ao percentual de aumento salarial (dissídio coletivo);

- o Poder Legislativo, especificamente a Câmara dos Deputados e o Senado Federal. Os Deputados e Senadores podem utilizar a informação "Distribuição do Valor Adicionado ao Governo" (impostos, taxas e contribuições) para debater questões relacionadas à reforma tributária;

- o Poder Executivo, especificamente a Secretaria de Finanças de uma Prefeitura Municipal. O Prefeito e seu secretário podem utilizar a informação "Distribuição do Valor Adicionado aos Empregados" (pessoal e encargos) segregada em pessoal residentes no Município e pessoal trazido pela empresa, de outras localidades; e "Distribuição do Valor Adicionado ao Governo" segregada em impostos, taxas e contribuições do Município em questão, de outros Municípios, do Estado em questão, de outras UF e da União; tudo isso referente a projeções, para decidir quanto à concessão de um benefício fiscal;

- os clientes, também, poderiam (deveriam) analisar a DVA das empresas (fornecedores), com o objetivo de prestigiar aquelas socialmente responsáveis em detrimento das irresponsáveis. Imagine se o baixo preço cobrado for "financiado" pela sonegação fiscal e pela exploração de trabalho infantil, provavelmente essa empresa apresentaria irrisória distribuição do Valor Adicionado a Empregados e Governo.

Exercícios de fixação (9.1.2)

1. Calcule o Valor Adicionado e elabore a DVA de um pequeno produtor rural que:

   a) não tinha estoque inicial;

   b) não tem estoque final (toda a produção do ano foi vendida);

   c) auferiu receita de venda dos produtos agrícolas, no valor de $ 100.000,00;

   d) não incorreu em quaisquer despesas de salários a ninguém, pois não tem empregados (agricultura familiar);

   e) não comprou qualquer matéria-prima, utilizou sementes, mudas e adubos produzidos naturalmente pela própria cultura;

   f) não incorreu em qualquer gasto relativo a depreciação, amortização ou exaustão, porque o imobilizado já se encontra totalmente depreciado;

   g) não pagou imposto;

   h) teve todo o lucro distribuído como dividendos.

DVA do Produtor Rural	$
Receita Bruta de Vendas e Prestação de Serviços	
(–) Insumos adquiridos de terceiros	
(–) Serviços contratados de terceiros	
(=) Valor Adicionado Bruto	
(–) Despesa de Depreciação, Amortização e Exaustão	
(=) Valor Adicionado Líquido	
(+) Receitas Financeiras	
(=) Valor Adicionado a Distribuir	

Distribuição do Valor Adicionado:	$	%
• Empregados		
• Governo		
• Investidores e Financiadores		
• Acionistas		

2. Calcule o Valor Adicionado e elabore a DVA de uma pequena indústria de produtos alimentícios que comprou toda a produção do agricultor do exercício anterior. Sabe-se que essa indústria:

a) não tinha estoque inicial;

b) tinha como único fornecedor o agricultor do exercício anterior;

c) auferiu receita de venda dos produtos industrializados, no valor de $ 400.000,00;

d) não tem estoque final (toda a produção do ano foi vendida);

e) incorreu em gastos relativos aos salários no valor de $ 80.000,00, sendo $ 30.000,00 da mão de obra da produção e o restante do pessoal administrativo e de vendas;

f) incorreu em gastos relativos à depreciação no valor de $ 10.000,00;

g) não pagou imposto;

h) teve todo o lucro distribuído como dividendos.

DVA da Pequena Indústria Alimentícia	$
Receita Bruta de Vendas e Prestação de Serviços	
(–) Insumos adquiridos de terceiros	
(–) Serviços contratados de terceiros	
(=) Valor Adicionado Bruto	
(–) Despesa de Depreciação, Amortização e Exaustão	
(=) Valor Adicionado Líquido	
(+) Receitas Financeiras	
(=) **Valor Adicionado a Distribuir**	

Distribuição do Valor Adicionado:	$	%
• Empregados		
• Governo		
• Financiadores		
• Acionistas		

3. Calcule o Valor Adicionado e elabore a DVA de um pequeno comércio (quitanda) que comprou toda a produção da indústria alimentícia do exercício anterior. Sabe-se que essa quitanda:

    a) não tinha estoque inicial;

    b) tinha como único fornecedor a indústria alimentícia do exercício anterior;

    c) auferiu receita de venda das mercadorias, no valor de $ 700.000,00;

    d) não tem estoque final (toda a mercadoria adquirida no ano foi vendida);

    e) incorreu em gastos relativos aos salários no valor de $ 90.000,00, sendo $ 55.000,00 do pessoal de vendas e o restante do pessoal administrativo;

    f) incorreu em gastos relativos à depreciação no valor de $ 5.000,00;

    g) incorreu em gastos com a remuneração de autônomos por serviços contratados (como o conserto do refrigerador) no valor de $ 12.000,00;

    h) não pagou imposto;

    i) teve todo o lucro distribuído como dividendos.

DVA do Pequeno Comércio (Quitanda)	$	
Receita Bruta de Vendas e Prestação de Serviços		
(–) Insumos adquiridos de terceiros		
(–) Serviços contratados de terceiros		
(=) Valor Adicionado Bruto		
(–) Despesa de Depreciação, Amortização e Exaustão		
(=) Valor Adicionado Líquido		
(+) Receitas Financeiras		
(=) **Valor Adicionado a Distribuir**		
Distribuição do Valor Adicionado:	$	%
• Empregados		
• Governo		
• Financiadores		
• Acionistas		

4. Considere um país onde as únicas atividades econômicas sejam desenvolvidas pelo agricultor do exercício 1, pela indústria do exercício 2 e pela quitanda do exercício 3. Qual seria o PIB desse país? Qual a diferença desse PIB e do somatório dos Valores Adicionados?

5. A Cia. Alfa apresenta o seguinte Balanço em 1º/6/X6:

Ativo		Passivo + Patrimônio Líquido	
Disponibilidades	100.000	Fornecedores	15.000
Clientes	40.000	Financiamentos	25.000
Estoques	20.000	Capital Social	110.000
Veículos	12.000	Lucros Acum.	18.000
Dep. Acumulada	(4.000)		
Total	168.000	Total	168.000

Informações adicionais:

• O Estoque é constituído por 20 unidades adquiridas por $ 1.000 cada. A empresa adota o Custo Médio Ponderado Móvel (CMPM).

• A taxa de juros do Financiamento é 1% ao mês, pagos mensalmente. O vencimento do Passivo é em X8.

• O Veículo é depreciado em 5 anos pelo método da linha reta e não considera a existência de valor residual.

A empresa efetuou as seguintes operações no mês de junho de X6:

Data	Transações
01	Compra de mais 8 unidades de estoque por $ 1.200 cada, a prazo, com vencimento em 45 dias.
01	A empresa efetuou o seguro anual do carro no valor total de $ 1.200, pago a vista.
01	A empresa aplicou $ 40.000 do saldo de Disponibilidades num investimento de curto prazo com rendimento de 2% ao mês.
10	Venda de 15 unidades do estoque por $ 2.600 cada, a prazo, sendo 50% a vista e 50% a prazo para recebimento em 60 dias. O índice de inadimplência estimado é de 2%.
20	Pagamento de Despesas Administrativas no valor de $ 2.000, sendo $ 1.500 referentes à remuneração de empregados e $ 500 referentes a serviços contratados de terceiros.
25	Compra de um terreno a vista para expansão da empresa no valor de $ 5.000.
28	Aumento de Capital Social em dinheiro no valor de $ 12.000.
30	Recebimento integral do saldo inicial de Clientes.
30	Pagamento da metade do saldo inicial de Fornecedores.
30	Apropriação mensal da Despesa de Depreciação, do seguro, do rendimento da aplicação financeira e dos encargos do Financiamento.
30	Pagamento de dividendos no valor de $ 1.500.

Pede-se elaborar em 30 de junho de X6: a planilha de lançamentos, o Balanço Patrimonial, a Demonstração do Resultado do Exercício (junho), Demonstração das Mutações do Patrimônio Líquido, Demonstração dos Fluxos de Caixa e Demonstração do Valor Adicionado.

Resumo

1. A Demonstração dos Fluxos de Caixa mostra as origens e aplicações de caixa, que é a base de análise para os administradores financeiros. Esta demonstração auxilia a responder a perguntas vitais como "Onde foi obtido dinheiro?" ou "Onde o dinheiro foi aplicado e com que objetivo?". No caso do Método Indireto, é informado quanto do lucro gerou efetivamente caixa operacional.

2. A única diferença entre os Métodos Direto e Indireto ocorre no Fluxo Operacional., O método indireto apresenta a reconciliação entre o resultado obtido e a variação do Caixa em termos operacionais. Esta reconciliação é formada pelas receitas e despesas que influenciaram no resultado mas não impactaram o Caixa e a variação ocorrida nas contas de Ativos e Passivos operacionais.

3. A Demonstração do Valor Adicionado (DVA) informa a riqueza gerada pela empresa, durante determinado período, sabendo-se que essa riqueza pertence a toda a sociedade (empregados, governo, financiadores e acionistas).

Exercícios de verificação

1. Preencha as lacunas:

a) A Demonstração dos Fluxos de Caixa procura explicar as mudanças no _____
_____ .

b) Despesa de Depreciação é um dos itens que deve ser _____ ao Lucro Líquido para determinar o Fluxo de Caixa da Atividade _____.

c) As três categorias da Demonstração dos Fluxos de Caixa são o Fluxo de Caixa das atividades _____ , atividades de _____ e de _____.

d) A Demonstração dos Fluxos de Caixa pode ser apresentada tanto no método _____ quanto _____ .

Em ambos os métodos as atividades de _____ e de, _____ serão apresentadas igualmente.

e) As empresas que utilizam o método _____ devem fazer a reconciliação do Lucro Líquido ao Fluxo de Caixa Líquido das Atividades Operacionais.

2. Elabore as Demonstrações Contábeis da Cia. Recife em 31/12/X1:

Em 31/12/X0, a Cia. Recife apresentava o seguinte Balanço Patrimonial:

ATIVO	($)	PASSIVO + PL	($)
Caixa	500		
Veículos	2.000	Capital Social	2.500
TOTAL ATIVO	**2.500**	**TOTAL PASSIVO + PL**	**2.500**

Durante o ano de X1 efetua as seguintes operações:

- compra de estoques a prazo no montante de $ 1.500;
- venda de 80% dos estoques a prazo no valor de $ 2.200;
- aumento de Capital (em dinheiro – $ 750);
- compra de um terreno, sendo metade a vista e metade a longo prazo, no montante total de $ 1.800;
- despesas de Depreciação no valor de $ 400;
- distribuição e pagamento de Dividendos no montante de $ 80.

MATRIZ DE LANÇAMENTOS

	caixa	clientes	estoques	terreno	veículos	depreciação acumulada	=	fornecedores	financiamento imobiliário	capital social	reserva de lucro	resultado do período
saldos iniciais							=					
compra mercadorias							=					
venda							=					
baixa mercadorias							=					
aumento capital social							=					
compra terreno							=					
depreciação							=					
saldos parciais							=					
transferência resultado							=					
distribuição dividendos							=					
saldos finais							=					

DRE – 31/12/X1

	($)
, , Receita de Vendas	
(–) Custo de Merc. Vendidas	
(=) Lucro Bruto	
(–) Despesa de Depreciação	
(=) Lucro do Período	

DMPL – 31/12/X1

	Capital Social	Reserva de Lucros	Lucros Acum.	Saldo Total
Saldos iniciais				
Aumento do Capital Social				
Lucro do período				
Dividendos distribuídos				
Constituição de Reservas				
Saldos finais				

BALANÇO PATRIMONIAL – 31/12/X1

ATIVO	($)	PASSIVO + PL	($)
Ativo Circulante		**Passivo Circulante**	
Caixa		Fornecedores	
Contas a Receber		Total do Passivo Circulante	
Estoques			
Total do, Ativo Circulante		**Passivo não Circulante**	
		Financiamentos	
Ativo não Circulante – Imobilizado		Total do Passivo não Circulante	
Terrenos			
Veículos		**Patrimônio Líquido**	
Depreciação Acum.		Capital Social	
Total do Ativo não Circulante		Lucros Acumulados	
		Total do Patrimônio Líquido	
TOTAL ATIVO		**TOTAL PASSIVO + PL**	

DFC – Método Indireto – 31/12/X1

Fluxo de Caixa das Atividades Operacionais	($)
Lucro Líquido	
Despesa de Depreciação	
Lucro Ajustado	
Variação dos saldos de Ativos e Passivos Operacionais	
Aumento de Contas a Receber	
Aumento de Estoques	
Aumento de Fornecedores	
Fluxo de Caixa Líquido das Atividades Operacionais	
Fluxo de Caixa das Atividades de Investimento	($)
Pagamento pela compra de Terrenos	
Fluxo de Caixa Líquido das Atividades de Investimento	
Fluxo de Caixa das Atividades de Financiamento	($)
Aumento do Capital Social em dinheiro	
Pagamento de Dividendos	
Fluxo de Caixa Líquido das Atividades de Financiamento	
VARIAÇÃO DO SALDO DE CAIXA E EQUIVALENTE A CAIXA	
DEMONSTRAÇÃO DA VARIAÇÃO DO CAIXA E EQUIVALENTE A CAIXA:	
Saldo Final	
Saldo Inicial	
VARIAÇÃO DO CAIXA E EQUIVALENTE A CAIXA	

DVA – 31/12/X1

	$
Receita Bruta de Vendas e Prestação de Serviços	
(–) Insumos adquiridos de terceiros	
(–) Serviços contratados de terceiros	
(=) Valor Adicionado Bruto	
(–) Despesa de Depreciação, Amortização e Exaustão	
(=) Valor Adicionado Líquido	
(+) Receitas Financeiras	
(=) **Valor Adicionado a Distribuir**	

Distribuição do Valor Adicionado:	$	%
• Empregados		
• Governo		
• Investidores e Financiadores		
• Acionistas		

3. Elabore as Demonstrações Contábeis da Cia. JSC, apuradas em 30/6/X7:
   A Cia. JSC apresentou o seguinte Balanço Patrimonial em 1º/1/X7:

Balanço Patrimonial – 1º/1/X7

Ativo	($)	Passivo + PL	($)
Caixa	15.000	Fornecedores a Pagar	15.000
Clientes	50.000	Contas a Pagar	5.000
Estoque Mercadorias	30.000	Empréstimos Obtidos (PC)	20.000
Veículos	8.000	Capital Social	54.000
(–) Depreciação Acum.	(3.000)	Lucros Acumulados	6.000
TOTAL ATIVO	100.000	TOTAL PASSIVO + PL	100.000

Obs. 1: O Estoque de 1º/1/X7 era composto por 30.000 unidades da mercadoria "A". A Cia. JSC avalia seu estoque pelo Custo Médio Ponderado Móvel.

Obs. 2: O Veículo tem sua vida útil estimada em 5 anos (depreciação linear – cotas constantes) e ao final desse prazo é esperado que vire sucata.

Obs. 3: Os Empréstimos Obtidos (PC) cobram juros mensais de $ 80,00.

Durante o primeiro semestre de X7, ocorreram as seguintes transações:

1. A Cia. JSC recebeu de seus clientes todo o saldo das Duplicatas a Receber do início do ano ($ 50.000,00).

2. A Cia. JSC pagou metade da dívida com Fornecedores que devia desde o início do ano ($ 7.500,00 = $ 15.000,00/2).

3. A Cia. JSC pagou as Contas a Pagar que devia desde o início do ano ($ 5.000,00).

4. Os sócios da Cia. JSC aumentaram o Capital Social da empresa, integralizando-o imediatamente em dinheiro, no valor de $ 26.000,00.

5. A Cia. JSC comprou, a prazo, 12.000 unidades da mercadoria "A", por $ 1,00 a unidade (desconsidere os impostos).

6. A Cia. JSC vendeu 24.000 unidades da mercadoria "A", por $ 3,00 a unidade (desconsidere os impostos). A venda foi negociada a prazo.

7. A Cia. JSC recebeu de seus clientes dois terços (2/3) das Duplicatas a Receber referentes às vendas deste ano. O restante das duplicatas vencerá, ainda, em X7 (no segundo semestre).

8. No início de abril, a Cia. JSC obteve um empréstimo bancário no valor de $ 30.000,00. O principal deverá ser pago em X9, mas os juros mensais de $ 100,00 devem ser pagos ao final de cada mês. A Cia. JSC honrou o pagamento dos juros nos prazos acordados (inclusive no mês de abril).

9. No início de maio, a Cia. JSC comprou móveis para o escritório administrativo, a vista, por $ 30.000,00. Espera-se que esses móveis tenham vida útil de 10 anos, ao final do qual se reduzirão a sucata e pelo método de depreciação linear – cotas constantes. A Cia. JSC reconheceu a depreciação mensalmente (inclusive no mês de maio).

10. A Cia. JSC incorreu e pagou despesas administrativas de $ 5.000,00 (sendo $ 3.000,00 referentes a serviços contratados de terceiros, mais $ 2.000,00 de salário dos empregados do setor administrativo) e despesas comerciais de $ 7.000,00 (sendo, integralmente, salário dos empregados do setor comercial).

11. Sabe-se que, durante o primeiro semestre, a Cia. JSC depreciou o veículo.

12. Sabe-se que, durante o primeiro semestre, a Cia. JSC pagou todos os juros devidos sobre os Empréstimos Obtidos (PC) – $ 80,00 por mês.

13. Em 30/6/X7, a Cia. JSC vendeu o veículo, a vista, por $ 4.000,00.

14. Ainda em 30/6/X7, a Cia. JSC amortizou toda a dívida bancária – referente ao Empréstimo Obtido (PC) no ano anterior – $ 20.000,00.

15. Sabe-se que foram distribuídos e pagos dividendos no valor total de $ 22.000,00.

Dicas: *Ignore todo e qualquer tributo. Não se esqueça de reconhecer a depreciação do veículo e dos móveis, a baixa das mercadorias vendidas e do veículo vendido e as despesas financeiras!*

Pede-se elaborar as Demonstrações Contábeis da Cia. JSC, apuradas em 30/6/X7:

Demonstração do Resultado do Exercício;

Demonstração das Mutações do Patrimônio Líquido;

Balanço Patrimonial;

Demonstração dos Fluxos de Caixa (pelos dois métodos);

Demonstração do Valor Adicionado.

	Caixa	Clientes	Mercad.	Veículos	(–) Depr. Ac. Veíc.	Móveis	(–) Depr. Ac. Móveis	=	Fornecedores	Cta. a Pagar	Emprést. PC	Emprést., ELP	Capital Soc.	Lucros AC	Resultado
Saldo Inicial	15.000,00	50.000,00	30.000,00	8.000,00	(3.000,00)			=	15.000,00	5.000,00	20.000,00	–	54.000,00	6.000,00	–
Receb. Clientes								=							
Pgto. Fornecedores								=							
Pagto. Cta. a Pagar								=							
Aum. Capital								=							
Aq. Mercad.								=							
Vend. 24000u								=							
Baixa Prod. V								=							
Receb. Clientes								=							
Emprest. Obt.								=							
Pgto. Juros 04 novo								=							
Pgto. Juros 05 novo								=							
Pgto. Juros 06 novo								=							
Compra Móveis								=							
Desp. Depr. 05 M								=							
Desp. Depr. 06 M								=							
Desp. Adm. (serviços terceiros)								=							
Desp. Adm. (empregados)								=							
Desp. Com. (empregados)								=							
Desp. Depr. 01 V								=							
Desp. Depr. 02 V								=							

=	=	=	=	=	=	=	=	=	=	=	=	=	=	=	=
Desp. Depr. 03 V	Desp. Depr. 04 V	Desp. Depr. 05 V	Desp. Depr. 06 V	Pgto. Juros 01 Ant	Pgto. Juros 02 Ant	Pgto. Juros 03 Ant	Pgto. Juros 04 Ant	Pgto. Juros 05 Ant	Pgto. Juros 06 Ant	Venda Veículos	Baixa Veículo	Amortização Dívida	Somatória Parcial	Transf. do Resultado	Distrib. Dividendos / Saldo Final

DRE – 30/6/X7

Receita	
(–) CMV	
(=) Lucro Bruto	
(–) Despesa Adm.	
(–) Despesa Com.	
(–) Despesa Depreciação	
(–) Despesa Financ.	
(=) Lucro Operacional	
(+) Outras Receitas/Despesas Operacionais	
Lucro do Período	

DMPL – 30/6/X7

Itens	Capital Social	Lucros Acumulados	Total PL
Saldo Inicial			
Aum. Capital			
Lucro do Período			
Distrib. Lucro			
Saldo Final			

Balanço Patrimonial – 30/6/X7

Ativo	($)	Passivo + PL	($)
AC		**PC**	
Caixa		Fornecedores a Pagar	
Clientes		Contas a Pagar	
Estoque		Empréstimos Obtidos (PC)	
Total do AC		Total do PC	
AnC			
RLP			
Total do RLP		**PÑC**	
Imobilizado		Empréstimos Obtidos (ELP)	
Veículos		Total do PÑC	
(–) Deprec. Ac. Veículo		**PL**	
Móveis		Capital Social	
(–) Deprec. Ac. Móveis		Lucros Acumulados	
Total do AÑC		Total do PL	
TOTAL ATIVO		**TOTAL PASSIVO + PL**	

DFC pelo método Direto – 30/6/X7

DFC – DIRETO	
Fluxo de Caixa da Atividade Operacional	
Recto. de Clientes	
Pagto. a Fornecedores	
Pagto. a Cta. a Pg.	
Pagto. de Despesas Administrativas	
Pagto. de Despesas Comerciais	
Pagto. de Juros	
Fluxo de Caixa Líquido da Ativ. Operacional	
Fluxo de Caixa da Atividade de Investimento	
Receb. Venda Veículo	
Pagto. Aquisição Móveis	
Fluxo de Caixa Líquido da Ativ. de Investimento	
Fluxo de Caixa da Atividade de Financiamento	
Integralização do Capital Social em $	
Pagto. Dividendos	
Empréstimo Obtido	
Amortização Empréstimo	
Fluxo de Caixa Líquido da Ativ. de Financiamento	
Variação do Saldo de Caixa	
Demonstração da Variação do Caixa	
Saldo Inicial	
Saldo Final	

DFC pelo método Indireto – 30/6/X7

DFC – INDIRETO	
Fluxo de Caixa da Atividade Operacional	
Lucro Líquido	
(+) Despesa Depreciação	
(+) Resultado não Op.	
(=) Lucro ajustado	
Variações do Capital Circulante	
Redução de Clientes	
Redução de Estoques	
Aumento Fornecedores	
Redução Ctas. a Pagar	
Fluxo de Caixa Líquido da Ativ. Operacional	
Fluxo de Caixa da Atividade de Investimento	
Receb. Venda Veículo	
Pagto. Aquisição Móveis	
Fluxo de Caixa Líquido da Ativ. de Investimento	
Fluxo de Caixa da Atividade de Financiamento	
Integralização do Capital Social em $	
Pagto. Dividendos	
Empréstimos Obtidos	
Amortização Emprést.	
Fluxo de Caixa Líquido da Ativ. de Financiamento	
Variação do Saldo de Caixa	
Demonstração da Variação do Caixa	
Saldo Inicial	
Saldo Final	

DVA – 30/6/X7

DVA	$
Receita de Venda	
Receita não Operacional	
CMV	
Serviços Contratados de Terceiros	
Outras Despesas Operacionais	
Valor Adicionado Bruto	
Depreciação	
Valor Adicionado Líquido	
Valor Adicionado Total a Distribuir	

	$	%
Distribuição do Valor Adicionado		
Empregados		
Juros		
Dividendos distribuídos		
Lucros Retidos		

4. A Cia. ABRACADABRA apresenta o seguinte Balanço em 1º/1/2007:

Ativo		Passivo + PL	
Caixa	50.000		
Estoques	30.000		
Equipamento	20.000	Capital	90.000
(–) dep. acum.	(5.000)	Lucros Acumulados	5.000
Total	95.000	Total	95.000

Informações Adicionais:

O saldo inicial era composto por 1.000 unidades da mercadoria A. A empresa adota o PEPS como critério de custeio.

O equipamento é depreciado em 10 anos pelo método da linha reta e considera a existência de valor residual no valor de $ 5.000.

A empresa efetuou as seguintes operações durante o mês de janeiro de 2007:

Data	Operações
2	Compra de 800 unidades de A por $ 25,00 cada, a vista.
2	Pagamento de um ano (janeiro a dezembro de 2007) de aluguel a vista, no valor de $ 12.000.
3	Contratação de um empréstimo com vencimento em 15 de janeiro de 2008 no valor de $ 3.000 com 2% de juros ao mês pagos mensalmente.
4	Compra de um veículo com 1 ano de uso para entregas no valor de $ 15.000. A vida útil original do bem é de 4 anos e espera-se que ele vire sucata depois disso. O pagamento será realizado a prazo em setembro de 2007.
5	Venda de 400 unidades de A por $ 40,00 cada a vista.
7	A sócia Deborah integraliza $ 40.000 de capital através de um terreno.
12	Compra de 500 unidades de A por $ 35,00 cada com pagamento em dezembro de 2007.
17	Venda de 1.500 unidades a $ 50,00 cada a prazo. O índice de inadimplência é estimado em 2%.
22	Venda do terreno por $ 38.000. O valor será recebido em maio de 2008.
28	Recebimento integral do saldo de clientes.
30	Reconhecimento de $ 10.000 de despesas administrativas, sendo $ 6.000 referentes a salários dos empregados e $ 4.000 de serviços contratados de terceiros.
31	Apropriação mensal da despesa de depreciação do equipamento e do veículo (separadas), dos juros e do aluguel.
31	Pagamento de dividendos no valor de $ 2.000.

Pede-se elaborar no dia 31 de janeiro de 2007:

- Planilha de lançamentos.
- Demonstrações do Resultado do Exercício.
- Demonstração das Mutações do Patrimônio Líquido.
- Balanço Patrimonial.
- Demonstração dos Fluxos de Caixa Direto e Indireto.
- Demonstração do Valor Adicionado.

5. A Cia BRANCA apresentou o seguinte Balanço Patrimonial em 1º/1/2008:

Balanço patrimonial – 1/1/2008			
Ativo	**($)**	**Passivo e PL**	**($)**
Caixa	41.000,00	Fornecedores a Pagar	15.000,00
		Contas a Pagar	5.000,00
Estoques Mercadorias	50.000,00	Empréstimos Obtidos (PC)	20.000,00
Veículos	8.000,00	**Patrimônio Líquido**	**($)**
– Depreciação Acumulada	(3.000,00)	Capital Social	54.000,00
		Reservas de Lucros	2.000,00
TOTAL ATIVO	**96.000,00**	**TOTAL PASSIVO + PL**	**96.000,00**

Obs. 1: O Estoque de 1/1/2008 era composto por 50.000 unidades da mercadoria "A". A Cia. BRANCA avalia seu estoque pelo Custo Médio Ponderado Móvel.

Obs. 2: O Veículo tem sua vida útil estimada em 5 anos (depreciação linear – cotas constantes) e ao final desse prazo é esperado que vire sucata.

Obs. 3: Os Empréstimos Obtidos (PC) cobram juros mensais de $ 80,00.

Durante o mês de janeiro de 2008, ocorreram as seguintes transações:

1. A Cia. BRANCA pagou metade da dívida com Fornecedores que devia desde o início do ano ($ 7.500,00 = $ 15.000,00/2).

2. A Cia. BRANCA pagou as Contas a Pagar que devia desde o início do ano ($ 5.000,00).

3. Os sócios da Cia. BRANCA aumentaram o Capital Social da empresa, integralizando-o imediatamente em dinheiro, no valor de $ 30.000,00.

4. A Cia. BRANCA comprou, a prazo (para pagamento em março), 12.000 unidades da mercadoria "A", por $ 1,50 a unidade (desconsidere os impostos).

5. A Cia. BRANCA vendeu 24.000 unidades da mercadoria "A", por $ 2,00 a unidade. A venda foi negociada a vista.

6. A Cia. BRANCA incorreu e pagou despesas administrativas de $ 5.000,00 (sendo $ 3.000,00 referentes a serviços contratados de terceiros, mais $ 2.000,00 de salário dos empregados do setor administrativo) e despesas comerciais de $ 7.000,00 (sendo, integralmente, salário dos empregados do setor comercial).

7. A Cia. BRANCA comprou 10.000 unidades da mercadoria "A" a vista por 2,00 a unidade.

8. A Cia. BRANCA vendeu 30.000 unidades da mercadoria "A" a vista por $ 2,00 a unidade.

9. Sabe-se que durante o mês de janeiro a Cia. BRANCA depreciou o veículo.

10. Sabe-se que durante o mês de janeiro a Cia. BRANCA pagou juros devidos sobre os Empréstimos Obtidos (PC).

11. Ainda em 31/1/2008, a Cia. BRANCA amortizou toda a dívida bancária – referente ao Empréstimo Obtido (PC) no ano anterior – $ 20.000,00.

Pede-se elaborar as demonstrações contábeis da Cia. BRANCA, apuradas em 31/1/2005:

➤ Demonstração do Resultado do Exercício.
➤ Demonstração das Mutações do Patrimônio Líquido.

> ➤ Balanço Patrimonial.
> ➤ Demonstração dos Fluxos de Caixa.
> ➤ Demonstração do Valor Adicionado.

Exercício de inglês contábil

PBW reported net income of $ 200.000 in 2010. Also reported on the income statement was a depreciation expense of $ 50.000. The company's comparative balance sheet reported decreased in accounts receivable of $ 5.000, an increase in inventory of $ 7.000, and an increase in

Do Balanço Patrimonial

Ativo Circulante	2009	2010
Caixa	125.000,00	138.500,00
Bancos c/ movimento	274.300,00	296.130,00
Aplicações financeiras (curtíssimo prazo)	100.670,00	111.321,00
Duplicatas a receber	675.903,00	689.340,00
Estoques	543.112,00	534.290,00

Da Demonstração do Fluxo de Caixa

Itens 2010

Caixa líquido consumido nas atividades operacionais	48.020,00
Caixa líquido consumido nas atividades de investimento	52.130,00
Caixa líquido gerado nas atividades de financiamento	146.131,00

1. Com base exclusivamente nas informações acima, a variação líquida do caixa (equivalente de caixa) apurada na demonstração do fluxo de caixa extraído em 2010 foi, em reais, de (CESGRANRIO – 2011 – BNDES – Contador)
   a) 56.632,00
   b) 45.981,00
   c) 35.330,00
   d) 32.481,00
   e) 24.151,00

2. A elaboração e divulgação da demonstração do valor adicionado (DVA), para atender aos requisitos estabelecidos no Pronunciamento Técnico CPC 09 e na legislação societária, entre outros aspectos relevantes, deverá (CESGRANRIO – 2011 – BNDES – Contador)

accounts payable of $ 10.000. PBW paid $ 15.000 in dividends during 2010. What is the cash provided from operating activities?
   a) $ 137.000
   b) $ 158.000
   c) $ 238.000
   d) $ 258.000

Questões de concurso

1. Dados extraídos das demonstrações financeiras da Cia. Morumbi S/A:

   a) conter a variação ocorrida no capital circulante líquido.
   b) ser elaborada como base no princípio contábil da competência.
   c) ser elaborada com base no princípio contábil da atualização monetária.
   d) permitir o cálculo do Produto Interno Bruto do segmento onde atua a empresa.
   e) analisar os efeitos do valor econômico agregado sobre a liquidez da empresa.

3. A Demonstração do Valor Adicionado (DVA) é formada, basicamente, por duas partes, sendo que, na primeira parte, deve apresentar a riqueza criada pela entidade, incluindo, em seu detalhamento, a receita de vendas de mercadorias, produtos e serviços. As ven-

das de produtos pelas empresas industriais devem ser demonstradas na DVA pelo valor da(s) (CESGRANRIO – 2011 – TRANSPETRO – Contador Júnior – Contábil)

a) receita bruta ou do faturamento bruto

b) vendas menos o ICMS e o IPI a recuperar

c) vendas menos o ICMS a recuperar

d) vendas menos o IPI a recuperar

e) vendas líquidas

4. Pode-se afirmar que valor adicionado é a(o) (CESGRANRIO – 2009 – BNDES – Profissional Básico – Ciências Contábeis)

a) diferença entre o valor dos bens, serviços e utilidades vendidos por uma entidade e o respectivo valor dos insumos adquiridos de terceiros.

b) diferença entre a receita gerada pela empresa e o resultado obtido antes de encargos financeiros, depreciação, amortização, exaustão, imposto de renda e resultados não operacionais.

c) riqueza gerada pela empresa, representada pelo custo de oportunidade multiplicado pelo patrimônio líquido deduzido dos valores que transitam em resultado e não representam entrada de caixa.

d) soma de todos os valores recebidos pela empresa, deduzidos dos impostos incidentes e dos encargos de depreciação, amortização e exaustão.

e) conjunto de valores obtidos pela empresa, seja através de venda de produtos, seja através de ingressos de fontes diversas, deduzidos de impostos e encargos financeiros.

5. Dados extraídos da escrituração contábil da Cia. Juazeiro do Sul, relativos ao exercício encerrado em 31-12-2010: Saldo inicial de Fornecedores: 250.000,00; Saldo final de Fornecedores: 280.000,00; Custo das Mercadorias Vendidas: 620.000,00; Estoque inicial de Mercadorias: 150.000,00; Estoque final de Mercadorias: 170.000,00.

A companhia elabora o fluxo de caixa das atividades operacionais pelo método indireto. Abstraindo-se os tributos incidentes sobre as compras, o valor pago pela entidade aos seus fornecedores no exercício de 2010 correspondeu, em R$, a: (FCC – 2011 – INFRAERO – Auditor)

a) 610.000,00.

b) 640.000,00.

c) 590.000,00.

d) 620.000,00.

e) 630.000,00.

Respostas dos exercícios

(9.1)

1.

Fluxo de Caixa da Atividade Operacional	
Lucro Líquido	23.898
(+) Depreciação	542
(+) Resultado não operacional	2.000
(=) Lucro Ajustado	26.440
Diminuição Estoques	16.000
Aumento aluguel antec.	(11.000)
Aumento desp. a pagar	10.000
Aumento fornecedores	17.500
	58.940

2.

Fluxo de Caixa da Atividade Operacional	
Lucro Líquido	30.987
(+) Desp. Depreciação	133
(=) Lucro Ajustado	31.120
Variações:	
Diminuição Estoques	26.800
Aumento Fornecedores	10.500
Diminuição contas a pagar	(5.000)
	63.420

(9.1.1)

a) Empregados

b) Acionistas

c) Governo

d) Investidores e Financiadores

e) Governo

f) Acionistas

g) Empregados

(9.1.2)

1.

DVA do Produtor Rural	$	
Receita Bruta de Vendas e Prestação de Serviços	100.000	
(–) Insumos adquiridos de terceiros	–,	
(–) Serviços contratados de terceiros	–,	
(=) Valor Adicionado Bruto	100.000	
(–) Despesa de Depreciação, Amortização e Exaustão	–	
(=) Valor Adicionado Líquido	100.000	
(+) Receitas Financeiras	–	
(=) Valor Adicionado a Distribuir	**100.000**	
Distribuição do Valor Adicionado:	$	%
• Empregados	–,	0,00%
• Governo	–,	0,00%
• Financiadores	–,	0,00%
• Acionistas	100.000	100,00

2.

DVA da Pequena Indústria Alimentícia	$	
Receita Bruta de Vendas e Prestação de Serviços	400.000	
(–) Insumos adquiridos de terceiros	(100.000)	
(–) Serviços contratados de terceiros	–	
(=) Valor Adicionado Bruto	300.000	
(–) Despesa de Depreciação, Amortização e Exaustão	(10.000)	
(=) Valor Adicionado Líquido	290.000	
(+) Receitas Financeiras	–	
(=) Valor Adicionado a Distribuir	**290.000**	
Distribuição do Valor Adicionado:	$	%
• Empregados	80.000	27,59%
• Governo	–	0,00%
• Financiadores	–	0,00%
• Acionistas	210.000	72,41%

3.

DVA do Pequeno Comércio (Quitanda)	$
Receita Bruta de Vendas e Prestação de Serviços	700.000
(–) Insumos adquiridos de terceiros	(400.000)
(–) Serviços contratados de terceiros	(12.000)
(=) Valor Adicionado Bruto	288.000
(–) Despesa de Depreciação, Amortização e Exaustão	(5.000)
(=) Valor Adicionado Líquido	283.000
(+) Receitas Financeiras	–
(=) Valor Adicionado a Distribuir	**283.000**

Distribuição do Valor Adicionado:	$	%
• Empregados	90.000	31,80%
• Governo	–	0,00%
• Financiadores	–	0,00%
• Acionistas	, , 193.000	68,20%

4. O PIB seria igual ao somatório dos Valores Adicionados, isto é, $ 673.000 (100.000 + 290.000 + 283.000).

5.

Evento	Dispon.	Clientes	PCLD	Dep. Ac.	Seguro	Invest. CP	Estoques	Veículos	Terreno	Fornec.	Financ.	Cap. Soc.	Lucro Ac.	Resultado
Saldos Iniciais	100.000	40.000		(4.000)			20.000	12.000		15.000	25.000	110.000	18.000	
Compra							9.600			9.600				
Seguro	(1.200)				1.200									
Aplicação	(40.000)					40.000								
Venda	19.500	19.500												39.000
Const. Prov.			(390)											(390)
Baixa Est.							(15.857)							(15.857)
Pagto. empreg.	(1.500)													(1.500)
Pagto. Terc.	(500)													(500)
Compra terreno	(5.000)								5.000					
Aumento Cap.	12.000											12.000		
Recebimento Cl.	40.000	(40.000)												
Pagto. Fornec.	(7.500)									(7.500)				
Depreciação				(200)										(200)
Seguro					(100)									(100)
Rendimento AF	800													800
Encargos Financ.	(250)													(250)
Saldos Parciais	116.350	19.500	(390)	(4.200)	1.100	40.000	13.743	12.000	5.000	17.100	25.000	122.000	18.000	21.003
Transf. Res.													21.003	(21.003)
Dividendos	(1.500)													(1.500)
Saldos Finais	114.850	19.500	(390)	(4.200)	1.100	40.000	13.743	12.000	5.000	17.100	25.000	122.000	39.003	(1.500)
	201.603									201.603				

DRE – 30/6/X6

Receita Bruta		39.000
(–) Deduções da Receita		0
(=) Receita Líquida		39.000
(–) CMV		(15.857)
(=) Resultado Bruto		23.143
(–) Despesas Operacionais		(2.140)
Empregados	(1.500)	
Terceiros	(500)	
Depreciação	(200)	
Provisão para CLD	(390)	
Seguro	(100)	
Res. Financeiro	550	
(=) Resultado Operacional		21.003
(=) Resultado Líquido		21.003

DMPL – 30/6/X6

	Capital	Lucros Acumulados	Total
Saldo Inicial	110.000	18.000	128.000
Aum. de Capital	12.000		12.000
Lucro		21.003	21.003
Dividendos		(1.500)	(1.500)
Saldo Final	122.000	37.503	159.503

Balanço Patrimonial – 30/6/X6

Ativo		Passivo + PL	
Ativo Circulante		Passivo Circulante	
Disponibilidades	114.850	Fornecedores	17.100
Aplicação Financeira	40.000		
Clientes	19.500		
(–) PCDL	(390)		
Estoques	13.743		
Seguros a apropriar	1.100		
Total AC	188.803	Total do PC	17.100
Ativo não Circulante Imobilizado		Passivo não Circulante	
Veículos	12.000	Financiamento	25.000
Dep. Ac.	(4.200)	Total do não Circulante	25.000
Terreno	5.000	Patrimônio Líquido	
		Capital Social	122.000
		Lucro	37.503
Total AÑC	12.800	Total do PL	159.503
Total do Ativo	201.603	Total do Passivo + PL	201.603

Fluxo de Caixa – Direto – 30/6/X6

FC da Atividade Operacional		
Seguro	(1.200)	
Vendas	19.500	
Desp. Empregados	(1.500)	
Serv. Terceiros	(500)	
Compras de Estoques	(7.500)	
Juros A	800	
Juros Pagos	(250)	
Recebimento de Clientes	40.000	
FC da Atividade Operacional		49.350
FC da Atividade de Investimento		
Compra Terreno	(5.000)	
FC da Atividade de Investimento		(5.000)
FC da Atividade de Financiamento		
Aplicação Financ.	(40.000)	
Aumento Capital	12.000	
Dividendos	(1.500)	
FC da Atividade de Financiamento		(29.500)
Variação do Saldo de Caixa		14.850
Saldo Inicial	100.000	
Saldo Final	114.850	

Fluxo de Caixa – Indireto – 30/6/X6

FC da Atividade Operacional		
Lucro Líquido	21.003	
(+) Depreciação	200	
(+) PCLD	390	
(=) Lucro Ajustado	**21.593**	
Diminuição Clientes	20.500	
Diminuição Estoques	6.257	
Aumento Seguros	(1.100)	
Aumento Fornecedores	2.100	
FC da Atividade Operacional		49.350
FC da Atividade de Investimento		
Compra Terreno	(5.000)	
FC da Atividade de Investimento		(5.000)
FC da Ativ. de Financiamento		
Aplicação Financ.	(40.000)	
Aumento Capital	12.000	
Dividendos	(1.500)	
FC da Ativ. de Financiamento		(29.500)
Variação do Saldo de Caixa		14.850
Saldo Inicial	100.000	
Saldo Final	114.850	

Demonstração do Valor Adicionado – 30/6/X6

Receita de Venda	39.000
(–) PCLD	(390)
CMV	(15.857)
Serviços Contratados de Terceiros	(600)
Valor Adicionado Bruto	22.153
Depreciação	(200)
Valor Adicionado Líquido	21.953
Receitas Financeiras	800
Valor Adicionado Total a Distribuir	22.753

	$	%
Distribuição do Valor Adicionado		22.753
Empregados	1.500	6,59%
Juros	250	1,10%
Dividendos	1.500	6,59%
Lucros Retidos	19.503	85,72%
	22.753	100,00%

Exercício de inglês contábil

PBW apresentou o lucro líquido de $ 200.000 em 2010. Também, em seu DRE havia uma despesa de depreciação de $ 50.000. O Balanço Patrimonial comparativo tinha uma diminuição em contas a receber no valor de $ 5.000, aumento em estoque de $ 7.000 e aumento em contas a pagar de $ 10.000. PBW pagou $ 15.000 em dividendos em 2010. Qual o resultado do Fluxo de Caixa Operacional?

Resposta: D

	Lucro	200.000	
	Deprec.	50.000	250.000
Operac.	<Ctas. Rec.	5.000	
	>Estoque	(7.000)	
	>Ctas. Pagar	10.000	8.000
Total Fluxo Cx. Operac.		258.000	

Questões de concurso

1. b   2. e   3. a   4. a   5. a

10

Análise das demonstrações contábeis

Objetivo do Capítulo

A análise das Demonstrações Contábeis corresponde à interpretação das informações evidenciadas nos relatórios contábeis.

Neste capítulo, são apresentadas as principais técnicas de análise da Demonstração do Resultado do Exercício, do Balanço Patrimonial e da Demonstração dos Fluxos de uma entidade com fins lucrativos.

Antes de se estudar a análise propriamente dita é necessário comentar algumas questões fundamentais para toda e qualquer análise, como a definição de seu propósito.

O capítulo está organizado em seis seções. A primeira seção, **O propósito da análise**, discute o primeiro passo de uma análise, isto é, a definição de seu objetivo. A segunda seção, **Obtenção das Demonstrações Contábeis**, apresenta a necessidade de se dispor do material a ser analisado, e sugere fontes onde as informações contábeis podem ser obtidas. A seção seguinte, **Investigar a confiabilidade da informação obtida**, sugere que o analista, antes de fazer qualquer cálculo, deve se perguntar se a informação de que dispõe é plena-

mente confiável ou se há necessidade de proceder a ajustes e reclassificações, comentadas na seção. A quarta seção, **Definição de parâmetros**, mostra que não é suficiente fazer os cálculos; devem-se ter alguns parâmetros de comparação (*benchmarks*) para analisar as Demonstrações Contábeis. A quinta e maior seção deste capítulo, **Os cálculos**, apresenta as três principais técnicas de análise, a análise vertical, a análise horizontal e a análise por indicadores, exemplificadas e interpretadas com base nas Demonstrações Contábeis consolidadas da Droga Raia, referentes ao ano de 2011. Finalmente, a sexta seção, **Elaboração do parecer**, sugere uma sequência de itens que devem ser abordados no parecer que exprime a percepção do analista com relação à situação econômico-financeira da entidade analisada.

10.1 O propósito da análise

Diversos podem ser os propósitos da análise (financeira ou gerencial), dependendo de cada caso.

Vejamos alguns exemplos típicos:

- Mensurar o desempenho de subunidades. O Diretor Financeiro de uma empresa tem a necessidade de avaliar o desempenho dos gerentes de cada divisão (subunidade ou centro de responsabilidade) da empresa. Com base nessa avaliação, ele pode decidir questões relacionadas a bonificações e promoções (caso o desempenho seja satisfatório) ou a treinamentos e demissões (caso o desempenho seja insatisfatório).

- Analisar a situação creditícia de potencial cliente/parceiro/fornecedor/concorrente. Quando uma empresa realiza uma venda a prazo, é necessário avaliar o risco de crédito (a probabilidade de o cliente não pagar), portanto, o Gerente Financeiro da empresa analisa as Demonstrações Contábeis do cliente para identificar como anda sua "saúde" financeira. Se estiver muito boa, o Gerente Financeiro pode conceder um prazo maior para pagamento e até não exigir garantias (aval, por exemplo). Se a "saúde" financeira estiver muito ruim, ele pode não autorizar a venda a prazo, exigindo o pagamento a vista – afinal, há razoável expectativa de o cliente não conseguir honrar seu compromisso, de forma que a venda se transformaria, na pior das hipóteses, numa "doação". Por sua vez, se a "saúde" financeira for intermediária, o Gerente Financeiro poderá autorizar a venda com restrições; por exemplo, conceder poucos dias de prazo, cobrar juros e garantias. Esse mesmo tipo de análise é aplicado quando a empresa contrata um fornecedor para lhe prestar serviços por um longo período, ou realiza algum contrato que implique numa parceria de longo prazo. Se a "saúde" financeira do parceiro (supostamente de longo prazo) for muito ruim, é provável que ele descontinue sua atividade e não consiga honrar seus compromissos firmados no contrato, que deverá ser encerrado antecipadamente. Esse tipo de análise é também aplicado para avaliar o desempenho de um concorrente, ao comparar sua situação com a da própria empresa, identificar a probabilidade de uma guerra de preços, entre outras finalidades.

- Verificar a situação de empresas investidas. Um potencial investidor, antes de comprar títulos de uma empresa (por exemplo, ações), analisa sua situação econômico-financeira, bem como avalia se o preço de mercado das ações é atrativo ou se está elevado. Da mesma forma, um investidor (efetivo) analisa a situação econômico-financeira da empresa na qual investe para decidir se deve vender seus títulos, ou mantê-los.

- Verificar a situação econômico-financeira de empresas reguladas. Quando o impacto da falência de uma empresa regulada for, potencialmente, muito prejudicial à sociedade (em especial, ao mercado regulado), é normal que o órgão regulador acompanhe a "saúde" econômico-financeira das empresas reguladas. Por exemplo, isso ocorre com: (a) o Banco Central do Brasil (BACEN), que regula as instituições financeiras. Imagine o impacto social que a falência de um banco causaria em nossa sociedade! Diversos correntistas e investidores perderiam seus recursos; (b) a Superintendência de Seguros Privados (SUSEP), que regula as seguradoras. Imagine o impacto social que a falência de uma seguradora causaria em nossa sociedade! Diversos segurados perderiam o direito de serem indenizados caso o sinistro ocorresse; (c) a Agência Nacional de Saúde Suplementar (ANS), que regula as operadoras de planos de saúde. Imagine o impacto social que a falência de um plano de saúde causaria em nossa sociedade! Diversos beneficiários dos planos perderiam o direito de ser atendidos em hospitais, clínicas e laboratórios caso ficassem doentes; (d) a Superintendência Nacional da Previdência Complementar, do Ministério da Previdência (PREVIC), que regula os Fundos de Pensão. Imagine o impacto social que a falência de uma entidade fechada de previdência complementar causaria em nossa sociedade! Diversos aposentados e pensionistas não conseguiriam mais receber seus proventos, da mesma forma que diversos trabalhadores perderiam

o direito de receber os proventos no futuro, quando atingissem a idade para a aposentadoria. A rigor, todos esses órgãos reguladores acompanham a "saúde" econômico-financeira das empresas que regulam e fiscalizam, por meio de suas Demonstrações Contábeis.

Exercícios de fixação (10.1)

Correlacione a coluna da esquerda com a da direita:

a) verificar a situação das subunidades	( ) identificar o desempenho das diversas empresas com o objetivo de decidir sobre a aquisição de suas ações
b) verificar a situação creditícia de potenciais clientes	( ) identificar o desempenho das diversas unidades de negócio de uma mesma entidade
c) verificar a situação de empresas a se investir	( ) decidir sobre a tarifa a ser cobrada pelos serviços públicos prestados à sociedade e identificar a viabilidade de continuidade das atividades operacionais
d) verificar a situação de empresa regulada	( ) identificar a capacidade de eventual cliente honrar as dívidas a serem assumidas

10.2 Obtenção das Demonstrações Contábeis

Uma vez definido o propósito da análise, é necessário obter as Demonstrações Contábeis da empresa a ser analisada. Afinal, sem ter acesso às Demonstrações Contábeis, é impossível analisá-las! Mas, ainda assim, entendemos ser relevante uma rápida discussão sobre esse ponto.

Voltemos aos propósitos de análise, apresentados na seção 10.1:

- Mensurar o desempenho das subunidades: o Diretor Financeiro de uma empresa tem, em tese, livre acesso à informação econômico-financeira da empresa na qual trabalha, principalmente no que tange ao desempenho de seus subordinados.

- Analisar a situação creditícia de potencial cliente/parceiro/fornecedor/concorrente: quando um cliente pede prazo para pagamento de sua dívida, ele tem interesse em disponibilizar suas demonstrações contábeis ao vendedor, caso contrário o vendedor não concederá o crédito e exigirá o pagamento a vista. Da mesma forma, quando se estabelece uma parceria de longo prazo, o fornecedor ou qualquer outro parceiro interessado no negócio disponibiliza suas informações contábeis. Caso contrário, a empresa buscará outra pessoa para firmar a parceria. Com relação ao concorrente, ocorre exatamente o contrário; ele evitará tornar suas informações acessíveis aos demais concorrentes. Pode-se, então, obter suas informações contábeis em bancos de dados, como o Economática e o do Serasa.

- Verificar a situação de empresas investidas: as empresas que oferecem seus títulos à negociação no mercado público (Companhias Abertas, negociadas na BM&FBovespa) são obrigadas, pela Comissão de Valores Mobiliários (CVM), a divulgar suas Demonstrações Contábeis trimestrais e anuais, que podem ser acessadas no portal da CVM, <www.cvm.gov.br>. As demonstrações anuais também são publicadas em jornais de grande circulação e nos diários oficiais.

- Verificar a situação econômico-financeira de empresas reguladas: o órgão regulador tem "poder de polícia" sobre as entidades reguladas, ou seja, ou a empresa regulada fornece as informações solicitadas (requeridas) pelo órgão regulador, ou fica sujeita a penalidades.

Em qualquer dessas situações, bem como em qualquer outra não citada, o interessado pode obter as Demonstrações Contábeis através de diversos meios. Se a empresa que se pretende analisar for uma Sociedade por Ações, suas Demonstrações Contábeis podem ser obtidas no *site* da CVM (www.cvm.gov.br) ou da BM&FBovespa (www. bmfbovespa.com.br), ou em bancos de dados privados mediante pagamento de assinatura anual como o Economática (www.economatica.com) e o Serasa (www.serasa.com.br). Além disso, também é possível obter as Demonstrações Contábeis das Sociedades por Ações nos jornais de grande circulação (como o *Valor Econômico*, a *Gazeta Mercantil*, a *Folha de S. Paulo*, o *Estadão*, *O Globo* – só para citar alguns exemplos) e nos Diários Oficiais (da União e dos Estados).

Caso a empresa não seja Sociedade por Ações, por exemplo, uma empresa por "quotas de responsabilidade limitada" (Ltda.), o interessado deverá acessar o *site* da empresa e verificar se ela disponibiliza suas Demonstrações Contábeis espontaneamente. Caso negativo, ele pode solicitar tal informação por *e-mail*, telefone, fax etc.

Caso não se obtenham as Demonstrações Contábeis por nenhum dos meios acima, pode-se solicitá-las a alguma entidade de pesquisa que disponha de um banco de dados de Demonstrações Contábeis.

Exercícios de fixação (10.2)

Correlacione a coluna da esquerda com a da direita:

a) verificar a situação das subunidades	( ) o analista pode exigir a prestação das informações contábeis da empresa a ser analisada, porque tem poder legal para tal
b) verificar a situação creditícia de potenciais clientes	( ) a empresa analisada tem o interesse de atender às solicitações do analista, porque tem interesse em firmar o contrato, mesmo assim acessa informações disponibilizadas por bancos de dados privados, como o da Economática e o do Serasa
c) verificar a situação de empresas investidas	( ) o analista precisa recorrer a bancos de dados públicos, como o da CVM-Bovespa, e privados, como o da Economática e o do Serasa, embora as empresas, às vezes, "espontaneamente", prestem suas informações aos analistas, pois têm interesse de aumentar o valor das ações
d) verificar a situação de empresa regulada	( ) o analista tem livre acesso à informação, porque é pessoa chave da administração da empresa objeto da análise

10.3 Investigar a confiabilidade da informação obtida

Antes de se analisarem as Demonstrações Contábeis, isto é, antes de se realizarem os cálculos, é necessário investigar a confiabilidade das informações obtidas.

O primeiro passo para se investigar a confiabilidade das Demonstrações Contábeis é ler o parecer dos auditores independentes (externos). Se houver ressalva, o analista deve julgar se o ponto da ressalva é relevante ao propósito de sua análise. Em caso afirmativo, será necessário preceder a ajustes nas Demonstrações Contábeis obtidas.

Independentemente do conteúdo do parecer dos auditores é sempre indicado ler as notas explicativas, pois dessa forma é possível conhecer as práticas contábeis efetivamente adotadas pela empresa.

Adicionalmente à leitura das notas explicativas, é fundamental conhecer melhor a empresa analisada, seus produtos e suas atividades. Portanto, o analista precisa ler também o relatório da administração, acessar o *site* da empresa e procurar notícias em revistas especializadas, jornais e *sites*, em busca de informações atualizadas sobre a empresa.

Com base em todo o conhecimento adquirido pela leitura aqui recomendada, o analista estará apto a efetuar os ajustes e reclassificações necessários para tornar a informação mais confiável e representativa da realidade econômica da entidade analisada. Além disso, poderá escolher o índice de preços que melhor reflita a perda de poder aquisitivo da empresa e calcular a variação monetária das Demonstrações Contábeis.

Vejamos um exemplo. Imagine que você identifique, no Balanço Patrimonial, que o parque fabril da empresa está avaliado em R$ 1 milhão e, por meio das notas explicativas, que a empresa deprecia seu parque fabril à taxa de 10% ao ano e que a empresa não reconhece qualquer perda por redução ao valor recuperável (*impairment*) para seu parque fabril. O parecer dos auditores independentes é "limpo". Entretanto, lendo sobre as últimas notícias da empresa, na Internet, você descobriu que seu parque fabril já está obsoleto e sucateado. O que você fará?

Certamente, fará um ajuste em seu Balanço Patrimonial, reduzirá o ativo imobilizado e o patrimônio líquido em R$ 1 milhão.

Os ajustes mais comuns são relacionados à supervalorização dos ativos e/ou à subavaliação dos passivos, no Balanço Patrimonial, por exemplo:

- a empresa não reconhece a provisão para créditos de liquidação duvidosa (PCLD), apresentada no Capítulo 7 deste livro;
- a empresa não reconhece a provisão para redução ao valor de mercado ou a provisão para perdas no estoque, apresentada no Capítulo 6 deste livro;
- a empresa adota critérios de depreciação do imobilizado compatíveis com os parâmetros aceitos pela legislação do imposto de renda, mas não condizentes com a realidade econômica dos ativos, e/ou não reconhece a perda por redução ao valor recuperável (*impairment*) do imobilizado – quando necessário; (Temas estudados no Capítulo 8 deste livro.)
- a empresa não reconhece provisões passivas, provisão para férias e 13º salário. (Veja o Capítulo 7 deste livro.)

Todos os exemplos apresentados são relacionados à não observância da convenção do conservadorismo (princípio da prudência). Entretanto, pode haver situações em que a empresa é extremamente conservadora, reduzindo seus ativos ou aumentando seus passivos em valor maior que o adequado. Enfim, não observou a característica qualitativa da representação fidedigna.

Ao realizar os ajustes, tanto no ativo, quanto no passivo, o mais comum é ajustar (como o próprio nome sugere) o patrimônio líquido da entidade. Afinal, pela equação fundamental da contabilidade, Ativo = Passivo + Patrimônio Líquido. Portanto, vejamos o reflexo no patrimônio líquido decorrente de quatro ajustes típicos:

- se o Ativo estiver superavaliado no Balanço Patrimonial, o analista reduzirá o valor do Ativo e, consequentemente, reduzirá o valor do Patrimônio Líquido;

- se o <u>Ativo estiver subavaliado</u> no Balanço Patrimonial, o analista <u>aumentará o valor do Ativo e, consequentemente, aumentará o valor do Patrimônio Líquido</u>;
- se o <u>Passivo estiver superavaliado</u> no Balanço Patrimonial, o analista <u>reduzirá o valor do Passivo e, consequentemente, aumentará o valor do Patrimônio Líquido</u>;
- se o <u>Passivo estiver subavaliado</u> no Balanço Patrimonial, o analista aumentará <u>o valor do Passivo e, consequentemente, reduzirá o valor do Patrimônio Líquido</u>.

O mais correto, entretanto, é ajustar, também, o resultado do período na DRE. Normalmente, por questão de praticidade, todos esses ajustes são feitos no patrimônio líquido, diretamente no saldo da conta lucros acumulados, sem que se altere o valor do lucro (ou prejuízo) na Demonstração do Resultado do Exercício.

Por exemplo, se o passivo estiver subavaliado, é necessário reconhecer uma despesa, reforçando o valor do Passivo. Ocorre que o reconhecimento da despesa alteraria a DRE e o lucro nela evidenciado. Então, por praticidade, a contrapartida do reforço do passivo implica, somente, na redução de PL (lucros acumulados).

Há, ainda, outras situações que não sugerem a necessidade de realização de ajustes ao valor do patrimônio ou do resultado, mas que sugerem a necessidade, pelo menos, de reclassificações. Imagine uma empresa que tem um valor a receber daqui a 36 meses e o classifica no ativo circulante. Isso está errado! O correto seria classificar esse direito no realizável a longo prazo (ativo não circulante). O analista, desejando conhecer a liquidez da empresa (assunto estudado na seção 10.5.3.1 deste capítulo), deverá reclassificar tal direito, reduzindo o AC e aumentando o RLP no mesmo montante. Certamente essa reclassificação não alterará o valor do patrimônio e, por conseguinte, não demandará qualquer ajuste no patrimônio líquido. Mas, mesmo assim, é importante fazer tal reclassificação.

As situações mais comuns que demandam reclassificações são:

- contabilização de direitos realizáveis no longo prazo classificados equivocadamente no ativo circulante;
- reconhecimento de obrigações exigíveis no curto prazo classificadas equivocadamente no exigível a longo prazo (passivo não circulante);
- reconhecimento de despesas operacionais como se fossem despesas não operacionais (outras despesas), aumentando indevidamente o resultado operacional;
- reconhecimento de receitas não operacionais como se operacionais fossem, aumentando indevidamente o resultado operacional.

A literatura de contabilidade oferece diversos exemplos de suspeitas, e até de evidências, do que se costuma chamar "Manipulação da Informação Contábil" ou "Gerenciamento de Resultados".

Não se pode esquecer que, para desenvolver adequadamente a análise, muitas vezes é necessário atualizar os valores apresentados nas Demonstrações Contábeis de acordo com a inflação. Isso ocorre principalmente quando se comparam valores de datas diferentes.

Vejamos um exemplo: ao se comparar a receita bruta de 2005 (digamos, R$ 1,2 milhão) com a Receita Bruta de 2004 (por exemplo, R$ 1 milhão), de uma mesma empresa, não se deve afirmar que houve um acréscimo de 20% na Receita Bruta, antes de se corrigirem os valores de 2004 para a moeda de 2005. Digamos que a inflação de 2005 tenha sido 10%, então, a Receita Bruta de 2004 atualizada para 2005 seria de R$ 1,1 milhão (R$ 1 milhão × 1,1), consequentemente, o acréscimo da receita seria somente de 9,09% [(R$ 1,2 milhão – R$ 1,1 milhão) ÷ R$ 1,1 milhão], bem inferior aos 20% calculados *a priori*.

A maior dificuldade de se fazer essa atualização monetária não consiste nos cálculos em si, que podem ser muito simples (como veremos na seção 10.5.2 deste capítulo, quando estudarmos a análise horizontal),[1] mas sim na escolha do índice de inflação que "melhor" represente a perda de poder aquisitivo da empresa analisada. A escolha de índices de inflação equivocados pode distorcer toda a análise. Imagine, no exemplo da comparação da receita de 2005 com a de 2004, se considerássemos que a inflação de 2004 tivesse sido de 30%. Diríamos que a receita teria sofrido uma queda, em termos reais, de – 7,69% [(R$ 1,2 milhão – R$ 1,3 milhão) / R$ 1,3 milhão], bem inferior aos 20% (nominais) e aos 9,09% (reais) calculados anteriormente.

Informações detalhadas sobre a inflação no Brasil podem ser obtidas na Revista Conjuntura Econômica, editada mensalmente pela Fundação Getulio Vargas, bem como em *sites* especializados:

<www.fgv.br>

<www.ibge.gov.br>

<www.fipe.org.br>

Exercícios de fixação (10.3)

1. Complete as lacunas:

   a) Quando o Ativo está superavaliado, o analista reduz o valor do Ativo e, consequentemente, _____ o valor do Patrimônio Líquido.

   b) Quando o Passivo está subavaliado, o analista aumenta o valor do Passivo e, consequentemente, _____ o valor do Patrimônio Líquido.

   c) São exemplos típicos de reclassificação:
   - transferência de Ativos evidenciados pela empresa no Ativo Circulante, para o _____;
   - transferência de Passivos evidenciados pela empresa no Passivo Não Circulante, para o _____;
   - transferência de Despesas evidenciadas pela empresa como Despesas Não Operacionais, para _____;
   - transferência de Receitas evidenciadas pela empresa como Receitas Operacionais, para _____.

10.4 Definição de parâmetros

Uma vez que se conhece a empresa e se confia em suas Demonstrações Contábeis (ajustadas e reclassificadas, ou não), é necessário conhecer um pouco sobre o seu ramo de atuação, seu histórico, ou sobre as estimativas que se tinha a respeito do futuro da empresa, dependendo do propósito da análise. Todo esse conhecimento adicional é necessário para se definirem os parâmetros com os quais a situação e o desempenho efetivo da empresa serão comparados.

Portanto, dependendo do propósito da análise, pode-se:

- Comparar a empresa com a média do setor econômico em que a empresa atua. Por exemplo, imagine que vamos analisar uma empresa siderúrgica, por hipótese a Companhia Siderúrgica Nacional (CSN). Deveríamos calcular de outras empresas siderúrgicas, como a Vicunha, a Gerdau e a Usiminas, todos os índices que calcularíamos da CSN. Dessa forma, seríamos capazes de identificar quais seriam a situação econômico-financeira e o desempenho médio das principais empresas desse setor econômico para, então, compararmos a situação e o de-

---

[1] Importante ressaltar que a correção monetária pode ser reconhecida nas Demonstrações Contábeis de forma muito mais adequada (e complexa) que a abordada neste livro: é a chamada Correção Monetária Integral. Sobre tal assunto, os seguintes livros são sugeridos: MARTINS, Eliseu. *Análise da Correção Monetária das Demonstrações Financeiras*. São Paulo: Atlas, 1993; ALMEIDA, Marcelo Cavalcanti. *Auditoria da Correção Monetária Integral das Demonstrações Financeiras*. São Paulo: Atlas, 1988.

sempenho efetivos da CSN (empresa hipoteticamente analisada).

- Comparar a empresa (hoje) com a empresa no passado. Vejamos, ainda, o exemplo hipotético da análise da CSN; poderíamos, ainda, desenvolver todos os cálculos que fazemos de 2005, para diversos anos mais remotos. Digamos 2004, 2003, 2002, 2001 e 2000. Dessa forma, poderíamos comparar a situação e o desempenho atuais da CSN com seu próprio desempenho e situação econômico-financeira em períodos anteriores.

- Comparar a empresa (hoje) com o que havia sido estimado (orçamento). Tendo-se acesso a informações gerenciais é possível comparar o desempenho efetivo com o que havia sido estimado no passado. Por exemplo, tendo-se acesso aos planos de investimentos e aos orçamentos detalhados, o analista é capaz de avaliar se o desempenho efetivo foi adequado ao que se esperava.

Certamente, a definição de parâmetros é uma etapa fundamental da análise e, talvez, uma das mais subjetivas e "perigosas". Se o parâmetro for mal definido, pode-se chegar a conclusões equivocadas, mesmo se todas as demais etapas da análise forem desenvolvidas com o maior rigor técnico.

Vejamos um exemplo alheio à contabilidade. Todos nós sabemos que 37°C (Celsius) é um parâmetro para definir se uma pessoa adulta está com febre. Imagine uma enfermeira que, dispondo de um termômetro de última geração, meça a temperatura de um paciente e verifique que ele está com 39,5°C. Porém, ao analisar o resultado, a enfermeira se engana em relação ao parâmetro, acreditando que só se está com febre se a temperatura for superior a 40°C. Ela dirá ao trêmulo paciente que ele está ótimo e que pode voltar a suas atividades normais, quando, na verdade, o paciente necessita de cuidados médicos.

É possível obter parâmetros para algumas medidas econômico-financeiras em *sites* de corretoras de valores mobiliários e em revistas especializadas. Exemplos são:

<www.agorasenior.com.br>
<www.infoinvest.com.br>
Revista Conjuntura Econômica – suplemento 500 Maiores Empresas
Revista Exame – suplemento Maiores e Melhores
Jornal Valor Econômico – suplementos Valor 1000

Exercícios de fixação (10.4)

1. Responda de forma objetiva:
   a) Qual a relevância de se estabelecerem parâmetros ao se desenvolver a análise das Demonstrações Contábeis?

   b) Em que situação o parâmetro indicado é a média das empresas do mesmo setor econômico da empresa analisada?

   c) Em que situação o parâmetro indicado é a situação passada da empresa analisada?

   d) Em que situação o parâmetro indicado é a situação projetada da empresa analisada?

10.5 Os cálculos

A análise das Demonstrações Contábeis é feita, basicamente, por três métodos: a análise vertical (ou de estrutura), a análise horizontal (ou de comportamento) e a análise por indicadores (ou quocientes). São apresentados nesta seção os três métodos, desenvolvendo-se o exemplo da Raia Drogasil S/A.

10.5.1 Análise vertical

A análise vertical tem por finalidade verificar a estrutura patrimonial e de resultado da entidade. É utilizada para avaliar a relação entre as contas de uma única demonstração contábil. A conta que representa a totalidade da demonstração contábil é tida como 100%, enquanto os outros itens são expressos em percentagem dessa conta. Trata-se, portanto, de uma metodologia de análise que mostra a participação percentual de cada um dos itens das Demonstrações Contábeis em relação ao somatório de seu grupo.

Com esse instrumento podemos visualizar de modo objetivo e direto a representatividade de cada componente das demonstrações, identificando aqueles que mais contribuem para a formação do conjunto objeto da análise.

A análise vertical é de grande importância, principalmente, quando aplicada à Demonstração de Resultado do Exercício, porque possibilita detectar a composição percentual das receitas e despesas, evidenciando aquelas que mais influenciaram na formação do lucro ou prejuízo.

A análise vertical da DRE considera a receita como 100%, afinal, é da receita que todas as despesas são subtraídas até se chegar ao resultado do período (lucro ou prejuízo). Vejamos a análise vertical da DRE da Droga Raia, de 2011.

	A	B	C	D	E
1	Raia Drogasil S/A	2011	2011		
2	Demonstração do Resultado do Exercício	R$ milhares	AV%	Fórmula Excel	Fórmula calculadora comum
3	Receita de Venda de Bens e/ou Serviços	2.729.392	100,0%	=B3/B$3	=2729392 ÷ 2729392 × 100
4	Custo dos Bens e/ou Serviços Vendidos	– 2.011.471	– 73,7%	=B4/B$3	=– 2011471 ÷ 2729392 × 100
5	Resultado Bruto	717.921	26,3%	=B5/B$3	=717921 ÷ 2729392 × 100
6	*Despesas e Receitas Operacionais*	– 638.364	– 23,4%	=B6/B$3	=– 638364 ÷ 2729392 × 100
7	Resultado Antes do Resultado Financeiro e dos Tributos	79.557	2,9%	=B7/B$3	=79557 ÷ 2729392 × 100
8	Resultado Financeiro	11.648	0,4%	=B8/B$3	=11648 ÷ 2729392 × 100
9	Resultado Antes dos Tributos sobre o Lucro	91.205	3,3%	=B9/B$3	=91205 ÷ 2729392 × 100
10	Imposto de Renda e Contribuição Social sobre o Lucro	– 22.509	– 0,8%	=B10/B$3	=– 22509 ÷ 2729392 × 100
11	Lucro ou Prejuízo Consolidado do Período	68.696	2,5%	=B11/B$3	=68696 ÷ 2729392 × 100

Neste exemplo, identificamos que o Custo das Mercadorias Vendidas (CMV) corresponde a 73,7% da Receita, as Despesas ÷ Receitas Operacionais correspondem a 23,4% da Receita, enquanto o Lucro Líquido corresponde a 2,5%, isto é, a empresa tem uma lucratividade líquida de 2,5%, em 2011.

Quando a análise vertical é aplicada ao Balanço Patrimonial, possibilita detectar a composição percentual dos tipos de aplicações e as origens de recursos que compõem o patrimônio da entidade.

A análise vertical do BP considera o Ativo total como 100%, afinal, este corresponde ao patrimônio total da entidade. Vejamos a análise vertical do BP da Droga Raia, em 2011.

▲	A	B	C	D	E
1	Raia Drogasil S/A	31.12.11	2010		
2	Balanço Patrimonial	R$ milhares	AV%	Fórmula Excel	Fórmula calculadora comum
3	Ativo Total	3.168.308	100,0%	=B3/B$3	=3168308 ÷ 3168308 × 100
4	Ativo Circulante	1.625.795	51,3%	=B4/B$3	=1625795 ÷ 3168308 × 100
5	Ativo Não Circulante	1.542.513	48,7%	=B5/B$3	=1542513 ÷ 3168308 × 100
6	Ativo Realizável a Longo Prazo	44.063	1,4%	=B6/B$3	=44063 ÷ 3168308 × 100
7	Imobilizado	370.605	11,7%	=B7/B$3	=370605 ÷ 3168308 × 100
8	Intangível	1.127.845	35,6%	=B8/B$3	=1127845 ÷ 3168308 × 100
9	Passivo Total + Patrimônio Líquido	3.168.308	100,0%	=B9/B$3	=3168308 ÷ 3168308 × 100
10	Passivo Circulante	791.232	25,0%	=B10/B$3	=791232 ÷ 3168308 × 100
11	Passivo Não Circulante	175.902	5,6%	=B11/B$3	=175902 ÷ 3168308 × 100
12	Patrimônio Líquido Consolidado	2.201.174	69,5%	=B12/B$3	=2201174 ÷ 3168308 × 100

Neste exemplo, identificamos que 51,3% do patrimônio são aplicados em ativos realizáveis no curto prazo (Ativo Circulante – AC), 1,4% em ativos Realizáveis a Longo Prazo (RLP), 11,7% em Imobilizado e 35,6% em Intangível. Enquanto isso, identificamos que o patrimônio é financiado, 25% com dívidas que vencem no curto prazo (Passivo Circulante – PC), 5,6% por dívidas que vencem no longo prazo (Passivo Não Circulante – PÑC) e 69,5% por capitais próprios da entidade (Patrimônio Líquido – PL), sendo tudo pertencentes aos controladores da entidade.

10.5.2 Análise horizontal

A análise horizontal tem por finalidade verificar o comportamento do patrimônio e do resultado da entidade. É utilizada para avaliar a relação, ao longo do tempo, de cada conta das Demonstrações Contábeis entre, no mínimo, dois períodos. Os valores da Demonstração Contábil de data mais remota são tidos como base, enquanto os valores dos anos mais recentes são expressos em percentagem, em relação ao valor do ano anterior.

Trata-se de metodologia de análise que mostra o comportamento (evolução ou involução) de cada um dos itens das Demonstrações Contábeis, período após período, tal qual a análise de uma série histórica.

Vejamos a análise horizontal da Demonstração do Resultado do Exercício da Droga Raia, em que se comparam os valores de 2011 com os de 2010:

A	B	C	D	E	F
1	Raia Drogasil S/A	2011	2010	2011-2010		Fórmula calculadora comum
2	Demonstração do Resultado do Exercício	R$ milhares	R$ milhares	AH%	Fórmula Excel	
3	Receita de Venda de Bens e/ou Serviços	2.729.392	2.007.828	35,9%	=B3/C3-1	=(2729392 ÷ 2007828 – 1) × 100
4	Custo dos Bens e/ou Serviços Vendidos	– 2.011.471	– 1.491.904	34,8%	=B4/C4-1	=(– 2011471 ÷ – 1491904 – 1) × 100
5	Resultado Bruto	717.921	515.924	39,2%	=B5/C5-1	=(717921 ÷ 515924 – 1) × 100
6	Despesas e Receitas Operacionais	– 638.364	– 401.952	58,8%	=B6/C6-1	=(– 638364 ÷ – 401952 – 1) × 100
7	Resultado Antes do Resultado Financeiro e dos Tributos	79.557	113.972	– 30,2%	=B7/C7-1	=(79557 ÷ 113972 – 1) × 100
8	Resultado Financeiro	11.648	6.857	69,9%	=B8/C8-1	=(11648 ÷ 6857 – 1) × 100
9	Resultado Antes dos Tributos sobre o Lucro	91.205	120.829	– 24,5%	=B9/C9-1	=(91205 ÷ 120829 – 1) × 100
10	Imposto de Renda e Contribuição Social sobre o Lucro	– 22.509	– 31.814	– 29,2%	=B10/C10-1	=(– 22509 ÷ – 31814 – 1) × 100
11	Lucro ou Prejuízo Consolidado do Período	68.696	89.015	– 22,8%	=B11/C11-1	=(68696 ÷ 89015 – 1) × 100

Neste exemplo, verifica-se que a Receita aumentou 35,9%, o que, associado ao aumento do CMV em 34,8%, provocou o aumento do Lucro Bruto em 39,2%. O Lucro Operacional teve uma redução nominal de 30,2%. Na última linha, percebe-se que o Lucro Líquido reduziu 22,8% entre 2010 e 2011.

Ocorre que essa análise é enganosa, pois ignora o impacto da inflação (perda do poder aquisitivo da moeda).

Em função de a análise horizontal comparar valores de datas diferentes, é necessário, antes de desenvolver seus cálculos, anular o efeito da inflação sobre os números apresentados nas Demonstrações Contábeis analisadas. Isso pode ocorrer de duas formas:

- pela atualização dos valores obtidos nas Demonstrações Contábeis tradicionais (apuradas em valores nominais). Esta alternativa não chega a ser complicada; basta-se utilizar uma simples planilha eletrônica para fazer os cálculos. O verdadeiro problema encontrado pelo analista é a escolha do índice de preços. Por exemplo: IGP-M, IGP-DI, IPC, IPA, IPC-A, INCC, variação cambial, variação do preço do barril de petróleo tipo *Brent*, variação do preço da saca de café etc. Qual deles melhor reflete a perda de poder aquisitivo sofrida pela empresa sob análise?
- pela obtenção das Demonstrações Contábeis apuradas em Moeda de Poder Aquisitivo Constante, ou seja, de acordo com a Correção Monetária Integral. Esta seria a melhor alternativa para o analis-

ta, não fosse pelo fato de a CVM ter desobrigado as empresas a divulgar suas Demonstrações Contábeis por esse critério (Instrução CVM nº 248/96).

Portanto, a análise horizontal é efetuada tomando-se por base dois ou mais períodos, cujos valores são expressos em moeda constante e em valores monetários da mesma data, tendo por objetivo observar a evolução ou involução dos seus componentes.

Sobre a Correção Monetária Integral (CMI), sugerem-se:

- MARTINS, Eliseu. **Análise da Correção Monetária das Demonstrações Financeiras**. São Paulo: Atlas, 1993.
- ALMEIDA, Marcelo Cavalcanti. **Auditoria da Correção Monetária Integral das Demonstrações Financeiras**. São Paulo: Atlas, 1988.

Vejamos novamente o exemplo de aplicação da análise horizontal na Demonstração do Resultado do Exercício da Droga Raia, em que se comparam os valores de 2011 com os de 2010, considerando-se que a inflação medida pelo IPC-M da FGV, entre 31/12/2010 e 31/12/2011, seja um bom parâmetro para medir a perda de poder aquisitivo da empresa. Portanto, vamos atualizar os valores de 2010 em 6,1647%.

Em primeiro lugar, é necessário corrigir os valores de 2010 (que estavam expressos em moeda de 2010 e por isso representavam o poder aquisitivo de 31/12/2010 – $ 2010) para moeda de poder aquisitivo em 31/12/2011 – $ 2011:

	A	B	C	D	E
1	Raia Drogasil S/A	2010	2010		
2	Demonstração do Resultado do Exercício	R$ milhares	R$ milhares	Fórmula Excel	Fórmula calculadora comum
3		$ 2010	$ 2011		
4	**Receita de Venda de Bens e/ou Serviços**	**2.007.828**	**2.131.605**	=B4*(1+B$14)	=2007828 × 1,061647
5	Custo dos Bens e/ou Serviços Vendidos	– 1.491.904	– 1.583.876	=B5*(1+B$14)	=– 1491904 × 1,061647
6	**Resultado Bruto**	**515.924**	**547.729**	=B6*(1+B$14)	=515924 × 1,061647
7	*Despesas/Receitas Operacionais*	*– 401.952*	*– 426.731*	=B7*(1+B$14)	=– 401952 × 1,061647
8	**Resultado Antes do Resultado Financeiro e dos Tributos**	**113.972**	**120.998**	=B8*(1+B$14)	=113972 × 1,061647
9	Resultado Financeiro	6.857	7.280	=B9*(1+B$14)	=6857 × 1,061647
10	**Resultado Antes dos Tributos sobre o Lucro**	**120.829**	**128.278**	=B10*(1+B$14)	=120829 × 1,061647
11	Imposto de Renda e Contribuição Social sobre o Lucro	– 31.814	– 33.775	=B11*(1+B$14)	=– 31814 × 1,061647
12	**Lucro/Prejuízo Consolidado do Período**	**89.015**	**94.503**	=B12*(1+B$14)	=89015 × 1,061647
13					
14	Inflação média medida pelo IPC-M/FGV	6,1647%			

Uma vez que se tenham corrigido os valores do ano mais remoto (2010) ao poder aquisitivo do ano mais recente (2011) é que se deve desenvolver a análise horizontal. Então, comparam-se os valores do ano mais recente (2011) com os valores do ano mais remoto corrigidos para a moeda de 2011 (2010 em $ 2011), como veremos a seguir:

	A	B	C	D	E	F	G
	Raia Drogasil S/A	2011	2010	2010	2011-2010		
1							
2	Demonstração do Resultado do Exercício	R$ milhares	R$ milhares	R$ milhares	AH%	Fórmula Excel	Fórmula calculadora comum
3		$ 2011	$ 2010	$ 2011			
4	Receita de Venda de Bens e/ou Serviços	2.729.392	2.007.828	2.131.605	28,0%	=B4/D4-1	=(2729392 ÷ 2131605 – 1) × 100
5	Custo dos Bens e/ou Serviços Vendidos	– 2.011.471	– 1.491.904	– 1.583.876	27,0%	=B5/D5-1	=(– 2011471 ÷ – 1583876 – 1) × 100
6	Resultado Bruto	717.921	515.924	547.729	31,1%	=B6/D6-1	=(717921 ÷ 547729 – 1) × 100
7	*Despesas/Receitas Operacionais*	– 638.364	– 401.952	– 426.731	49,6%	=B7/D7-1	=(– 638364 ÷ – 426731 – 1) × 100
8	Resultado Antes do Resultado Financeiro e dos Tributos	79.557	113.972	120.998	– 34,2%	=B8/D8-1	=(79557 ÷ 120998 – 1) × 100
9	Resultado Financeiro	11.648	6.857	7.280	60,0%	=B9/D9-1	=(11648 ÷ 7280 – 1) × 100
10	Resultado Antes dos Tributos sobre o Lucro	91.205	120.829	128.278	– 28,9%	=B10/D10-1	=(91205 ÷ 128278 – 1) × 100
11	Imposto de Renda e Contribuição Social sobre o Lucro	– 22.509	– 31.814	– 33.775	– 33,4%	=B11/D11-1	=(– 22509 ÷ – 33775 – 1) × 100
12	Lucro/Prejuízo Consolidado do Período	68.696	89.015	94.503	– 27,3%	=B12/D12-1	=(68696 ÷ 94503 – 1) × 100
13							
14	Inflação média medida pelo IPC-M/FGV		6,1647%				

Com a correção monetária, percebe-se que a Receita aumentou somente 28%, o que, associado ao aumento do CMV em 27%, provocou o aumento do Lucro Bruto em 31,1%.

O Lucro Operacional sofreu uma redução real de 34,2%. Na última linha, percebe-se que o Lucro Líquido reduziu 27,3% em 2011 comparado com 2010. Com a correção monetária, tem-se o que é conhecido como "variação real", ou seja, já expurgado o efeito inflacionário.

Esses resultados são bem diferentes daquele obtido sem se corrigirem os valores de 2010, que

sugerem ter ocorrido um aumento de 35,9% na Receita e uma redução de 22,8% no Lucro Líquido. Essa é a diferença entre variação nominal e a variação real.[2]

Quando a análise horizontal é aplicada ao Balanço Patrimonial, é possível detectar o comportamento (a evolução ou a involução) de cada aplicação e a origem de recursos que compõem o patrimônio da entidade.

Vejamos a Análise Horizontal do Balanço Patrimonial da Droga Raia, tendo sido os valores de 2010 corrigidos pelo IPC-M (FGV).

	A	B	C	D	E	F	G
1	Raia Drogasil S/A	31.12.11	31.12.10	31.12.10	2011-2010		
2	Balanço Patrimonial	R$ milhares	R$ milhares	R$ milhares	AH%	Fórmula Excel	Fórmula calculadora comum
3		$ 2011	$ 2010	$ 2011			
4	Ativo Total	3.168.308	918.336	974.949	225,0%	=B4/D4–1	=(3168308 ÷ 974949 – 1) × 100
5	Ativo Circulante	1.625.795	666.448	707.533	129,8%	=B5/D5–1	=(1625795 ÷ 707533 – 1) × 100
6	Ativo Não Circulante	1.542.513	251.888	267.416	476,8%	=B6/D6–1	=(1542513 ÷ 267416 – 1) × 100
7	Ativo Realizável a Longo Prazo	44.063	31.411	33.347	32,1%	=B7/D7–1	=(44063 ÷ 33347 – 1) × 100
8	Imobilizado	370.605	154.281	163.792	126,3%	=B8/D8–1	=(370605 ÷ 163792 – 1) × 100
9	Intangível	1.127.845	66.196	70.277	1504,9%	=B9/D9–1	=(1127845 ÷ 70277 – 1) × 100
10	Passivo Total + Patrimônio Líquido	3.168.308	918.336	974.949	225,0%	=B10/D10–1	=(3168308 ÷ 974949 – 1) × 100
11	Passivo Circulante	791.232	287.654	305.387	159,1%	=B11/D11–1	=(791232 ÷ 305387 – 1) × 100
13	Passivo Não Circulante	175.902	32.065	34.042	416,7%	=B12/D12–1	=(175902 ÷ 34042 – 1) × 100
13	Patrimônio Líquido Consolidado	2.201.174	598.617	635.520	246,4%	=B13/D13–1	=(2201174 ÷ 635520 – 1) × 100
14							
15	Inflação média medida pelo IPC-M/FGV		6,1647%				

---

[2] A variação nominal desconsidera os efeitos da inflação.

Percebe-se pela Análise Horizontal do Balanço Patrimonial que o patrimônio (Ativo total, ou Passivo + Patrimônio Líquido) sofreu um aumento real de 225%, entre 2010 e 2011. O Ativo Circulante aumentou 129,8%, o Ativo Realizável a Longo Prazo aumentou 32,1%, o imobilizado, 126,3%, e o intangível, 1.504,9%, enquanto o Passivo Circulante aumentou 159,1%, o Passivo não Circulante aumentou 416,7% e o Patrimônio Líquido sofreu aumento real de 246,4%.

10.5.3   Análise por indicadores

Para o exame da situação econômico-financeira de uma empresa, com vista à avaliação da sua capacidade e qualidade, em termos de LIQUIDEZ, ENDIVIDAMENTO, LUCRATIVIDADE e RENTABILIDADE, o analista deve valer-se das Demonstrações Contábeis de pelo menos três exercícios sucessivos, e deles extrair os diversos indicadores que lhe forneçam as informações desejadas.

O objetivo da análise definirá não só o tipo de INDICADORES a serem utilizados, mas também a postura do analista.

Ao gestor da empresa importa, fundamentalmente, detectar problemas e pontos fortes existentes para, a partir daí, traçar uma estratégia no sentido de corrigir as falhas e/ou aproveitar as oportunidades. Já ao investidor ou credor externo interessa saber da viabilidade ou não da aplicação de recursos na empresa. A ótica do analista, pois, é que determinará os caminhos a serem trilhados.

Num empréstimo de capital de giro de curto prazo, por exemplo, o gerente de um banco – interessado, basicamente, no retorno seguro do capital emprestado – privilegiará os aspectos de LIQUIDEZ e ENDIVIDAMENTO. Já em se tratando de empréstimo de longo prazo, o gerente dará, também, ênfase à capacidade de geração de lucro e à eficiência operacional da empresa, ou seja, ao enfoque da LUCRATIVIDADE e da RENTABILIDADE.

O principal instrumento utilizado para a análise da situação econômico-financeira de uma empresa é o índice, ou seja, o resultado da comparação entre grandezas.

Os índices estabelecem a relação entre contas ou grupo de contas das Demonstrações Contábeis, visando evidenciar determinado aspecto da situação econômico-financeira de uma empresa. Os índices, portanto, servem como termômetro na avaliação da "saúde financeira" da empresa.

Porém, o índice não deve ser considerado isoladamente, mas sim sob o aspecto dinâmico e dentro de contexto mais amplo, onde outros indicadores e variáveis devem ser ponderados de forma conjugada.

Exemplificando, um elevado grau de endividamento não significa, necessariamente, que a empresa esteja à beira da insolvência. Há empresas que convivem com níveis altos de endividamento sem comprometer sua solvência, já que há outros fatores que podem atenuar essa condição.

Para melhor compreensão da influência de cada indicador na análise, faremos seu estudo em cinco grupos.

* Indicadores de Liquidez: medem a posição financeira da empresa, em termos de capacidade de pagamento;
* Indicadores de Endividamento: avaliam a segurança oferecida pela empresa aos capitais alheios e revelam sua política de obtenção de recursos;
* Indicadores de Lucratividade: avaliam o desempenho global da empresa, em termos de capacidade de gerar lucros;
* Indicadores de Rentabilidade: avaliam o desempenho global da empresa, em termos de capacidade de remunerar o capital nela aplicado;
* Indicadores de Prazos Médios: medem o ciclo operacional da entidade, isto é, indicam a capacidade de gerenciar seus estoques e de negociar com fornecedores e clientes;
* Indicadores dos Fluxos de Caixa: ajudam a interpretar as informações providas pela Demonstração dos Fluxos de Caixa. Dessa forma, medem, entre outras, a capacidade de geração de caixa pela atividade operacional.

Considere as Demonstrações Contábeis da Raia Drogasil S/A, cujos dados servirão de base para o estudo dos índices econômico-financeiros.

10.5.3.1 Indicadores de liquidez

Os Índices de liquidez são medidas de avaliação da capacidade financeira da empresa em satisfazer os compromissos para com terceiros. Evidenciam quanto a empresa dispõe de bens e direitos, realizáveis em determinado período, em relação às obrigações exigíveis, no mesmo período. Entre os Índices de Liquidez mais conhecidos estão a Liquidez Corrente, a Liquidez Seca, a Liquidez Imediata e a Liquidez Geral. Cada um fornece informações diferentes sobre a situação da empresa.

De maneira geral, define-se que, QUANTO MAIOR a liquidez, MELHOR será a situação financeira da empresa.

Devemos ter em mente, no entanto, que um alto índice de liquidez não representa, necessariamente, boa saúde financeira. O cumprimento das obrigações nas datas previstas depende de uma adequada administração dos prazos de recebimento e de pagamento.

Assim, uma empresa que possui altos índices de liquidez, mas mantém mercadorias estocadas por períodos elevados, recebe com atraso suas vendas a prazo ou mantém duplicatas incobráveis na conta Clientes, poderá ter problemas de liquidez, ou seja, poderá ter dificuldades para honrar seus compromissos nos vencimentos.

Liquidez Corrente (LC)

A Liquidez Corrente (LC) corresponde ao quociente entre o Ativo Circulante (AC) e o Passivo Circulante (PC).

$$LC = \frac{AC}{PC}$$

A liquidez corrente é um dos índices mais conhecidos e utilizados na análise de balanços. Indica quanto a empresa poderá dispor em recursos de curto prazo (disponibilidades, clientes, estoques etc.) para pagar suas dívidas circulantes (fornecedores, empréstimos e financiamentos de curto prazo, contas a pagar etc.).

Liquidez Seca (LS)

A Liquidez Seca (LS) corresponde ao quociente entre os itens do Ativo Circulante (AC), cuja transformação em dinheiro tem probabilidade razoável de ocorrer nos próximos 12 meses à data do Balanço, e o Passivo Circulante (PC).

$$LS = \frac{AC - ativos\ circulantes\ de\ difícil\ realização}{PC}$$

Exemplos de AC de difícil realização (transformação em dinheiro) são: Estoques e Despesas Antecipadas. Entretanto, o analista deve verificar com calma os itens que compõem o AC da entidade analisada, a fim de identificar outros cuja transformação em dinheiro também seja improvável de ocorrer nos próximos 12 meses à data do Balanço.

Este índice é uma medida mais rigorosa para avaliação da liquidez da empresa. Indica o quanto ela poderá dispor de recursos circulantes, sem vender seus estoques e sem amortizar as despesas antecipadas, para fazer frente a suas obrigações de curto prazo.

Se a liquidez seca for igual ou maior que 1, pode-se dizer que a empresa não depende da realização de ativos de difícil realização para saldar seus compromissos de curto prazo. Por outro lado, quanto mais abaixo da unidade, maior será a dependência de vendas para honrar suas dívidas.

Existem autores que propõem outras fórmulas para o cálculo da liquidez seca. Uns recomendam comparar somente Disponibilidades e Clientes com as obrigações de curto prazo. Outros sugerem excluir, além dos estoques, todas as contas que não representam entrada efetiva de recursos na empresa (despesas antecipadas, impostos a compensar, adiantamentos a funcionários, entre outros). Qualquer que seja a fórmula utilizada, o importante é que o analista tenha consciência dos valores envolvidos e da relação expressa pelo índice.

A rigor, a lógica da Liquidez Seca é a análise da capacidade de pagamento da entidade, excluindo-se os ativos de difícil realização. Daí por que se deduz do numerador o saldo de Estoque, de Despesas Antecipadas e quaisquer outros ativos que o analista julgar (com base no melhor conhecimento que tenha da entidade) como de difícil capacidade de transformação em dinheiro.

Liquidez Imediata (LI)

A Liquidez Imediata (LI) corresponde ao quociente entre as Disponibilidades e o Passivo Circulante (PC).

$$LI = \frac{Caixa\ e\ Equivalentes\ de\ Caixa}{PC}$$

Este índice é uma medida mais rigorosa ainda para se avaliar a liquidez da empresa. Indica a parcela das obrigações de curto prazo que a empresa consegue pagar com o saldo de caixa e equivalente.

A rigor, só faz sentido analisar a liquidez imediata para empresas que estejam com sua continuidade comprometida.

Liquidez Geral (LG)

A Liquidez Geral (LG) corresponde ao quociente entre o somatório do Ativo Circulante (AC) com o Realizável a Longo Prazo (RLP) e o somatório do Passivo Circulante (PC) com o Passivo não Circulante (PÑC).

$$LG = \frac{AC + RLP}{PC + P\tilde{N}C}$$

A liquidez geral é uma medida da capacidade de pagamento de todo o passivo exigível da empresa (PC + PÑC), utilizando-se todos os ativos realizáveis da entidade (AC + RLP). Esse índice indica o quanto a empresa poderá dispor de recursos circulantes e de longo prazo para honrar todos os seus compromissos assumidos com terceiros (circulantes e de longo prazo).

Vejamos os cálculos dos Indicadores de Liquidez da Droga Raia, em 2011:

	A	B	C	D	E
1	Raia Drogasil S/A	31.12.11	Raia Drogasil S/A	31.12.11	
2	Balanço Patrimonial	R$ milhares	Balanço Patrimonial	R$ milhares	
3	Ativo Total	3.168.308	Passivo Total + Patrimônio Líquido	3.168.308	
4	Ativo Circulante	1.625.795	Passivo Circulante	791.232	
5	Caixa e Equivalentes de Caixa	339.971	Passivo Não Circulante	175.902	
6	Contas a Receber	367.183	Patrimônio Líquido Consolidado	2.201.174	
7	Estoques	814.975			
8	Tributos a Recuperar	93.160			
9	Despesas Antecipadas	10.506			
10	Ativo Não Circulante	1.542.513			
11	Ativo Realizável a Longo Prazo	44.063			
12	Imobilizado	370.605			
13	Intangível	1.127.845			
14					
15	Liquidez	2011	Fórmula Excel	Fórmula calculadora comum	
16	Liquidez Corrente (LC)	2,05	=B4/D4	=1625795 ÷ 791232	
17	Liquidez Seca (LS)	0,89	=(B4–B7–B8–B9)/D4	=(1625795 – 814975 – 93160 – 10506) ÷ 791232	
18	Liquidez Imediata (LI)	0,43	=B5/D4	=339971 ÷ 791232	
19	Liquidez Geral (LG)	1,73	=(B4+B11)/(D4+D5)	=(1625795 + 44063) ÷ (791232 + 175902)	

A Droga Raia apresenta, portanto:

- Liquidez Corrente de 2,05, isto é, a empresa poderá dispor de R$ 2,05 de AC (bens e direitos de curto prazo) para cada R$ 1,00 de PC (obrigações de curto prazo);
- Liquidez Seca de 0,89, ou seja, sem vender seus Estoques e sem transformar os "Tributos Correntes a Recuperar" e as "Despesas Antecipadas" dos Ativos Circulantes em dinheiro, ela não conseguirá pagar todas as suas obrigações de curto prazo, afinal, só poderá dispor de ativos circulantes facilmente realizáveis no valor de R$ 0,89 para cada R$ 1,00 de obrigação de curto prazo;
- Liquidez Imediata de 0,43 significa que a empresa só consegue pagar agora (imediatamente) 43% de suas obrigações de curto prazo, ou seja, só dispõe em caixa de R$ 0,43 para cada R$ 1,00 de obrigação de curto prazo;
- Liquidez Geral de 1,73, ou seja, para cada R$ 1,00 de dívidas totais (de curto e longo prazos) a empresa poderá dispor de R$ 1,73 de recursos realizáveis no curto e no longo prazo. Portanto, *a priori*, conseguirá pagar todas as suas dívidas de custo e longo prazos.

10.5.3.2 Indicadores de endividamento

Os índices de endividamento avaliam a "segurança" que a empresa oferece aos capitais de terceiros e revelam sua política de obtenção de recursos e de alocação dos mesmos nos diversos itens do ativo.

O ativo de uma empresa é financiado pelos capitais próprios (PL) e por capitais de terceiros (Passivo). Quanto maior for a participação de capitais de terceiros nos negócios de uma empresa, maior será o risco a que os terceiros estão expostos.

A interpretação básica dos índices de Endividamento é: QUANTO MAIOR, PIOR.

Endividamento Geral (EG)

O Endividamento Geral (EG) corresponde ao quociente entre o somatório do Passivo Circulante (PC) com o Passivo Não Circulante (PÑC) pelo Ativo total.

$$EG = \frac{PC + P\tilde{N}C}{Ativo}$$

Este índice revela o grau de endividamento total da empresa. Expressa a proporção de recursos de terceiros financiando o Ativo e, por diferença (1 – EG), a fração do Ativo que está sendo financiada pelos recursos próprios.

A análise desse indicador, por diversos períodos sucessivos, mostra a política de obtenção de recursos da empresa, isto é, se a empresa vem financiando o seu Ativo predominantemente com recursos próprios ou de terceiros e em que proporção.

Quanto menor for o endividamento, menor o risco que a empresa estará oferecendo aos capitais de terceiros. Entretanto, deve-se considerar que determinadas empresas convivem muito bem com endividamento relativamente elevado, principalmente quando o endividamento tiver um perfil de longo prazo, ou quando o Passivo de Curto Prazo não for oneroso, fruto de uma adequada administração de prazos de fornecedores (Origens de Capital de Giro).

O endividamento de uma empresa pode apresentar as seguintes situações:

Passivo > PL   Logo, Endividamento Geral > 0,5

Ativo	Passivo
	PL

Passivo = PL   Logo, Endividamento Geral = 0,5

Ativo	Passivo
	PL

Passivo < PL   Logo, Endividamento Geral < 0,5

Ativo	Passivo
	PL

A adequação deste índice para cada empresa dependerá, entre outros aspectos, de comparações com os índices apresentados por outras empresas de mesmo setor econômico, da tendência demonstrada na análise de diversos exercícios, da composição do endividamento (curto ou longo prazo) e, ainda, do custo financeiro dessas dívidas.

Composição das Exigibilidades (CE)

A Composição das Exigibilidades (CE) corresponde ao quociente entre o Passivo Circulante (PC) e o somatório do Passivo Circulante (PC) com o Passivo não Circulante (PÑC).

$$CE = \frac{PC}{PC + P\tilde{N}C}$$

O índice de CE é uma medida da qualidade do passivo da empresa, em termos de prazos. Compara o montante de dívidas no curto prazo com o endividamento total.

Admite-se que, quanto mais curto o vencimento das parcelas exigíveis, maior será o risco oferecido pela empresa. De outra forma, empresas com endividamento concentrado no longo prazo, principalmente decorrente de investimentos efetuados em ativos fixos, oferecem uma situação mais tranquila no curto prazo, mesmo porque, normalmente, o ativo fixo é aceito pelos credores como garantia à dívida.

Endividamento Oneroso (EO)

O Endividamento Oneroso (EO) ou Passivo Oneroso sobre Ativo (POSA) corresponde ao quociente entre o somatório do Passivo Circulante Oneroso (PCO) com o Passivo não Circulante Oneroso (PÑCO) pelo Ativo total.

$$EO = POSA = \frac{PCO + P\tilde{N}CO}{Ativos}$$

Entende-se por passivo oneroso (seja de curto ou de longo prazo) as dívidas com terceiros sobre as quais a entidade paga (deve, incorre) juros (Despesas Financeiras). Exemplos de passivos onerosos são: Empréstimos, Financiamentos, Debêntures e Impostos Parcelados.[3]

Este índice mostra a participação das fontes onerosas de capital no financiamento dos investimentos totais da empresa, revelando sua dependência de instituições financeiras.

Deve-se observar que, quanto maior for esse índice, maiores serão as despesas financeiras incorridas, o que influencia o resultado do exercício e o fluxo de caixa.

É oportuno lembrar, também, que o analista sempre deve tomar um padrão como referência para análise – tema apresentado na seção 10.4 deste capítulo.

Composição do Endividamento Oneroso (CEO)

A Composição do Endividamento Oneroso (CEO) corresponde ao quociente entre o Passivo Circulante Oneroso (PCO) e o somatório do Passivo Circulante Oneroso (PCO) com o Passivo não Circulante Oneroso (PÑCO).

$$CEO = \frac{PCO}{PCO + P\tilde{N}CO}$$

---

[3] Das dívidas tributárias (obrigações fiscais), só devem ser considerados como passivo oneroso os impostos parcelados, isto é, aqueles tributos que a entidade não pagou na data de vencimento e renegociou sua dívida com o poder público, se comprometendo a pagá-la em tantos meses futuros, acrescido de correção monetária e juros. Um exemplo, razoavelmente comum, de imposto parcelado é decorrente do REFIS – Programa de Recuperação Fiscal, da Secretaria da Receita Federal.

De forma semelhante ao índice Composição do Endividamento (CE), esta é uma medida da qualidade do passivo da empresa, em termos de prazos. Compara o montante de dívidas onerosas no curto prazo com o passivo oneroso total.

Por conseguinte, a interpretação do CEO é a mesma do CE, ou seja, *a priori*, quanto maior o prazo de pagamento das dívidas onerosas, melhor. Em outras palavras, quanto MENOR a CEO, MELHOR.

Imobilização do Patrimônio Líquido (IPL)

Como o próprio nome sugere, a Imobilização do Patrimônio Líquido (IPL) corresponde ao quociente entre o Ativo Imobilizado (Imob) e o Patrimônio Líquido (PL).

$$IPL = \frac{Imob}{PL}$$

O índice exprime o quanto do Ativo Imobilizado da empresa é financiado pelo seu Patrimônio Líquido, evidenciando, dessa forma, a maior ou menor dependência de aporte de recursos de terceiros para manutenção de seus negócios que demandam ativos fixos.

A correta administração dos recursos de uma empresa pressupõe um adequado "casamento" dos prazos de realização das aplicações dos recursos com os prazos de exigibilidade das fontes. Assim, convencionou-se dizer que o Ativo Imobilizado deve ser financiado pelo Patrimônio Líquido (pois são recursos próprios que, também, estão "permanentes" na empresa) ou por financiamentos de Longo Prazo.

Em princípio, o ideal é que as empresas imobilizem a menor parte possível de seus recursos próprios. Assim, não ficarão na dependência de capitais de terceiros para financiar as atividades cotidianas e normais de seus negócios. Mas é claro que isso depende da indústria sob análise.

O analista deve atentar para os casos em que a empresa utiliza dívidas de longo prazo para financiar novos investimentos, como, por exemplo, expansão, relocalização ou modernização de seu parque. Nesses casos, o índice IPL poderá apresentar-se em níveis muito elevados. A política de obtenção de fontes de longo prazo, porém, revela a decisão administrativa dos empresários. Tal fato deverá merecer comentários do analista para melhor subsidiar decisão de crédito.

Vejamos os cálculos dos Indicadores de Endividamento da Droga Raia, em 2011.

САinstanceof

	A	B	C	D	E
2	Balanço Patrimonial	R$ milhares	Balanço Patrimonial	R$ milhares	
3	Ativo Total	3.168.308	Passivo Total + Patrimônio Líquido	3.168.308	
4	Ativo Circulante	1.625.795	Passivo Circulante	791.232	
5	Caixa e Equivalentes de Caixa	339.971	Obrigações Sociais e Trabalhistas	92.460	
6	Contas a Receber	367.183	Fornecedores	536.399	
7	Estoques	814.975	Obrigações Fiscais	30.035	
8	Tributos a Recuperar	93.160	Empréstimos e Financiamentos	50.325	
9	Despesas Antecipadas	10.506	Dividendos e JCP a Pagar	3.662	
10	Ativo Não Circulante	1.542.513	Aluguéis	12.815	
11	Ativo Realizável a Longo Prazo	44.063	Luvas Comerciais	699	
12	Imobilizado	370.605	Demais Contas a Pagar	55.759	
13	Intangível	1.127.845	Provisões	9.078	
14			Passivo Não Circulante	175.902	
15			Empréstimos e Financiamentos	111.985	
16			Programa de Recuperação Fiscal	6.096	
17			Outras Obrigações	2.834	
18			Tributos Diferidos	51.715	
19			Provisões	3.272	
20			Patrimônio Líquido Consolidado	2.201.174	
21					
22	Endividamento	2011	Fórmula Excel		Fórmula calculadora comum
23	Endividamento Geral (EG)	0,31	=(D4+D14)/B3		=(791232 + 175902) ÷ 3168308
24	Composição do Endividamento (CE)	0,82	=D4/(D4+D14)		=791232 ÷ (791232 + 175902)
25	Endividamento Oneroso (EO ou POSA)	0,07	=(D8+D12+D15+D16+D17)/B3		=(50325 + 55759 + 111985 + 6096 + 2834) ÷ 3168308
26	Composição do Endividamento Oneroso (CEO)	0,47	=(D8+D12)/ (D8+D12+D15+D16+D17)		=(50325 + 55759) ÷ (50325 + 55759 + 111985 + 6096 + 2834)
27	Imobilização do Patrimônio Líquido (IPL)	0,17	=B12/D20		=370605 ÷ 2201174

A Droga Raia apresenta, portanto:

- Endividamento Geral de 0,31. De onde se pode concluir que: (a) a empresa deve a terceiros, no curto e longo prazos, o correspondente a 31% de seu Ativo; (b) dos recursos investidos no Ativo, 31% provêm de terceiros (fornecedores, bancos etc.);
- Composição do Endividamento de 0,82, ou seja, 82% do endividamento da empresa concentra-se no curto prazo. Ou, ainda, de cada R$ 1,00 de dívidas totais, R$ 0,82 vencem no curto prazo;
- Endividamento Oneroso, ou Passivo Oneroso sobre Ativo, de 0,07. Isto representa que 7% dos Ativos estão sendo financiados por recursos onerosos de terceiros (dívidas onerosas). A princípio, este representa um índice bastante baixo. Entretanto, deve-se ponderar o custo financeiro incidente sobre esses recursos, bem como sua finalidade;
- Composição do Passivo Oneroso de 0,47, ou seja, 47% do endividamento oneroso da empresa concentra se no curto prazo. Ou, ainda, de cada R$ 1,00 de dívidas onerosas totais, R$ 0,47 vencem no curto prazo (PC oneroso);
- Imobilização do Patrimônio Líquido de 0,17, isto é, o Patrimônio Líquido é suficiente para financiar todo o Imobilizado.

10.5.3.3   Indicadores de lucratividade

A partir deste momento, passaremos a utilizar para a nossa análise não somente o Balanço Patrimonial, mas também a Demonstração de Resultado do Exercício (DRE).

A lucratividade reflete o quanto (percentual) da receita sobra para compor o resultado da empresa, a cada período.

A interpretação dos indicadores de lucratividade é: QUANTO MAIOR, MELHOR.

Margem Bruta (MB)

A Margem Bruta (MB) corresponde ao quociente entre o Lucro Bruto (LB) e a Receita. Lem-

bre-se de que o Lucro Bruto é a diferença entre a Receita e o Custo das Mercadorias Vendidas (CMV) – conforme estudado no Capítulo 5 deste livro.

$$MB = \frac{LB}{Receita} \times 100$$

A MB, assim como os demais índices de margem, é uma medida de lucratividade das vendas (lucro sobre as vendas), portanto, a informação gerada pela MB é a mesma gerada pela Análise Vertical. Esta, no entanto, avalia o ganho bruto da empresa (resultado antes das despesas operacionais) em relação a seu faturamento.

Margem de Lucro Genuinamente Operacional (MGO)

A Margem de Lucro Genuinamente Operacional (MGO) corresponde ao quociente entre o Lucro Antes do Resultado Financeiro e dos Tributos (LARFT) e a Receita. Lembre-se de que o Lucro Antes do Resultado Financeiro e dos Tributos, corresponde ao Lucro Operacional antes do Resultado Financeiro.

$$MGO = \frac{LARFT}{Receita} \times 100$$

A MGO é uma medida de lucratividade das vendas (lucro sobre as vendas). Esta, no entanto, avalia o ganho da empresa que efetivamente decorre da atividade operacional em relação a seu faturamento. A MGO representa a capacidade da atividade verdadeiramente operacional da empresa em gerar resultado com suas vendas.

Margem Operacional Líquida (MOL)

A Margem Operacional Líquida (MOL) corresponde ao quociente entre o Lucro das Operações Continuadas (LOC) e a Receita. Lembre-se de que o Lucro das Operações Continuadas é a diferença entre o Lucro Bruto (LB) e as Despesas Operacionais e Financeiras, descontado o Imposto de Renda – conforme estudado no Capítulo 5 deste livro.

$$MOL = \frac{LOC}{Receita} \times 100$$

A MOL é uma medida de lucratividade das vendas (lucro sobre as vendas). Esta, no entanto, avalia o ganho operacional da empresa (resultado antes das receitas e despesas de operações descontinuadas) em relação a seu faturamento. A MOL representa a capacidade da atividade operacional da empresa em gerar resultado a partir das vendas.

Margem Líquida (ML)

A Margem Líquida (ML) corresponde ao quociente entre o Lucro Líquido (LL) e a Receita. Lembre-se de que o Lucro Líquido corresponde ao Lucro das Operações Continuadas (LOC) deduzido do Resultado das Operações Descontinuadas – conforme estudado no Capítulo 5.

$$ML = \frac{LL}{Receita} \times 100$$

A exemplo do índice anterior, a Margem Líquida (ML) é uma medida da lucratividade obtida pela empresa. Este índice reflete o ganho líquido da empresa em cada unidade de venda.

Vejamos os cálculos dos Indicadores de Lucratividade da Droga Raia:

	A	B	C	D
1	Raia Drogasil S/A	2011		
2	Demonstração do Resultado do Exercício	R$ milhares		
3	Receita de Venda de Bens e/ou Serviços	2.729.392		
4	Custo dos Bens e/ou Serviços Vendidos	– 2.011.471		
5	Resultado Bruto	717.921		
6	*Despesas/Receitas Operacionais*	– 638.364		
7	Resultado Antes do Resultado Financeiro e dos Tributos	79.557		
8	Resultado Financeiro	11.648		
9	Resultado Antes dos Tributos sobre o Lucro	91.205		
10	Imposto de Renda e Contribuição Social sobre o Lucro	– 22.509		
11	Resultado Líquido das Operações Continuadas	68.696		
12	Resultado de Operações Descontinuadas	0		
13	Lucro/Prejuízo Consolidado do Período	68.696		
14				
15	Lucratividade	2011	Fórmula Excel	Fórmula calculadora comum
16	Margem Bruta (MB)	26,3%	=B5/B3*100	=717921 ÷ 2729392 × 100
17	Margem Genuinamente Operacional (MGO)	2,9%	=B7/B3*100	=79557 ÷ 2729392 × 100
18	Margem Operacional Líquida (MOL)	2,5%	=B11/B3*100	=68696 ÷ 2729392 × 100
19	Margem Líquida (ML)	2,5%	=B13/B3*100	=68696 ÷ 2729392 × 100

Portanto, a Droga Raia apresenta:

- Margem Bruta de 26,3%, ou seja, a empresa obteve 26,3% de Lucro Bruto sobre sua Receita. Ou, ainda, para cada R$ 1,00 de Receita, depois de se descontarem os Custos dos Produtos Vendidos, sobram para a empresa R$ 0,263;
- Margem Genuinamente Operacional de 2,9%, ou seja, para cada R$ 1,00 de Receita, depois de se descontarem os Custos dos Produtos Vendidos e das Despesas verdadeiramente operacionais, sobram para a empresa R$ 0,029;
- Margem Operacional Líquida de 2,5%, isto é, para cada R$ 1,00 de Receita, depois de se descontarem os Custos dos Produtos Vendidos, as Despesas Operacionais Financeiras e o Imposto de Renda, sobram para a empresa R$ 0,025;
- Margem Líquida de 2,5%, ou seja, o Lucro Líquido equivale a 2,5% da Receita.

10.5.3.4 Indicadores de rentabilidade

A Rentabilidade é o reflexo das políticas e das decisões adotadas pelos administradores da entidade, expressando o nível de eficiência e o grau do êxito econômico-financeiro atingido.

Todos os índices de Rentabilidade devem ser considerados: QUANTO MAIOR, MELHOR.

Retorno sobre o Patrimônio Líquido (RPL)

O Retorno sobre o Patrimônio Líquido (RPL) corresponde ao quociente entre o Lucro Líquido (LL) e o Patrimônio Líquido médio (PL_m).

$$RPL = \frac{LL}{PL_m} \times 100$$

Sabe-se que o Patrimônio Líquido médio (PL_m) corresponde à média aritmética do Patrimônio Líquido (PL) da entidade, medido em duas datas consecutivas, no início e no final do período

contábil ao qual se refere o Lucro Líquido utilizado como numerador. Sempre que houver dados de duas demonstrações consecutivas, deve-se utilizar a média do Patrimônio Líquido para comparar com o Lucro, de forma a melhor traduzir a rentabilidade do período, tendo em vista que o PL pode sofrer alterações durante o exercício, tais como: aumento de capital, distribuição de dividendos, saída de sócios etc.

$$PL_m = \frac{(PL_0 + PL_1)}{2}$$

Portanto, se o numerador for o Lucro Líquido do ano de 2007, o PLm será a média do PL de 1º/1/2007 com o PL de 31/12/2007. Caso o numerador seja o lucro do primeiro trimestre de 2007, o PLm será a média do PL de 1º/1/2007 com o PL de 31/3/2007. Atenção especial no cálculo do Patrimônio Líquido médio deve ser atribuída ao problema da inflação, estudado na Análise Horizontal (seção 10.5.2 deste capítulo). Afinal, o Patrimônio Líquido da data mais remota (PL_0) deve ser corrigido monetariamente até a data do Patrimônio Líquido da data mais recente (PL_1).

O RPL mede a remuneração dos capitais próprios investidos na empresa, ou seja, quanto foi acrescentado em determinado período ao patrimônio dos sócios. Do ponto de vista de quem investe numa empresa, este deve ser o índice mais importante.

O RPL permite, além de avaliar a remuneração do capital próprio, analisar se esse rendimento é compatível com alternativas de aplicação (custo de oportunidade). Um investidor, por exemplo, avaliando a RPL, poderá optar por uma aplicação no mercado financeiro em vez de aplicar numa empresa que está oferecendo baixa rentabilidade.

A polêmica do PL médio

Não há unanimidade na literatura quanto ao denominador desta fórmula; entre as diversas formas de se apurar o denominador, além do PL médio, vejamos o PL inicial (PL_i).

$$RPL = \frac{LL}{PL_i} \times 100$$

Os que defendem o uso do PL inicial sustentam seu argumento no conceito de rentabilidade. O investidor que investiu efetivamente o PL_i, no final de determinado período, quer saber a que taxa foi remunerado, então, divide o ganho pelo valor efetivamente investido (PL_i). Essa abordagem é bastante lógica e intuitiva, mesmo porque é assim que raciocinamos quando conversamos com o gerente do banco sobre as alternativas de investimento. Vejamos:

O gerente do banco nos oferece três fundos de investimento com diferentes riscos e rentabilidades esperadas. Digamos que tenhamos R$ 10.000,00 disponíveis para investir. A rentabilidade de cada fundo de investimento é apurada mediante a divisão do rendimento esperado pelo capital investido (R$ 10.000,00, que seria o nosso PL_i).

Não há problema algum em se trabalhar com o PL inicial. Neste ponto, não há critério certo nem critério errado. Você é o analista, consequentemente, você deverá escolher o critério de análise (PL_m ou PL_i), conforme você se sentir mais "confortável".

Ressalte-se, entretanto, a necessidade de se atualizar o PL inicial pela taxa de inflação.

Retorno sobre o Ativo (RA)

O Retorno sobre o Ativo (RA) corresponde ao quociente entre o Lucro Líquido (LL) deduzido das Despesas Financeiras líquidas do efeito tributário e o Ativo total médio.

$$RA = \frac{LL + \text{Despesa Financeira} \times (1 - @IR)}{\text{Ativo}_{\text{médio}}} \times 100$$

Também conhecida como Taxa de Retorno dos Investimentos (TRI), esse índice reflete a que taxa a empresa remunera os investimentos totais nela aplicados.

Na fórmula, @IR representa a alíquota de IR (Imposto de Renda) e CS (Contribuição Social sobre o Lucro), que para a maioria das empresas brasileiras é de 34%.

A necessidade de se adicionar ao lucro líquido as despesas financeiras líquidas do efeito tributário decorre da lógica deste indicador. O Retorno sobre o Ativo, como o próprio nome sugere, mede a rentabilidade que a entidade oferece a todos os recursos nela investidos (ativo total), independentemente de como são financiados (recursos próprios ou de terceiros), consequentemente, é necessário contemplar no numerador todas as remunerações que a entidade oferece a seus financiadores. Sabendo que o Ativo é financiado pelo Passivo e pelo Patrimônio Líquido, o numerador precisa contemplar a remuneração oferecida aos sócios (patrimônio líquido), isto é, o Lucro Líquido, e a remuneração oferecida pela entidade aos terceiros (passivo), o que é reconhecido contabilmente pelas Despesas Financeiras.

A exclusão dos impactos tributários sobre as despesas financeiras é justificada pelo fato de tais despesas serem dedutíveis do IR e da CS. A literatura de finanças apresenta a despesa financeira como um "tax-shield", ou seja, uma proteção ao pagamento de impostos. Afinal, em função da dedutibilidade fiscal da despesa financeira, o ônus efetivo do custo de capital de terceiros é a *Despesa Financeira × (1 – @IR)*, ou seja, deduzida da parcela da sua respectiva dedutibilidade.

Sempre que houver dados de duas demonstrações consecutivas, deve-se utilizar o Ativo Total Médio para comparar com o Lucro.

Sabe-se que o Ativo Total médio (AT_m) corresponde à simples média aritmética do Ativo total da entidade, medido em duas datas consecutivas, no início e no final do período contábil ao qual se refere o numerador, ou seja, $AT_m = (AT_1 + AT_0) / 2$. Preferencialmente, o Ativo total do início do período deve ser corrigido pela inflação observada no período.

$$\text{Ativo}_{\text{médio}} = \frac{(\text{Ativo}_0 + \text{Ativo}_1)}{2}$$

Vejamos os cálculos dos Indicadores de Rentabilidade da Droga Raia, em 2011, tomando-se os valores de 2010 corrigidos pelo IPC-M (FGV).

	A	B	C	D	E
1	Raia Drogasil S/A	31.12.11	31.12.10	Raia Drogasil S/A	2011
2	Balanço Patrimonial	R$ milhares	R$ milhares	Demonstração do Resultado do Exercício	R$ milhares
3		$ 2011	$ 2011		$ 2011
4	Ativo Total	3.168.308	974.949	Receita de Venda de Bens e/ou Serviços	2.729.392
5	Ativo Circulante	1.625.795	707.533	Custo dos Bens e/ou Serviços Vendidos	-2.011.471
6	Ativo Não Circulante	1.542.513	267.416	Resultado Bruto	717.921
7	Ativo Realizável a Longo Prazo	44.063	33.347	Despesas/Receitas Operacionais	-638.364
8	Imobilizado	370.605	163.792	Resultado Antes do Resultado Financeiro e dos Tributos	79.557
9	Intangível	1.127.845	70.277	Receitas Financeiras	22.447
10	Passivo Total + Patrimônio Líquido	3.168.308	974.949	Despesas Financeiras	-10.799
11	Passivo Circulante	791.232	305.387	Resultado Antes dos Tributos sobre o Lucro	91.205
12	Passivo Não Circulante	175.902	34.042	Imposto de Renda e Contribuição Social sobre o Lucro	-22.509
13	Patrimônio Líquido Consolidado	2.201.174	635.520	Lucro/Prejuízo Consolidado do Período	68.696
14					
15	Cálculo dos denominadores	2011	Fórmula Excel	Fórmula calculadora comum	
16	Patrimônio Líquido médio (PLm)	1.418.347	=(B13+C13)/2	=(2201174 + 635520) ÷ 2	
17	Ativo Total médio (ATm)	2.071.628	=(B4+C4)/2	=(3168308 + 974949) ÷ 2	
18					
19	Rentabilidade	2011	Fórmula Excel	Fórmula calculadora comum	
20	Retorno sobre o Patrimônio Líquido (RPL)	4,8%	=E13/B16	=68696 ÷ 1418347 × 100	
21	Retorno sobre o Ativo (RA)	3,7%	=(E13–E10*(1–0,34))/B17	=[68696 + 10799 × (1 – 0,34)] ÷ 2071628 × 100	

Por esta análise, é possível identificar que a Droga Raia apresentou:

- Retorno do Patrimônio Líquido de 4,8%; isto significa que os sócios obtiveram uma remuneração de 4,8%, no período, sobre o capital investido na empresa;
- Retorno do Ativo de 3,7%, ou seja, o capital total investido nessa empresa (quer por terceiros, quer pelos sócios) é remunerado a 3,7% ao ano.

10.5.3.5 Indicadores de prazos médios

Os Indicadores dos Prazos Médios ajudam a entender a gestão do Capital de Giro da Entidade.

Diversas são as definições de Capital de Giro. Adotamos, neste livro, Capital de Giro como o valor líquido investido pela entidade em sua atividade operacional de curto prazo. Portanto, o Capital de Giro é igual à diferença entre os itens do Ativo Circulante aplicados na atividade genuinamente operacional e os itens do Passivo Circulante que financiam a atividade genuinamente operacional.

Quanto MENOR a Necessidade de Capital de Giro, MELHOR.

Prazo Médio de Estocagem (PME)

O Prazo Médio de Estocagem indica, em média, quanto tempo o Estoque permanece na prateleira, isto é, o tempo decorrido entre a compra e a venda da mercadoria. Já numa entidade fabril, o PME indica, em média, quanto tempo decorre entre a aquisição da matéria-prima até a venda do produto acabado ao cliente, ou seja, inclui-se o tempo despendido na produção.

Imagine o caso hipotético de uma mercearia que compre 10 unidades de determinada mercadoria no dia 25/8/X6. Considerando-se que não havia qualquer unidade dessa mercadoria no Estoque inicial desse dia e considerando-se, ainda, que a mercearia vendeu 2 unidades dessa mercadoria no dia 27/8/X6, 5 unidades dessa mercadoria no dia 31/8/X6 e 3 unidades dessa mercadoria no dia 4/9/X6, pode-se dizer que o Prazo Médio de Estocagem é de 7 dias, ou uma semana.

Data	Quantidade comprada (unid.)	Quantidade vendida (unid.)	Quantidade ponderada (%)	Tempo estocado (dias)	Tempo médio estocado (dias)
25/8/X6	10	0	0	0	0
30/8/X6	0	2	0,2	5	1
31/8/X6	0	5	0,5	6	3
4/9/X6	0	3	0,3	10	3
Somatório					7

Portanto, trata-se de uma média ponderada do tempo que cada unidade permanece estocada.

A questão que surge é: se as Demonstrações Contábeis não apresentam as datas de aquisição e venda das mercadorias, como será possível identificar o Prazo Médio de Estocagem?

Para se resolver esse impasse, trabalha-se com uma aproximação, isto é, divide-se o saldo

de Estoques pelo Custo das Mercadorias Vendidas (CMV) e se multiplica esse quociente pelo número de dias decorridos na acumulação do CMV. Quando se trabalha com as Demonstrações Contábeis anuais, o CMV foi medido durante todo o ano (365 dias), então, multiplica-se esse quociente por 365 ou 360 dias. A rigor, o mais comum é multiplicar por 360 dias, como se cada mês tivesse 30 dias (12 meses × 30 dias por mês = 360 dias). Quando se trabalha com o CMV mensal, multiplica-se este por 30 dias.

$$PME = \frac{Estoque_{médio}}{CMV} \times 360$$

Sabe-se que o Estoque médio corresponde à média aritmética do Estoque da entidade, medido em duas datas consecutivas: no início e no final do período contábil ao qual se refere o Custo das Mercadorias Vendidas utilizado como denominador.

$$Estoque_{médio} = \frac{(Estoque_0 + Estoque_1)}{2}$$

Não se pode esquecer do problema da inflação, estudado na Análise Horizontal (seção 10.5.3 deste capítulo). Afinal, o Estoque da data mais remota ($Estoque_0$) deve ser corrigido mone-tariamente até a data do Estoque da data mais recente ($Estoque_1$).

Prazo Médio de Recebimento de Clientes (PMRC)

O Prazo Médio de Recebimento de Clientes indica, em média, quanto tempo a entidade financia seus Clientes, pelas vendas a prazo.

Trata-se, também, de uma média ponderada, sendo o PMRC a média ponderada do tempo que cada $ 1,00 das vendas demora a ser recebida. Nesse cálculo, as vendas a vista, por serem recebidas imediatamente, têm PMRC igual a zero.

Imagine o caso hipotético de uma mercearia que, no dia 30/8/X6, apure uma Receita Bruta de $ 1.000,00. Considerando-se que $ 400,00 sejam recebidos a vista, $ 250,00 sejam vendidos para recebimento mediante um cheque pré-datado para 9/9/X6 e $ 350,00 sejam vendas em cartão de crédito que, portanto, serão recebidos em 29/9/X6, pode-se dizer que o Prazo Médio de Recebimento de Clientes é de 13 dias, quase duas semanas.

Data	Receita Bruta ($)	Recebimento ($)	Recebimento ponderado (%)	Tempo financiado (dias)	Tempo médio financiado (dias)
30/8/X6	1.000,00	400,00	0,4	0	0
9/9/X6	0,00	250,00	0,25	10	2,5
29/9/X6	0,00	350,00	0,35	30	10,5
Somatório					13

A questão que surge é: As Demonstrações Contábeis não apresentam as datas das vendas nem dos respectivos recebimentos. Como será possível identificar o Prazo Médio de Recebimento de Clientes?

Para resolver esse impasse, trabalha-se com uma aproximação, isto é, divide-se o saldo das Duplicatas a Receber de Clientes pela Receita Bruta (RB) e se multiplica esse quociente pelo número de dias decorridos na acumulação da Receita Bruta.

$$PMRC = \frac{Clientes_{médio}}{RB} \times 360$$

Sabe-se que Clientes médio corresponde à média aritmética do saldo da conta Clientes (ou

Duplicatas a Receber), medido em duas datas consecutivas, no início e no final do período contábil ao qual se refere a Receita Bruta utilizada como denominador.

$$Clientes_{médio} = \frac{(Clientes_0 + Clientes_1)}{2}$$

Não se pode esquecer do problema da inflação, estudado na Análise Horizontal (seção 10.5.3 deste capítulo). Afinal, o saldo de Clientes da data mais remota ($Clientes_0$) deve ser corrigido monetariamente até a data do saldo de Clientes da data mais recente ($Clientes_1$).

Prazo Médio de Pagamento a Fornecedores (PMPF)

O Prazo Médio de Pagamento a Fornecedores indica, em média, quanto tempo a entidade é financiada por seus Fornecedores, pelas compras a prazo. Essa é uma das formas de financiamento mais baratas que uma entidade pode obter. Afinal, normalmente, não se cobra juros nessa transação, ou a taxa de juros é mais baixa que a praticada no mercado financeiro.

Trata-se, também, de uma média ponderada, sendo o PMPF a média ponderada do tempo que cada $ 1,00 das compras demora a ser pago ao fornecedor. Nesse cálculo, as compras a vista, por serem pagas imediatamente, têm PMPF igual a zero.

Imagine o caso hipotético de uma mercearia que, no dia 25/8/X6, compre mercadoria no valor total de $ 600,00. Considerando-se que R$ 150,00 sejam pagos a vista, $ 300,00 sejam pagos em 9/9/X6 e os $ 150,00 restantes em 24/9/X6, pode-se dizer que o Prazo Médio de Pagamento a Fornecedores é de 15 dias, um pouco mais de duas semanas.

Data	Compra (R$)	Pagamento ($)	Pagamento ponderado (%)	Tempo financiado (dias)	Tempo médio financiado (dias)
25/8/X6	600,00	150,00	0,25	0	0
9/9/X6	0,00	300,00	0,5	15	7,5
24/9/X6	0,00	150,00	0,25	30	7,5
Somatório					15

A questão que surge é: As Demonstrações Contábeis não apresentam as datas das compras nem dos respectivos pagamentos. Como será possível identificar o Prazo Médio de Pagamento a Fornecedores?

Para se resolver esse impasse, trabalha-se com uma aproximação, isto é, divide-se o saldo das Duplicatas a Pagar a Fornecedores (ou, simplesmente, Fornecedores, ou Fornecedores a Pagar) pelo valor das Compras e se multiplica esse quociente pelo número de dias decorridos na acumulação das Compras.

$$PMPF = \frac{Fornecedores_{médio}}{Compras} \times 360$$

Sabe-se que Fornecedores médio corresponde à média aritmética do saldo da conta Fornecedores (ou Fornecedores a Pagar, ou Duplicatas a Pagar a Fornecedores), medido em duas datas consecutivas, no início e no final do período contábil ao qual se referem as Compras utilizadas como denominador.

$$Fornecedores_{médio} = \frac{(Fornecedores_0 + Fornecedores_1)}{2}$$

Não se pode esquecer do problema da inflação, estudado na Análise Horizontal (seção 10.5.3 deste capítulo). Afinal, o saldo de Fornecedores da data mais remota ($Fornecedores_0$) deve ser corrigido monetariamente até a data do saldo de Fornecedores da data mais recente ($Fornecedores_1$).

Outra questão que surge é: As Demonstrações Contábeis não apresentam o valor das Compras. Como será possível identificar o Prazo Médio de Pagamento a Fornecedores?

Para se resolver esse segundo impasse é necessário lembrar-se da dinâmica da conta Estoques:

Estoque	
Estoque inicial	– CMV
+ Compras	
= Estoque final	

Ou, numa linguagem mais simples:

Estoque inicial

+ Compras

– Baixa pela venda (Custo das Mercadorias Vendidas)

= Estoque final

Portanto, o valor das Compras é igual ao valor do Estoque final mais o CMV, menos o valor do Estoque inicial, ou seja:

Estoque final

+ Baixa pela venda (Custo das Mercadorias Vendidas)

– Estoque inicial

= Compras

Ciclo Operacional (CO)

O Ciclo Operacional corresponde ao tempo decorrido entre a compra de mercadorias e o recebimento do dinheiro da venda. Já para uma entidade fabril, o Ciclo Operacional é medido desde a data da compra da matéria-prima, portanto, inclui-se o tempo despendido na produção.

No caso hipotético da mercearia, desenvolvido nesta seção, considerando-se o Prazo Médio de Estocagem de 7 dias e o Prazo Médio de Recebimento de Clientes de 13 dias, o Ciclo Operacional é de 20 dias, quase três semanas. Isso é mais fácil de ser visualizado se elaborarmos uma linha do tempo, na qual a data da compra (25/8/X6) corresponde ao ponto inicial (marco zero).

compra							venda								pagamento					recebimento
0	1	2	3	4	5	6	7	8	9	10	11	12	13	14	15	16	17	18	19	20
Prazo Médio de Estocagem (7 dias)																				
							Prazo Médio de Recebimento (13 dias)													
Ciclo Operacional = PME + PMRC = 7 dias + 13 dias = 20 dias																				

Ciclo Financeiro (CF)

O Ciclo Financeiro corresponde à diferença entre o Prazo Médio de Pagamento a Fornecedores e o Ciclo Operacional.

No caso hipotético da mercearia, desenvolvido nesta seção, considerando-se o Prazo Médio de Estocagem de 7 dias, o Prazo Médio de Recebimento de Clientes de 13 dias e o Prazo Médio de Pagamento a Fornecedores de 15 dias, o Ciclo Financeiro é de 5 dias, desfavoráveis para a empresa. Desfavoráveis porque a empresa paga aos Fornecedores no dia 15, antes, portanto, de receber dos clientes. Vejamos a linha do tempo:

compra							venda								pagamento					recebimento
0	1	2	3	4	5	6	7	8	9	10	11	12	13	14	15	16	17	18	19	20
Prazo Médio de Estocagem (7 dias)																				
Prazo Médio de Recebimento (13 dias)																				
Ciclo Operacional = PME + PMRC = 7 dias + 13 dias = 20 dias																				
Prazo Médio de Pagamento a Fornecedores (15 dias)																				
Ciclo Financeiro = 5 dias																				

Isso sugere que a mercearia do exemplo hipotético tem uma Necessidade de Capital de Giro, ou seja, precisa obter recursos em fontes diferentes dos Fornecedores para financiar seu Ciclo Operacional, isto é, para financiar os Estoques e as Duplicatas a Receber de Clientes. O problema é que, normalmente, essas outras fontes de recursos são onerosas, quer dizer, mais caras que as compras a prazo.

Observe-se que esse cálculo da Necessidade de Capital de Giro (ou do Excesso de Capital de Giro) é uma simplificação da realidade, pois o Capital de Giro é aplicado não só em Estoques e Duplicatas a Receber de Clientes, mas, também, em Impostos a Recuperar, Despesas Antecipadas e em outros Ativos Circulantes efetivamente relacionados à atividade operacional da entidade; por outro lado, o Capital de Giro não é financiado exclusivamente por Fornecedores, mas, também, por Salários a Pagar, Impostos a Recolher, Contas a Pagar e por outros Passivos Circulantes genuinamente relacionados com a atividade operacional da entidade.

Vejamos os cálculos dos Indicadores de Prazos Médios da Droga Raia, seguindo essa versão simplificada que só leva em consideração o PME, o PMRC e o PMPF:

	A	B	C	D	E
1	Raia Drogasil S/A	31.12.11	31.12.10	Raia Drogasil S/A	2011
2	Balanço Patrimonial	R$ milhares	R$ milhares	Demonstração do Resultado do Exercício	R$ milhares
3		$ 2011	$ 2011		$ 2011
4	**Ativo Total**	**3.168.308**	974.949	**Receita Bruta de Venda de Bens e/ou Serviços**	**2.845.418**
5	**Ativo Circulante**	**1.625.795**	707.533	Deduções da Receita Bruta	–116.026
6	*Clientes*	*287.843*	121.340	**Receita Líquida de Venda de Bens e/ou Serviços**	**2.729.392**
7	*Estoques*	*814.975*	314.203	Custo dos Bens e/ou Serviços Vendidos	–2.011.471
8	*Outros Ativos Circulantes*	*522.977*	271.990	**Resultado Bruto**	**717.921**
9	**Ativo Não Circulante**	**1.542.513**	267.416	Despesas/Receitas Operacionais	–638.364
10	*Ativo Realizável a Longo Prazo*	*44.063*	33.347	**Resultado Antes do Resultado Financeiro e dos Tributos**	**79.557**
11	*Imobilizado*	*370.605*	163.792	Receitas Financeiras	22.447
12	*Intangível*	*1.127.845*	70.277	Despesas Financeiras	–10.799
13	**Passivo Total + Patrimônio Líquido**	**3.168.308**	974.949	**Resultado Antes dos Tributos sobre o Lucro**	**91.205**
14	**Passivo Circulante**	**791.232**	305.387	Imposto de Renda e Contribuição Social sobre o Lucro	–22.509
15	*Fornecedores*	*536.399*	204.603	**Lucro/Prejuízo Consolidado do Período**	**68.696**
16	*Outros Passivos Circulantes*	*254.833*	100.784		
17	**Passivo Não Circulante**	**175.902**	34.042		
18	**Patrimônio Líquido Consolidado**	**2.201.174**	635.520		
19					
20	**Cálculo das variáveis relevantes**	2011	**Fórmula Excel**	**Fórmula calculadora comum**	
21	Estoque médio	564.589	=(B7+C7)/2	=(814975 + 314203) ÷ 2	
22	Clientes médio	204.591	=(B6+C6)/2	=(287843 + 121340) ÷ 2	
23	Fornecedores médio	370.501	=(B15+C15)/2	=(536399 + 204603) ÷ 2	
24	Compras	2.512.243	=B7–E7–C7	=814975 + 2011471 – 314203	
25					
26	**Indicadores de Prazos Médios**	2011	**Fórmula Excel**	**Fórmula calculadora comum**	
27	Prazo Médio de Estocagem (PME)	101	=B21/–E7*360	=564589 ÷ 2011471 × 360	
28	Prazo Médio de Recebimento de Clientes (PMRC)	26	=B22/E4*360	=204591 ÷ 2845418 × 360	
29	Prazo Médio de Pagamento a Fornecedores (PMPF)	53	=B23/B24*360	=370501 ÷ 2512243 × 360	
30	Ciclo Operacional (CO)	127	=B27+B28	= 101 + 26	
31	Ciclo Financeiro (CF)	–74	=B29–B30	= 53 – 127	

Pela análise dos Indicadores de Prazos Médios, é possível identificar que a Droga Raia apresentou:

- Prazo Médio de Estocagem de 101 dias significa que, em média, as mercadorias permanecem 101 dias, quase 3 meses e 1 semana, nas prateleiras das lojas. Certamente determinados medicamentos permanecem por tempo significativamente inferior, afinal, seus prazos de validade não permitem que a entidade os armazene por tanto tempo. Por outro lado, produtos como *shampoos*, sabonetes e fraldas permanecem por tempo significativamente maior. Portanto, o PME é uma aproximação do tempo em que as mercadorias ficam estocadas, sendo essa aproximação baseada no valor dos Estoques e do CMV;
- Prazo Médio de Recebimento de Clientes de 26 dias, que significa que, em média, a entidade financia seus clientes por quase 1 mês;
- Prazo Médio de Pagamento a Fornecedores de 53 dias, ou seja, a entidade consegue que seus fornecedores lhe financiem por, aproximadamente, 2 meses. Isso é muito comum nas grandes redes varejistas, como é o caso da Droga Raia, que tem expressivo poder de barganha perante seus fornecedores (entidades fabris), principalmente perante os fornecedores de pequeno e médio portes;
- Ciclo Operacional de 127 dias, ou seja, a entidade leva 127 dias entre a compra das mercadorias e o recebimento do dinheiro das vendas;
- Ciclo Financeiro de 74 dias, 2 meses e 2 semanas. A entidade paga aos seus fornecedores, em média, 74 dias antes de receber de seus clientes. Portanto, opera com uma Necessidade de Capital de Giro. Lembre-se de que esses cálculos simplificados não consideraram a parcela do Capital de Giro aplicada em Impostos a Recuperar, Adiantamentos a Fornecedores e Funcionários, Despesas Antecipadas e Outros Ativos Circulantes relacionados à atividade genuinamente operacional, bem como não consideraram a parcela do Capital de

Giro financiada por Salários e Encargos Sociais a Pagar, Impostos e Contribuições a Recolher, Aluguéis a Pagar e Outros Passivos Circulantes relacionados à atividade verdadeiramente operacional.

10.5.3.6 Indicadores dos Fluxos de Caixa

Vejamos, nesta seção, apenas cinco indicadores viáveis de serem calculados com a Demonstração dos Fluxos de Caixa (DFC) apurada pelo método indireto (tema estudado na seção 9.1 no Capítulo 9).

Capacidade de Pagamento dos Empréstimos de Curto Prazo (CPECP)

A CPECP verifica se a geração operacional líquida de caixa já descontada dos dividendos pagos é suficiente para que a empresa honre seus financiamentos onerosos de curto prazo. Portanto, a interpretação é quanto maior, melhor.

$$CPECP = \frac{FCO - Dividendos\ pagos}{PCO_m}$$

Entende-se por FCO o Fluxo de Caixa das Atividades Operacionais. Os "Dividendos pagos" são um dos itens que compõem o Fluxo de Caixa das Atividades de Financiamento.

Tal qual apresentado na seção 10.5.3.2, entende-se por PCO o Passivo Circulante Oneroso, ou seja, o denominador da equação representa o Passivo Circulante Oneroso, isto é, as dívidas com terceiros vencíveis em um ano, sobre as quais a entidade paga (deve, incorre) juros (Despesas Financeiras). Pelo fato de se dividir um valor de fluxo com outro de patrimônio, sugerimos que o denominador seja um valor médio.

Capacidade de Pagamento dos Dividendos (CPD)

A CPD verifica se a geração operacional líquida de caixa é suficiente para que a empresa pague os dividendos (e juros sobre o capital próprio) distribuídos e propostos. Portanto, a interpretação é quanto maior, melhor.

$$CPD = \frac{FCO}{Dividendos\ distribuídos\ e\ propostos}$$

O valor do denominador da equação (Dividendos distribuídos e propostos) pode ser entrado na Demonstração das Mutações do Patrimônio Líquido (DMPL ou DEMUT), tema estudado na seção 5.5 do Capítulo 5.

Retorno do Caixa Operacional sobre o Patrimônio Líquido (RCOPL)

O RCOPL mede a capacidade de a empresa gerar caixa – mediante sua atividade operacional – para disponibilizá-lo aos acionistas (o fluxo líquido de caixa na visão do acionista). Portanto, sua interpretação é quanto maior, melhor.

$$RCOPL = \frac{FCO}{PL_m} \times 100$$

Sempre que houver dados de duas demonstrações consecutivas, deve-se utilizar a média do Patrimônio Líquido para comparar com o Lucro, de forma a melhor traduzir a rentabilidade do período, tendo em vista que o PL pode sofrer alterações durante o exercício, tais como aumento de capital, distribuição de dividendos, saída de sócios etc. O lucro gerado no ano pode ser excluído da média conforme explicado no item 10.5.3.4 deste capítulo.

Sabe-se que Patrimônio Líquido Médio (PL_m) corresponde à simples média aritmética do valor do Patrimônio Líquido (PL) em dois momentos sucessivos, ou seja, $PL_m = (PL_1 + PL_0)/2$.[4]

Retorno do Caixa sobre o Patrimônio Líquido (RCPL)

Tal qual o RPL (estudado na seção 10.5.3.4), o RCPL também está associado ao conceito de custo de oportunidade. Portanto, sua interpretação é quanto maior, melhor.

$$RCPL = \frac{FC}{PL_m} \times 100$$

O RCPL segue a mesma lógica do RCOPL, a única diferença reside no numerador. Este indicador mede capacidade de a empresa gerar caixa – mediante todas as três atividades – para disponibilizá-lo aos acionistas (o fluxo líquido de caixa, na visão do acionista).[5]

Qualidade do Lucro (QL)

A QL mede a "distância" entre o fluxo de caixa e o fluxo de lucros. A diferença entre um e outro decorre da aplicação do Princípio da Competência (Realização da Receita e Confronto da Despesa com a Receita e com o Período Contábil).

$$QL = \frac{FCO}{LO}$$

Esse indicador é utilizado para medir se o resultado (lucro) está sendo manipulado pela empresa ("maquilagem de balanço", "gerenciamento de resultados").

Sugere-se utilizar como denominador (LO) o "Lucro antes do Resultado Financeiro e dos Tributos" menos o "IR e CSLL".

A interpretação é quanto mais próximo de 1 e quanto mais semelhante aos indicadores de períodos imediatamente anteriores, menos "gerenciado" está sendo o resultado – "melhor a qualidade do lucro". Por outro lado, quanto mais distante de 1 – não importa se positivo ou negativo – e se os valores dos quocientes de três a cinco períodos imediatamente anteriores forem muito diferentes, mais a empresa pode estar gerenciando a informação contábil – "pior a qualidade do lucro".

Vejamos os cálculos dos Fluxos de Caixa da Droga Raia, em 2011, tomando-se os valores de 2009 corrigidos pelo IPC-M (FGV).

---

[4] Pode-se utilizar, alternativamente, o PL inicial. Dependendo do nível de inflação, o PL_i deverá ser atualizado monetariamente.

[5] Aqui, também é possível utilizar, alternativamente, o PL inicial. Dependendo do nível de inflação, o PL_i deverá ser atualizado monetariamente.

	A	B	C
1	Raia Drogasil S/A	31.12.11	31.12.10
2	Balanço Patrimonial	R$ milhares	R$ milhares
3		$ 2011	$ 2011
4	Ativo Total	3.168.308	974.949
5	Ativo Circulante	1.625.795	707.533
6	Ativo Não Circulante	1.542.513	267.416

	D	E	F
1	Raia Drogasil S/A	31.12.11	31.12.10
2	Balanço Patrimonial	R$ milhares	R$ milhares
3		$ 2011	$ 2011
4	Passivo Total + Patrimônio Líquido	3.168.308	974.949
5	Passivo Circulante	791.232	305.387
6	*Empréstimos e Financiamentos*	50.325	21.610
7	*Demais Contas a Pagar*	55.759	13.339
8	*Outros Passivos Circulantes*	685.148	270.439
9	Passivo Não Circulante	175.902	34.042
10	Patrimônio Líquido Consolidado	2.201.174	635.520

	A	B
12	Raia Drogasil S/A	2011
13	Demonstração do Resultado do Exercício	R$ milhares
14		$ 2011
15	Receita Bruta de Venda de Bens e/ou Serviços	2.845.418
16	Deduções da Receita Bruta	– 116.026
17	Receita Líquida de Venda de Bens e/ou Serviços	2.729.392
18	Custo dos Bens e/ou Serviços Vendidos	– 2.011.471
19	Resultado Bruto	717.921
20	Despesas/Receitas Operacionais	– 638.364
21	Resultado Antes do Resultado Financeiro e dos Tributos	79.557
22	Receitas Financeiras	22.447
23	Despesas Financeiras	– 10.799
24	Resultado Antes dos Tributos sobre o Lucro	91.205
25	Imposto de Renda e Contribuição Social sobre o Lucro	– 22.509
26	Lucro/Prejuízo Consolidado do Período	68.696

	D	E
12	Raia Drogasil S/A	2011
13	Demonstração dos Fluxos de Caixa	R$ milhares
14	Caixa Líquido Atividades Operacionais	28.619
15	Caixa Líquido Atividades de Investimento	143.198
16	Caixa Líquido Atividades de Financiamento	– 12.692
17	Financiamentos Tomados	60.865
18	Pagamentos de Financiamentos	– 26.183
19	Juros Pagos	– 7.420
20	Recebimento de Exercício do Plano de Opção de Ação	909
21	Recebimento da Alienação de Ações Mantidas em Tesouraria	0
22	Juros Sobre Capital Próprio e Dividendos Pagos	– 40.863
23	Aumento (Redução) de Caixa e Equivalentes	159.125
24	Saldo Inicial de Caixa e Equivalentes	180.846
25	Saldo Final de Caixa e Equivalentes	339.971

	A	B	C	D	E	F
28						
29	Raia Drogasil S/A					
30	Demonstração das Mutações do Patrimônio Líquido (R$ milhares)	Capital Social	Reservas de Capital, Opções Outorgadas e Ações em Tesouraria	Reservas de Lucro	Lucros Acumulados	Patrimônio Líquido
31	Saldos em 31 de Dezembro de 2010	285.400	100.889	212.328	0	598.617
32	Aumentos de Capital	623.239	940.907	0	0	1.564.146
33	Opções Outorgadas Reconhecidas	0	532	0	0	532
34	Ações em Tesouraria Vendidas	0	−2.393	3.302	0	909
35	Dividendos	0	0	9.738	−9.738	0
36	Juros sobre Capital Próprio	0	0	0	−21.562	−21.562
37	Dividendo de 2010 aprovado na AGO de 11 de Abril de 2011	0	0	−4.238	0	−4.238
38	Juros Sobre Capital Próprio Prescrito	0	0	0	70	70
39	Lucro Líquido do Período	0	0	0	68.696	68.696
40	Constituição de Reservas	0	0	37.668	−37.668	0
41	Realização da Reserva de Reavaliação	0	0	−306	306	0
42	Tributos sobre a Realização da Reserva de Reavaliação	0	0	104	−104	0
43	I.R.P.J. e C.S.L. Diferidos sobre Reserva de Reavaliação de Terrenos	0	0	−5.996	0	−5.996
44	Saldos em 31 de Dezembro de 2011	908.639	1.039.935	252.600	0	2.201.174
45						

	A	B	C	D
46	Cálculo dos denominadores	2011	Fórmula Excel	Fórmula calculadora comum
47	Patrimônio Líquido médio (PLm)	1.418.347	=(E10+F10)/2	=(2201174 + 635520) ÷ 2
48	Passivo Circulante Oneroso médio (PCOm)	70.516	=(E6+E7+F6+F7)/2	=(50325 + 55759 + 21610 + 13339) ÷ 2
49				
50	Indicadores dos Fluxos de Caixa	2011	Fórmula Excel	Fórmula calculadora comum
51	Capacidade de Pagamento de Empréstimos de Curto Prazo (CPECP)	−0,17	=(E14+E22)/B48	=(28619 − 40863) ÷ 70516
52	Capacidade de Pagamento de Dividendos (CPD)	1,11	=E14/(−F36−F37)	=28619 ÷ (21562 + 4238)
53	Retorno de Caixa Operacional sobre o Patrimônio Líquido (RCOPL)	2,0%	=E14/B47	=28619 ÷ 1418347 × 100
54	Retorno de Caixa sobre o Patrimônio Líquido (RCPL)	11,2%	=E23/B47	=159125 ÷ 1418347 × 100
55	Qualidade do Lucro (QL)	0,50	=E14/(B21+B25)	=28619 ÷ (79557 + 22509)

Por esta análise, é possível identificar que a Droga Raia apresentou:

- Capacidade de Pagamento de Empréstimos de Curto Prazo inexistente, pois o caixa gerado pelas atividades operacionais é menor que os dividendos pagos, portanto, não é suficiente para pagar os empréstimos de curto prazo (passivo circulante oneroso).

- Capacidade de Pagamento de Dividendos de 1,11, o que significa que o caixa gerado pelas atividades operacionais é mais que suficiente para pagar os dividendos distribuídos e propostos.

- Retorno de Caixa Operacional sobre o PL de 2%, o que demonstra que o fluxo de caixa gerado pelas atividades operacionais remuneraria o patrimônio líquido à taxa de 2% ao ano.

- Retorno de Caixa sobre o PL de 11,2%, o que demonstra que o fluxo de caixa consumido pela entidade (o somatório dos fluxos das três atividades) corresponde a aproximadamente 11% do patrimônio líquido médio.

- Qualidade do Lucro de 0,50 distante de 1. Entretanto, não se pode afirmar que o lucro da entidade esteja manipulado, pois, para tanto, é necessário verificar esse indicador para, pelo menos, mais três períodos imediatamente anteriores e, ainda, verificar esse mesmo indicador para outras empresas do mesmo ramo de atividade.

Exercícios de fixação (10.5)

1. Correlacione a coluna da esquerda com a da direita:

a) análise vertical	( ) mede a composição do resultado da entidade, compara o lucro com a receita
b) análise horizontal	( ) compara variáveis de naturezas diferentes
c) análise por indicadores	( ) mede a taxa de retorno que a entidade oferece aos capitais que a financiam, compara o lucro com o capital investido
d) indicadores de liquidez	( ) mede a gestão do capital de giro da entidade
e) indicadores de endividamento	( ) compara cada parcela da demonstração com a mesma parcela da demonstração de períodos anteriores, permite identificar a evolução do patrimônio ou do resultado da entidade
f) indicadores de lucratividade	( ) mede a capacidade de pagamento da entidade
g) indicadores de rentabilidade	( ) compara cada parcela da demonstração com o todo, permite identificar a estrutura do patrimônio ou do resultado da entidade
h) indicadores de prazos médios	( ) mede a qualidade da dívida da entidade, avalia sua política de financiamento
i) indicadores de fluxo de caixa	( ) ajuda a interpretar a DFC

2. Responda de forma objetiva:

    a) Por que a análise horizontal é a mais vulnerável pelo problema da inflação? O que o analista pode e precisa fazer para minimizar esse problema?

        _____
        _____
        _____
        _____
        _____

    b) Justifique a relevância da liquidez seca nas seguintes situações:

        i. análise de uma empresa em descontinuidade:

        _____
        _____
        _____
        _____
        _____

        ii. análise de uma empresa produtora de produtos rapidamente perecíveis:

        _____
        _____
        _____
        _____
        _____

        iii. análise de uma empresa que comercializa produtos sazonais:

        _____
        _____
        _____
        _____
        _____

    c) Explique o que significa Passivo Oneroso.

        _____
        _____
        _____
        _____
        _____

    d) O que os indicadores de lucratividade e a análise vertical da Demonstração do Resultado do Exercício têm em comum?

        _____
        _____
        _____

    e) Por que, no cálculo dos indicadores de rentabilidade, é sugerido adotar no denominador o valor médio, no lugar dos valores iniciais ou finais?

        _____
        _____
        _____
        _____
        _____

    f) Por que, no cálculo do Retorno do Ativo, é necessário somar ao numerador o valor das Despesas Financeiras líquidas do Imposto de Renda e da Contribuição Social sobre o Lucro?

        _____
        _____
        _____
        _____
        _____

    g) Se a empresa apresentar um Ciclo Financeiro negativo, ela está com Sobra de Caixa ou com Necessidade de Capital de Giro? Por quê?

        _____
        _____
        _____
        _____
        _____

    h) Por que se deduzem os dividendos pagos do numerador do indicador CPECP?

        _____
        _____
        _____
        _____
        _____

    i) Por que o denominador do indicador CPD não é o valor dos dividendos pagos, mas dos dividendos distribuídos e propostos?

        _____
        _____
        _____
        _____

j) Qual a lógica do indicador Qualidade do Lucro?

_____

_____

_____

_____

_____

10.6 Elaboração do parecer

A análise das Demonstrações Contábeis pode ter diversas finalidades, mas o objetivo básico é sempre identificar a situação econômico-financeira da entidade analisada. Portanto, não existe uma estrutura rígida predefinida de parecer. Mas, normalmente, o analista apresenta algumas características operacionais da empresa analisada, as fontes de coleta das informações contábeis, os ajustes e reclassificações efetuados, os cálculos efetuados e o parâmetro de comparação adotado, para, finalmente, apresentar suas conclusões quanto à situação econômico-financeira da entidade analisada.

Vejamos o exemplo da Raia Drogasil S/A, cuja situação econômico-financeira foi objeto de análise deste capítulo:

10.6.1 Contextualização da empresa, seus produtos e suas atividades

A história da Raia Drogasil S/A (conhecida pelo nome fantasia: Droga Raia) remonta a 1905, quando o farmacêutico João Baptista Raia inaugurou a Pharmacia Raia, na cidade de Araraquara, interior do estado de São Paulo. Na década de 1980, já sob a liderança do atual presidente, o Sr. Antonio Carlos Pipponzi (neto do fundador), a companhia começou a perseguir uma diferenciação que a permitisse assumir uma posição de destaque no mercado.

Em 1987, foi lançado o Cartão Raia, que acredita-se ser o primeiro cartão de fidelidade, com a constituição de um banco de dados e sem envolver a concessão de crédito, de todo o varejo brasileiro. Nesse mesmo ano a Droga Raia concluiu a informatização de toda a cadeia de suprimentos, incluindo o centro de distribuição e as lojas, o que reduziu drasticamente os inventários e gerou uma liquidez que permitiu à companhia impulsionar o seu crescimento. No início da década de 1980 a Droga Raia possuía 7 lojas, e ao final da década, já tinha alcançado o número de 37 lojas.

Na década de 1990 ofereceu um plano de carreira e programas de treinamento para formar talentos. Com a estruturação de uma carteira de Gestão de Benefício Farmácia e o início da constituição de uma carteira de clientes corporativos, o ritmo de crescimento foi acelerado ainda mais. Ao final da década, o número de lojas já era 78.

Em 30 de setembro de 2008, houve o ingresso de Gávea investimentos e a Pragma Patrimônio como acionistas da companhia, cada um com 15% de participação, que fizeram investimentos que suportaram a agressiva estratégia de crescimento orgânico e que vêm contribuindo positivamente para governança corporativa e o modelo de gestão da Droga Raia. Em 31 de dezembro de 2009, a marca de 299 lojas foi atingida, o que significou, em apenas três anos, dobrar o número de lojas, com o que foi encerrado o ano de 2006.

Em 31 de dezembro de 2010, a empresa possuía 350 lojas. Em outubro de 2011 a Raia foi incorporada pela Drogasil, e passa a ser denominada Raia Drogasil S/A, de forma a concentrar sinergias para continuar e ampliar suas participações no segmento de drogarias no Brasil; com isso, em 31 de dezembro de 2011, possuía 776 lojas em nove unidades da federação: São Paulo, Distrito Federal, Goiás, Espírito Santo, Minas Gerais, Paraná, Rio de Janeiro, Rio Grande do Sul e Santa Catarina.

Ao longo de sua história, a Droga Raia buscou acompanhar as diversas etapas do desenvolvimento do mercado brasileiro de drogarias, liderando diversas inovações do setor. O seu _slogan_ "Prazer em Cuidar" traduz os valores que norteiam a busca da excelência humana e comercial da Rede e reflete a sua filosofia de atuação e a atitude perante os clientes, a comunidade, os colaboradores e também perante os seus acionistas e investidores, amparada por valores que nos foram legados por seu fundador desde 1905.[6]

10.6.2 Propósito da análise

A presente análise tem por objetivo comparar a situação econômico-financeira da Droga Raia de 2011 com a de 2010, simplesmente como exemplificação didática do conteúdo apresentado neste capítulo.

10.6.3 Fonte dos dados, ajustes e reclassificações necessários, índice de preço

Todos os dados foram obtidos no portal da Raia Drogasil S/A, <www.drogaraia.com.br>, exceto o índice de preços, que foi obtido no portal da FGV, <www.fgv.br>.

Utilizou-se o Índice de Preço ao Consumidor do Mercado (IPC-M), medido pela FGV, para se corrigir os valores de 2010, apurados em 31/12/2010, para moeda de poder aquisitivo de 31/12/2011. Nesse período, o IPC-M variou 6,1647%. A escolha desse índice se justifica pelo fato de ser um índice de preços ao consumidor (como seu próprio nome sugere). Ou seja, o IPC mede a inflação média da economia brasileira, que afeta o consumidor final (inclusive os clientes da Droga Raia).

10.6.4 Parâmetro de comparação

A situação econômico-financeira da Droga Raia em 2010 é utilizada como parâmetro de comparação com o ano subsequente (2011).

10.6.5 Estrutura de investimentos, financiamentos e de resultados (análise vertical)

Identificamos que, em 2011, 51,3% do patrimônio são aplicados em ativos realizáveis no curto prazo (Ativo Circulante – AC), 1,4% em Ativos Realizáveis a Longo Prazo (RLP) e 47,3% em ati-

vos que não se tem por expectativa transformar em dinheiro (Ativos Investimentos, Imobilizado e Intangível, somados). Em 2010, essas proporções eram 72,6% (AC), 3,4% (RLP) e 24,0%, o que nos permite identificar que a Droga Raia priorizou, no último ano, aplicações em Ativos Circulantes. Esse mesmo patrimônio, em 2011, é financiado 25% com dívidas que vencem no curto prazo (Passivo Circulante – PC), 5,6% por dívidas que vencem no longo prazo (Passivo não Circulante – PÑC) e 69,5% por capitais próprios da entidade (Patrimônio Líquido – PL). Em 2010, essas proporções eram 31,3% (PC), 3,5% (PÑC) e 65,2% (PL), sugerindo que a Droga Raia priorizou a obtenção de recursos próprios e de terceiros que vencem no longo prazo. Identificamos, ainda, que o Custo das Mercadorias Vendidas (CMV) corresponde, em 2011, a 73,7% da Receita, as Despesas Operacionais correspondem a 23,4% da Receita, enquanto o Lucro Líquido corresponde a 2,5%, isto é, a empresa tem uma lucratividade líquida de 2,5% da Receita. Em 2010, o CMV correspondia a 74,3% da Receita, as Despesas Operacionais correspondiam a 20,0% da Receita e a lucratividade líquida era 4,4%, portanto, o CMV manteve-se em 2011 de forma equivalente a 2010, entretanto, as Despesas Operacionais tiveram um aumento que prejudicou a lucratividade líquida.

10.6.6 Comportamento do resultado e da situação patrimonial da empresa (análise horizontal)

Com a correção monetária pelo IPC-M, percebe-se que a Receita teve aumento real de 28,0%. Esse aumento da Receita, associado ao aumento do CMV, em 27,0%, provocou o aumento real do Lucro Bruto em 31,1%. As Despesas Operacionais aumentaram 47,6%, o que contribuiu para a redução do real do Lucro antes do Resultado Financeiro e dos Tributos de 34,2% e do Lucro Líquido de 27,3%, em 2011 (comparado com 2010).

Percebe-se, pela Análise Horizontal do Balanço Patrimonial, que o patrimônio (Ativo total, ou Passivo + Patrimônio Líquido) sofreu um aumento real de 225,0%, em 2011 (comparado

---

[6] Disponível em: <http://ri.drogaraia.com.br/drogaraia/web/conteudo_pt.asp?idioma=0&conta=28&tipo=33126>.

com 2010), sendo que o Ativo Circulante aumentou 129,8%, Realizável a Longo Prazo aumentou 32,1% e os Ativos Investimentos, Imobilizado e Intangível juntos aumentaram 540,2%, como consequência da incorporação da Raia pela Drogasil ocorrida em 2011. Por outro lado, o Passivo Circulante aumentou 159,1%, o Passivo não Circulante aumentou 416,7% e o Patrimônio Líquido teve aumento real de 246,4%, também como consequência de tal incorporação.

10.6.7 Situação econômico-financeira (liquidez, endividamento, lucratividade, rentabilidade e prazos médios – análise por indicadores)

A Raia Drogasil S/A apresenta boa liquidez, tanto de longo prazo (Liquidez Geral, LG = 1,73), quanto de curto prazo (Liquidez Corrente, LC = 2,05), entretanto, essa figura se inverte, se não conseguir transformar em dinheiro os seus Estoques e outros Ativos Circulantes de difícil realização, como Despesas Antecipadas e Outros (Liquidez Seca, LS = 0,89), e as Disponibilidades só cobrem 43% das dívidas de curto prazo (Liquidez Imediata, LI = 0,43). Em 2011, os indicadores de liquidez foram equivalentes aos de 2010, embora tenham sofrido pequena redução.

Ressalte-se que para a análise da capacidade de pagamento das dívidas, para uma empresa em continuidade – como é o caso da Raia Drogasil – o que interessa é a LC e a LG, que estão boas; a pequena redução de 2010 para 2011 não compromete a situação da empresa.

A Raia Drogasil é mais financiada pelos acionistas que por terceiros (Endividamento Geral, EG = 0,31) e 82% de suas dívidas vencem no curto prazo (Composição do Endividamento, CE = 0,82). Além de ser pouco financiada por terceiros, as dívidas onerosas (pelas quais a empresa paga juros, como "Empréstimos e Financiamentos", "Debêntures", "Financiamentos de compras de imóveis" e "Impostos Parcelados" do PÑC) financiam somente 7% do Ativo (Endividamento Oneroso, EO = 0,07) e tais dívidas onerosas vencem, majoritariamente, no longo prazo (Composição do Endividamento Oneroso, CEO = 0,47). Resta comentar que a Raia Drogasil não precisa utilizar recursos de terceiros para financiar seu Imobilizado, afinal, o Patrimônio Líquido é suficiente para financiar todo o Imobilizado (Imobilização do Patrimônio Líquido, IPL = 0,17). Em 2011, os indicadores de endividamento foram menores que em 2010, demonstrando a Raia Drogasil estar melhor em 2011 que em 2010.

Com relação à lucratividade, em 2011, a Raia Drogasil S/A obtém, sobre sua Receita, 26,3% de Lucro Bruto, 2,9% de Lucro Genuinamente Operacional (antes dos efeitos das Despesas e Receitas Financeiras), 2,5% de Lucro Operacional e 2,5% de Lucro Líquido. Em 2010, os indicadores de lucratividade foram melhores que os de 2011.

No que tange à rentabilidade, a Raia Drogasil remunera os capitais nela investidos a uma taxa inferior, porém, próxima à Poupança e ao Certificado de Depósito Bancário, CDB, que corresponde à taxa básica de rendimentos em nossa economia. Afinal, em 2011, a Poupança e o CDB renderam 7,5% e 11,6%, respectivamente (em 2010, renderam 6,9% e 9,7%, respectivamente), enquanto a Raia Drogasil remunerou seus acionistas a 4,8% ao ano (Retorno do Patrimônio Líquido, RPL = 4,8%) e todos os recursos que financiam o patrimônio total (Passivo e Patrimônio Líquido) a 3,7% ao ano (Retorno do Ativo, RA = 3,7%).[7] Em 2011, o RPL e o RA foram menores que em 2010, quando a remuneração oferecida pela Raia Drogasil superou a remuneração da poupança e do CDB.

Em 2011, a Raia Drogasil operou com significativa Necessidade de Capital de Giro, pois apresentou um Ciclo Financeiro desfavorável em 74 dias. Afinal, seu Ciclo Operacional foi de 127 dias (Prazo Médio de Estocagem, PME = 101, mais Prazo Médio de Recebimento de Clientes, PMRC = 26 dias) e seu Prazo Médio de Pagamento a

---

[7] Observe que os parâmetros mais adequados para comparar o RPL e o RA de uma empresa em determinado período são: (a) esses parâmetros da mesma empresa, apurados em anos anteriores; (b) esses parâmetros da mesma empresa, projetados – no passado – para o ano corrente; (c) esses parâmetros de outras empresas – concorrentes, apurados no ano corrente.

Fornecedores, PMPF, foi de 53 dias. Em 2010, o Ciclo Financeiro (40 dias) foi melhor que o de 2011.

Finalmente, com relação ao fluxo de caixa, alguns índices pioraram em 2011 comparativamente a 2010. A Capacidade de pagamento de Empréstimos de Curto Prazo (CPECP) reduziu de 0,72 para – 0,17 (negativo); a Capacidade de Pagamento de Dividendos (CPD) reduziu de 1,83 para 1,11; o Retorno de Caixa Operacional sobre

o PL (RCOPL), também, reduziu de 10,1% para 2,0%. Em contrapartida, o Retorno de Caixa sobre o PL (RCPL) aumentou de 10,3% para 11,2%, de 2010 para 2011. No tocante à qualidade do lucro, não se podem obter conclusões, pois trabalhamos com observações de somente dois períodos.

Os índices comentados nesta seção podem ser observados na tabela que segue:

Liquidez		Fórmula	2011	2010
Liquidez Corrente	LC	AC ÷ PC	2,05	2,32
Liquidez Seca	LS	(AC – itens de difícil realização) ÷ PC	0,89	1,14
Liquidez Imediata	LI	Caixa e Equivalentes de Caixa ÷ PC	0,43	0,63
Liquidez Geral	LG	(AC + RLP) ÷ (PC + PÑC)	1,73	2,18
Endividamento		**Fórmula**	**2011**	**2010**
Endividamento Geral	EG	(PC + PÑC) ÷ Ativo	0,31	0,35
Composição do Endividamento	CE	PC ÷ (PC + PÑC)	0,82	0,90
Endividamento Oneroso	EO	(PCO + PÑCO) ÷ Ativo	0,07	0,07
Composição do Endividamento Oneroso	CEO	PCO ÷ (PCO + PÑCO)	0,47	0,54
Imobilização do Patrimônio Líquido	IPL	Imobilizado ÷ PL	0,17	0,26

Lucratividade		Fórmula	2011	2010
Margem Bruta	MB	Lucro Bruto ÷ Receita	26,3%	25,7%
Margem Genuinamente Operacional	MGO	Lucro antes do Resultado Financeiro e dos Tributos ÷ Receita	2,9%	5,7%
Margem Operacional Líquida	MOL	Lucro antes dos Tributos sobre o Lucro ÷ Receita	2,5%	4,4%
Margem Líquida	ML	Lucro Líquido ÷ Receita	2,5%	4,4%

Rentabilidade		Fórmula	2011	2010
Retorno sobre o Patrimônio Líquido	RPL	Lucro Líquido ÷ PLm	4,8%	17,2%
Retorno sobre o Ativo	RA	[Lucro Líquido + Despesa Financeira × (1 – 0,34)] ÷ ATm	3,7%	11,0%

Indicadores de Prazos Médios		Fórmula	2011	2010
Prazo Médio de Estocagem	PME	Estoque médio ÷ CMV × 360	101	69
Prazo Médio de Recebimento de Clientes	PMRC	Clientes médio ÷ Receita Bruta × 360	26	19
Prazo Médio de Pagamento a Fornecedores	PMPF	Fornecedores médio ÷ Compras × 360	53	48
Ciclo Operacional	CO	PME + PMRC	127	88
Ciclo Financeiro	CF	PMPF – CO	– 74	– 40

Indicadores dos Fluxos de Caixa		Fórmula	2011	2010
Capacidade de Pagamento de Empréstimos de Curto Prazo	CPECP	(FCO – Dividendos pagos) ÷ PCOm	– 0,17	0,72
Capacidade de Pagamento de Dividendos	CPD	FCO ÷ Dividendos distribuídos e propostos	1,11	1,83
Retorno de Caixa Operacional sobre o Patrimônio Líquido	RCOPL	FCO ÷ PLm	2,0%	10,1%
Retorno de Caixa sobre o Patrimônio Líquido	RCPL	FC ÷ PLm	11,2%	10,3%
Qualidade do Lucro	QL	FCO ÷ (Lucro antes do Resultado Financeiro e dos Tributos – IR e CSSL)	0,50	0,64

Cálculo das variáveis relevantes		Fórmula	2011	2010
Patrimônio Líquido médio (PLm)	PLm	(PL inicial + PL final) ÷ 2	1.418.347	517.646
Ativo Total médio (ATm)	ATm	(Ativo inicial + Ativo final) ÷ 2	2.071.628	845.339
Passivo Circulante Oneroso médio (PCOm)	PCOm	(PCO inicial + PCO final) ÷ 2	70.516	29.503
Estoque médio		(Estoque inicial + Estoque final) ÷ 2	564.589	286.394
Clientes médio		(Clientes inicial + Clientes final) ÷ 2	204.591	110.859
Fornecedores médio		(Fornecedores inicial + Fornecedores final) ÷ 2	370.501	200.355
Compras		Estoque final + CMV – Estoque inicial	2.512.243	1.511.032

10.6.8   Conclusão

A Raia Drogasil S/A não está passando por dificuldades financeiras, afinal, apresenta confortável liquidez e endividamento. A redução dos índices de lucratividade e rentabilidade parece ser consequência da significativa expansão ocorrida no final de 2011 com a incorporação da Raia pela Drogasil. Espera-se que de 2012 em diante os frutos desse processo (sinergia) se reflitam nas demonstrações contábeis.

Finalmente, é necessário ressaltar algumas limitações desta análise:

- não se definiu um propósito específico para a análise, salvo o didático;
- não se trabalhou com os parâmetros de comparação comentados neste capítulo, ou seja, não se analisaram anos anteriores da entidade, nem se analisaram diferentes drogarias ou outras empresas varejistas;
- não foram calculados os prazos médios dos demais itens que compõem o Capital de Giro.

Exercícios de fixação (10.6)

1. Responda de forma objetiva: qual a relevância dos seguintes tópicos do Parecer da análise das demonstrações contábeis?

a) Contextualização da empresa, suas atividade e seus produtos:

_____
_____
_____
_____

b) Propósito da análise:

_____
_____
_____
_____

c) Fonte dos dados, ajustes, reclassificações e índice de preço:

_____
_____
_____
_____

d) Parâmetros de comparação:

_____
_____
_____
_____

Exercício de inglês contábil

Correlacione:

(1) Return on equity

(2) Gross profit margin

(3) Inventory turnover

(4) Accounts receivable turnover

(5) Current ratio

(6) Quick ratio

(7) Cash ratio

(8) Debt-to-equity ratio

(9) Dividend payout ratio

(10) Liabilities-to-equity ratio

( ) [sales – cost of sales] ÷ sales

( ) net income ÷ shareholder's equity

( ) sales, ÷ Accounts receivable

( ) current asset ÷ current liability

( ) Cost of goods sold ÷ Inventory

( ) [cash + cash equivalent] ÷ current liability

( ) cash dividends paid ÷ net income

( ) [short-term debt + long-term debt] ÷ shareholder's equity

( ) Total liabilities, ÷ shareholder's equity

( ) [cash + short-term investments + Accounts receivable] ÷ current liability

Questões de concurso

1. Uma empresa vende produtos sob encomenda, com prazo médio de recebimento de 60 dias após a entrega na fábrica do comprador. A empresa paga a seus fornecedores com prazo médio de 30 dias após receber a matéria-prima. Em consequência, sua necessidade de capital de giro é elevada. Para reduzi-la, a empresa poderia adotar várias providências, entre as quais NÃO se inclui a diminuição do(s) (CESGRANRIO – 2011– BNDES – Contador)

   a) endividamento de longo prazo na sua estrutura de capital

   b) prazo médio de estocagem de matérias-primas

   c) prazo médio de processamento das matérias-primas na fabricação dos produtos

   d) tempo médio de transporte dos produtos até o comprador

   e) adiantamentos pagos a alguns de seus fornecedores

2. Uma empresa, inicialmente com um indicador de liquidez corrente igual a 1, fez caixa adiando os pagamentos aos fornecedores. Sua dívida de curto prazo aumentou de R\$ 50.000,00 e seu caixa aumentou também de R\$ 50.000,00. O novo valor do indicador de liquidez corrente é (CESGRANRIO – 2011 – BNDES – Contador)

   a) 0,95

   b) 1,00

   c) 1,05

   d) 1,10

   e) 1,50

3. Entre os indicadores econômico-financeiros abaixo, qual se relaciona à rentabilidade da empresa? (CESGRANRIO – 2011 – BNDES – Contador)

   a) Ativo circulante ÷ passivo circulante

   b) Ativo permanente ÷ patrimônio líquido

   c) Passivo circulante ÷ ativo total

   d) Passivo exigível total ÷ ativo total

   e) Lucro líquido no exercício ÷ ativo total médio

4. Indica o tempo médio que a empresa leva para produzir, vender e receber a receita de seus produtos: (FCC – 2011 – TRT – 24ª REGIÃO (MS) – Analista Judiciário – Contabilidade)

   a) Giro do Ativo.

   b) Ciclo Operacional.

   c) Giro do Estoque.

   d) Ciclo Financeiro.

   e) Rentabilidade do Ativo Total.

Resumo

A análise das Demonstrações Contábeis envolve seis etapas. A primeira é a definição do propósito da análise, afinal, dependendo da razão pela qual se analisam as Demonstrações Contábeis de uma entidade é que se decidem as etapas subsequentes. O passo seguinte é a obtenção das Demonstrações Contábeis, pois, sem elas, não há o que se analisar. Uma vez obtidas as Demonstrações Contábeis, o analista precisa obter outras informações sobre a entidade a ser analisada e investigar a confiabilidade das informações contábeis obtidas. Estando o analista confortável com a confiabilidade das informações de que dispõe, o passo seguinte é definir os parâmetros de comparação aos indicadores que irá calcular. Mediante os cálculos efetuados (análise vertical, análise horizontal e análise por indicadores), o analista compara a situação e o desempenho efetivos da empresa com os parâmetros escolhidos *a priori* e escreve seu parecer, destacando a contextualização da empresa analisada, o propósito da análise, os ajustes e reclassificações efetuados, os parâmetros de comparação adotados, a análise propriamente dita, suas conclusões acerca da situação e do desempenho da empresa analisada e as limitações de sua análise.

Exercícios de verificação

1. Antes de se desenvolverem os cálculos para analisar as demonstrações contábeis, o que é necessário investigar?

—————————————————————
—————————————————————
—————————————————————
—————————————————————
—————————————————————
—————————————————————

2. Por que não se deve concluir sobre a situação econômico-financeira de uma entidade analisando somente um único indicador?

—————————————————————
—————————————————————
—————————————————————
—————————————————————
—————————————————————
—————————————————————

3. Assinale com um X a alternativa correta:

   i) Avaliam a política de financiamento da entidade:

   (a) Indicadores de Lucratividade

   (b) Indicadores de Rentabilidade

   (c) Indicadores de Endividamento

   (d) Indicadores de Liquidez

   (e) Indicadores de Prazos Médios

   ii) Refletem a quantidade (percentual) que sobra da receita para compor o resultado da empresa:

   (a) Indicadores de Lucratividade

   (b) Indicadores de Rentabilidade

   (c) Indicadores de Endividamento

   (d) Indicadores de Liquidez

   (e) Indicadores de Prazos Médios

   iii) Avaliam a capacidade financeira da empresa em satisfazer os compromissos com terceiros:

   (a) Indicadores de Lucratividade

   (b) Indicadores de Rentabilidade

   (c) Indicadores de Endividamento

   (d) Indicadores de Liquidez

   (e) Indicadores de Prazos Médios

   iv) Ajudam a entender a gestão do Capital de Giro da Entidade:

   (a) Indicadores de Lucratividade

   (b) Indicadores de Rentabilidade

   (c) Indicadores de Endividamento

   (d) Indicadores de Liquidez

   (e) Indicadores de Prazos Médios

4. Com base no Balanço Patrimonial e na Demonstração do Resultado do Exercício que seguem, responda às questões i a v **(questão adaptada de Prova do Concurso Público para o cargo de Contador Júnior da Potigás – Banca FGV, 2006).**

Balanço Patrimonial

Ativo Circulante	35.000,00	Passivo Circulante	14.500,00
Disponibilidades	10.000,00	Salários a Pagar	2.000,00
Clientes	20.000,00	Fornecedores a Pagar	12.000,00
Estoques	5.000,00	Empréstimos Obtidos	500,00
Ativo não Circulante Realizável a Longo Prazo	8.000,00	Exigível a Longo Prazo	14.000,00
Empréstimos Concedidos	8.000,00	Empréstimos Obtidos	14.000,00
Imobilizado	10.000,00	Patrimônio Líquido	24.500,00
Máquinas e Equipamentos	30.000,00	Capital Social	17.500,00
Depreciação Acumulada	(20.000,00)	Lucros Acumulados	7.000,00
Total do ATIVO	53.000,00	PASSIVO + PL	53.000,00

Demonstração do Resultado do Exercício

Receita Bruta	200.000,00
Deduções da Receita	(40.000,00)
Receita Líquida	160.000,00
CMV	(120.000,00)
Lucro Bruto	40.000,00
Despesas com Vendas	(10.300,00)
Despesas Administrativas	(13.570,00)
Despesas e Receitas Financeiras	(1.130,00)
Lucro Operacional	15.000,00
Resultado não Operacional	(10.000,00)
Lucro do Período	**5.000,00**

i) Determine a Liquidez Geral:

(A) 0,51

(B) 0,54

(C) 1,51

(D) 2,07

(E) 2,41

ii) Determine o Endividamento Geral:

(A) 0,26

(B) 0,27

(C) 0,51

(D) 0,54

(E) 1,00

iii) Determine a Composição do Endividamento:

(A) 0,26

(B) 0,27

(C) 0,51

(D) 0,54

(E) 1,00

iv) Determine o Prazo Médio de Recebimento de Clientes (considere que o ano tem 360 dias):

(A) 9 dias

(B) 11,25 dias

(C) 36 dias

(D) 45 dias

(E) 60 dias

v) Determine o Prazo Médio de Estocagem (considere que o ano tem 360 dias):

(A) 11,25 dias

(B) 15 dias

(C) 15,21 dias

(D) 36 dias

(E) 45 dias

Respostas dos exercícios

(10.1)

1. c – a – d – b

(10.2)

1. d – b – c – a

(10.3)

1.a) reduz

1.b) reduz

1.c) Ativo Realizável a Longo Prazo; Passivo Circulante; Despesa Operacional; Receita Não Operacional.

(10.4)

1.a) A análise das Demonstrações Contábeis não se restringe ao cálculo dos indicadores. É necessário compará-los, daí a necessidade dos "parâmetros de comparação", que normalmente são: a média do setor, a situação da empresa no passado, a situação da empresa estimada quando da elaboração de seu orçamento.

1.b) Quando se dispõe de informações sobre outras empresas que atuam no mesmo mercado e que tenham portes e outras características semelhantes; e se pretende escolher uma entre várias empresas para desenvolver alguma atividade.

1.c) Quando se dispõe de informações sobre o desempenho da empresa em períodos passados; e se pretende avaliar o desempenho da gestão atual comparativamente às gestões anteriores.

1.d) Quando se dispõe de informações sobre o orçamento da empresa e se pretende avaliar o alcance das metas preestabelecidas, no sentido de avaliar o desempenho da gestão atual.

(10.5)

1.   f – c – g – h – b – d – a – e – i

2.a) Porque a análise horizontal compara valores de datas diferentes, cujos poderes de compra são diferentes. Antes de desenvolver os cálculos da análise horizontal, o analista precisa fazer correção monetária dos valores remotos à data dos valores mais recentes, para que todos fiquem expressos em moedas de mesmo poder aquisitivo.

2.b.i) É razoável que uma empresa em descontinuidade tenha dificuldade de realizar alguns de seus Ativos Circulantes, como Estoques e Despesas Antecipadas. Portanto, um analista prudente deve descontar esses itens ao fazer sua análise.

2.b.ii) É razoável que uma empresa produtora de itens rapidamente perecíveis perca seus Estoques se encontrar qualquer dificuldade momentânea para vendê-los, como problemas de logística, de distribuição, de falta de energia elétrica etc.

2.b.iii) Uma empresa que comercializa produtos sazonais é altamente dependente da venda de seus Estoques. Caso tenha dificuldade de vendê-los na "alta temporada", muito dificilmente conseguirá vendê-los fora desse período.

2.c) Passivo Oneroso é a parcela do Passivo (capital de terceiros) sobre a qual a entidade paga juros, como Empréstimos, Financiamentos, Debêntures e Impostos Parcelados.

2.d) Tanto os indicadores de lucratividade quanto a análise vertical da Demonstração do Resultado do Exercício comparam os resultados parciais e o Lucro Líquido com a Receita auferida pela entidade.

2.e) Porque o numerador (lucro) foi auferido durante todo o período, por exemplo, de primeiro de janeiro a 31 de dezembro (considerando o período de um ano), enquanto o Patrimônio Líquido (no cálculo do RPL) e o Ativo (no cálculo do RA) são apurados num dado momento (normalmente, em 31 de dezembro). Então, é necessário identificar o valor do PL (ou do Ativo) médio mantido durante o período. Ademais, o PL final e o Ativo final são influenciados pelo lucro do período. O lucro retido aumenta o PL e o Ativo (caixa ou contas a receber) da entidade.

2.f) Porque o Retorno do Ativo mede a taxa de retorno que a empresa oferece a todo capital que financia seu patrimônio total (Ativo total); enquanto o Lucro Líquido representa o retorno que a empresa oferece ao capital financiado pelos acionistas (Patrimônio Líquido), as Despesas Financeiras representam o retorno que a empresa oferece ao capital de terceiros (Passivo). Considerando que a Despesa Financeira é dedutível da base de cálculo do Imposto de Renda e Contribuição Social sobre o Lucro, essa despesa reduz o ônus tributário da entidade, portanto, precisa ser somada ao Lucro Líquido a Despesa Financeira líquida dos efeitos tributários.

2.g) A empresa que apresentar um Ciclo Financeiro negativo estará com Sobra de Caixa, pois pagará aos seus Fornecedores só após receber o dinheiro de seus Clientes.

2.h) Para medir a capacidade de pagamento de Empréstimos de curto prazo (CPECP), é necessário verificar a geração líquida de caixa da atividade operacional após remunerar os acionistas pelo dividendo mínimo por eles exigido.

2.i) Só faz sentido calcular a CPD em relação aos dividendos que a entidade se propõe a pagar (que é o valor exigido para acionistas). Afinal, calcular a CPD já pelos dividendos pagos é desnecessário (sem sentido), pois se estaria investigando a capacidade de pagar uma dívida já paga.

2.j) Verificar o descasamento entre a geração de caixa operacional e a geração de lucros operacionais (pelo Princípio da Competência); quanto maior esse descasamento, pior a qualidade do lucro.

(10.6)

1.a) A "contextualização da empresa, suas atividade e seus produtos" serve para o leitor do parecer conhecer um pouco sobre a empresa analisada, seu histórico, riscos e expectativas do desempenho futuro.

b) O "propósito da análise" serve para o leitor compreender as premissas adotadas pelo analista e as limitações da análise.

c) Os comentários sobre "fonte dos dados, ajustes, reclassificações e índice de preço" contribuem para a confiabilidade da análise e servem para permitir ao leitor refazer todo o trabalho desenvolvido pelo analista.

d) Os "parâmetros de comparação" devem estar associados ao "propósito da análise" e permitem que o leitor perceba as limitações da análise.

Exercício de inglês contábil

2, 1, 4, 5, 3, 7, 9, 8, 10, 6

Questões de concurso

1. a   2. b   3. e   4. b   5. c

Referências bibliográficas

ALMEIDA, Marcelo Cavalcanti. **Auditoria da correção monetária integral das demonstrações financeiras.** São Paulo: Atlas, 1988.

BRAGA, Hugo Rocha; ALMEIDA, Marcelo Cavalcanti. **Mudanças contábeis na Lei Societária:** Lei nº 11.638, de 28-12-2007. São Paulo: Atlas, 2008.

BRAGA, Roberto. **Fundamentos e técnicas de administração financeira.** São Paulo: Atlas, 1995.

BUFFET, Mary; CLARK, David. **O TAO de Warren Buffet.** Rio de Janeiro: Sextante, 2007.

CARDOSO, Ricardo L.; MARTINEZ, Antonio L. Gerenciamento de resultados contábeis no Brasil mediante decisões operacionais. **EnANPAD**, 30., trabalho FIC-A2767, Salvador: ANPAD, set. 2006.

_____. Governança corporativa ou gerenciamento de resultados? **Revista Brasileira de Contabilidade**, Brasília: CFC, nº 150, p. 18-37, nov./dez. 2004.

_____. **Regulação econômica e escolhas de práticas contábeis**: evidências no mercado de saúde suplementar brasileiro. 2005. Tese (Doutorado em Ciências Contábeis) – Departamento de Contabilidade e Atuária, Universidade de São Paulo, São Paulo.

_____. Reflexos da regulação econômica na informação contábil prestada pelo ente regulado. In: PECI A. (Org.). **Regulação no Brasil**. São Paulo: Atlas, 2007.

CARVALHO, Nelson; LEMES, Sirlei; COSTA, Fabio. **Contabilidade internacional**. São Paulo: Atlas, 2006.

CUPERTINO, César M. Earnings management: estudo de caso do Banco Nacional. **Revista Contabilidade e Finanças**, São Paulo: FEA-USP, nº 41, p. 110-120, maio/ago. 2006.

DECRETO nº 3.000/1999. Regulamento do Imposto de Renda, RIR/99.

DECRETO-LEI 9.295/46. Conselho Federal de Contabilidade.

FUJI, Alessandra H. **Gerenciamento de resultados contábeis no âmbito das instituições financeiras atuantes no Brasil**. 2004. Tese (Mestrado em Ciências Contábeis) – Departamento de Contabilidade e Atuária, Universidade de São Paulo, São Paulo.

HENDRIKSEN, Elton; VAN BREDA, Michael. **Teoria da contabilidade**. São Paulo: Atlas, 1999.

IASB. *Framework for the Preparation and Presentation of Financial Statements*.

INSTRUÇÃO NORMATIVA RFB 130/99.

INSTRUÇÃO NORMATIVA RFB 162/98.

IUDÍCIBUS, Sérgio de. **Análise de balanços**. 7. ed. São Paulo: Atlas, 1998.

_____. **Teoria da contabilidade**. 7. ed. São Paulo: Atlas, 2004.

IUDÍCIBUS, Sérgio de. et al. **Contabilidade introdutória**. 10. ed. São Paulo: Atlas, 2006.

————; LOPES, Alexsandro Broedel. **Teoria avançada da contabilidade**. São Paulo: Atlas, 2004.

KIESO, Donald E.; WEYGANDT, Jerry J.; WARFIELD, Terry D. **Intermediate Accounting**. 11. ed. New Jersey: Wiley, 2005.

LEI Nº 10.303/01.

LEI Nº 11.638/07.

LEI Nº 6.385/76. Lei de Regulamentação da CVM.

LEI Nº 6.404/76. Lei das Sociedades Anônimas.

LEI Nº 9.249/95.

LEI Nº 9.279/96.

LEI Nº 9.457/97.

LOPES, Alexsandro Broedel; MARTINS, Eliseu. **Teoria da contabilidade**: uma nova abordagem. São Paulo: Atlas, 2005.

MAGALHÃES ANDRADE. **Custos na atividade hospitalar**. CRC-SP/IBRACON. São Paulo: Atlas, 2001.

MARION, José Carlos. **Contabilidade empresarial**. 7. ed. São Paulo: Atlas, 2003.

————. **Análise das demonstrações contábeis**: contabilidade empresarial. 3. ed. São Paulo: Atlas, 2005.

————. **Contabilidade básica**. 5. ed. São Paulo: Atlas, 2005.

MARTINEZ, Antonio Lopo. **"Gerenciamento" de resultados contábeis**: estudo empírico das companhias abertas brasileiras. 2001. Tese (Doutorado em Ciências Contábeis) – Departamento de Contabilidade e Atuária, Universidade de São Paulo, São Paulo.

————. Detectando earnings management no Brasil: estimando as acumulações discricionárias. **CONGRESSO USP DE CONTROLADORIA E CONTABILIDADE**, 4., São Paulo: USP, p. 1-15, out. 2004.

MARTINS, Eliseu. **Análise da correção monetária das demonstrações financeiras**. São Paulo: Atlas, 1993.

————. **Avaliação de empresas**: da mensuração contábil à econômica. São Paulo: Atlas, 2001.

————. Contabilidade *versus* Fluxo de Caixa. **Revista Contabilidade e Finanças** (Caderno de Estudos), v. 20, jan./abr. 1999.

————; IUDÍCIBUS, Sérgio de; GELBCKE, Ernerto R. **Manual de contabilidade das sociedades por ações**. 7. ed. São Paulo: Atlas, 2007.

————; ————; ————. **Manual de contabilidade das sociedades por ações**: suplemento. São Paulo: Atlas, 2008.

MATARAZZO, Dante C. **Análise financeira de balanços**: abordagem básica e gerencial. 6. ed. São Paulo: Atlas, 2003.

OLINQUEVITCH, José L.; SANTI FILHO, Armando de. **Análise de balanços para controle gerencial**. 4. ed. São Paulo: Atlas, 2004.

PADOVEZE, Clóvis L.; BENEDICTO, Gideon. **Análise das demonstrações financeiras**. 2. ed. São Paulo: Thomson Learning, 2007.

PAULO, Edilson. **Manipulação das informações contábeis**: uma análise teórica e empírica sobre os modelos operacionais de detecção de gerenciamento de resultados. 2007. Tese (Doutorado em Ciências Contábeis) – Departamento de Contabilidade e Atuária, Universidade de São Paulo, São Paulo.

PRATT, Jamie. **Financial accounting in an economic context**. 6. ed. New Jersey: Wiley, 2006.

PRONUNCIAMENTO IBRACON NPC nº 14/01.

PRONUNCIAMENTO IBRACON NPC nº 27/05.

RESOLUÇÃO CFC 1.121/08.

RESOLUÇÃO CFC 750/93 – Princípios Fundamentais da Contabilidade.

RESOLUÇÃO CFC 774/94 alterada pela CFC 900/01 (em vigor).

RESOLUÇÃO CFC 921/01.

RODRIGUES, Adriano. **Gerenciamento da informação contábil e regulação**: evidências no mercado brasileiro de seguros. 2008. Tese (Doutorado em Ciências Contábeis) – Departamento de Contabilidade e Atuária, Universidade de São Paulo, São Paulo.

SANTOS, Ariovaldo dos. **Demonstração do Valor Adicionado**: como elaborar e analisar a DVA. 2. ed. São Paulo: Atlas, 2008.

————; GOUVEIA, Fernando H.; VIEIRA, Patrícia dos Santos. **Contabilidade das sociedades cooperativas**. São Paulo: Atlas, 2008.

STUMPP, Pamela et al. **Putting EBITDA in perspective**. Moody's, June 2000.

TUKAMOTO, Yhurika Sandra. **Contribuição ao estudo do "gerenciamento" de resultados**: uma comparação entre as companhias abertas brasileiras emissoras de ADRs e não emissoras de ADRs. 2004. Tese (Mestrado em Ciências Contábeis) – Departamento de Contabilidade e Atuária, Universidade de São Paulo, São Paulo.

Índice remissivo

Formato	21 x 28 cm
Tipologia	Charter 11/13
Papel	Offset Sun Paper 75 g/m² (miolo)
	Supremo 250 g/m² (capa)
Número de páginas	384
Impressão	Gráfica Imprensa da Fé